랄프 윈터의 기독교 문명운동사

당신이 하나님을 더 깊이 알아 가고 더 널리 알리는 사람이 되는 것, 이 책에 담긴 예수전도단의 마음입니다. 말씀을 통해 저자가 깨닫고, 원고를 통해 저희가 누릴 수 있었던 그 감동이 책을 통해 당신에게도 전해지기 원합니다. 그리고 당신을 통해 그 기쁨과 은혜가 더 많은 이들에게 계속해서 흘러가기를 기도하겠습니다. 이 책을 통해 당신이 받은 은혜를 다른 분들에게도 나눠 주십시오. 사랑하고 축복합니다.

Copyright © 2013 임윤택

본 저작물의 한국어판 저작권은 도서출판 예수전도단에 있습니다.
저작권법에 의해 보호받는 저작물이므로 무단 전재와 복제를 금합니다.

랄프 윈터의

임윤택 편저

기독교 문명 운동사

세계 기독교 문명사를 보는
거시적 퍼스펙티브스

Ralph D. Winter

예수전도단

하나님은 역사 안에서 그분의 목적을 성취하시려고,
새로운 일을 시작하고 발전시켜 나가신다.

God initiates and advances work
in history to accomplish His purpose.

탁월한 선교 전략가이자 역사가인 윈터 박사가 역사 속에 일어났던 사건들을 통해 선교 전반에 관한 교훈을 설명한다. 또한 성경을 바탕으로, 역사의 큰 흐름에 따른 문화적 상황의 중요성을 거시적인 통찰력으로 보여 준다. 유대인 중심의 유대 문화에 담겨 있던 기독교 신앙은 헬라 문화, 라틴 문화, 게르만 문화, 그리고 영국 문화로 전해지며 영향력을 끼쳐 왔다. 성경을 기초로 하는 한, 기독교 복음은 어떤 문화의 옷을 입어도 문제가 되지 않음을 강조한다. 이 책의 독자는 모든 영역에 복음의 영향을 가져오는 변혁의 중요성을 인식하고, 기독교의 본질을 유지하는 가운데 문화와 조화를 이루는 기독교적 문화 창출이 필요함을 깨닫게 될 것이다. 부록 부분이 주는 교훈도 매우 유익하다. '퍼스펙티브스'에서 다루는 성경적, 역사적, 문화적, 전략적 관점의 가르침들이 이 책 전반에 녹아 들어가 있다.

김병선 선교사 _ 코디아 국제대표

나의 삶과 사역에 큰 영향을 끼친 두 사람의 영웅이 있다. 한 분은 동양인이고, 다른 한 분은 서양인이다. 전자는 비서구권 선교운동을 촉진시키고 이끌어 오신 '동서선교연구개발원'(East-West Center for Missions Research & Development) 설립자 조동진 박사이고, 후자는 세계 선교의 팬타곤이라 불리는 '미국 세계 선교 센터'(U.S. Center for World Mission) 설립자 랄프 윈터 박사다. 두 분은 다른 사람들이 보지 못하는 것들을 보고, 다른 사람들이 하지 않은 일들을 시도했으며, 성경과 세계사를 하나님 나라의 도래, 곧 하나님의 통치 회복의 관점에서 이해하고 이야기해 오신 분들이다. 좋은 책들을 저술하고 번역 출판해 오신 임윤택 박사가 이번에는 랄프 윈터 박사의 기독교 문명사 강의들을 한국인 독자들이 쉽게 이해하도록 번역하여 '기독교 문명운동사'라는 이름으로 엮어 냈다. 이 책은 독자들이 구속사적 관점으로 세계 역사를 이해하도록 돕고, 세계 선교운동에 큰 영향을 끼친 석학 랄프 윈터 박사의 예리하고 깊은 통찰력을 얻게 할 것이다.

박기호 교수 _ 풀러신학교 선교대학원 아시아선교학 교수

기독교 문명운동을 시대별로 조목조목 분석한 랄프 윈터 박사는 하나님의 영광을 복원하는 기독교 문명을 절실히 갈망한다. 선교사들의 과거의 실수 12가지를 상기시켜 경성케 하면서, 고도로 훈련되고 철저하게 조직된 수도원의 선교 공동체를 문명의 산실로 보고 수도원 정신을 살려 내기를 요청한다. 중세 유럽에 무서운 전염병 페스트가 돌아 당시 유럽 인구의 3분의 1이 목숨을 잃었을 때, 독일에서는 프랜체스코 수사들이 2만 명가량 죽었다. 전염성이 강한 병인 줄 알면서도, 죽어 가는 환자들을 돌보다가 수사들이 깡그리 목숨을 잃은 것이다. 이 책은 구원의 의미도 심도 있게 다룬다. 천국 백성의 생명책에 이름을 남기는 신비에서 그치지 말고 하늘 군대의 명부에 이름을 올리라고 말한다. 탈영병이 되지 말라고 한다. 부상병이 되거나 전사할 수도 있지만, 거룩한 전투병으로서 마귀가 뿌린 세균을 박멸하라고 몰아붙인다. 하나님 나라의 거룩한 탈환 작전을 과감히 선포한다. 지성과 영성의 대가인 랄프 윈터의 가슴을 움켜쥐는 호소와 팽팽한 호흡을 맞춰, 시인이며 학자로 숙성된 번역을 감당한 임윤택 박사의 씨 뿌림에 예수 문명의 옥동자를 기대해 본다.

이동휘 목사 _ 전주안디옥교회 원로목사, 사단법인 바울선교회 대표이사

랄프 윈터가 현대 선교운동에 미친 학문적, 전략적 공헌에 딴지를 걸 사람은 없을 것이다. 하나님께 부르심 받아 세상을 떠나기 전에 그는 한국을 방문하여 몇몇 선교 지도자와 허심탄회한 나눔과 토론의 시간을 가졌는데, 몇 가지 비관행적 주제들을 꺼내는 바람에 첨예한 대립각을 세우며 치열하게 논쟁했던 기억이 새롭다. 지금 생각해 보니, 그는 선교를 단순히 기독교의 지리적 확산 차원으로만 보는 것이 아니라 피조세계의 총체적 회복을 겨냥하시는 하나님의 거대 담론이라는 관점에서 조망할 수 있도록 우리를 자극한 것이었다. 이 책은 선교를 더 깊고 충만하고 온전하게 이해하도록 우리를 자극하고 격려하는 그의 생애 마지막 가르침이다. 그 자신이 겸허하게 인정하듯, 그는 완벽한 결론을 제시하기보다 최선을 다할 뿐이며, 세계 선교의 동지들에게 이 논의에 뛰어들어 하나님의 영원한

뜻을 함께 찾아보자고 초청한다. 그 거룩한 부담을 안고 이 중요한 논의에 함께 참여할 모든 동역자에게 이 책을 추천한다.

정민영 선교사 _ 국제 위클리프 부대표

다양한 종교 문화적 세계관들이 교차하며 충돌하고 있는 혼돈과 위기의 시대에 세계 기독교 선교운동을 이끌었던 랄프 윈터 박사의 강좌인 "기독교 문명운동사"가 하나님 나라를 향해 나아가는 선교적 백성에게 귀한 길라잡이가 될 것이라고 확신한다. 다원주의 사회에서 살아가는 우리에게 기독교 선교의 역사는 귀중한 교훈과 지혜를 제공하며, 현 상태를 진단하고 미래를 향해 나아갈 수 있는 힘을 부여한다. 성경은 하나님이 주관하시는 구원사의 현장에서 일어났던 수많은 이야기로 이루어져 있다. 그 이야기는 하나님과 그분의 백성, 그리고 예수 그리스도와 그분의 제자들의 이야기다. 또한 그것은 성령의 능력으로 그 이야기를 살아내려는 교회와 그리스도인들의 이야기들이 씨줄과 날줄로 얽혀 아름다운 무늬장식 천으로 직조되고 있다. 오늘날 크기와 숫자를 중시하는 한국교회는 경직된 제도화의 함정에서 벗어나 하나님 나라의 '운동'이 되어야 한다. 하나님 나라 운동은 우리에게 위험이 상존하는 모험을 요구하며 부유함과 안락함을 박차고 일어나 하나님의 선교로 나아갈 것을 요청한다. 한국교회를 선교적으로 갱신하기 원하는 모든 이들이 이 책을 통해 변화의 실마리를 찾게 되기를 원한다.

최형근 교수 _ 서울신학대학교 선교학 교수

윈터 박사는 우리가 아직도 심각한 영적 전투 가운데 있다고 천명한다. 물론 예수 그리스도의 십자가 사건은 악의 세력을 무력화했으며 이미 승리를 가져왔지만, 하나님 나라의 최종적 승리는 그리스도의 재림 때 이루어진다. 그리스도의 재림은 모든 민족 가운데 복음의 선포가 완수될 때 일어날 것이므로, 그때까지는 이 땅에 남아 있는 하나님을 대항하는 악의 세력들과의 전투가 계속될 것이다. 당신이 하나님의 창조 세계와 그분의 통치를 믿는다면, 이 창조 세계의 진행 과정인 역사와 문명에도 관여해야 한다. 우주부터 눈에 보이지 않는 바이러스에까지 하나님의 창조와 섭리가 있다는 것을 주장하려면, 그 모든 것이 하나님의 창조 목적대로 존재하도록 하는 일에 참여하는 것이 당연하다. 분명한 전제와 전제들 사이에 있는 수많은 작은 난제들이 아직 비밀에 싸여 있다. 창세기 12장 3절에서 복을 전달하는 자들을 저주하는 자들에게는 하나님이 저주가 임한다고 선언하신 것처럼, 하나님의 선함을 드러내는 것을 방해하는 모든 난제를 향해 우리는 도전해야 한다. 윈터 박사는 온 세상에 하나님의 복을 전하는 선교에는 이런 도전이 포함되어야 한다고 주장한다. 윈터 박사가 주장한 전방선교(Frontier Mission)는 단지 미전도 종족과 같은 지리적 최전방 지역만을 말하는 것이 아니라, 영역별 전방 지역까지 포함한다. 이 책은 세상 문명이 모두 하나님 역사의 일부이며, 세상 문명과 기독교 문명을 동일한 궤적에서 이해해야 한다고 이야기한다. 이러한 세상 문명을 기독교 문명과 통합하여 이해하려는 시도는 세상을 보는 우리의 퍼스펙티브스(시각)를 새롭게 해준다. 이 책은 윈터 박사가 가졌던 지식의 방대함을 엿보게 해주며, 이를 선교적 시각과 통합하는 혜안을 맛보게 한다. 퍼스펙티브스 훈련을 받은 이들에게 추가적인 교육의 도구를 제공하는 좋은 계기가 될 것이다.

한철호 선교사 _ 선교한국파트너스 상임위원장, 퍼스펙티브스 한국코디네이터

| 추천의 글 |

새로운 기독교
문명운동에 주목하라

나는 풀러 선교대학원에서 박사 과정을 밟으며 랄프 윈터 박사께 직접 지도받았다는 사실을 아주 자랑스럽게 생각한다. 이따금 교수님은 나를 집으로 초대하여, 가족처럼 대접해 주셨다.

내가 유학했던 1970년대 중반, 윈터 박사님의 강의실은 지성으로 불타고 있었다. 박사님은 1974년 스위스 로잔 선교대회를 전후로, 타문화 전도 전략에 관한 다양한 선교학 이론들을 설파하셨다. 미전도 종족 개념, 문화적 거리감을 표시하는 E-1, E-2, E-3의 개념, 그리고 선교지에서 지도자를 개발하는 TEE(신학연장교육) 등의 개념은 윈터 박사님의 천재성을 유감없이 보여 주었다. 나는 그 천재성에 여러 번 감탄하고 탄복했다.

윈터 박사님은 언어학, 인류학, 성서학, 교육학 그리고 성경 원어에 능통한 학자셨다. 1950년대, 미국 장로회 선교부 소속으로 과테말라 산족들에게 가서 선교 활동을 하셨으며, 1966년에 새로 설립된 풀러 선교대학원에 세 번째 교수로 부임하여 윌리엄 캐리 국제대학 총장으로 가기까지 10여 년 동안 후학들을 가르치셨다.

원터 박사님은 예일대학의 역사가였던 케네스 스콧 라투렛의 사관을 바탕으로 기독교 확장사를 학문적 출발점으로 삼고, 맥가브란 박사의 교회 성장학, 그리고 UCLA 대학 린 화이츠 교수의 중세 문명운동사를 접목하여, 자신만의 독특한 기독교 문명운동사관을 정립하셨다.

이번에 원터 박사님의 기독교 문명운동사 강좌가 임윤택 교수의 손을 거쳐 단행본으로 출간되는 것은 크게 환영할 만한 일이다. 서구 기독교 문명이 쇠퇴해 가는 이 시대에, 아시아와 아프리카 등지에서 새로운 기독교 문명운동이 일어나야 한다는 나의 스승 원터 박사님의 깊은 역사적 통찰에 동의하며, 글로벌 리더십을 지향하는 한국 교계 기독교 지성들에게 이 책의 일독을 권한다.

곽선희 목사
소망교회 원로목사, 풀러 선교대학원 선교신학 박사

| 추천의 글 |

세계 문명사의
기독교적 시각을 읽으라

한국 선교계가 가장 존경하는 선교계 인물을 꼽는다면, 그중의 한 분은 역시 랄프 윈터 박사다. 그분은 한국 선교가 비서구 국가들과 함께 선교운동을 주도할 때 제일 격려했던 분이며, 한국 선교계의 힘찬 발전을 누구보다 기뻐하신 분이다. 나는 랄프 박사의 저서를 30년 전부터 탐독했는데, 임윤택 박사를 통해 기독교 문명사 강좌가 출간된다고 하니 기쁜 마음으로 이 책을 적극 추천한다.

랄프 윈터는 선교사 출신이면서도 철학이 있는 학자였다. 그의 선교적 관점을 이해할 때, 그것이 바로 현대 선교의 조망이 될 정도로 그의 통찰력은 유명했다. 특히 그의 역사적 안목은 선교 역사학자답게 예리하며 명쾌하다. 허버트 케인 박사가 성경을 선교의 책이라고 조망했다면, 윈터 박사는 세계 문명운동사를 기독교회 확장인 선교적 관점에서 독특하게 조명했다고 할 수 있다. 예수님은 성경의 주제이며, 그분의 이야기(His Story)는 세계 문명운동 속에서 의미 있는 역사(History)를 창출했다고 볼 수 있다.

이 책을 통해 우리는 세계 문명사의 기독교적 시각을 읽을 수 있다. 그뿐만 아니라 이 책을 통해 얻는 지혜를 바탕으로, 미래 문명 운동을 향도할 수 있을 것이다.

한정국 선교사
KWMA(한국세계선교협의회) 사무총장

| 추천의 글 |

하나님 나라 사역을 위한
새로운 퍼스펙티브를 가지라

랄프 윈터 박사는 평생 세계 기독교 문명운동사에 지대한 관심을 보이며 이를 가르쳤다. 그분의 포괄적이며 선교학적인 사관을 보여 주는 "세계 기독교 문명운동사" 강좌가 한국어로 출간된다는 사실이 벅찬 감격으로 다가온다.

이 책은 몇 가지 점에서 독특하다. 첫째, 세계 도처에 널려 있는 인류 문제들을 근본부터 해결하기 위해 성경적 관점으로 접근한다는 점이다. 둘째, 기독교 신앙과 기독교 문명운동이 전 세계에서 어떻게 생성되고 발전되었는지를 시간의 흐름에 따라 개괄한다는 점이다. 셋째, 세계적인 기독교 신앙과 기독교 문명운동에 관한 역사적인 통찰과 함께 문화인류학적인 통찰을 제공한다는 점이다.

윈터 박사는 하나님이 우리에게 원하시는 것은 그분과 함께 악한 원수를 물리치는 전쟁에 동참하는 것이라고 강조한다. 우리의 원수는 하나님께 반역한 사탄과 마귀들이다. 성경은 우리가 어떻게 성경의 능력으로 사탄을 물리칠 수 있는지 설명한다. 우리는 이렇게 기도한다. "하나님 나라가 임하시고, 주님의 뜻이 이루어지이다." 이 기도를 드리면서 우리는 악한 사탄을 물리치고 창조물을 회복시켜, 하나님의 영광을 드러내는 일에 참여한다.

금세기에 가장 존경받았던 선교학자인 윈터 박사의 문명사 강좌에는 배울 점이 많다. 윈터는 우리의 고정관념을 뒤흔드는 도발적 관점으로 논증한다. 우리가 어려운 문제들을 에둘러 가지 않고 직접 대면하게 한다.

이 책을 한국어로 옮긴 임윤택 교수는 박사의 의도를 잘 이해하는 사람이다. 그는 장시간 집중하여 한국 독자들이 윈터 박사와 만나도록 수고해 주었다. 한국의 독자들은 랄프 윈터 박사를 통해 신선한 충격과 도전을 받을 것이다. 무엇보다 하나님 나라의 사역을 위한 거시적 퍼스펙티브를 얻게 될 것이다.

그레그 파슨스 박사
USCWM 총재

| 추천의 글 |

기독교 문명운동과
구속사를 이해하라

랄프 윈터 박사의 기독교 문명운동사 강좌가 한국어로 번역되어 소개되는 것이 기쁘기 한이 없다. 나의 스승인 랄프 윈터는 탁월한 선교 전략가이자 역사가였다. 그는 기독교 문명사를 독특하게 다룬다. 기독교 문명운동사를 구속사와 연관하여 탁월한 논지를 발전시킨다. 그는 먼저 이 세상에 드러난 악의 존재와 영악한 지성을 가진 악의 기원에 대한 자신의 논지를 이야기 형식으로 설명한다.

악의 근원은 하나님께 반역한 사탄과 그의 추종 세력들이다. 사탄은 하나님이 허락하신 자유의지를, 그분을 대적하고 반역하는 데 사용했다. 사탄의 이러한 반역 이야기는 우리에게 악한 세력을 정복하라는 사명을 일깨워 준다. 특히 그리스도의 제자들에게 더욱 그렇다. 그리스도의 제자들은 하나님의 뜻을 이루는 데 자신의 자유의지를 사용해야 한다. "하나님 나라가 임하고, 하나님의 뜻이 이루어지는" 하나님 나라를 위해 우리의 자유의지를 사용해야 한다.

우리는 하나님과 동역하여 사탄의 세력을 물리치는 일에 앞장서야 한다. 하나님의 영광을 회복하는 일에 적극 참여해야 한다. 하나님은 피조물들이 악한 세력의 압제 아래 신음하면서 그리스도의 몸이 나타나기만 기다리는 것을 기뻐하지 않으신다. 우리에게는 선교적 사명이 주어졌다. 하나님과 함께 동역하며 이 땅에서 악한 세력을 물리치고 하나님의 성품에 참여할 사명이 우리에게 있다.

이 책을 통해 랄프 윈터는 우리의 생각을 자극한다. 어려운 질문을 던지며, 그 해답을 독자 스스로 찾아볼 것을 도전한다. 독자들은 랄프 윈터의 탁월한 글을 통해, 더욱 거시적인 안목에서 선교학적 관점을 정리해 볼 수 있을 것이다.

임윤택 교수는 자칫 어려울 수 있는 박사의 강의를 한국어로 쉽게 옮겨, 독자들이 박사에게 더 가까이 다가가도록 도왔다. 독자들은 이 책을 통해 하나님 나라의 사역을 더 효과적으로 감당할 새로운 통찰력을 얻게 될 것이다. 기쁜 마음으로 일독을 권한다.

베스 스노덜리 박사
윌리엄 캐리 국제대학 총장

| 편저자 서문 |

현재 서구 기독교 문명은 강한 도전을 받고 있다. 서구 기독교 문명을 이어받은 한국의 교회와 선교 사역도 마찬가지다. 언제부터인가 기독교는 문명을 생성하고 변혁시키는 능력을 상실한 듯 보인다. 현 상황에서 봤을 때 세계가 한국 기독교 선교운동에 큰 기대를 거는 듯하지만, 실상은 다르다. 어떤 이는 서구 기독교의 행적을 그대로 따라가는 한국 기독교의 장래가 그리 밝아 보이지는 않는다고 지적한다. 지금 우리는 심각한 질문을 던져야 한다. 우리는 어떻게 기독교의 본질을 유지하면서 새로운 기독교 문명을 만들어 나갈 수 있을 것인가?

랄프 윈터 박사는 '서구 기독교 문명사를 배우라. 그러나 서구 기독교 문명에 머물지 마라. 서구 기독교 문명을 넘어서라. 글로벌 기독교 문명사의 새 장을 열어 가라'고 지적한다. 이것이 바로 윈터 박사가 이 강의를 통해 나에게 던져 준 도전이다.

윈터 박사는 기독교 문명운동에 주목하면서, 탁월한 역사관으로 기독교 문명사를 조명한다. 기독교 문명운동이 일어났던 열 시대를 구분하고, 특히 서구 기독교 문명을 잉태하고 발전시킨 소달리티(sodality), 즉 수도원 정신에 주목한다.

서구 기독교 문명사에서 수도원의 위치는 무엇과도 바꿀 수 없다. 수도원에서 대학이 시작되었다. 수도원은 지성의 요람이었다. 무엇보다 하나님 나라를 확장하는 선교적 도구였다. 오늘날 우리에게는 서구 기독교 문명에 머물지 않고 새로운 기독교 문명을 창출할 사명이 있다.

윈터는 복음의 능력과 새로운 기독교 문명운동을 일으켰던 인물들 가운데 존 웨슬리와 윌리엄 캐리에 주목한다. 웨슬리의 설교는 영국 사회를 변혁시켰다. 캐리의 사역은 복음 전도와 교회 설립에만 국한되지 않았다. 선교 현장 모든 영역에 영향을 미쳤다. 복음의 말씀은 문화와 문명을 변혁시킨다.

현재 아시아와 아프리카에서 새로운 기독교 문명이 출현하고 있다. 윈터는 서구 기독교 문명을 넘어서는 새로운 기독교 문명이 필요하다고 주장한다. 그러므로 아시아, 아프리카, 중동, 남미, 인도에서 일어나는 새로운 기독교 문명을 비판적 시각으로만 보지 말고, 서구 기독교 이후 글로벌 선교시대의 첫걸음으로 보라는 윈터의 조언은 탁견이다. 놀랍기만 하다.

이 책에서 윈터 박사는 하나님 나라가 이 땅에 임하게 하는 선교 사역을 위해, 사탄의 영악한 계획을 물리치는 하나님 나라의 전사로 사는 삶을 살라고 요구한다. 서구적 기독교 문명을 맹목적으로 따르지 말고, 새로운 한국형 기독교 문명으로 거듭나라는 강력한 메시지를 전한다.

랄프 윈터 박사는 평생 '글로벌 문명사'(Global Civilization)와 '세계 기독교 문명운동사'(World Christian Movement)를 정리했다. 이 책은 문명운동사에 관한 윈터 박사의 핵심 사상을 요약, 정리한 것이다. 윈터 박사의 강좌와 《세계 기독교 문명운동의 토대: 퍼스펙티브스 후속 과정》(*Foundations of the World Christian Movement: A Larger Perspective*)을 중심으로 참고가 되는 자료들을 번역한 뒤 하나로 묶어, 《랄프 윈터의 기독교 문명운동사》라는 제목으로 편집한 것이다. 이 책이

나오도록 도움을 주신 분들께 감사한다. 우선 국제연구학교(Institute of International Studies)에 있는 랄프 윈터 관련 자료들을 사용하도록 허락해 주신 미국 세계 선교 센터(U.S. Center for World Mission)의 총장 스노덜리 박사에게 감사한다. 1970년대에 풀러 선교대학원에서 윈터 박사께 직접 배우신 곽선희 목사님의 개인적인 회상과 추천사에 대해서 마음 깊이 감사드린다. 퍼스펙티브스 운동을 하고 있는 한철호 대표를 비롯한 한국 선교계의 여러 동역자에게도 감사한 마음을 전하고 싶다. 이 책을 통해, 한국교회와 선교 조직체의 선교적 관점이 더 넓어지고 깊어지기를 간절히 소원한다.

임윤택 교수

랄프 윈터
Dr. Ralph D. Winter
1924~2009

랄프 윈터는 선교사, 선교학 교수, 선교 전략가로 오랜 세월 일하면서 많은 것을 성취했다. 이는 기독교 기관이 전략적으로 협력할 때 더 많은 것을 성취할 수 있다는 그의 확신에서 나온 것이다. 캘리포니아 공과대학(Caltech)에서 토목공학으로 학위를 받은 윈터는 컬럼비아 대학(Columbia University)에서 테솔(TESOL)로 M.A.를 받았다. 코넬 대학(Cornell University)에서 구조 언어학을 전공했으며, 문화 인류학과 수학 통계학을 부전공으로 Ph.D를 받았다. 프린스턴 신학교에 다니는 동안에는 뉴저지의 한 시골 교회 전도사로 사역했다.

윈터는 코넬 대학의 Ph.D 과정에서 공부할 때 로베르타 헴(Roberta Helm)과 결혼했다. 로베르타는 여러 가지 은사를 갖고 윈터를 도왔는데, 그중에서도 특히 연구, 글쓰기와 편집 등에서 전문적인 도움을 주면서, 윈터가 박사학위 공부를 하던 시절부터 그의 소중한 동역자가 되어 주었다.

1956년에 윈터가 목사 안수를 받고 나서, 장로교 해외 선교부(Presbyterian Board of Foreign Missions)에 들어간 윈터 부부는 과테말라에서 마야 원주민을 대상으로 10년 동안 사역했다. 윈터는 직업을 따로 갖고 있으면서 신학을 공부하는 학생들을 위해 소규모 사업체를 개발하는 한편, 목사들이 신학교에 오지 않고도 자신들의 사역지에서 신학교육을 받을 수 있는 현실적인 신학연장교육(Theological Education by Extension, TEE) 과정을 여러 사람들과 함께 공동으로 탄생시켰다. 이 과정은 전 세계의 수많은 선교지에서 사용되고 있다.

1966년, 윈터는 새로 설립된 풀러 신학교의 세계선교대학원(School of World Mission at Fuller Theological Seminary) 교수로 와 달라는 도널드 맥가브란(Donald McGavran)의 부탁을 받는다. 1966년과 1976년 사이에 윈터는 강의실 안팎의 1천 명 이상 되는 선교사들에게서 대단히 많은 것을 배웠다. 이 기간에 윈터는 선교 자료들을 출판하고 배부하는 일을 전문으로 하는 윌리엄 캐리 출판사(William Carey Library)를 설립했다. 또한 미국 선교학회(American Society of Missiology)를 공동 설립했고, 교회 선교 헌신 촉진(Advancing Churches in Mission Commitment)의 설립을 도왔으며, 당시에 하계 국제 연구소(Summer Institute in International Studies)라고 불리던 퍼스펙티브스 연구 프로그램(Perspectives Study Program)을 시작했다. 후에 수많은 젊은 동역자들이 윈터를 도왔는데, 그중에는 데이비드 브라이언트(David Bryant), 브루스와 크리스티 그래함(Bruce and Christy Graham), 제이와 올기 게리(Jay and Olgy Gary), 스티븐과 바버라 호돈(Steven and Barbara Hawthorne)이 있다.

1974년에 윈터는 스위스 로잔에서 열린 세계 복음화 국제대회에서 논문을 하나 발표했는데, 기존의 선교 사역이 미치지 못하는 복음의 변방에 특별히 주의를 기울일 필요성을 강조하는 내용이었다. 윈터는 그러한 필요를 채우는 일을 촉진하기 위해, 1976년에 미국 세계 선교 센터(U.S. Center for World Mission)를 설립했으며, 몇 달 후에는 윌리엄 캐리 국제 대학(William Carey International University)을 설립했다. 지금은 최전방 선교회(Frontier Mission Fellowship)로 알려져 있는 이 단체는 설립 이후 계속 성장해 왔다. 윈터는 1976년부터 1990년까지 미국 세계 선교 센터의 최고 책임자로, 1997년까지는 윌리엄 캐리 국제 대학 총장으로, 그리고 2009년 사망할 때까지는 최전방 선교회 최고 책임자로 섬겼다.

윈터의 아내인 로베르타 윈터는 오랫동안 암과 싸우다 2001년에 사망했다. 로베르타 윈터 연구소(The Roberta Winter Institute)는 치명적인 세균을 포함한 다양한 형태의 극악무도한 악에 대해 복음주의 신학의 인식을 제고함으로, 그녀가 했던 싸움을 계속해 가고 있다. 윈터의 네 딸은 모두 자기 가족들과 함께 전임 선교 사역을 하고 있다. 윈터는 두 번째 아내 바버라(Barbara)와 캘리포니아 패서디나에서 살다 2009년에 하나님의 부르심을 받아 주님 품으로 돌아갔다.

목차

추천사: 김병선 / 박기호 / 이동휘 / 정민영 / 최형근 / 한철호 ・6
추천의 글: 곽선희 / 한정국 / 그레그 파슨스 / 베스 스노덜리 ・10
편저자 서문: 임윤택 ・18

1장 들어가는 글 ・26

2장 생명의 근원과 생명의 신비 ・43

3장 성경에 나타난 하나님의 계획, 지상명령 ・59

4장 성경이 전개하는 문명운동 이야기, 첫 번째 ・71

5장 성경이 전개하는 문명운동 이야기, 두 번째 ・85

6장 신구약 중간기의 문명운동 ・96

7장 복음서와 그리스도: 글로벌 퍼스펙티브 ・108

8장 세계 선교의 새로운 시작과 기독교 문명운동 ・127

9장 새로운 교회의 확장과 기독교 문명운동 ・143

10장 고전적 르네상스 시대(0-400)의 기독교 문명운동 ・159

11장 카롤링거 르네상스 시대(400-800)의 기독교 문명운동 ・175

12장 12세기 르네상스 시대(800-1200)의 기독교 문명운동 ・190

13장 전통적 르네상스 시대(1200-1600)의 기독교 문명운동 •207

14장 복음주의 르네상스 시대(1600-2000)의 기독교 문명운동 •222

15장 식민주의의 붕괴와 세계주의의 등장 •239

16장 제2차 세계대전 이후 일어난 신생 선교단체들 •262

17장 서구적 기독교를 넘어서는 기독교 문명운동 •280

18장 기독교 문명운동의 미래 •296

19장 하나님의 영광을 복원하는 기독교 문명운동 •312

20장 기독교 문명운동을 위한 미래의 기회 •321

부록 A. 기독교 문명운동사의 기본 전제들 •343
부록 B. 하나님 나라의 탈환 작전: 구속사의 열 시대_ 랄프 윈터 •350
부록 C. 새로운 아시아 선교학회에 전하는 서구 선교학자의 문안_ 랄프 윈터 •414
부록 D. 선교 혁신가 랄프 윈터의 생애_ 그레그 파슨스 •436
부록 E. 기독교 문명운동사 탐구 질문 •463

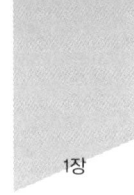

1장

들어가는 글

유대인들이 포로가 되어 바벨론에서 살고 있을 때, 이사야 선지자를 통해 하나님의 말씀이 그들에게 전해졌다.

> 네가 나의 종이 되어 야곱의 지파들을 일으키며 이스라엘 중에 보전된 자를 돌아오게 할 것은 매우 쉬운 일이라 내가 또 너를 이방의 빛으로 삼아 나의 구원을 베풀어서 땅 끝까지 이르게 하리라 사 49:6

이 말씀은 구약에 나타난 하나님의 놀라운 지상명령이다. 윈터 박사는 이 말씀을 바탕으로 수년 동안 설교해 오면서, 이 본문에 대해 다양한 지식을 갖게 되었다. 구약 시대 당시 사람들의 천문학적 지식은 매우 얕았다. 그들은 우리가 사는 지구가 행성이라는 사실을 몰랐다. 그들은 땅 끝이 정확히 어디인지 잘 몰랐다. 땅이라는 단어에 대해서도 우리와는 전혀 다른 개념을 갖고 있었다. 그들에게 땅은 비옥하고 평평한 평지를 뜻하는 것이었고, 땅 끝은 이란, 아프가니스탄, 그리고 터키의 산맥쯤이었다. 즉, 당시 유대인에게 있어서 '땅 끝'이란 바로 지금 그들이 살고 있는, 정복자의 땅이었던 것이다. 이 점을 바탕으로 생각해 보면, 이사야 선지자가 한 말을 이전과는 전혀 다르게 통찰해 볼 수 있다. 여기서 이사야가 말하는 바는 무엇인가? 당시 바벨론 포로로 살고 있던 백성이 자신들의 현주소가 무엇을 뜻하는지 깨닫게 해준 것이다. 이사야가 전한 말은 "너를 포로로 삼은 원수들에게 구원의 소식을 전하라"는 뜻이었던 것이다. 원수에게 구원의 소식을 전하라니, 이 얼마나 황당한 말씀인가! 이 말씀은 실제적인 선교사가 되어 저 멀리 땅 끝까지 가라는 명령보다 훨씬 더 순종하기 어려운 말씀이다. 너무 써서 먹기 어려운 약을 그냥 삼키라는 명령이나 다름없다.

당시 사람들은 그 명령에 순종할 수 없었다. 왜 그랬을까? 그들에게는 나름의 이유도 있었다. 랄프 박사는 파키스탄에 있는 한 신학교를 방문하여 현지인 교수와 장시간 토론을 했던 적이 있다. 윈터는 그 교수에게 "이 신학교는 파키스탄 인구 가운데 97%가 무슬림이라는 사실을 인식하고 있습니까? 그렇다면 왜 무슬림에 대한 선교 전략을 강조하지 않는 것이지요?"라고 물었다. 실제로 파키스탄의 그리스도인들은 주변의 무슬림 이웃을 전도하는 일에 거의 관심이 없었다. 현지인 교수는 윈터의 주장에 강한 불만을 드러냈고, 결국 손가락질하면서 강한 어조로 소리쳤다. "윈터 박사, 당신이 만일 무슬림 전도를 위해 파키스탄으로 선교사를 파송한다면, 우리는 담당 부처를 찾아가 그 선교사를 국외로 추방해 달라고 요청할 것입니다. 그리 아십시오!" 사실 먼 곳에 있는 사람보다 가까이에 있는 사람을 전도하기가 더 어렵다. 당시 바벨론 포로들도 이와 같았다. 그들에게 있어 "너를 포로 삼은 원수들에게 구원의 소식을 전하라"는 명령은 그대로 순종하기 어려운 말씀이었다. 머리로나 마음으로나 전혀 이해할 수도, 수용할 수도 없는 명령이었다.

성경에는 하나님의 의도가 감추어져 있다. 우리는 말씀 속에서 하나님의 의도를 바르게 해석할 수 있어야 한다. 이 본문에 "나는 너희가 땅 끝까지 선교사를 보내기 원한다"라고 기록되어 있었더라면, 의미가 좀 더 분명했을 것이다. 성경이 하나님의 의도를 좀 더 직설적으로 표현해 주면 좋겠지만, 성경에는 그 의도가 숨어 있을 때가 많다. 그래서 성경을 해석할 때는 문맥을 통해 해석하는 것이 무척 중요하다. 그럼 당시의 문맥으로 이 말씀을 살펴보자. 당시 이사야가 한 말 자체에는 선교적 의미가 전혀 없었을 것이다. 하지만 우리는 당시 본문이 의미했던 바와 다르게, 즉 오늘날 우리의 생각대로 그 본문을 해석한다. 오늘날 우리가 참여하고 있는 세계 선교 개념을 이 본문에 접목시켜 해석하기도 한다. 그러나 과연 이것이 성경을 대하는 바른 자세라고 할 수 있을까?

오히려 이 본문은 오늘날의 파키스탄 기독교인들에게 지극히 중요한 말씀이다. 나는 파키스탄과 방글라데시의 기독교인들은 이 말씀을 심각하게 받아들여야 한다고 생각한다. 그들은 주류 무슬림에게 복음을 증거하려 하지 않을 뿐만 아니라, 주류 무슬림에게 복음을 증거하려는 선교 활동 자체를 비난하거나 반대한다. 그러나 그런 자세를 성경적이라고 할 수 있을까?

성경은 오늘날의 우리에게도 말한다. 잠시 신약을 광의적 의미에서 살펴보자. 바울을 실례로 들 수 있다. 물론 바울은 자신이 지구라는 작은 행성에 살고 있다는 사실을 몰랐을 것이다. 바울은 그저 1세기 당시 수준의 천문학과 우주론을 바탕으로 자신의 논지를 전개했을 것이다. 그럼에도 바울은 전 인류에게 중요한 복음의 말씀을 선포했다.

사도행전 26장을 살펴보자. 아그립바 왕은 바울이 자신을 변호할 기회를 제공해 준다. 마침내 바울은 자신의 이야기를 풀어 놓을 기회를 얻는다. 바울은 다메섹 도상에서 해보다 더 밝은 빛이 하늘에서부터 자신에게로 비춰어, 자신의 의지와는 전혀 상관없이 땅에 엎드려졌고, 하늘에서 들려오는 소리를 듣게 되었다고 말했다. 바울은 예수님의 음성을 들은 것이다.

일어나 너의 발로 서라 내가 네게 나타난 것은 곧 네가 나를 본 일과 장차 내가 네게 나타날 일에 너로 종과 증인을 삼으려 함이니 이스라엘과 이방인들에게서 내가 너를 구원하여 그들에게 보내어 그 눈을 뜨게 하여 어둠에서 빛으로, 사탄의 권세에서 하나님께로 돌아오게 하고 죄 사함과 나를 믿어 거룩하게 된 무리 가운데서 기업을 얻게 하리라 하더이다 행 26:16-18

이 본문의 마지막 부분에 세 가지 은유가 나온다. 바로 맹인과 어두움, 속박이다. 어떤 의미에서 이들 은유는 동일한 의미를 전달한다. 그러나 바울은 거기서 멈추지 않고, 자신의 이야기를 계속한다. 그는 "아그립바 왕이여 그러므로 하늘에서 보이신 것을 내가 거스르지 아니하고 먼저 다메섹과 예루살렘에 있는 사람과 유대온 땅과 이방인에게까지 회개하고 하나님께로 돌아와서 회개에 합당한 일을 하라 전하므로"(행 26:19-20)라고 했다. 바울이 전하는 복음은 포괄적이었다. 이는 종교개혁자들보다 한 걸음 더 나아간 것이었다. 즉, 천국행 티켓을 얻는 신학에서 나아가, 더 넓은 의미의 신학을 전했던 것이다.

흥미롭게도 오늘날의 복음주의자들은 종교개혁자들보다 더 나아간다. 그들은 더 확실하게 천국을 강조한다. 사람들에게 당신은 천국에 갈 수 있다고 쉽게 약속한다. 하지만 종교개혁자들은 사람들에게 천국을 보장해 줄 수 없었다. 그저 가톨릭보다 좀 더 나은 방법을 제시할 수 있을 뿐이었다. 종교개혁이 일어나고 나서 2세기가 더 지난 후에도, 기독교인들은 '예수님을 영접하기만 하면' 천국에 가는 것이 확실하다는 단순한 약속을 할 수 없었다. 왜 그랬을까? 구원의 확신에 관한 공인된 교리가 그들 안에 없었기 때문이다. 그들은 원래의 종교개혁자 전통에서 신학을 했다. 그 전통은 곧 '구원이란 하나님의 선택에서 시작되므로 하나님이 우리를 선택해 주실 때까지 기다려야 한다'는 것이었다. 그들은 하나님이 구원해 주시기를 소망할 뿐이었다. 그들은 성경을 읽고 교회에 출석했지만, 구원의 확신에 대한 가르침은 없었다. 바울이 아그립바 왕 앞에서 말한 내용 가운데에도 구원의 확신에 관한 신학적 논증은 없다. 다만 회개와 순종만을 확실히 강조할 뿐이다.

회개는 돌아서는 것이다. 실제로 어둠에서 빛으로 돌아서는 것을 의미한다. 바울은 이렇게 말한다.

> 그가 모든 사람을 대신하여 죽으심은 살아 있는 자들로 하여금 다시는 그들 자신을 위하여 살지 않고 오직 그들을 대신하여 죽었다가 다시 살아나신 이를 위하여 살게 하려 함이라 고후5:15

여기서 바울은 전혀 새로운 삶을 설명한다. 자기중심적 삶을 살지 말라고만 하는 것이 아니라, 삶의 목적이 아주 달라진 삶을 살라고 하는 것이다.

그렇다면 바울이 말하는 아주 새로워진 삶이란 무엇이었을까? 바울은 그런 삶을 얼마나 깊이 이해하고 있었을까? 우리는 바울 이후의 역사, 즉 하나님이 지금까지 인류의 역사 가운데 어떻게 일해 오셨는지를 잘 알고 있다. 그런 의미에서 우리는 바울보다 더 많은 역사적 사실을 알고 있다고 볼 수 있다. 오래전에 살았던 사람들은 대부분 자신의 고향을 벗어나지 못하고 죽었다. 고향에서 30km 이상 떨어진 곳을 한 번도 가 보지 못하고 일생을 마친 사람들을 상상해 보라. 수명이 열두 살, 스무 살, 서른 살에 불과했던 사람들을 상상해 보라. 시공간에 대한 그들의 지식은 지극히 제한적이었을 것이다. 그들은 사탄의 권세에서 하나님께로 돌아선다는 것이 무엇을 의미하는지 다 이해하진 못했을 것이다. 하지만 이러한 시공간적 제약이 있었음에도 바울의 메시지는 확실했다. 그는 인간의 모든 경험을 선교적 관점으로 보았다. 하나님의 뜻이 펼쳐지고 성취되는 하나님의 활동 무대로 해석했다. 그리고 그리스도를 따르는 모든 사람은 결국에는 그와 같이 더 큰 하나님의 그림과 비전을 갖게 될 것이라고 확신하며 설명했다.

그런데 여기 우리가 놓치기 쉬운 중요한 두 가지 사실이 있다. 첫째, 하나님은 왜 바울에게 "이스라엘과 이방인들에게서 내가 너를 구원하여"(행 26:17)라고 하셨을까? 둘째, 그리고 얼마 지나지 않아 왜 바울은 "유대인들이 성전에서 나를 잡아 죽이고자 하였으나"(행 26:21)라고 했을까? 그들이 바울을 죽이려 했던 이유는 무엇이었을까? 사람들은 왜 자신들의 눈을 뜨게 하여 어둠에서 빛으로, 사탄의 권세에서 하나님께로 돌아오게 해주려는 좋은 의도를 가진 바울을 갑자기 잡아 죽이려 했던 것일까?

여기서 잠시 예수님이 하신 설교를 기억할 필요가 있다. 예수님이 처음으로 설교하신 직후, 사람들은 갑자기 예수님을 죽이려 했다. 누가복음 4장을 보자. 처음에 예수님은 모든 사람이 좋아하는 말씀을 하셨다. 당시 상황을 상상해 보자. 사람들은 예수님의 설교를 들으며 미소 지었을 것이다. 서로 옆구리를 찌르면서 이렇게 속삭였을 것이다. "이 사람 설교 너무 은혜로운데!" 그들은 "이 사람이 요셉의 아들이 아니냐"(눅 4:22)라고 말하며, 그분의 설교를 경이롭게 여겼다. 그런데 다음 장면에서 갑자기 분위기가 험악해진다. 분위기가 완전히 반전되었기 때문이다.

예수님은 이방인에 대해 언급하시며, 하나님이 이방인도 사랑하시고 그들에게도 은혜를 베푸셨다는 것을 설명하셨다. 예수님은 엘리야가 이스라엘의 수많은 과부 중 한 명이 아닌, 오직 시돈 땅의 사렙다 과부에게 보냄 받았다고 말씀하셨다. 이에 유대인들은 갑자기 신경을 곤두세우기 시작했다. 그들은 긴장하며 다음 말에 귀 기울였다. 예수님은 이어서 선지자 엘리사 때에도 이스라엘에 수많은 나병환자가 있었지만, 그중 한 사람도 깨끗함을 얻지 못하고 오직 이방인이었던 수리아 사람 나아만 장군만이 깨끗함을 입었다고 말씀하셨다(눅 4:27).

예수님의 메시지는 강력했다. 하나님의 은혜가 이방인 가운데 나타났다는 것이었다. 예수님의 메시지는 이 사실을 강조하며 끝났다. 그러나 유대인들은 기분이 크게 상했다. 자신들보다 이방인을 강조하는 설교에 크게 분노한 유대인들은 예수님을 붙잡았다. 그분을 동네 밖으로 쫓아내고, 산 위 낭떠러지로 끌고 가서 떨어뜨려 죽이려고 했다.

왜 그랬을까? 사람들의 태도가 이렇게 갑자기 돌변한 이유는 무엇이었을까? 하나님이 이방인들을 사랑하시고 은혜를 베푸신다는 말이 그렇게 흥분할 만한 말이었던 것일까? 성경 전체에 이방인을 향한 하나님의 사랑이 관통하고 있었음에도, 유대인들은 그 말씀을 액면 그대로 받아들일 수가 없었다. 그래서 예수님의 설교를 듣는 순간 그들은 기분이 상했고, 예수님에게 살의를 품고서 행동을 개시했다.

성경에 나오는 바울의 첫 설교도 한번 살펴보자. 사도행전에는 안디옥이 두 군데 있다. 바울을 파송한 교회가 있던 안디옥이 있고, 바울이 처음으로 설교한 비시디아 안디옥이 있다. 바울은 안식일에 두 번씩이나 회당 설교자로 회당장의 초청을 받았다. 왜냐하면 그가 랍비 교육을 받은 사람이었기 때문이다. 회당장은 정중하게 바울을 초청했다(행 13:15). 하지만 그들은 바울이 어떤 설교를 할지는 전혀 몰랐다. 바울이 회당에서 설교할 때, 장로들은 당시 관습에 따라 맨 앞줄에 앉아 있었다. 그리고 맨 뒷줄에는 하나님을 경외하는 이방인들이 앉아 있었다. 바울의 설교를 듣던 장로들의 심기가 불편해진 데에는 이유가 있었다. 바울이 한 설교가 앞줄에 앉은 장로들이 듣기에 좋은 설교가 아니었을 뿐만 아니라, 그들이 선을 그어 놓고 멀리하는 이방인들에게 초점을 맞춘 것이었기 때문이다.

회당 뒷줄에 앉아 있던 사람들은 이방인들이었다. 그들은 유대인 개종자가 아니었다. 그들은 유대 율법과 문화를 모두 수용하지는 않았다. 그들은 그저 성경말씀에 큰 관심이 있는, 안식일마다 회당 집회에 참석하는 사람들이었다. 사도행전을 보면, 그들을 경건한 무리, 혹은 하나님을 경외하는 자들(God fearers)이라고 부른다. 그들은 성경을 사랑하고 배웠다. 그러나 유대 율법이나 문화를 따르지는 않았다. 그래서 자신들은 하나님의 사람이 될 수는 없을 거라고 믿고 있었다. 그러나 설교를 통해 바울은 그들이 가지고 있던 사고방식을 깨뜨렸다. 바울은 하나님의 사람이 되기 위해 꼭 율법을 따를 필요는 없다고 말했다. 바울은 당시 회당이 요구하던 방식, 즉 율법을 철저하게 지키는 유대 문화로의 개종이 꼭 필요한 것은 아니라고 주장했던 것이다.

이러한 바울의 주장은 회당 앞줄에 앉아 있던 장로들을 격노케 했다. 바울이 두 번째 초청을 받아 회당에 나타났을 때, 장로들은 무언가 특단의 조치를 취해야 한다고 생각하고 있었다. 당시 풍습에 따라 장로들은 회당에서 설교하는 설교자를 지원하는 발언을 했다. 이는 문화적으로 적절하고 예의 바른 행동이었다. 그러나 장로들은 바울을 전혀 지원하지 않았다. 바울의 설교를 정면으로 반대했다. 바울을 강하게 반박하고 비방했다(행 13:45). 그러나 바울과 바나바는 담대히 말했다. "하나님의 말씀을 마땅히 먼저 너희에게 전할 것이로되 너희가 그것(하나님의 말씀)을 버리고 영생을 얻기에 합당하지 않은 자로 자처하기로 우리가 이방인에게로 향하노라 주께서 이같이 우리에게 명하시되 내가 너를 이방의 빛으로 삼아 너로 땅 끝까지 구원하게 하리라"(행 13:46-47). 바울은 회당에서 담대하게 말씀을 전하고 걸어 나왔다. 회당 뒤쪽에 앉아 있던 이방인들은 이러한 바울의 설교를 기뻐하며 그를 따랐다.

회당 장로들은 더욱 심각해졌다. 바울의 설교는 그들에게 심각한 고민을 더해 주었다. 그 후 회당 장로들은 무엇을 했는가? 시내 유력자들을 선동하여 바울을 박해하고, 심지어 죽이려 했다. 성경에는 유대인들이 바울을 끌고 가서 돌로 쳤으며, 그가 죽었음을 확인한 후에 내다 버렸다고 기록되어 있다. 하지만 바울을 이렇게 박대했던 사람들은 정신이 나간 사람들이 아니었다. 온전한 정신을 가진 사람들이었다. 물론 바울은 죽지 않았다. 사람이 돌에 맞았다고 다 죽는 것은 아니며, 돌에 맞은 사람이 죽은 척하면 사람들은 그가 죽었다고 간주하고 돌아갔기 때문이다. 어쨌든 여기서 중요한 것은, 그들이 바울의 죽음을 확신할 때까지 쳤다는 사실이다. 장로들은 그 정도로 바울을 악하게 대접했다.

사람의 의지와 하나님의 의지가 충돌할 때는 이렇게 엄청난 불꽃이 튄다. 바울의 설교는 성경적인 논증이었다. 단순히 천국행 티켓을 파는 신학적인 논증이 아니었다. 바울은 천국행 티켓을 사람들의 주머니 속에 그냥 넣어 주지 않았다. 대신 그는 사람들에게 전혀 새로운 삶의 방식이 필요하다는 것을 천명했다. 전체 역사를 아우르는 하나님의 뜻을 설명한 것이다.

하지만 이러한 하나님의 뜻에 반대하는 적대 세력이 있다. 이 점을 인식하는 것이 중요하다. 우리는 이 본문을 통해서뿐만 아니라 성경 여러 곳에서, 하나님의 뜻을 대적하는 세력이 존재한다는 사실을 확인할 수 있다. 바울은 수많은 위험과 어려움을 무릅쓰고 사역했으며, 시도 때도 없이 매를 맞았다. 바울은 아마도 역사상 가장 많이 매를 맞은 선교사 중 하나일 것이다.

여기서 잠시 십자가도 생각해 보자. 십자가의 의미는 무엇인가? 십자가 사건을 아주 기쁜 일처럼 기록해 놓은 책들을 읽을 때면, 놀랍기도 하고 혼란스럽기도 하다. 예수님이 달려 돌아가신 십자가, 그분이 흘리신 피로 우리는 죄 사함을 받았다. 그러나 우리는 그 십자가를 마냥 기뻐할 수만은 없다. 십자가의 또 다른 의미는 무엇인가? 이 세상에 하나님을 대적하는 존재가 있다는 뜻이다. 강력한 힘을 행사하는 매우 잔인한 권세들이 존재한다는 사실이다. 십자가는 이렇게 여러 가지 복합적 의미가 있다. 존 파이퍼(John Piper)는 십자가에 계시된 하나님의 목적을 설명하기 위해 50장으로 된 책을 한 권 썼다. 그 책의 뒤표지에 이런 글이 있다.

내가 강조하는 것은 십자가의 원인이 아니다. 나는 십자가를 통해 계시된 하나님의 목적을 강조한다.

랄프 윈터는 존 파이퍼에게 이렇게 물은 적이 있다. "파이퍼 목사님, 십자가가 우리의 원수인 사탄의 권세와 잔혹함을 계시해 주는, 아주 중요한 의미를 갖는다고 생각하지는 않나요?" 랄프는 십자가의 의미를 이렇게 생각했다.

적대 세력의 존재를 알 수 있게 해주는 것은 십자가뿐만이 아니다. 창세기 12장은 복에 대해 설명한다. 우리는 특히 "내가 너로 큰 민족을 이루고 네게 복을 주어 네 이름을 창대하게 하리니 너는 복의 근원이 될지라"(2절)는 본문을 좋아한다. 그러나 창세기가 이야기하는 '복'의 개념은, 지금 우리가 이해하는 복과는 전혀 다르다. 복의 원래 의미는 "내가 물려받아야 할 유산을 너에게 양도해 주겠다"라는 뜻이다. 에서가 받아야 할 유산을 야곱이 받은 것과 같다. 에서의 복이 야곱에게로 양도된 것이다. 이 복은 단순히 물질적인 선물이나 부동산 같은 것이 아니었다. 그것은 오히려 책무, 영원한 책임을 뜻하는 것이었다. 창세기 12장 3절에는 "너를 축복하는 자에게는 내가 복을 내리고 너를 저주하는 자에게는 내가 저주하리니"라고 기록되어 있다. 하나님께 복 받은 사람을 저주하는 사람들이 존재하는 이유는 대체 무엇인가? 우리는 왜 서로 학대할까? 바로 여기에서, 하나님의 뜻에 반대하는 적대 세력이 있다는 원리를 알 수 있다.

창세기에 나오는 노아를 살펴보자. 노아의 시대는 어떠했는가? 성경을 보면 당시 모든 사람이 악행을 계속하고 있었다고 기록되어 있다. 세상은 너무나 악했고, 하나님은 어쩔 수 없이 의로운 한 사람 노아를 선택하실 수밖에 없었다. 여기서 잠시 창세기를 거슬러 올라가면, 라멕이라는 인물을 만날 수 있다. 라멕은 "나의 상함으로 말미암아 소년을 죽였도다 가인을 위하여는 벌이 칠 배일진대 라멕을 위하여는 벌이 칠십칠 배이리로다"(창 4:23-24)라고 말했다. 가인은 어떠했는가? 가인의 악은 어디에서 유래했는가? 에덴동산에 있던 뱀을 떠올려 보라. 하나님은 그분의 형상대로 사람을 창조하셨다. 그러고는 사람에게 "생육하고 번성하여 땅에 충만하라, 땅을 정복하라, 바다의 물고기와 하늘의 새와 땅에 움직이는 모든 생물을 다스리라"(창 1:28)는 문화적 명령(cultural mandate)을 주셨다. 하지만 사실, 문화적 명령이 주어졌던 에덴동산에는 하나님의 뜻을 거역하는 악이 존재하지 않았다. 특별히 맞서 싸우고 다스려야 할 악을 발견하지 못했다. 동물들은 육식을 하지 않았고, 사람도 마찬가지였다. 그 어떤 위기 상황이나 문제가 없었다. 그런데 아담이 타락한 이후, 모든 것이 바뀌었다. 사람이 감당해야 할 문화적 명령의 본질이 철저하게 달라졌다. 왜 그래야만 했는가?

당신은 문화적 명령에 대해 어떻게 생각하는가? 흔히 명령이라는 단어를 들으면, 대부분 군사적 의미에서의 명령을 떠올린다. 그리고 군사적 명령은 문화적 명령을 포함한다.

제2차 세계대전 때, 군인들뿐만 아니라 참전하지 않은 모든 미국인 역시 전시 체제로 생활해야만 했다. 모든 사람의 행동에는 분명하고 합당한 목적이 있어야 했다. 만일 주말에 특별한 이유 없이 그저 기분 전환을 위해 가족들과 차를 몰고 나가면, 50달러 벌금형에 처해졌다. 기름 한 방울이라도 허투루 쓸 수 없었다. 휘발유는 꼭 필요한 곳에만 사용할 수 있었다. 나일론 스타킹은 살 수 없었다. 스타킹을 만들 나일론이 낙하산 줄을 만드는 데 사용되었기 때문이다. 모든 생활이 이런 식이었고, 모든 시민은 전 세계적인 전쟁의 늪에 빠져 살았다.

창세기가 제시하는 문화적 명령은 사소한 일상생활의 영역을 제외하고는 지금도 계속 유효하다. 그런데 이 문화적 명령에 추가할 명령이 하나 더 있다. 바로 영적전쟁에 대한 명령이다. 이 세상에는 죽음으로 내몰리며 고통당하고 있는 수천수만의 사람들이 있다. 사실 전쟁 중에는 고통을 겪는 것이 당연한 일상이므로, 그 시기에 작가들은 고통에 관한 책을 거의 쓰지 않는다. 그런데 신학자들은 고통에 관한 책을 계속 쓰고 있다. 그 이유는 무엇일까? 지금이 전시 상황이라는 사실을 인식하지 못하고 있기 때문이다! 우리도 그렇다. 우리는 전쟁이 벌어진다는 사실을 전혀 인지하지 못하고 있다. 그러나 우리가 계속해서 대적하고 싸워야 할 악의 권세는 분명히 존재한다. 이것이 실제다. 지금은 전시 상황이며, 다양한 영역에서 전투가 벌어지고 있다.

그래서 창세기 1장이 매우 중요하다. 창세기 1장에는 하나님이 창조하신 세상이 "보시기에 좋았더라"고 반복하여 제시된다. 하나님이 보시기에 좋았더라. 이렇듯 하나님이 창조하신 세상은 원래 좋은 세상이었다. 포악한 공룡들이 서로 물고 뜯는 공포의 세상이 아니었다. 그런 약육강식의 세상은 결코 좋은 세상이 아니다.

지난 200년 동안 발굴된 화석들을 보고 과학자들이 유추하듯, 과거에는 다양한 생명체의 종들 사이에서 엄청난 충돌과 갈등이 존재했다. 1812년에 발굴된 한 동물의 뼈는, 지금까지 살아 있는 그 어떤 동물들과도 비교할 수 없을 만큼 포악하고 큰 악어의 뼈였다. 지금까지 수없이 많은 멸종 동물들의 뼈가 발굴되어 왔다. 동물의 종을 연구하는 학자들은 지금까지 우리가 발굴한 동물 종류의 다양성은 사실 전체의 1,000분의 1에 불과하다고 주장한다. 다만 우리는 그동안 얼마나 많은 생명체가 멸종되었는지 짐작할 뿐이다.

따라서 여러 가지 상황을 종합해 보면, 우리가 발굴한 뼈들이 창세기 1장과 정확하게 맞아떨어진다고 할 수 없을 듯하다. 이는 아주 흥미로운 연구 주제임이 틀림없다(이 주제와 생명체의 근원에 대해서는 다음 장들에서 다루게 될 것이다). 창세기 1장과 생명체의 근원, 그리고 화석으로 발굴되어 그 모습을 드러낸 멸종 동물들의 뼈와의 상관관계는 학자적 호기심을 발동시킨다.

윈터는 평생에 걸쳐 성경에 대해 더 알기 원했고, 계속해서 성경을 연구해 왔다. 그러면서 매년 성경의 새로운 면을 발견하고, 이전과는 전혀 다른 의미를 깨달았다. 그리고 이렇게 성경 본문의 새로운 의미를 발견하게 되면, 그 이전까지 소중히 여기며 믿어 왔던 과거의 해석과 의미를 과감하게 포기하는 면모를 보여 주었다. 이사야 49장의 경우도 마찬가지였다. 사실 이사야 49장은 선교적 지상 명령보다 더욱 심각한 명령이다. 그대로 순종하기 어려운 말씀이다. 삼키기 어려울 정도로 쓰지만, 정말 중요한 명령이다.

우리에게는 문명사를 보는 거시적 퍼스펙티브(perspective)가 필요하다. 거시적 이야기 속에는 여러 가지 작은 이야기들이 들어 있지만, 그런 작은 사건 하나하나에만 집중한 나머지 큰 그림을 놓쳐서는 안 될 것이다. 나무로 숲을 말할 수 없듯이, 작은 일화들만으로 거대한 이야기를 해석해서는 안 된다. 하나님의 구속사, 즉 거대한 이야기가 중요하다. 우리는 모두 이번 연구를 통해, 인간의 역사 속에 나타난 하나님의 거대 서사가 의미하는 바를 좀 더 깊이 있게 이해하게 될 것이다.

하지만 문제를 해결하는 완전무결한 결론은 없다. 우리는 이 문제들에 대해 완벽한 결론에 이를 수 없을 것이다. 다만 온 힘을 다할 뿐이다. 이번 장에서 얘기한 것은 이 책을 통해 맛보게 될 놀라운 통찰들에 대한 미리 보기 정도일 뿐이다.

2장
생명의 근원과 생명의 신비

이 책은 방대한 내용을 다룬다. 지금쯤 독자들도 눈치를 챘을 것이다. 그것은 불가능한 꿈이라고 말이다. 아마 대부분 실현 불가능해 보이는 이런 주제를 생각해 본 적이 없을 것이다. 우리가 사는 지구라는 행성에 관한 최신 과학정보를 총망라하여 도출한 전반적인 과학적 사실들이, 성경이 말하는 내용과 전혀 상충하지 않으리라는 생각 말이다.

그러나 성경이 말하는 우주에는 피조물의 모든 영역이 포함되어 있다. 이는 물론 무조건 절대적으로 믿어야 한다기보다, 신성한 빛 아래 해석이 필요한 영역이다. 그러나 이 모든 신학적 전제가 모든 영역에서 사실일 수 있다는 생각은 우리의 가슴을 뛰게 한다.

그렇다면 어디서부터 어떻게 시작할 것인가? 올바른 성경 해석에서부터 시작하자. 우리는 무엇보다도 올바르게 성경을 해석해야만 한다. 우리는 성경을 믿어야 하지만, 잘못된 성경 해석 이론까지 지지할 필요는 없다. 예를 들어, 성경이 어떤 특정한 과학적 사실에 대해서는 침묵한다고 가정해 보자. 그럴 때 우리가 성경을 변호하려는 목적으로 과학적 사실과 완전히 모순되는 이론을 주장한다면, 그것이 과연 올바른 것일까? 또 만일 사실을 설명하는 두 가지 성경 해석이 있는데 그중 하나가 널리 수용된 과학적 사실과 일치할 때, 굳이 과학적 사실과 상반되는 불필요한 해석까지 변호할 필요가 있을까?

잠시 우주의 기원을 살펴보자. 앞서 언급한 바와 같이, 가장 최근에 나온 학설에 따르면 우주는 136억 년 전 거대한 폭발로 생성되었다. 그리하여 91억 년 동안 팽창된 후, 45억 년 전에 지구가 생성되었다. 생명체의 기원에 대해서는 더욱 확실하지 않다. 오래전에 존재했을 것으로 여겨지는 작은 생명체들은 자신의 뼈나 껍질을 남기지 않고 사라졌기 때문에, 생명체가 정확히 40만 년 전에 생겨났다고 확언할 수는 없다.

미스터리 1: 물질

과학은 물질계의 현상을 설명해 주는 학문이지만, 사실 우주 생성에 대해서는 확실한 해답을 제시하지 못한다. 우주는 아직도 심오

한 미스터리에 싸여 있다. 우주는 과연 어떻게 생성되었는가? 수십억 개의 별들이 모인 집단인 은하(galaxy), 은하계에 속한 태양계, 그리고 우리가 살고 있는 지구는 어떻게 생성되었는가? 이들은 모두 생명체가 존재하기 이전에 생성되었을 것이다. 이들은 실로 복잡하고 엄청난 신비의 덩어리들이다. 이런 우주의 신비들 가운데 물질, 에너지, 그리고 방사(radiation) 문제도 포함되어 있다.

물질은 분자로 구성되어 있다. 그리고 분자는 원자라 부르는 작은 기초 단위체로 구성되어 있다. 원자는 마치 태양계의 축소판과 같다. 원자는 원자핵을 중심으로 도는 여러 전자로 구성되어 있고, 전자들의 수는 원자핵 안의 양성자의 수와 상응한다. 하지만 원자 하나 안에 있는 원자핵도 양성자와 중성자를 포함하는, 상상할 수 없이 복잡한 구조로 이루어져 있다. 또한 1957년까지만 해도 소립자로 생각되었던 양성자와 중성자는, 사실 쿼크(quark)라는 더 미세한 소립자로 이루어진 것으로 밝혀졌다. 이들 원자들은 원소들의 주기율표(Periodic Table)에 따라 각각 다르게 구성되어 있다. 일반적으로 가장 작은 원소부터 살펴보자. 수소는 전자 1개가 선회한다. 헬륨은 전자 2개가 선회한다. 리튬은 3개가 선회한다. 알루미늄은 13개다. 참고로 산소의 양성자는 16개이고, 납은 82개, 우라늄은 92개다.

이들 원자는 격리되어 존재하지 않고 대부분 결정질이나 비결정질의 무리(cluster)로 구성되어 있다. 이러한 수많은 원자 집단이 모여 암석이나 수정(水晶), 진눈깨비, 물, 공기 등의 물질들을 형성한다. 우리는 이러한 총체적인 물질적 실존을 무기적(無機的) 우주라 부른다. 사실 무기적 우주는 그 구성이 놀랄 만큼 엄청나게 복잡하다. 이러한 무기적 우주의 작은 구조들은 참으로 가장 신비로운 미스터리다.

미스터리 2: 생명체

그러나 물질보다 더더욱 신비로운 것이 생명체라는 미스터리다. 지금까지 생명체는 지구에만 존재하는 것으로 알려져 있다. 사실 생명체라는 복합적인 현상은 탄소 원자들 사이의 상호 작용이다. 즉, 모든 형태의 생명체는 탄소라는 원자를 바탕으로 정교화되어 복합적으로 작용한 것이다.

무엇보다 크기가 중요하다. 바이러스 하나의 크기가 야구공만 하다고 가정한다면, 박테리아들은 투수의 마운드에 비할 수 있다. 세포의 크기는 야구 경기가 진행되는 다이아몬드형 경기장과 같을 것이다. 기생충의 크기는 야구장이 있는 도시 전체의 크기와 견줄 수 있을 것이다. 그런데 이들 중 가장 작은 크기인 바이러스가 천만 개의 원자로 이루어져 있다는 사실은, 실로 경이롭기 그지없다.

이를 다른 것과 비교해 본다면 더욱 흥미롭다. 엄청나게 크고 복잡한 세포의 크기도, 다른 것과 비교해 보면 너무나 미세할 따름이다. 우리가 문장의 마지막에 붙이는 마침표 하나에 20만 개의 세포를 모두 다 올려놓는다 해도 그 점 하나를 다 덮지 못할 것이다.

이처럼 세포는 극히 미세하다. 그런데 그렇게 작은 세포 안에 세포핵이 있다. 그리고 그 세포핵 안에 이중나선 구조를 가진 DNA 분자들이 있다. DNA 분자는 아주 가늘고 길며, 염기 구조는 복잡하지만 실로 아름답다. 이런 세포에 있는 DNA 분자를 펼쳐서 길게 늘어뜨리면 1.5m나 된다. 하지만 그러면서도 너무나 가늘어, 세포핵 하나 안에 모두 감겨 저장될 수 있다. 아주 미세한 바이러스조차도 이렇게 기다란 DNA 사슬을 가지고 있어서, 세포를 공격한 후 기다란 DNA 사슬을 세포 속에 주입해 버린다.

여기서 주목할 사실이 하나 있다. 바이러스는 지능적으로 세포를 파괴한다는 사실이다. 바이러스는 폭탄과도 같다. 먼저 세포핵에 있는 DNA를 공격하여, 세포가 바이러스를 계속 재생산하도록 교란시킨다. 결국 세포는 터져 죽을 때까지 엄청난 바이러스를 재생산한다. 바이러스보다 큰 박테리아는 파괴적인 것도 있지만, 대부분은 그렇지 않다. 대개 기생충은 크기도 크지만 아주 파괴적이고 치명적이며, 그 지능이 우리의 상상을 초월한다.

연가시(hair worm)를 예로 들어보겠다. 연가시는 메뚜기 속에 들어가 숨어 살면서, 메뚜기의 양분을 닥치는 대로 먹어 치운다. 메뚜기가 뛰는 데 필요한 최소치의 양분만 남겨 두고 다 먹어 버리는 것이다. 그리고 마지막 단계에 이르면, 메뚜기의 뇌세포를 모방하는 단백질을 만들어 낸다. 그 단백질은 메뚜기가 물에 뛰어들어 자살하도록 지시하고, 메뚜기는 곧 명령에 따라 물에 뛰어들어 죽게 된다. 그러면 연가시는 죽은 메뚜기의 몸에서 빠져나와, 유유히 헤엄치며 새로운 번식을 시작한다. 얼마나 영악한 벌레인가! 그러나 진화론자들은 이렇게나 영악한 벌레의 활동을 모두 무작위적 돌연변이(random mutation)의 결과라고만 설명한다. 우리는 여기서 분명한 사실을 발견한다. 세상에는 선한 지성과 악한 지성이라는 두 종류의 지성이 존재한다는 것이다. 우리는 세상에 선한 지성뿐만 아니라 악한 지성도 존재한다는 사실을 분명히 인식해야 한다.

미스터리 3: 인간 생명

생명체는 어떻게 생성되었을까? 학자들은 생명체가 지난 40억 년 동안 진화해 왔다고 주장한다. 그러나 학자들이 발견해 낸 화석은 대부분 캄브리아기 대폭발(Cambrian Explosion) 이후인 지난 5억 년 동안에 형성된 것들이다. 여기서 주목할 것이 있다. 생명체가 진화한 40억 년을 하루 24시간이라고 치면, 캄브리아기 대폭발 이후 지난 5억 년은 전체 진화 기간의 8분의 1에 불과하다. 시간상으로 따진다면 밤 9시부터 12시까지의 3시간 정도일 것이다. 그리고 인류가 출현한 시기는 마지막 0.25초 정도에 불과하다.

진화론 연구를 살펴보면, 흥미롭게도 최근 20년 동안에 발견한 유골과 조개껍데기들이 그 이전에 발견한 것들을 다 합한 것보다 훨씬 더 많다는 사실을 발견할 수 있다. 수천 명의 학자는 지구상 곳곳을 발굴하여 유골들과 유사 이전의 고기물(古器物)들을 찾아냈다. 물론 그중에는 노략물과 위조품들도 상당수 포함되어 있다.

동굴 벽화들과 화살촉들은 역사상 존재했던 생명체들이 얼마나 지성적이었는지 확실히 보여 준다. 예를 들어, 우리는 네안데르탈인들의 역량과 재능을 잘 알고 있다. 그들은 최근의 DNA 검사 결과에 따라 선행 인류(pre-human)로 분류되었다.

인류의 등장

갑자기 생명체들 가운데 이전과는 비교할 수 없이 놀라운 일이 일어났다. 11,000년 전부터 시작된 동식물의 선택 교배(selective breeding)를 증거하는 과학적 증거들은 놀랍기 그지없다. 선택 교배는 신중하고 결연하고 끈기 있으며 영리하게 품종을 개량하는 선발 육종(育種)이었다.

오늘날 전 세계에 걸쳐 수많은 사람이 주식으로 먹는 것은 쌀이나 밀, 옥수수, 감자 등이다. 사람들은 매일 이러한 주식을 먹으면서도 충분히 감사하며 살고 있지 못하지만, 사실 이런 식물들은 수천 년 전 아주 탁월하고도 독특한 지성을 가진 어떤 생명체가 오랜 시간에 걸친 유전자 변형(generic modification)을 통해, 인간이 먹을 수 없던 식물을 인간에게 유익한 식물로 변종시켰음을 무언으로 증언하고 있다. 11,000년 전부터 또 다른 놀라운 일이 일어났다. 위에서 말한 그 놀라운 지성을 가진 생명체가 늑대를 신중하고도 교묘한 방식으로 품종 개량한 끝에, 결과적으로 235종의 개가 생겨났다. 오늘날 개들은 여러 면에서 인간과 가까운 친구가 되었고, 인간 생활에 여러 도움을 제공하고 있다.

여기에 약간의 설명이 필요하다. 고대 사회에 대한 역사적 증거들에 따르면, 초기 인류로 볼 수 있는 사람들은 (다른 자연계의 생명체들과 마찬가지로) 소름 끼칠 만큼 폭력적이고 사악했다. 그들은 서로 잡아먹는 포악한 동물과 같았다.

오늘날 고대 역사를 연구하는 일부 역사가들은 인류의 출현을 아주 중요한 주제로 다룬다. 그들은 모두 서로 잡아먹고 잡아먹히는 폭력적인 상황 속에서, 매우 특출한 지성을 가진 인류가 역사에 처음 등장한 것을 연구하는 것이 화석 유골을 연구하는 것보다 훨씬 더 중요하다고 주장한다. 그런 이유로, 두 가지 질문을 토론 주제로 제안하고 싶다.

1. 동식물 유전자 변형을 일으킨 놀라운 지성을 가진 존재의 출현에서, 인류가 처음으로 출현했던 시기를 추적해 낼 수 있을까?
2. 식물에서 동물이, 동물에서 지성을 가진 인간이 등장하게 한 모든 유전자 변형이 아담 이전에 일어났다고 할 수 있는가?

아담은 누구인가? 아담은 하나님의 형상대로 창조된 인간이다. 아담은 서로 죽이는 야생적이고 포악한 존재가 아니었다. 하나님의 의도대로 창조된 이상적 인간이었다. 그러나 아담이 타락하면서 사정이 달라졌다. 아담의 타락 이후, 아담의 가문에 서로 죽이는 살인적 행동이 나타났다. 인간은 원시적인 존재로 변해 갔다. 죄가 들어온 이후, 에덴의 축복이 파괴되었다.

여기에는 분명한 함의가 있다. 하나님은 자연계 전반을 통해 나타나는 광포하고 악한 폭력을 조장하신 적이 없다. 그것은 하나님의 원래 의도하신 바가 아니다. 그것은 하나님의 의도와 설계를 왜곡한 것이다. 이런 관점에서 에덴동산은 하나님의 원래 의도가 계시된 재창조의 새로운 시작이 될 수 있다. 이는 이사야 11장이 보여 주는 그림처럼, 사자와 어린 양이 함께 뛰노는 곳이다. 하나님의 의도가 궁극적으로 이루어진 곳이다. 그곳에서 생명체들은 다시 한 번 서로 잡아먹지 않고, 폭력이 없는 삶의 모습을 경험하게 된다.

미스터리 4: 영악한 적대 세력

여기서 큰 그림을 보며 우리의 실존을 바르게 인식하는 것이 중요하다. 우리는 이 세상에 자연계를 철저하게 왜곡하는, 적극적이고도 영악한 영적 세력이 있다는 사실을 직시해야만 한다. 또한 오늘날 우리가 하나님의 영광을 드러내기 위해 해야 할 일이 있음을 알아야 한다. 우리는 현재 전 세계적으로 동물과 인간의 생명을 위협하는 미생물의 세계를 철저하게 이해하고 연구해야만 한다.

질병의 원인을 파악하려는 의식이 필요하다. 일견 늦은 감이 있을지라도, 신자들은 질병에 대한 신학적 의미를 철저하게 규명하고 질병의 근원을 찾아내며 질병과 맞서 싸우는 일꾼들을 동원해야 한다. 윈터는 이것을 광의적 개념의 선교로 정의한다. 질병의 증상을 완화하는 것보다 원인을 제거해야 한다는 것이다.

질병에 대한 인식의 전환이 필요하다. 질병의 원인을 제거하는 일이 중요한 선교적 사명의 일부라는 인식이 우리 가운데 더 널리 퍼지지 않으면, 우리는 지극히 제한적인 개인 구원론의 틀에 갇혀 지낼 수밖에 없다. 제한적인 개인 구원론은 내세에 들어가는 개인 구원의 확신만을 강조할 뿐이다. 오늘날 우리 가운데도 내세만을 지향할 뿐, 현실의 골치 아프고 어려운 문제들에 대해서는 전혀 관여하지 않으려는 경향이 팽배하다. 이는 일반적인 기독교인이 지닌 전형적인 세계관이고, 이러한 사고방식의 사람들은 현실 세계에서 벌어지는 전쟁을 전혀 인식하지 못한다. 하지만 사실 그보다 심각한 문제가 있다. 지각 있는 사람들 중에서 많은 이들이 '어떻게 전능하신 사랑의 하나님이 세상에 난무하는 폭력, 고통 그리고 질병을 그대로 허용하시고 용납하실 수 있는가?' 하고 의아하게 생각한다는 것이다. 하나님은 우리가 앞장서서 그분을 돕기만을 바라고 계시는 것일까?

이는 실로 당혹스러운 일이지만, 신학자들과 과학자들은 구체적인 생명 창조 과정을 직접 살펴보면서, 이러한 난제들을 해결해야만 한다. 이 과정에 새로운 요소, 즉 선하고 아름다운 것은 무엇이든 파괴하려 하는 적대 세력이 존재한다는 사실은 문제를 더 복잡하게 만든다. 비록 우리는 이 사실을 자주 언급하지 않지만, 자연계 안에 악의적으로 자연계를 해치는 적대 세력이 존재하는 것이 사실이다. 이 세력은 하나님이 창조하신 모든 선하고 아름다운 자연계를 왜곡하고 타락시켜, 결국 파멸로 이끈다. 동물이 동물을, 사람이 사람을 서로 대적하고 죽이게 한다. 이 적대 세력은 치사율이 높은 바이러스, 박테리아, 그리고 영악하고 독한 기생충들을 통해 인간과 동물을 포함한 모든 자연계를 파멸로 몰아간다.

지적 설계(Intelligent Design) 이론은 흥미롭다. 하지만 거기에도 문제점은 있다. 지적 설계 이론을 적극 주장하는 사람들은 그 이론이 또 다른 문제를 가져온다는 사실을 잘 인식하지 못할 때가 많다. 어떤 이들은 자연계에서 일어나는 끔찍한 폭력들조차 사탄이 아닌 하나님이 하시는 일이라고 생각한다. 이와 대조적으로, 다윈은 전능하신 사랑의 하나님의 모호함을 신중하게 고려했다. 그는 어린 조카딸의 이유 없는 죽음, 부친의 너무 이른 죽음, 그리고 대자연계 전반을 통해 일어나는 광포한 폭력을 놓고 고심했다. 이런 고민을 통해 정리된 그의 진화론은 자연계에 분명히 드러난 악의 문제에 대해 하나님께 책임을 전가하지 않도록 배려한 것으로, 자연계를 순전히 무작위적인 확률로 설명하는 논증이다. 이는 다윈만의 독특한 문제 해결 방법이라고 할 수 있다. 하지만 자연계에 나타나는 악의 문제를 진화론의 틀로만 설명하기보다는 자연계에 존재하는 또 다른 세력인 하나님께 대항하는 사탄의 작용으로 해석했더라면, 다윈은 훨씬 더 수월하게 논리를 전개할 수 있었을 것이다. 어쨌거나 지적 설계론을 주장하는 사람들은 하나님의 선하신 지적 설계와 악한 자의 악한 지적 설계가 공존한다는 사실을 인식할 필요가 있다. 그렇지 않으면 악의 문제를 설명하면서 창조주에 대한 오해를 증폭시키게 될 것이고, 결국 하나님이 악을 조장하고 계시다고 비방하게 될 것이다.

악한 세력의 이런 악질적인 사악성은 인류 역사 전반을 통해 명백하게 드러나 있다. 초기 원시 인류였던 호미니드(hominids), 휴머노이드(humanoids), 또는 근대 인류 속에도 사람이 사람을 죽이는 살인적 행동이 널리 퍼져 있었다. 창세기 역시 이러한 인간의 모습을 기록한다. 이렇게 악은 세상에 만연해 있다. 우리는 파멸적인 질병이 편재하는 세상에서 악의 모습을 분명하게 발견할 수 있다. 과연 하나님의 의도는 무엇인가?

하나님의 의도는 창세기에 기록된 창조, 그리고 이사야 6장과 11장에 사자와 어린 양이 함께 눕는 그림에 잘 나타나 있다. 하나님의 의도를 분명하게 인식한다면, 현실에 대한 우리의 해석은 확연히 달라질 것이다. 우리는 우리가 경험하는 세상이, 사랑과 능력이 많으신 하나님이 처음에 의도하신 바와는 전혀 다른 세상이라는 사실을 인식할 수 있다.

하지만 만일 위험한 늑대를 장시간에 걸친 선택적 품종 개량을 통해 좋은 개로 바꿀 수 있다면, 식인 호랑이에게도 선택적 품종 개량을 시도할 수 있을 것이다. 그렇게 품종 개량을 하는 것이 사나운 동물들을 멸종시키거나 우리에 가두는 것보다는 나을 것으로 보인다. 미국에 야생 호랑이가 5천 마리 정도만 남아 있는 데 비해, 사람들이 잠시 맡아 기르는 애완용 호랑이는 1만 마리나 된다고 한다. 그런데 여기서 '잠시'라는 용어를 사용한 것에 주목하라. 호랑이를 잠시 기를 수밖에 없는 이유는, 제아무리 애완용으로 키우며 사랑을 주고 친절하게 대한다 하더라도 그들이 가진 야성적 DNA는 바뀌지 않기 때문이다. 동물이나 사람에게 풀만 먹인다고 해서 그들이 초식성 동물로 바뀌지 않는 것과 같은 원리다.

유전자 변형(genetic distortion) 문제도 심각한 문제다. 행동 수정이나 영양 개량을 통해 유전자에 영향을 주는 문제보다 유전자 변형 문제가 훨씬 더 심각하다. 여러 대에 걸친 선택적 품종 개량은 종의 변화를 가져올 수도 있을 것이다. 하지만 그런 품종 개량은 유전자 접합(gene splicing) 기술과 비교하면 아무것도 아니다. 이런 관점에서 볼 때, 원죄를 유전자 변형의 결과로 얘기할 수도 있다. 바로 원죄에 문제가 있다. 바울이 로마서 7장에서 잘 지적하고 있듯이, 복음의 놀라운 능력이 사람들의 삶을 변화시켰음에도 원죄 때문에 인간은 언제나 죄를 지향하게 된다.

미스터리 5: 인간집단 문명 탄생의 신비

인간은 그 존재만으로도 복잡하고 미묘하다. 그러나 인간집단 문명, 즉 인간집단의 복합성은 더욱 신비롭다.

인류 역사에 갑자기 등장했던 고급 문명들이 있었다. 고도로 발달했던 과거 문명들은 과학이 극도로 발달한 오늘날의 문명과 비교해도 손색이 없을 정도로 높은 과학적 수준을 자랑하고 있었다. 오늘날의 달력보다 더 우월한 월력을 만들었던 문명들도 있었다. 하지만 실로 놀라운 이들 고급 문명들은 갑자기 역사의 무대에서 사라졌다. 우리는 여러 곳에 남겨진 유물과 역사의 흔적을 통해 그들의 높은 문명 수준을 짐작할 뿐이다. 이 문명들은 왜, 어떻게 역사에서 사라졌을까? 그 문명들은 쇠퇴하고 있었지만, 그들 문명이 시작되었던 초기 기록은 어디서도 찾을 수 없다.

이집트 문명을 예로 들어 보겠다. 피라미드나 스핑크스는 이집트 문명이 가졌던 가장 탁월한 건축 기술을 보여 준다. 그러나 그 이후로 이집트 문명은 그 이상의 성취를 보여 주지 못했다. 잠시 영국에 대해서도 생각해 보자. 영국 윌트셔 주 솔즈베리 평원에는 고대의 거석 기념물인 스톤헨지(Stonehenge)가 서 있다. 이 거석 기념물의 용도는 무엇이었을까? 과학자들은 아직도 이 기념물에 관해 충분히 설명할 말을 찾지 못하고 있다. 그저 여러 정황을 통해, 그것이 가장 오래된 천문대였으리라 미루어 짐작할 뿐이다.

그런데 이 석조 구조물에는 주축이라고 할 수 있을 바깥 도랑이 잘려 나가는 바람에 사각형의 광장이 부설되어 있고, 그 중간에 힐스톤이라 불리는 1개의 돌이 있다. 이는 석조물의 용도를 극대화하기 위해 후에 첨가된 것으로 보인다. 이 석조 구조물은 정교하다. 마치 자동차를 설계한 설계사가 자신의 완전한 자동차 설계를 보여 주려고 부속을 분해하여 다시 재조립한 것처럼 정교하다. 그런데 바로 여기에 문제가 있다. 이 석조 구조물이 정교하게 설계되고 시공되었으나, 무언가 문제가 생겨 설계자의 후예가 차후에 구조물을 첨가하여 수리한 것처럼 보인다는 것이다.

하지만 수리가 다 끝난 후 이 석조 구조물은 원래 의도했던 목적에 부합하지 못하는 구조물이 되고 말았다. 이 석조 구조물은 수리하기 이전의 형태가 훨씬 더 정교했음을 보여 준다. 이 석조 구조물을 수리한 후대 건축가들은 선조들의 정교한 건축술을 정확히 배우지 못했고, 충분히 이해하지도 못했다. 그들은 태어나면서부터 선조들이 살았던 같은 장소에서 살았고 이 석조 구조물을 보면서 자랐지만, 석조 구조물의 기능을 바로 알지 못했다. 그런 이유 때문에, 석조 구조물을 수리하긴 했어도 원래 조상이 의도했던 기능대로 바로 회복시킬 수가 없었다.

여기에 인간집단 문명의 신비로움이 숨어 있다. 석조 구조물은 조상의 문명이 후대의 문명보다 훨씬 더 정교하고 복잡했다는 증거가 된다. 후대는 조상의 탁월한 문명에 대한 지식을 잊어버리고 말았다. 초기에 고대 문명은 단순했을 것이지만, 점차 고급 문명으로 발전했을 것이다. 그러나 최고의 문명을 자랑하던 고대 문명들이 갑자기 쇠퇴해 버렸고, 역사에서 사라졌다. 이것이 인간집단 문명의 신비다.

미스터리 6: 지상명령의 신비

다음 장에서는 좀 더 흥미로운 주제를 다룰 것이다. 가장 핵심적인 여섯 번째 미스터리, 즉 바울이 신비(mystery)라 부른 지상명령을 다룰 것이다. 그것은 모든 피조물을 재정복하는 아브라함의 언약을 성취하시는 하나님의 계획, 즉 하나님의 지상명령이다. 바로 이것이 성경 전체를 관통하는 본질적인 이야기며, 성경을 넘어선 역사의 이야기다.

3장

성경에 나타난
하나님의 계획, 지상명령

우리는 지금까지 여섯 가지 미스터리에 관해 이야기했다. 앞 장에서는 물질, 생명체, 인간 생명, 영악한 적대 세력, 높은 수준을 자랑하던 인간집단 문명의 탄생과 쇠퇴에 대해 살펴보았다. 이제, 여섯 번째 미스터리를 좀 더 깊이 살펴보자.

미스터리 6: 성경에 나타난 하나님의 계획과 지상명령의 신비

선택은 하나님의 전략이다. 하나님이 사람을 선택하신다. 하나님이 노아를 선택하시어 홍수 심판에서 살아남게 하셨고, 노아의 자손이 중동 지방 전역에 퍼져 살게 하셨다. 시간이 조금 더 흐른 후 하나님이 아브라함을 선택하셨고, 그를 온 세상에 믿음과 축복을 전하는 통로로 사용하셨다.

성경은 하나님이 이스마엘 대신 이삭을 선택하시고, 에서 대신 야곱을 선택하셨다고 기록한다. 또 하나님은 모세를 선택하셨으며, 그 후에 여호수아를 선택하셨다. 하나님은 모든 이스라엘 전체보다 남유다를 선택하셨다. 바벨론 포로로 잡혀갔던 이들 중에서 3분의 1정도만이 고향으로 다시 돌아올 수 있었고, 나머지 3분의 2는 바벨론에 남았다. 예수님이 오신 1세기까지 조상이 살던 곳으로 돌아온 유대인은 3분의 1에 불과했다.

신약에서도 하나님의 선택은 분명하게 드러난다. 하나님은 예루살렘이 아닌, 이방의 갈릴리(Galilee-of-the-Gentiles)를 선택하셨다. 또한 다른 모든 지방 가운데 나사렛을 택하셨고, 동정녀 마리아를 택하셨다.

하지만 이러한 하나님의 선택을 오해하는 이들이 많다. 하나님의 선택을 배타적이며 독점적인 선택으로 해석하는 것이다. 하지만 창세기 21장은 놀라운 내용을 이야기한다. 이방인 아비멜렉이 하나님의 입술이 되어 아브라함에게 하나님의 말씀을 전하는 것이다. 그는 자기 아내를 다른 사람에게 내준 아브라함의 비도덕적인 행위를 엄하게 꾸짖는다. 아비멜렉은 "무슨 일을 하든지 하나님이 함께 계시니, 내 아들과 손자에게 거짓되이 행치 않기를 맹세하라"고 요청했고, 아브라함과 우물에 대한 계약을 체결했다(창 21:22-34). 아비멜렉은 아브라함 언약에 속한 백성이 아니었다. 그러나 하나님의 선택에는 이방인도 포함된다. 이스라엘의 선민사상처럼, 유대인만을 선택하는 배타적이고 독점적인 선택이 아니다.

성경은 그다지 자랑할 것이 없어 보이는 이스라엘 민족을 중심으로 전개되며, 작은 나라에 불과한 이스라엘이 역사를 정확하고도 꼼꼼히 기록하는 것처럼 보인다. 그리고 그중 불쾌하고 못마땅한 내용만 골라 기록한 것처럼 보이는 부분도 있다. 이 점에 관해 영국 역사가 허버트 버터필드(Herbert Butterfield)는 이렇게 주장했다. 성경에 유대인들의 이야기가 특별하게 기록된 것은, 그것이 그들만의 역사가 아닌 역사적 사료를 편집한 사서(史書, histography)이기 때문이라는 것이다. 하나님이 이스라엘을 선택하신 것은 그들에게 배타적인 선민사상을 심어 주기 위함이 아니라, 모든 나라에 그분의 믿음과 복을 전하기 위한 선교적인 선택이었다는 것이다.

성경에는 하나님이 온 세상 나라에 말씀하고 행하신 모든 일이 다 기록되어 있지는 않다. 성경에는 역사적 사료가 선택적으로 기록되어 있기 때문이다. 그런데 우리는 성경이 이스라엘을 중심으로 기록되었다는 선입견에 사로잡혀, 하나님이 다른 이방 나라들에는 별다른 관심이 없으실 거라고 생각하는 경향이 있다. 기독교인들은 일반적으로 하나님이 유대인을 선택하셨기 때문에 하나님이 유대인 전통을 통해서만 말씀하시며, 유대인을 통해 그분의 뜻을 계시하신다고 간주한다. 하나님이 다른 문화 전통에는 관심이 없으시다고 여기는 것이다. 그러나 그렇지 않다. 성경은 유대인에 대한 기록과 유대 문화적 특성이 있는데, 우리는 성경에 기록된 내용이 아니라 성경의 관점이 중요하다는 것을 알아야 한다. 성경을 읽을 때는 성경의 유대 문화적 내용이 아닌, 유대적인 것을 넘어서는 성경 안의 보편적 관점을 이해하는 것이 더욱 중요하다.

성경은 독특하다. 성경에는 놀랍고도 독특한 문학적 기록들이 가득하다. 비록 깜짝 놀랄 정도로 솔직하고 자기 비판적인 내용도 포함되어 있지만, 인생사에 일어난 특이하거나 일반적인 사건들만을 나열한 것이 아니다. 성경에는 놀랄 만큼 세밀하게 인간과 인간 경험, 그리고 그들이 그 상황에서 무슨 생각을 했는지가 기록되어 있다. 이를 통해 우리는 성경에 등장하는 사람들이 특정 상황에서 가지고 있었던 여러 가지 독특한 관점들을 발견할 수 있다.

성경은 어떤 책인가?

우선 성경이 어떤 책인지에 대해 알아보자. 성경을 이해하는 다양한 관점이 있다. 그런데 성경에는 아무런 오점이 없다는 이른바 '성경 무오설'을 믿는 것과 성경 해석에 관한 '무오설'을 믿는 것은 전혀 다른 차원의 일이다. 성경은 변할 수 없지만, 성경 해석은 달라질 수 있기 때문이다.

창세기를 해석하는 데에도 적어도 세 가지의 가능성이 있다.

첫째, 성경 전체를 해석하는 일반적인 원칙으로, 성경에 기록된 내용은 당시 성경을 기록한 저자와 성경을 읽는 독자 모두에게 의미가 있다고 보는 관점이다.

둘째, 성경에 기록된 내용은 이중적 의미가 있다는 관점이다. 성경은 기록된 당시 상황에도 의미가 있던 내용이었을 뿐만 아니라, 미래에 일어날 일에 대해서도 의미 있는 기록이 된다는 것이다. 이런 해석은 드문 경우에 해당하지만, 성경에는 종종 이런 내용이 기록되어 있다. 신약 시대에 나타날 그리스도를 예언하는 구약 말씀들이 바로 이런 경우다.

셋째, 성경에 기록된 내용은 미래에 일어날 일을 기록한 예언적인 것으로, 당시의 저자나 청중에게는 혼란스럽고 의미 없는 내용이었을 가능성이 높다는 것이다. 이는 두 번째 경우보다 더욱더 드문 경우에 해당한다.

창세기 1장의 경우를 살펴보자. 우리는 창세기가 기록되었을 때 그것이 당대인들에게 의미가 있는 문서였거나 그들에게 아직 알려져 있지 않았던 우주 창조 내용을 기적적으로 보여 주는 것이라 해석할 수 있다. 그러나 당대인들에게 창세기 1장이 의미했던 바는 우리가 생각하는 것과는 달랐을 가능성이 높다. 우리 현대인들은 창세기 1장이 기록되었을 당시의 상황을 바탕으로 생각하기보다는, 성경 본문에 현대의 천문학적 지식을 투사한 나머지 성경을 시대착오적 관점으로 읽게 될 수 있다. 우리는 창세기 본문에 그동안 이루어진 과학적 발견들을 투사하는 잘못을 범해 왔다. 물론 우리는 창세기를 해석하는 데 현대 과학을 사용하는 잘못을 저지를 수도 있다. 하지만 발전된 현대 과학을 창세기에 적용하여 의미를 추출하는 것은, 당시 원저자가 의도했던 바를 모호하게 만들 가능성이 매우 높다.

성경 해석이 중요하다. 우리가 성경의 한 구절을 잘못 해석하게 되면, 본문 전체를 잘못 해석하게 된다. 그뿐만 아니라 성경의 본뜻마저 덮어 버리는 잘못을 범하게 된다.

창세기 1장과 12장을 해석하는 방법이 같은 것은 아니다. 우리가 성경의 본뜻을 강조한다고 해서, 아브라함의 언약이 당대인들에게만 적용되는 것이라고 우길 수는 없다. 창세기 12장은, 고대적 의미와 현대적 의미가 완전히 구별되는 창세기 1장과는 다소 다른 말씀이다.

아브라함의 언약에 대한 구체적인 의미는 무엇일까? 그것은 '퍼스펙티브스' 과목에 자세히 설명되어 있는 바와 같이, 창세기에 처음 등장하는 지상명령이다. 이제 창세기에 등장하는 지상명령이 가진 두 가지 측면을 좀 더 자세히 살펴보자.

신약성경과의 연결 고리

창세기에 기록된 지상명령은 아브라함에게 3번(창 12:1-3, 18:18, 22:18), 이삭과 야곱에게 각각 1번씩 주어졌다(창 26:4-5, 28:14-15).

여기서 매우 흥미로운 점은, 창세기 28장 15절의 명령이 마태복음 28장 20절에 나오는 지상명령과 아주 비슷하다는 것이다. 구약이 히브리어로 기록되었고 신약은 헬라어로 기록되었기 때문에, 영어 번역본만으로는 그 내용이 그리 비슷해 보이지는 않는다. 하지만 헬라어로 구약을 번역한 성경인 70인경과 헬라어 신약을 비교해 보면, 문장이 거의 같다. 창세기 28장 15절에 기록된 말씀은 마태복음 28장 20절 "내가 세상 끝 날까지 너와 함께 있으리라"는 말씀과 거의 같다.

70인경에 쓰인 창세기 28장과 마태복음 28장이 거의 같다는 사실은, 예수님이 마태복음 28장에서 의도적으로 구약의 야곱에게 주어진 지상명령의 말씀을 반복하셨다는 생각에 이르게 한다. 야곱은 이스라엘이라고도 불렸고, 예수님은 아브라함의 자손이 아닌 특별히 이스라엘 자손을 지칭하여 말씀하셨다. 이 점은 시사하는 바가 크다. 여기서 우리가 꼭 기억해야 할 내용은, 지상명령은 신약 시대에 처음으로 만들어진 것이 아니라 이미 창세기에 나타나 있었다는 점이다.

예수님만 구약에 나타난 지상명령을 인용하신 것이 아니었다. 베드로는 창세기를 인용하여 "너희는 선지자들의 자손이요 또 하나님이 너희 조상과 더불어 세우신 언약의 자손이라 아브라함에게 이르시기를 땅 위의 모든 족속이 너의 씨로 말미암아 복을 받으리라 하셨으니"(행 3:25)라고 선포했다. 바울도 창세기에 기록된 지상명령을 갈라디아서 3장에서 언급했다.

> 또 하나님이 이방을 믿음으로 말미암아 의로 정하실 것을 성경이 미리 알고 먼저 아브라함에게 복음을 전하되 모든 이방이 너를 인하여 복을 받으리라 하였으니 갈 3:8

이 구절에서 바울이 말하는 아브라함의 믿음이란 무엇인가? 당시 아브라함의 믿음은 지금 우리가 자연스레 이야기하는 "그리스도를 아는 구원에 이르는 지식"이 아니었다. 당시 아브라함에게는 오늘날 우리처럼 그리스도를 이해할 수 있는 지적인 정보가 없었다. 아브라함의 믿음은 그리스도 사건을 머리로 아는 지식이 아니었다. 그러므로 우리는 성경에 나타난 믿음은 순종과 나누어 생각할 수 없다는 결론에 이를 수 있다. 성경적 믿음은 곧 순종이기 때문이다.

로마서 1장 5절에서도 바울은 모든 이방인 중에서 '믿어 순종케 하는' 사도적 직분을 언급한다. 바울은 자신이 받은 복음은 모든 이방인을 믿어 순종하게 하는 복음이라고 단순하게 요약했다. 그 복음은 하늘 아래 구원을 베푸는 유일하신 이름인 그리스도와 그분의 보혈에 근거한 복음이다. 복음의 메시지는 이스라엘뿐만 아니라 이방인들까지 모두 포함하는 보편석인 말씀이며, 하나님은 유대인이나 이방인을 차별하지 않고 언제나 모두 영접하신다.

복

복이란 무엇인가? 성경을 보면, "네게 복을 주어…땅의 모든 족속이 너로 말미암아 복을 얻을 것이라"(창 12:2-3)는 말씀이 나온다. 그리고 이 말씀은 현대에 만연한 번영 신학과 완벽한 조화를 이룬다. 그런데 우리는 우리가 원하는 방식대로, 우리가 원하는 의미를 부여하면서 성경을 읽는다. 그럴 때 가장 큰 오해를 불러일으키는 단어가 바로 '복'이라는 단어다. 히브리어 성경에서 이 '복'이라는 단어는 창세기 안에서 여러 가지 다른 의미로 반복되어 사용되었다. 예를 들어, 에서가 아닌 야곱이 복을 받았을 때의 복은, 야곱이 조상의 땅을 물려받았다는 의미가 아니었다. 이 '복'은 무거운 책임을 의미했다. 즉, 가장으로서 가족을 이끌어야 할 중책을 나이 든 아버지에게서 물려받는 것을 의미했다. 복을 받은 야곱은 이제 집안의 대들보가 되었고, 조상으로부터 내려오는 혈통을 이어가는 책임을 공식적으로 맡게 되었다.

야곱의 '복'을 오늘의 언어로 표현할 수 있을까? 우리는 복이라는 단어가 갖는 두 가지 의미를 잘 분별할 수 있어야 한다. 천국행 티켓을 거머쥐는 복, 그리고 천국의 가족의 일원이 되는 자격과 특권을 받아 천국 가족과 영원한 관계를 맺는 복은 서로 분명히 다른 개념이다. 예수님은 이런 영원한 가족 관계를 맺는 복을 염두에 두고 이렇게 말씀하셨다. "아버지께서 나를 보내신 것 같이 나도 너희를 보내노라"(요 20:21). 이 복은 새로운 가족 탄생을 의미하는 것이며, 우리를 하나님 나라로 인도한다. 그러나 하나님 나라는 전쟁 중이다. 그곳은 안전하고 평화로운 나라가 아니다.

하지만 가난과 압제, 극심한 기근에 시달리는 신자들은 천국에 가는 것만을 앙망한다. 한때 어려운 시기를 지나야 했던 미국의 복음주의자들도 내세를 앙망하며 이렇게 노래했다.

> 죄 많은 이 세상은 내 집 아니네.
> 내 모든 보화는 저 하늘에 있네.
> 저 천국 문을 열고 나를 부르네.
> 나는 이 세상에 정들 수 없도다.
> 오 주님 같은 친구 없도다.
> 저 천국 없으면 난 어떻게 하나.
> 저 천국 문을 열고 나를 부르네.
> 나는 이 세상에 정들 수 없도다.

참으로 영감 있는 찬송이다. 하지만 이 노래에는 성도가 이 땅에서 하나님 나라를 위해 전쟁에 참여해야 한다는 영적 실재에 대한 언급이 없다.

수많은 찬양이 이처럼 내세에 고착되어 있다. 이것이 문제다. 하지만 이런 내세지향적인 성향은 천국 가족에 대한 지식과 책임을 강하게 가질수록 사라진다. 따라서 우리는 하나님 나라와 천국 가족이 이 땅에서, 오늘 여기서 해야 할 선교적 책임이 무엇인지 올바르게 이해해야 한다. 이 땅에서 천국 가족으로 살아가는 사람은 하나님의 성품을 닮아 가려 온 힘을 다하고, 하나님의 이름을 영광스럽게 하기 위해 혼신의 힘을 다하는 사람이다.

아브라함의 혈통은 살아남았다. 하지만 혈통만으로는 부족하다. 영적으로 거듭나야만 한다. 사탄을 대적하는 전쟁터에서 싸우는 군인이 되어야 한다. 우리가 구원을 받고 거듭나면, 하늘에 있는 '어린양의 생명책'에 우리의 이름이 기록된다. 그러나 그것이 전부가 아니다. 우리는 이 땅에서 사탄과의 전쟁에 참여하는 군인으로서 하늘 군대의 명부에 이름이 올라 있다는 것 또한 인식해야 한다. 바울은 우리가 싸워야 할 사탄과의 전쟁을 다음과 같이 설명한다.

> 우리의 씨름은 혈과 육을 상대하는 것이 아니요 통치자들과 권세들과 이 어둠의 세상 주관자들과 하늘에 있는 악의 영들을 상대함이라 엡 6:12

우리의 사명은 분명하다. 사람들을 천국으로 보내는 것만으로는 사역을 완성할 수 없다. 우리는 사람들 안에 천국이 임하게 해야 한다. 제날짜에 부대로 복귀하지 않는 군인은 탈영병으로 간주된다. 천국 군대에 소속된 군인도 제때에 자대로 복귀하지 않으면 탈영병이다. 예수님은 우리에게 "아버지의 나라가 속히 오게 하소서. 아버지의 뜻이 하늘에서 이루어진 것 같이 땅에서도 이루어지게 하소서"(마 6:10)라고 기도하라고 가르쳐 주셨으며, 제자들에게 "내가 이 반석 위에 내 교회를 세우리니 음부의 권세가 이기지 못하리라"(마 16:18)고 믿음을 심어 주셨다. 이는 지옥의 요새가 제아무리 강하다 한들 사탄의 일을 멸하는 하나님의 사역, 즉 하나님 나라의 공격을 막아 낼 수는 없다는 뜻이다.

우리의 핵심 사명은 우리 가족과 성도의 필요를 채우는 것만이 아니다. 하나님 나라가 이 땅에 임하도록 사탄과의 전쟁에 적극 참여하는 것이다. 물론 전쟁에 참여하다 보면, 부상을 당할 수도 있고 목숨을 위협하는 임무를 수행할 수도 있다. 그러나 이는 예수님의 또 다른 말씀을 상기시킨다. "무릇 자기 목숨을 보전하고자 하는 자는 잃을 것이요 잃는 자는 살리라"(눅 17:33). 우리는 선한 싸움을 싸워야 한다. 제 목숨을 보전하려고 전쟁에서 도망치는 탈영병의 길을 택하는 것은 바람직한 길이 아니다. 하나님의 군대와 함께 선한 싸움을 싸우는 것이 더 안전하다.

4장
성경이 전개하는 문명운동 이야기, 첫 번째

어릴 적 우리는 주일학교에서 수많은 성경 이야기를 배운다. 그래서 상당한 성경 지식을 소유하게 되고, 선한 사마리아인, 모세, 베드로, 다윗, 아브라함의 이야기에 무척 친숙해진다. 하지만 그 모든 이야기가 하나의 거대한 드라마의 일부라는 사실까지는 인식하지 못한다. 예를 들어, 이사야 선지자가 모세 이전의 사람인지, 다윗 이후의 사람인지, 혹은 욥 이전인지 잘 모른다는 것이다. 단편적으로 성경 이야기를 접하다 보면, 성경이 구속사를 보여 주는 하나의 거대 서사라는 사실을 짐작하기가 쉽지 않다.

원터도 그러했다. 시간이 지나면서 원터는 예수 그리스도에 관한 이야기가 여러 번 반복되는 성경이 복음서라는 사실을 깨달았다. 그리고 나자 사도 바울이 눈에 띄었다. 그가 서신서를 무척 많이 쓴 사도라는 것을 알 수 있었다. 하지만 어떤 서신이 먼저 기록되었는지 그 순서는 모르고 지냈다. 다음에는 사도 요한에 관심을 갖기 시작했다. 나중에는 사도 요한이 기록한 요한계시록에 관심을 두게 되면서, 결국에는 요한이 제일 마지막 사람이라고 생각하게 되었다.

하지만 구약은 복잡하여 도무지 이해할 수 없었다. 구약이 창세기로 시작된다는 것은 알았지만, 그 후로는 마치 길 없는 광야에서 방황하는 것만 같은 느낌이었다.

윈터는 20대에 프린스턴 신학교에서 수학했다. 신학생으로 공부하면서, 지역교회에 나가 전도사로 성인 성경공부반을 가르쳤다. 그렇게 교회에서 전도사로 사역하면서, 성경을 한눈에 볼 수 있었다. 그리고 구약 전체를 1분 내로 이야기하게 되었다.

윈터는 교인들도 1분 내로 구약 이야기를 하도록 가르쳤다. 그들에게 얼마나 도움이 되었을지 모르지만, 그에게는 중요한 일이었다. 윈터의 구약 이야기는 아브라함이 갈대아 우르를 떠나 약속의 땅으로 가는 것에서 시작했다. 흉년이 들자 아브라함의 자손들은 애굽으로 이주하여 400여 년을 보낸다. 그리고 모세가 이스라엘 자손을 데리고 출애굽하여, 40년 동안 광야에서 방황한 후, 여호수아가 이스라엘 백성을 또다시 약속의 땅으로 인도한다. 하지만 이스라엘 민족은 약속의 땅에서 사사들의 지도 아래 400년 동안 혼란스러운 생활을 한다. 사무엘 선지자가 마지못해 사울과 다윗 왕에게 기름을 붓는다. 솔로몬 이후 왕국은 남북으로 분열하고, 북이스라엘은 앗시리아에 포로로 잡혀간다. 400년 동안 왕들이 통치하던 남유다는 바벨론에 포로로 잡혀갔다가, 그중 3분의 1이 70년 후에 고향으로 다시 돌아왔다. 그리고 남유다가 멸망한 지 400년이 되었을 때, 예수님이 탄생하셨다. 여기까지가 바로 윈터가 1분 안으로 요약한 구약 이야기다.

윈터는 선교 지향적인 교회에서 성장했고, 구약 안에도 선교적으로 중요한 구절이 상당히 많다는 것을 배우게 되었다. 그는 (비록 확실하지는 않았지만) 하나님이 선교에 관심이 많으시며, 구약 내내 하나님은 예수님이 하늘로 승귀(昇貴)하셔서 역사를 바꾸기 시작할 순간을 기다리고 계셨다고 믿었다.

이사야 49장 6절 말씀을 좋아했던 윈터는 이 본문을 중심으로 자주 설교했다. 윈터는 이 말씀의 의미를 이렇게 생각했다. 바벨론 포로로 살아가는 이스라엘 자손들에게는 땅 끝까지 선교사를 보내는 것이 가장 중요하고, 그들이 고향으로 돌아가는 것은 이차적인 문제라는 것이었다. 그는 이 본문으로 자주 설교했지만, 본문의 깊이를 바로 이해하지 못하고 여러 해를 보냈다. 본문에서 언급하는 '땅 끝'이 바로 이스라엘 백성이 당시 포로로 잡혀 와 살고 있는 바벨론을 의미한다는 것을 깨닫기까지 여러 해가 걸린 것이다. 즉, 이스라엘 백성은 이미 땅 끝에서 살고 있었다.

> 내 종아, 네가 야곱의 지파들을 일으키고 살아남은 이스라엘 백성을 회복시킬 것이지만 너에게는 이보다 더 큰 과업이 있다. 내가 너를 이방 민족의 빛이 되게 하여 온 세상에 내 구원을 베풀도록 하겠다
> 사 49:6, 현대인의성경

이 말씀은 선교적인 내용처럼 보인다. 그렇지 않은가? 하지만 하나님이 그들에게 명하신 것은 외국으로 선교사를 파송하는 것이 아니라, 그들을 포로로 잡아간 바벨론 원수들에게 말씀을 증거하고 그들 가운데서 빛이 되라는 것이었다. 사실 이스라엘 백성에게는 머나먼 땅으로 선교사를 파송하는 것보다 자신들의 압제자에게 복음을 전하기가 훨씬 더 어려웠을 것이다. 당시 사람들은 지구가 평평하다고 여겼으므로, 그들에게 땅 끝은 평지가 끝나 이란이나 터키의 산들이 펼쳐져 있는 곳인 바벨론 땅이었다. 이 사실은 이사야 본문에 대한 윈터의 이해를 근본적으로 바꿔 주었다.

시편 67편도 구약에 나타난 중요한 선교적인 시다. 다음 말씀을 살펴보자.

> 하나님이 우리에게 복을 주시리니 땅의 모든 끝이 하나님을 경외하리로다 시 67:7

앞서 살펴본 바와 같이 창세기 12장에서는 선교 명령이 다섯 번

이나 반복되었다. 이 사실은 윈터의 선교 신학에 큰 영향을 끼쳤다. 그것은 땅에 있는 모든 가정이 하나님 가족의 일원이 되어야 한다는 것이었다.

성경의 큰 이야기는 이 한 가지 주제를 바탕으로 아브라함에서 그리스도에게까지 이른다. 마르틴 루터의 창세기 주석을 보면 흥미로운 내용이 있다. 루터는 이스라엘 최초의 족장이었던 아브라함이 주변 지역 7개 부족에게 믿음을 전했다고 지적했다.

그 후 이스라엘 백성이 애굽에서 종살이를 하던 시절, 하나님은 이스라엘 백성이 그들을 종으로 부리는 애굽인들에게 하나님을 증거하는 선교 사명을 감당하기 원하셨다. 당시 애굽에서 실제로 어떤 일이 일어났을지 누가 알겠는가? 애굽의 투트 왕 무덤에서 나온 문서 중 일부가 시편에 나온다. 물론 이 시편은 역사적으로 애굽 종살이 기간이 지난 한참 후에 기록되었지만, 그중 일부는 이스라엘 백성의 애굽 생활을 묘사한다.

그다음의 사사 시대는 십자군 시대와 유사한 점이 있다. 이스라엘은 주변 나라들에 자연스레 믿음을 전하지 못했고, 오히려 주변 나라들과 수많은 전쟁을 벌였다. 그럼에도 이스라엘 백성 가운데 역사하시는 하나님을 보여 줄 수 있었고, 그 결과 주변 나라들은 이스라엘 백성의 하나님을 매우 두려워하게 되었다.

열왕기 시대에는 시바 여왕이 등장한다. 시바 여왕은 솔로몬에게 지혜를 배우려고 이스라엘을 찾았다. 또 시리아의 장군 나아만은 하나님의 치유를 경험하기 위해 이스라엘을 찾았다. 또한 요나는 니느웨로 보내진다.

그 후 바벨론 포로 시대 때도 하나님의 선교 이야기는 계속되었다. 우리가 이사야서를 공부한 바와 같이, 포로된 이스라엘 백성은 자신들을 포로로 잡아온 바벨론 사람들을 구원하는 선교적 도구가 되어야 했다.

여기서 북이스라엘 왕국에 속한 지파들이 앗시리아에 포로로 잡혀간 이후 어떻게 되었는지 알아 둘 필요가 있다. 성경에 직접적으로 언급되어 있지 않으므로, 우리는 그들이 어떻게 되었는지 확실히 알 수 없다. 그러나 사도행전에 나오는 베드로의 증언이 힌트를 제공한다. 베드로는 당시 로마 제국의 모든 도시에 모세의 율법이 선포되었다고 한다. 이는 유대인 디아스포라가 로마 제국 전역에 널리 퍼져 있었다는 뜻일 것이다. 그 가운데에는 북이스라엘에 속했던 지파들도 섞여 있었을지 모른다.

하나님의 선교는 부지불식간에 하나님의 방법으로 이루어진다. 자의든 타의든 상관없이, 하나님의 사람들이 모여들고 흩어지는 상황 속에서 그분의 선교 사역은 계속 이루어져 왔다.

하나님의 계획은 광대하다. 신자는 "그를 힘입어 살며 기동하며 존재"(행 17:28)한다. 우리가 하나님의 높고 위대한 계획을 다 안다 하더라도, 이를 다 헤아릴 수는 없다. 하나님의 광대한 계획 중 극히 일부만 어렴풋이 짐작하며 살아갈 뿐이다. 그래서 바울도 자신이 가진 성경 지식을 다시 정리하고자 아라비아에 가서 3년을 보냈다(갈 1:17). 바울은 수 세대를 걸친 하나님의 영원하신 계획을 '신비'(비밀)라 불렀다(엡 3:3, 9; 골 1:26, 2:2, 4:3).

그 과정에서 바울은 하나님의 경륜과 비밀을 깨달았다. 이전에는 자신이 하나님의 신비로운 비밀을 몰랐음을 고백하면서, 무지하던 자신의 모습과 같은 청중에게 하나님의 비밀을 논증하며 설득한다. 이제 그 비밀은 예수님 안에서 밝히 드러났고, 비밀이 아닌 사실이 되었다. 오늘날도 바울 시대와 같다. 복음은 신비로운 비밀이지만, 우리는 예수님으로 말미암아 밝히 볼 수 있다.

현시대를 살아가는 교회와 신자들을 향한 하나님의 계획은 무엇일까? 현대의 그리스도인들이 하나님의 종합적이고도 총체적인 구원 계획을 전혀 모르거나 알려고 하지도 않고 바쁘게 살아간다는 사실은 실로 유감스러운 일이다. 하지만 이것이 냉혹한 현실이다. 그러므로 신자들에게 하나님의 총체적 구원 계획을 알리는 이런 내용을 가르치는 것이 필요하다.

구약을 한번 읽어 보라. 구약을 읽다 보면, 큰 이야기를 암시해 주는 성경 내용을 몇 군데서 발견할 수 있다. 그중 가장 분명한 암시 중 하나가 출애굽기 19장이다. 하나님이 모세에게 이렇게 말씀하신다.

내가 애굽 사람에게 어떻게 행하였음과 내가 어떻게 독수리 날개로 너희를 업어 내게로 인도하였음을 너희가 보았느니라 세계가 다 내게 속하였나니 너희가 내 말을 잘 듣고 내 언약을 지키면 너희는 모든 민족 중에서 내 소유가 되겠고 너희가 내게 대하여 제사장 나라가 되며 거룩한 백성이 되리라 출 19:4-6

베드로도 동일한 관점을 보여 준다. 그가 산 돌에 대해 무엇이라 설명하는지 보자.

너희도 산 돌같이 신령한 집으로 세워지고 예수 그리스도로 말미암아 하나님이 기쁘게 받으실 신령한 제사를 드릴 거룩한 제사장이 될지니라 벧전 2:5

여기까지만 읽는다면, 종교개혁자들이 주장했던 만인 제사장설에 관한 설명으로 느낄 수도 있다. 하지만 9절 이하 말씀을 살펴볼 필요가 있다.

너희는 택하신 족속이요 왕 같은 제사장들이요 거룩한 나라요 그의 소유가 된 백성이니 이는 너희를 어두운 데서 불러내어 그의 기이한 빛에 들어가게 하신 이의 아름다운 덕을 선포하게 하려 하심이라 벧전 2:9

여기서 베드로는 만인 제사장설을 부정하지 않는다. 우리는 모두 제사장과 같이 하나님을 직접 만날 수 있는 특권을 소유했다. 그러나 베드로가 여기에서 제사장만의 중요한 역할을 강조하고 있음을 주목해야 한다. 제사장은 사람들을 어둠 가운데서 불러내어 그의 기이한 빛에 들어가게 하신 자의 아름다운 덕을 선포한다. 즉, 바로 여기에 출애굽기 19장에 나타난 선교적 메시지가 드러나 있다. 출애굽기의 선교적 메시지는 베드로전서 2장에 그대로 보존되어 있는 것이다.

창세기 12장에서 시작하면, 하나님의 지상명령 계획을 명확히 설명할 수 있다. 그러나 창세기 12장 이전의 사건들까지 거슬러 올라가면, 더 큰 그림을 발견할 수 있다. 창세기 12장에서 하나님은 아브라함을 택하셔서 새로운 계획을 시작하셨다. 그래서 우리는 창세기 12장으로 거슬러 올라가는 가운데 이렇게 질문하게 된다. 과연 창세기 1장 1절부터 성경 전체를 아우르는 하나님의 계획이 있는 것일까?

우리의 문화적 배경은 우리가 성경을 읽고 해석하는 방식에 결정적인 영향을 미친다. 우리가 창세기 1-11장과 12장 이후를 구분하여 다른 시대로 취급하는 이유는 우리가 갖고 있는 종교개혁의 유산 때문이다. 당시 종교개혁자들의 최대 관심은 구원, 즉 천국에 들어가는 방법이었다. 당시 가톨릭은 천국을 가려면 선한 행위를 하거나 면죄부를 사야 한다고까지 주장했다. 그러나 종교개혁자들에 의해 새로이 생겨난 개신교는 오직 믿음으로만 천국에 갈 수 있다고 주장했다. 개신교의 말대로 믿음을 강조하는 편이 더 맞는 것 같다. 하지만 아쉽게도 종교개혁자들은 실제 성경이 말하는 믿음인 '마음으로 믿는 진실한' 믿음보다 '특정 교리와 신조를 믿는' 믿음을 더 강조하는 경향이 있었다. 물론 선한 행실을 강조했던 가톨릭 역시 완전히 틀렸다고 할 수 없다. 사실 성경적으로 보면, 마음으로 믿는 믿음과 선행은 손바닥의 양면과 같다. 그래서 믿음과 선행은 분리할 수 없다.

어쨌든 종교개혁자들이 시작한 개신교는 좀 더 나은 방법을 제시했다. 그러나 핵심 질문은 여전히 틀렸다. 개신교는 천국에 가는 더 나은 방법에 대한 해답만 추구했을 뿐, 성경이 던지는 핵심 질문에 답한 것은 아니었다. 예수님은 이와 관련하여 상당히 강하게 말씀하셨다.

> 누구든지 제 목숨을 구원하고자 하면 잃을 것이요 누구든지 나를 위하여 제 목숨을 잃으면 찾으리라 마 16:25

일반적으로 사람들은 선교, 즉 다른 사람들을 이 세상에서 천국으로 보내는 세계 선교의 시작을 창세기 12장으로 바라본다. 이러한 일반적인 시각에서는 창세기 1-11장이 다소 불필요한 배경처럼 보일 수도 있다.

하지만 앞서 살펴보았듯이, 아브라함을 통해 우리가 받은 하나님의 '복'은, 이를 믿음으로 받아들인 자들을 전쟁 중인 하나님 나라로 인도한다. 즉, 이 복은 우리를 사탄과의 전쟁에 참여시킨다. 하나님 나라의 전쟁은 언제 시작되었는가? 창세기 1장 1절에서 시작되었다. 그리고 첫 번째 패배는 아담과 하와가 사탄의 꾐에 빠졌을 때 일어났다. 하지만 하나님은 노아를 선택하고 악한 세대를 멸절시키심으로, 사탄의 세력에 대한 반격을 개시하셨다. 우리는 이러한 배경에서, 하나님이 아브라함을 택하신 것을 이후에 이어질 또 다른 새로운 시작을 위한 다른 하나의 '선택 사건'으로 볼 수 있다. 이 하나님의 선택은 성경 전체를 관통하며, 앞으로의 세대를 통해 하나님 나라를 확장하는 새로운 역사의 시작으로 볼 수 있다.

정리해 보겠다. 성경을 하나로 통합하는 주제는 단순히 인간 구원이 아니다. 악을 대적하는 전쟁에 다시 참여하도록 인간을 구원하는 것이다. 우리는 때로 원수를 대적하는 다윗의 기도와 솔로몬의 성전 봉헌 기도 같은 구절을 가볍게 보고 지나친다. 이 속에 담긴 전쟁의 모습은 전혀 보지 못한다. 다윗과 솔로몬에게 있어서 가장 중요했던 일은 원수들의 손에서 자신을 구원하는 일이었다고 여기고는, '이방인'을 향한 하나님의 마음은 사실 잘 보지 못한다.

하나님의 선택된 백성은 하나님의 얼굴을 구했다. 하지만 하나님이 선택하신 사람들만 그분의 얼굴을 구한 것이 아니었다. 하나님의 백성은 바벨론 포로 생활을 통해 바벨론 사람들을 축복했고, 그와 동시에 자신들도 하나님께 복을 받았다. 그들은 바벨론 포로 생활을 전도의 기회로 보기보다, 또는 사탄의 영적 대항을 더 분명하게 이해하는 기회로 보기보다, 그저 단순히 하나님의 심판으로만 여겼다. 그럼에도 그들은 신앙을 전파했고, 사탄의 영악한 계획을 간파하는 통찰력을 갖게 되었다. 그들은 포로 생활이라는 절망적인 상황에서도, 땅을 사고 부동산을 소유했다(사 49:6).

다음 장으로 넘어가기 전에, 구약과 신약의 차이점 중 하나를 언급하고 싶다. 창세기에서 요셉은 형제들에게 이렇게 말했다.

당신들이 나를 이곳에 팔았다고 해서 근심하지 마소서 한탄하지 마소서 하나님이 생명을 구원하시려고 나를 당신들보다 먼저 보내셨나이다 창 45:5

요셉은 하나님이 자신을 애굽으로 보내셨다는 관점을 지니고 있었다. 이는 삶에 일어나는 모든 사건을, 하나님의 선교 목적을 기초로 해석하는 구약적 관점이다. 이처럼 우리는 모든 사건을 해석할 때, 하나님의 선교적 목적을 염두에 두어야 한다. 요셉은 형제들이 행한 악한 일 자체를 부정한 것이 아니었다. 그는 그저 사건 자체를 전혀 다른 시각으로 바라보았다.

다윗이 백성의 수를 계수하여 하나님 앞에 죄를 범한 경우도 이와 비슷하다. 중요한 것은 사건의 배후에 누가 있느냐다. 사무엘하 24장 1-25절을 살펴보자.

여호와께서 다시 이스라엘을 향하여 진노하사 저희를 치시려고 다윗을 감동시키사 가서 이스라엘과 유다의 인구를 조사하라 하신지라
1절, 개역한글

여기에 다윗이 죄를 짓도록 하나님이 '감동시켰다'는 내용이 나온다. 이와 동일한 내용이 역대상 21장 1-25절에도 나오는데, 특히 1절에 "사탄이 일어나 이스라엘을 대적하고 다윗을 충동하여 이스라엘을 계수하게 하니라"고 나온다. 다윗은 충동적으로 죄를 지었다. 여기서 누가 다윗을 충동했는가? 역대상의 경우, 사무엘상의 표현과 달리 사탄이 다윗을 충동하여 인구조사를 하게 했다고 기록되어 있다.

여기서 우리는 사무엘하와는 달리, 역대상이 바벨론 포로 생활 이후에 기록됐다는 사실을 기억할 필요가 있다. 아마 유대 신학자들은 바벨론에서의 포로 생활을 통해 사탄에 대한 새로운 통찰을 얻게 되었을 것이다. 당시 바벨론은 이원론을 바탕으로 하는 조로아스터교를 신봉하고 있었다. 조로아스터교는 두 종류의 신을 믿었는데, 하나는 선한 신이었고 다른 하나는 악한 신이었다. 이러한 조로아스터교 교도들과 함께 오랫동안 생활하면서 유대 신학자들은 사탄의 악함을 더욱 심각하게 이해하게 되었고, 사탄의 일에 경각심을 갖게 되었다.

유대교는 일원론적이다. 그래서 유대인들은 조로아스터교가 신봉하던 이원론적인 신을 배격했다. 그러나 조로아스터교 덕분에 하나님의 일을 대적하고 파괴하는 악한 존재에 관해 이전보다 훨씬 더 분명하게 인식할 수 있었다. 구약에는 '사탄'이라는 단어가 20번 이상 쓰였는데, 대부분 '적'이라는 개념으로 사용되었다. '악한 자'라는 개념은 욥기와 역대상 정도에서만 제한적으로 발견된다. 예수님이 베드로를 '사탄'이라 부르신 것 역시, 그저 반대자라는 의미였을 것이다. "사탄아 내 뒤로 물러가라 너는 나를 넘어지게 하는 자로다 네가 하나님의 일을 생각하지 아니하고 도리어 사람의 일을 생각하는도다"(마 16:23). 그러나 신약에서 '사탄'은 대부분 하나님의 일을 무너뜨리고 그분의 이름에 수치를 가져오려고 중간에서 노력하는 악한 존재를 의미한다.

유대인들에게 바벨론 포로 경험은 아주 특별한 신학적 훈련이었다. 바벨론에서 생활하는 가운데, 그들은 악한 영의 존재를 더 확실하게 배울 수 있었다. 그러므로 악에 관한 구약의 관점과 신약의 관점에는 현저하게 차이가 날 수밖에 없다. 신약에는 악한 인격적 존재인 사탄의 존재를 설명하는 내용이 많지만, 구약에는 이런 내용이 별로 없다. 다음에 이어지는 내용에서 이러한 문제들을 좀 더 깊이 있게 논의해 볼 것이다.

5장

성경이 전개하는 문명운동 이야기, 두 번째

이제 우리는 성경에 나타난 선교적 주제를 구체적으로 살펴볼 것이다. 하지만 그에 앞서서, 우선 조금은 색다른 방식의 성경 연구 방법에 관해 이야기할 것이다. 산술적 계산을 사용하는 성경 연구 방법에 관해 살펴보도록 하자.

대부분 성서학자는 산술적 계산이 들어가는 연구 방법을 사용하지 않는다. 꼭 필요하며 상당히 간단한 산술적 계산일지라도, 그들은 매우 낯설어한다. 이 장에서 이야기하려는 것은 수학 용어인 지수(指數)의 일종인 '기하급수적 성장'(exponential growth)이다. 이 기하급수적 성장이라는 용어를 잘 이해할 필요가 있다. 우리는 투자 대비 이윤을 계산할 때나 국가의 인구 증가, 도시나 교회의 성장을 계산할 때 이를 사용한다. 여기서는 유대인의 인구 증가에 대해 다룰 것이지만, 다른 부분에도 충분히 사용할 수 있다. 특히 목회자들은 이러한 복리 계산법을 알아 둘 필요가 있다. 인도의 경우, 목회자들이 교인들에게 이자율을 계산하는 방법을 알려 준다면, 이자율에 무지한 수천 명의 인도 신자가 빚더미에 앉는 일을 줄일 수 있을 것이다.

몇 가지 예를 들어 보겠다.

은행에 넣어둔 100달러가 있다. 또는 전 교인이 100명인 교회가 있다. 이때, 교회가 매년 2%씩 성장한다고 가정해 보라. 그 결과는 어떻게 될 것인가? 교인은 얼마나 늘어날 것인가? 1년 후에는 2%인 2명이 늘어날 것이다. 만약 처음에 교인이 200명이었다면 어떻게 될 것인가? 1년 후에는 2%인 4명이 늘어, 204명이 되어 있을 것이다. 300명으로 시작했다면? 1년 후 2%가 성장하면 306명이 될 것이다. 이를 산술적으로 계산한다면, 300에 1.02를 곱해 306이라는 수를 얻을 수 있다.

300명이던 교인이 첫해에는 2%가 늘었는데 그다음 해에는 1%만 늘었다면, 이를 어떻게 계산할 수 있을까? 300에 1.02를 곱한 뒤 1.01을 곱하면 된다. 그러면 309.06명이라는 답을 얻을 수 있다.

이제 성장률이 매년 달라진다고 생각하지 말고, 5년 동안의 성장을 합산하여 평균 성장률을 계산한다고 가정해 보자. 이 경우 평균 성장률은 어떻게 계산할 것인가?

1,000달러로 계산을 시작해 보자. 평균 2%가 성장한다고 할 때,

첫해는 1,000×1.02로 계산해서 1,020달러가 나온다. 두 번째 해는 1,020×1.02=1,040.40달러다. 세 번째 해는 1,040.40×1.02=1,061.208달러인데, 소수점을 반올림하면 1,061.21달러다. 이렇게 다섯 번 계산하면 5년 동안의 성장 결과를 계산할 수 있다. 이를 산술적으로 간략하게 정리하면 다음과 같다.

1,000×1.02×1.02×1.02×1.02×1.02=1,104.08

이 과정을 다음과 같이 간단한 등식으로 정리해 볼 수도 있다.

$1000 \times 1.02^5 = 1,104.08$

이번에는 이스라엘 인구를 생각해 보자. 처음 70명이던 이스라엘 인구가 400년 동안 매년 2%씩 성장했다면, 몇 명이 되는가?

$70 \times 1.02^{400} = 192,829.51$

아브라함을 따라 애굽으로 내려간 이스라엘 백성은 종살이를 하면서 그곳에서 약 400년을 살았다. 그동안 인구는 약 200만 명 가까이 불어났다. 하지만 위의 결과는 200만 명에 턱없이 모자라다.
하지만 우리가 이스라엘 인구 성장률을 2.66%로 가정하고 계산해 보면, 결과가 아주 달라진다.

$70 \times 1.0266^{400} = 2,544,497$

이 경우 200만 명은 충분히 가능한 수치다. 하지만 한 가지 질문이 생긴다. 70명의 인구가 400년 동안 2.66%로 성장한다는 것이 과연 가능한 일인가? 그러나 세계 경제학자들이 2006년 발표한 통계에 따르면, 당시 인구 성장률이 2.85% 이상 되는 국가는 20개국이나 있었다. 만일 아브라함의 자손이 매년 3.5% 성장했다고 치면, 인구는 더 늘어난다. 그때는 200만이 아니라 6,600만 이상이 된다!

$70 \times 1.035^{400} = 66,257,944$

성경에는 애굽으로 내려간 아브라함의 자손이 70명이었다고 기록되어 있다. 이 수는 어린아이들과 여자들은 빼고 성인 남자들만을 계산한 것이다. 따라서 우리는 당시 이스라엘의 인구가 애굽에서 2.66%로 성장하지 못했음을 알 수 있다.

하지만 2.66%로 성장했을 때와 비교하여 3.5%로 성장했을 때를 보라. 그 결과가 거의 폭발적이라 할 수 있다. 0.85%의 차이가 그런 결과를 가져온다는 사실이 놀랍다. 인구 성장률이나 금리 이자율이 얼마나 중요한지 새삼 확인할 수 있다.

출애굽 당시의 인구 문제에 의문을 품거나 회의를 품는 학자들은 의도적으로 이스라엘 인구를 가능한 한 적게 잡는다. 인구수가 적었기 때문에 출애굽 사건이 얼마든 가능할 수 있었다고 강조하려는 것이다. 그러나 위와 같은 간단한 수식을 사용해 보면, 적은 수의 인구로도 얼마나 많이 늘어날 수 있는지 알 수 있을 것이다.

숫자 계산을 하지 않으려는 성향의 학자들이 저지르는 또 하나의 실수는, 예수님 당시 로마 제국에 살고 있던 유대인의 숫자에 의문을 품는 것이다. 저명한 역사가였던 아돌프 하르낙(Adolf Harnack)은 바울이 살던 당시 로마 제국에 살고 있던 유대인이 로마 제국 인구의 10% 정도였다고 주장한다. 당시 로마의 인구는 1억 정도였으므로, 하르낙의 주장이 사실이라면 당시 로마에 살던 유대인 인구는 1천만 명이 될 것이다.

비판적인 학자들은 당시 어떻게 그렇게 많은 유대인이 있었는지에 의문을 품는다. 그 많은 유대인이 대체 어디서 생겨났단 말인가? 유대인 인구는 그렇게 많을 수 없다고 딱 잘라 말하는 학자들도 있다. 로드니 스타크(Rodney Stark)와 같은 학자는 유대인들이 전도를 통해 이방인 개종자들을 얻었으므로 그들의 수가 그렇게 늘어날 수밖에 없었을 거라고 주장한다. 어쨌거나 여러 학자의 의견을 종합해 보면, 일반적으로 당시 유대인의 인구가 1천만 명이었다는 사실에 대해서는 대부분 동의하고 있음을 알 수 있다. 문제는 과연 어떻게 이런 놀라운 인구 성장이 가능했느냐는 점이다.

그러나 이 질문 역시 약간의 수식을 사용하면, 손쉽게 해답을 얻을 수 있다. 예루살렘이 멸망하던 BC 586년부터 예루살렘이 멸망한 AD 14년까지의 인구 성장률이 1%였다고 가정해 보자. 예루살렘이 멸망할 당시 인구가 26,000명뿐이었다고 해도, 그리고 600년 동안 1%씩만 증가했다고 계산해도 우리는 1천만 명이 넘는 수를 얻을 수 있다.

$$26,000 \times 1.01^{600} = 10,181,168$$

만약 유대인 인구가 매년 2.5%로 성장했다면, 예루살렘 멸망 당시에는 4명만 살아남아 있었다 해도 괜찮다. 4명의 인구가 매년 2.5%씩 증가하면 600년 후에는 1천만이 넘게 되기 때문이다.

$$4 \times 1.025^{600} = 10,873,747$$

우리는 유대인의 평균 인구 성장률이 얼마였는지 정확하게 알 수 없다. 그러므로 1%라거나 2.5%라거나 하는 것은 단지 추측에 불과하다. 하지만 이런 실례들은 1세기에 유대인 인구 숫자가 1천만까지 늘어날 수 있었음을 산술적으로 증명해 준다. 또한 당시 유대인들은 상당히 안정적으로 생활했다.

여기서 잠시, 전자계산기를 사용해서 위에서 다룬 인구 증가를 계산해 보자. 그러면 더 편리하게 계산해 볼 수 있다. X^y 혹은 Yx라고 적힌 버튼이 있을 것이다. 다음 순서를 따라 해보라.

1. 먼저 숫자 70을 입력한다.
2. 곱하기 기호인 × 버튼을 누른다.
3. 성장률 2.66%를 계산하기 위해 1.0266을 입력한다.
4. 자승을 계산하는 X^y 버튼을 누른다.
5. 400년 동안의 성장률을 계산하기 위해 400승을 의미하는 수 400을 누른다.
6. 결과를 알아보기 위해 = 버튼을 누른다.
7. 총계는 2,544,497이 될 것이다.

다른 계산 방법을 통해, 70명의 인구가 400년 동안에 250만 명이 되려면 성장률이 얼마나 되어야 하는지를 계산해 보자.

1. 2,500,000을 입력한다.
2. 나누기 기호인 ÷ 버튼을 누른다.
3. 70을 입력하고, 결과를 알아보기 위해 = 버튼을 누른다.
4. shift 버튼을 누르고 나서, X^y 버튼을 누른다.
5. 400을 입력한다.
6. 결과를 알아보기 위해 = 버튼을 누른다.

7. 결과로 1.02655, 즉 2.655%라는 평균 성장률이 나온다.

이번에는 1,000명이 20년 후 10,000명이 되는 데 필요한 성장률을 계산해 보자.

1. 먼저 10,000을 입력한다.
2. 나누기 기호 ÷ 버튼을 누른다.
3. 1,000을 찍어 넣고, 결과를 알아보기 위해 = 버튼을 누른다.
4. shift 버튼을 누르고, 그 후에 X^y 버튼을 누른다.
5. 20을 넣고, 결과를 알기 위해 = 버튼을 누른다.
6. 결과는 1.122이다. 이는 평균 성장률 12.2%가 필요하다는 의미다.

여기서 간단한 수학 문제를 푸는 방법을 계속 나누는 데는 이유가 있다. 간단한 수학 문제로 얼마든 해결할 수 있는 문제임에도, 그 방법을 잘 몰라서 큰 어려움을 겪는 사람이 상당히 많기 때문이다. 이자율을 잘못 계산한 나머지 금전적으로 손해를 보는 그리스도인도 상당히 많다.

핵심은 평균 성장률이다. 평균 성장률이 조금만 변해도, 시간이 지나면서 그 결과가 엄청나게 달라진다.

또한 성경에 나타난 다른 요소들도 아주 중요하다. 일반적으로 성장률에 영향을 미치는 요소들은 무엇인가? 부모가 자녀들에게 관심을 기울여서 키우면 유아 사망률이 낮아진다. 다른 나라에 비해 유대인 부모들은 자녀들에게 깊은 애정을 가지고 있었다. 따라서 아마도 고대에 유대 민족은 다른 민족보다 더 높은 성장률을 자랑했을 것이다.

인구가 성장하지 못하는 데에는 일반적인 이유가 있다. 대체로 전쟁이 잦거나 질병이 있거나 가족 형태가 깨지는 경우 등을 들 수 있다. 사탄은 인구가 성장하지 못하도록 최선을 다해 우리에게 이러한 병적인 요소들을 제공하고 있다.

인구 저성장 요소들 가운데 성서학자들이 잘 지적하지 않는 것이 있다. 유산이나 유아 살해가 그렇다. 그것은 전쟁이나 페스트만큼이나 주요한 저성장 요소가 된다.

남부 영국의 실례가 이 사실을 뒷받침한다. 로마 군대의 통치 아래 태평성대를 누린 3세기가 지나고 440년이 되자, 영국은 로마 군대의 보호를 받을 수 없게 되었다. 영국을 지켜 주던 로마 군대가 퇴각한 이후, 영국은 앵글로색슨 족을 비롯한 많은 민족의 침략을 받았고 혼란과 유혈 참사가 빈번하게 일어났다. 그 후 600년 후인 1066년까지 영국의 인구는 조금도 늘지 않았다. 이는 지극히 비정상적인 일이었다. 600년 동안 얼마나 많은 생명이 꽃피지 못하고 죽어 갔는지 짐작해 볼 수 있다.

성경에 나오는 아브라함 시대의 전 세계 인구는 약 2,700만 명으로 추산된다. 그리고 약 2000년 후인 그리스도 시대에 세계 인구는 약 2억 정도로 추산된다. 그동안 약 1억 3천만이 증가했다는 것이다. 놀라운 인구 증가처럼 보이는가? 그러나 이 기간의 인구 성장률을 계산해 보면, 실상 아주 낮은 증가율을 보였음을 알 수 있다. 다음과 같이 계산해 보자.

$(200/27)^{1/2000} = 1.00100$

이는 평균 성장률이 0.1%였음을 의미한다. 1%도 아닌, 1%의 10분의 1인 0.1%라는 사실을 주목해 볼 필요가 있다.

0.1%를 세계 인구 성장률인 1.7%와 비교해 보자. 세계 인구 성장률이 17배나 높다. 사회학자들이 발표한 수치에 의하면, 오늘날 인구 증가율이 4% 이상이 되는 국가는 5개국이 있다. 0.1%에 비해 40배나 되는 인구 성장률이다. 3%를 넘는 나라도 7개국이 되는데, 예수님 시대까지의 성장률 0.1%의 30배에 이르는 수치다.

세계 인구 증가율이 1.7%에 머무르는 데에는 이유가 있다. 여러 개발도상국이 인구 억제 정책을 사용하고 있기 때문이다. 세계적으로 인구 증가율이 0% 혹은 마이너스 성장을 기록하는 나라도 18개국이나 된다.

인류 역사는 참혹한 살육과 소름 끼치는 대량학살로 점철되어 있다. 그 결과 인구는 자연스럽게 증가할 수 없었다. 아브라함 시대의 2,700만 인구가 현재 평균 인구 증가율인 1.7%로 성장했다고 가정해 보자. 그 결과는 어떨까?

결과는 놀랍기 그지없다. 2,700만 명이 1.7%의 성장률로 60억 명이 되는 데 단지 321년이면 충분하다. 3.5% 성장률로는 60억 명이 되는 데 123년밖에 걸리지 않는다. 이와 같은 배경에서 인구 증가율이 0.1%밖에 안 되었다는 것은 무엇을 의미하는가?

이는 당시 인류 역사에 있었던 비극을 설명한다. 인류 역사에 살육, 질병, 기근, 그리고 전쟁이 얼마나 자주 일어났는지를 미루어 짐작하게 한다. 동시에 이 수치보다 높은 현시대 인구 성장률은 하나님 나라가 확장되기 원하시는 하나님의 뜻이, 최근 들어 더욱 실제적으로 이루어지고 있음을 보여 준다. 하나님은 사람들의 영혼을 구원하여 영원한 천국으로 보내는 것만 원하시는 것이 아니다. 그분은 자신의 창조물을 전쟁과 질병에서 구출해 내기 원하신다. 이런 구출 과정이 성공할수록 하나님의 영광이 드러나며, 이것이 곧 우리의 선교적 사명이다.

주여 주께서 지으신 모든 민족이 와서 주의 앞에 경배하며 주의 이름에 영광을 돌리리이다 무릇 주는 위대하사 기이한 일들을 행하시오니 주만이 하나님이시니이다 시 86:9-10

6장

신구약 중간기의 문명운동

신구약 중간기는 예수님이 탄생하시기 전 4세기를 말한다. 신구약 중간기라는 이름은, 구약의 예언이 끝나고 신약 복음서가 시작되는 4세기 동안에는 기록된 성경이 없었다는 점에서 착안하여 생겨났다. 사실 이 시기는 1812년 미국성서공회가 설정한 것인데, 신구약 중간기를 성경 기록이 없는 시기라고 정할 경우 신구약 중간기에 기록된 외경(外經)을 복음주의 성경에서 삭제하는 데 도움이 된다고 판단했기 때문이다. 그러나 미국성서공회의 이러한 결정은 신학적인 결정이라기보다는 경제적인 동기에 의한 것이었다. 외경을 삭제하고 성경을 인쇄하면, 성서공회의 성경 출판 비용이 줄기 때문이었다. 또한 고대 헬라어 성경에 포함된 문서가 이 시대를 대변하고 있다고 판단했기 때문이기도 했다.

그래서 현재 우리가 가진 성경에는 신구약 중간기에 관한 내용이 없다. 하지만 그렇다고 이 시기의 역사적 의미를 가볍게 여겨서는 안 된다. 이 시기에는 매우 중요한 사건들이 일어났으며, 이들은 모두 구약의 자료들에 첨가할 수 있는 것들이다. 이 자료들을 살펴보면, 신약 하나만으로는 부족하다는 것을 느낄 수 있다.

선지자 말라기의 예언이 끝나면서 커튼이 내려왔다가 신약 시대가 시작되면서 커튼이 다시 올라갈 때, 우리는 그동안 놀라운 변화가 일어났음을 발견한다. 그 사이에 세상은 상상할 수 없을 정도로 바뀌어 있었다. 막이 내려가기 직전에 공자, 석가, 소크라테스가 탄생했고, 신구약 중간기 동안 이들의 놀라운 영향력은 세계 곳곳으로 퍼져갔다. 소크라테스의 제자인 아리스토텔레스의 제자였던 알렉산더 대왕은 신구약 중간기에 등장한 영웅이었다. 이 알렉산더 대왕은 세계를 근본부터 완전히 바꾸어 놓았다.

중국은 BC 221년 진 왕조에 의해 하나의 국가로 통일되었다. 그리고 만리장성이 축성되었다. 하지만 알렉산더 대왕은 중국보다 더 넓은 영토로 이루어진 거대한 통일국가를 만들었다. 우리가 논의하는 서양 문명사의 관점에서 보면, 알렉산더 대왕의 역할이 더 중요하다. 바로 그가 헬라어를 전 세계에 전파했기 때문이다.

신구약 중간기에 일어난 사건들 가운데 가장 중요한 사건은, 구약성경이 헬라어로 번역되면서 헬라어 70인경이 출간된 사건이었다. 이는 알렉산더의 헬라어 정책과 맞물리면서 당대를 풍미한 가장 의미 있는 사건이 되었다.

그리고 헬라어로 번역된 구약성경인 70인경이 초대교회의 성경이자, 팔레스타인에 살던 유대인들의 성경이 되었다. 학자들은 예수 그리스도 당시의 1세기에는 대부분 팔레스타인 사람들이 헬라어를 모국어로 사용했을 거라고 주장한다. 학자들의 이러한 주장을 바탕으로 생각했을 때, 누가복음 4장에서 예수님이 고향 회당에서 읽으신 구약성경은 아마도 헬라어로 번역된 70인경이었을 것이다.

헬라어로 번역된 구약성경은 70인경(LXX)으로 알려져 있다. 당시 번역 작업에 참여한 학자들이 모두 72명이었기 때문이다.

70인경이 중요한 이유가 있다. 70인경은 단순히 이전의 성문서를 그대로 번역한 것이 아니었다. 이 72명의 학자는 우선 성경에 포함될 문서를 선별하는 작업을 한 뒤에 번역에 들어갔다. 이들은 우리가 믿고 있는 성경적 영감설에 따라 400여 개의 성문서 가운데서 구약성경을 선택하고, 이를 헬라어로 번역했다. 구약에는 사무엘서와 열왕기서 등의 긴 문서들이 포함되어 있었는데, 그것들은 사실 원래 문서 속에 포함된 다른 성문서의 회고록 형태였다. 이런 성문서 선택 과정을 통해 여러 성문서가 취합되어 일관성을 가진 구약성경 한 권이라는 형태를 갖추게 되었고, 역사상 최초로 그 모습을 드러내게 되었다.

이 지구에 구약성경보다 더 수준 높은 경전의 특성이 있는 성문서는 없다. 구약성경이 문화 전반에 미친 영향은 우리의 상상을 초월한다. 어떤 번역서도 구약성경의 영향력을 능가할 수 없었다. 신약성경에서 성경이라 부르는 문서가 바로 70인경이었다. 이 70인경이 없었다면, 로마 제국 전역에 흩어져 존재하던 수천 개의 회당 어디에서도, 신약에서 "하나님을 경외하는 자들"(God fearers)이라 불리는 헬라인들을 찾아볼 수 없었을 것이다. 70인경 덕에 헬라인들이 헬라어 구약성경에 매력을 느껴 회당으로 몰려올 수 있었다. 헬라어 번역자들의 수고, 그리고 말할 필요도 없이 성령의 인도하심으로, 70인경은 초대교회 설립에 결정적인 역할을 했다.

신약성경이 언급하는 구약 인용문 가운데 80% 정도가 히브리어가 아닌 헬라어 70인경에서 인용되었다는 사실을 기억할 필요가 있다. 물론 나머지 20% 정도는 히브리어 인용문이며, 이를 통해 초대교회 당시에 히브리어로 된 성문서들도 꽤 퍼져 있었음을 알 수 있다. 하지만 히브리 랍비들이 70인경에 선택된 문서에 해당하는 히브리 문서들을 모아 히브리어 성경을 출간하기까지는 1세기가 걸렸다. 랍비 학자들이 출간한 히브리어 성경은 배열 순서만 달랐을 뿐, 70인경에 선택된 책들을 그대로 따른 것이었다.

종교개혁자 마르틴 루터가 역사의 전면에 등장했을 당시, 강력한 권위를 가진 두 가지 성경 전통이 공존하고 있었다. 하나는 헬라어 구약성경 및 신약성경을 따르는 헬라 정통파 전통이었고, 다른 하나는 4세기에 히에로니무스(Hieronymus, 제롬)가 라틴어로 번역한 성경의 권위를 따르는 가톨릭교회의 라틴어 성경 전통이었다. 루터는 헬라어 성경과 라틴어 성경의 미묘한 해석상의 차이를 놓고 하나하나 논쟁하기보다, 자신이 직접 원전을 번역하는 것이 낫겠다고 생각했다. 히브리어 원전은 루터 출생 700년 이전에 이미 출간되어 있었기 때문이다.

　루터는 히브리어 성경을 독일어로 번역했다. 이에 종교개혁자들은 기독교 안에서 처음으로 히브리 언어와 문화의 중요성을 확립하게 되었다. 역사를 보면, 유대인과 기독교인들은 초대교회 시대부터 서로 양극단에 있었다. 당시 로마 정부는 기독교인들을 극심히 박해하고 있었기에, 유대인들은 자신들을 기독교인들과 차별화하여 생존과 안정을 유지하려 했다. 정황상 우리는 이 사실을 충분히 이해할 수 있다. 당시 유대교는 정치적으로 안정되어 있었고 로마의 핍박에서도 자유로웠기 때문에, 굳이 기독교와 가까이하여 화를 자초할 필요가 없었다. 이렇게 유대교에서 초대 기독교가 분리되는 과정에서 기독교인들은 수많은 순교자를 냈다. 이 외에도 유대교 전통과 기독교 전통이 분리된 이유는 여러 가지가 있다.

　루터는 히브리어 성경을 원전으로 사용하기로 했다. 유대교인들이 루터의 이러한 결정을 환영하기까지는 오랜 시간이 걸렸다. 그러나 개신교는 즉시 루터의 학문적 성향을 뒤따랐다. 즉, 루터가 히브리어 구약성경을 선호했다는 이유로, 초대교회의 성경이었던 70인경에는 아무런 관심을 보이지 않았던 것이다. 오늘날 개신교 신학교들도 이 전통을 따라 70인경을 거의 무시하고 있다. 헬라어로 기록된 신약의 기초가 되었으며, 신구약 중간기의 고대 세상 전역에 엄청난 영향력으로 놀라운 업적을 이루어 낸 것임에도 말이다. 70인경을 학교의 정규 커리큘럼에 포함해 가르치는 학교는 거의 없다. 구약 학부는 히브리어 구약성경에만 초점을 맞추고, 신약 학부는 헬라어를 중심으로 헬라어 신약성경에만 초점을 맞춘다. 아무도 헬라어 구약성경에는 관심을 두지 않는다.

그러나 예수님 당시에 헬라어 구약성경인 70인경이 사용되었다는 증거는 또 있다. 학자들은 복음서 어디에도 통역자에 관해 언급되어 있지 않다는 사실을 발견했다. 예수님이 사역하신 나사렛 북쪽의 데가볼리(Decapolis) 같은 지역은 헬라어를 주로 사용하던 10개 도시 중 하나였다. 그러한 데가볼리에서 예수님은 어떤 언어를 사용하셨을까? 예수님이 통역자를 사용하셨을까? 아니다. 이런 이유 때문에 학자들은 예수님이 헬라어를 거의 모국어처럼 구사하셨을 거라고 짐작한다.

신약의 환경이 구약의 환경과 전혀 다를 수밖에 없었던 까닭은 신구약 중간기에 일어난 여러 사건 때문이었다. 신구약 중간기 초기에 수많은 유대인이 바벨론으로 잡혀가 포로 생활을 했다. 성경에 대한 유대인들의 주해서였던 탈무드는 예수님의 시대까지 고향 팔레스타인으로 돌아가지 못한 유대인이 아주 많았다는 사실을 증거한다. 탈무드에는 바벨론 탈무드와 팔레스타인 탈무드가 있는데, 팔레스타인 탈무드는 아주 짧은 반면 바벨론 탈무드는 수많은 책으로 이루어진 방대한 분량이다. 또 이집트 북부에도 약 백만 명 정도의 유대인이 거주하고 있었으며, 다른 로마 제국 전역에 유대인 9백만 명이 흩어져 살았다. 그들은 대부분 신앙을 지켰다. 사도행전에 기록된 베드로의 증언과 같이, 로마 제국의 모든 도시에 모세오경이 전파되어 있었다.

즉, 신약을 위한 무대는 잘 준비되어 무르익고 있었다. 모든 역사적 상황이 잘 준비되어 있었다. 성경은 '때가 차매' 예수님이 탄생하셨다고 기록한다. 누가복음에 기록된 예수님의 첫 설교는, 구약에 나오는 사건들을 소개하면서 이방인들이 하나님의 복을 받았다는 사실을 강조한다. 우리는 성경 전체를 통해 일관성을 본다. 예수님과 바울은 기본적으로 신학적 연속성을 가지고 있었다. 일부 학자들은 바울이 근본적으로 새로운 종교를 주창했다고 지적하지만, 사실 우리는 예수님의 연장 선상에서 바울을 이해할 수 있다.

신구약 중간기에 있었던 여러 역사적 사건들을 거치면서, 유대인들은 로마 제국 내에서 종교적 자유를 획득하여 유대인의 방식으로 하나님을 자유롭게 예배할 수 있게 되었다. 당시 로마 제국 내에서 종교적 자유를 인정받은 유일한 집단은 유대인들뿐이었다. 신구약 중간기 동안 유대인들은 자치권을 얻으려고 필사적으로 싸웠다. 유대인들은 결국 대부분 헬라어를 수용하게 되었지만, 안티오코스 에피파네스 왕의 성전 모독 사건을 결코 잊지 않았다. 유대인들이 매우 강하게 반발하고 나섰고, 로마 제국은 마지못해 유대인들에게 종교적 자유를 인정해 주었다.

기독교인들은 잘 이해하기 어려울 것이지만, 로마 제국 전역에 흩어져 살던 유대인들은 주로 상업에 종사했음에도 주변 사람들에게 많은 존경을 받았다. 헬라인들은 유대인들을 향한 존경심 때문에 회당을 찾기 시작했고, 곧 자발적으로 하나님을 경외하는 자들이 되었다. 영국의 탁월한 유대인 학자 휴 쉔펠드(Hugh Schoenfeld)는 유대인들을 위해 신약성경을 번역했는데, 그는 예수님이 탄생하시기 100년 전부터 유대인들이 이미 로마 제국 전역에 선교사들을 파송하고 있었다고 주장한다.

예수님도 유대인의 선교 활동에 관해 잘 아셨던 것으로 보인다. 예수님은 바리새인들을 향해 "화 있을진저 외식하는 서기관들과 바리새인들이여 너희는 교인 한 사람을 얻기 위하여 바다와 육지를 두루 다니다가 생기면 너희보다 배나 더 지옥 자식이 되게 하는도다"(마 23:15)라고 말씀하셨다. 왜 그렇게 말씀하셨을까? 당시 바리새인들은 이방인들이 살아 계신 하나님 앞에 회개하고 돌아서게 하는 것보다는 그들이 유대 문화를 수용하게 하는 데 더 열심이었기 때문이다. 예수님은 바로 바리새인들 안의 이런 위선과 모순을 지적하셨다.

예수님은 계속 바리새인 선교사들의 위선을 예리하게 지적하셨다. 사실 여기서 '위선'이라는 말에 사용된 헬라어는 연기자가 어떤 배역을 맡아서 그 역할을 실제처럼 행동하는 것을 의미하므로, 굳이 부정적인 단어라고 할 수는 없다. 그러나 예수님의 의도는 분명하다. 올바른 신앙을 갖는 데 중요한 것은 하나님을 향해 돌아서는 마음의 회개이지, 문화적 개종을 뜻하는 것은 아니라는 말씀이다.

신구약 중간기에 관한 토론을 마치기 전에, 바벨론에 포로로 끌려간 남유다 사람들의 역사적 의미를 다시 한 번 강조하고 싶다. 무자비한 앗수르의 침략으로 북이스라엘은 멸망했고, 사람들은 뿔뿔이 흩어졌다. 결국 북이스라엘은 다시 돌아와 새로운 문명을 형성하지 못했다. 북이스라엘 지역은 신앙적인 진공 상태로 한동안 버려졌고, 여러 족속이 그곳으로 흘러들어 오면서 혼혈족이 생겨났다. 그리하여 혼혈인 사마리아 사람들이 생겨났다. 반면에 남유다 사람들은 포로로 잡혀갔음에도 후에 조국으로 돌아와 새로운 문명을 형성했다.

수년 동안 이스라엘 민속은 다른 곳으로 강제 추방되거나 이송되었다. BC 586년에 바벨론은 남유다 왕국을 멸망시켰고, 그곳에 살던 족속들은 강제로 포로가 되었다. 여기서 기억해야 할 중요한 역사적 사실이 있다. 그것은 비록 바벨론이 남유다를 침략하여 통치했지만, 그것이 얼마 가지 않았다는 것이다. 얼마 지나지 않아 그곳을 페르시아가 정복하게 되었다. 조로아스터교를 신봉하던 페르시아 사람들은 바벨론과 달리 유대인의 신앙에 호감을 갖고 유대인들에게 우호적인 정책을 펼쳤다. 심지어 페르시아 왕은 일부 유대인들이 고향으로 돌아가서 성전을 재건할 수 있도록 허락해 주었다. 이 기간에 유대교와 조로아스터교는 상호 교류가 확대되어 서로 종교적 차용이 일어났고, 이는 유대인들에게 신학적 발전을 가져왔다.

유대교와 조로아스터교가 조우하면서, 유대인 학자들은 (4장에서 언급한 바와 같이) 비로소 사탄이 악한 인격적 존재임을 구체적으로 이해하게 되었을 것이다. 유대교가 조로아스터교를 만나기 전까지 유대인들은 사탄에 관해 잘 이해하지 못했다. 초기 구약 원서들을 보면, 대부분 사탄을 간단히 대적이나 원수로 지칭하고 있다. 어떤 경우에는 하나님을 사탄으로 잘못 기록하기도 했다.

이 점이 아주 중요하다. 구약과 신약 사이에서 나타나는 가장 확실한 차이점은 사탄을 얼마나 바르게 이해하고 있느냐다. 또한 이를 통해 우리는 하나님이 유대인들에게 뿐만이 아니라 다른 여러 민족에게도 그분을 계시하셨음을 발견한다.

유대교에게 비교적 호의적이었던 페르시아 왕국의 통치는 BC 532년부터 BC 332년까지 약 200년 동안 계속되었다. 그 후로는 알렉산더 대왕이 팔레스타인을 통치하게 되었지만, 유대인들은 헬라인들의 통치 아래에서도 계속 종교적 자유를 누릴 수 있었다. 그러나 헬라 문화의 압박은 피할 수 없었다.

헬라인들의 통치는 200년 이상 계속되었다. 그리고 드디어 BC 63년, 로마 제국의 공격으로 헬라인의 통치가 끝났다. 하지만 오랜 기간 사용되었던 헬라 문화와 언어는 쉽게 무너지지 않았다. 남은 자로서 고향으로 돌아온 유대인들의 내면에는 이미 헬라 문화와 헬라어가 자연스럽게 뿌리내려 있었다.

이처럼 신구약 중간기 동안에는 유대인들을 다스리던 외부 통치자들이 여러 번 바뀌었다. 사람을 산 채로 껍질을 벗기고 해골을 피라미드 모양으로 쌓아 두는 잔혹한 통치자였던 앗수르 사람들에 비하면, 바벨론 사람들이 좀 더 나았다. 헬라인들도 어떤 면에서는 앗수르 사람들보다 훨씬 더 좋았다. 이렇게 여러 제국이 유대인들을 통치했다. 마지막 통치자인 로마 제국은 로마법으로 유대인을 다스렸는데, 로마법 역시 여러 면에서 탁월한 장점을 제공했다. 유대인들은 로마 문화에 영향을 받았지만, 로마의 라틴어만은 헬라어를 대체하지 못했다. 헬라인들의 언어와 학문이 자기들보다 우월하다고 여긴 로마인들이 이를 존중해 주었기 때문이다. 로마 제국의 가정에서 부리던 '종'들 중에는 사실 주인에게 헬라어와 헬라 문학을 가르치는 존경받는 스승이 많았다.

로마인들은 헬라어와 헬라 문화를 동경했다. 이를 놓고 생각할 때, 로마 제국의 '하나님을 경외하는 자들'이 유대인 회당을 즐겨 찾은 이유는 헬라어를 듣기 원했기 때문일 가능성이 크다. 당시 대부분 회당에서는 헬라어로 된 구약성경을 읽었기 때문이다.

로마법은 유익했다. 사도 바울의 신변을 안전하게 지켜 준 것 역시 로마법이었다. 바울은 정당한 로마법 절차에 따라, 가이사 황제 앞에서 재판을 받을 수 있었다. 바울이 로마법에 따라 재판을 받지 않고 예루살렘 법정에서 재판을 받았다면, 결코 정당한 판결을 받지 못했을 것이다.

이것이 바로 다음 장에서 살펴볼 신약의 역사적 배경이다. 신약 시대는 초대교회가 형성되고, 사람들이 서로 돌려 가며 성경을 읽던 시대였다. 당시 성경은 여러 지방의 교회로 널리 전파되었다. 당시 초대교회와 성경의 역할은 매우 컸으며, 널리 영향력을 미쳤다. 왜냐하면 세계 여러 지방에 디아스포라로 흩어진 유대인들이 그 무엇보다 삶과 생활을 통해 성경의 의미를 확실하고 구체적으로 보여 주었기 때문이다. 세상 사람들은 문자로 기록된 성경보다 초대교회의 삶을 통해 복음을 더 분명히 접했다. 당시 세상 사람들이 목격한 성도들의 변화된 삶은 기록된 성경말씀을 가장 확실하게 보여 주는 최고의 입문서나 다름없었.

다음 장에서는 복음서에 나타난 그리스도에게 초점을 맞추어, 신약 시대를 더욱 집중적으로 다룰 것이다.

7장
복음서와 그리스도: 글로벌 퍼스펙티브

예수님은 이렇게 말씀하셨다.

그러나 내가 만일 하나님의 손을 힘입어 귀신을 쫓아낸다면 하나님의 나라가 이미 너희에게 임하였느니라 눅 11:20

예수님은 하나님 나라를 선포하셨다. 하나님 나라는 중요한 성경적 주제이며, 하나님 나라에 관련한 학문적 자료는 매우 많다. 학자들은 하나님 나라에 대해 '하나님 나라는 어떤 나라인가? 하나님 나라는 이미 도래했는가, 아니면 하나님 나라는 언제 도래할 것인가?' 등과 같은 문제를 가지고 다양한 학문적 토론을 끝없이 계속하고 있다. 이에 대해 신약성경은 두 가지 답변을 내놓는다. 하나님 나라가 이미 도래했으며, 미래에 도래하리라는 양면적 설명을 하는 것이다. 하나님 나라는 '이미/아직'(Already/Not Yet)이라는 변증법적 긴장이 있다.

당신도 '하나님 나라'와 '천국'이라는 두 용어의 차이를 연구해 놓은 자료들을 살펴보았을 것이다. '하나님 나라'는 마가와 누가가 즐겨 사용한 용어였고, 마태는 '천국'이라는 용어를 사용했다. 반면에 요한은 하나님 나라에 대해 거의 언급하지 않았다.

누가복음의 "내가 만일 하나님의 손을 힘입어 귀신을 쫓아낸다면 하나님의 나라가 이미 너희에게 임하였느니라"는 구절은 마가복음이나 요한복음에는 나타나지 않으며, 마태복음과 누가복음에만 기록되어 있다. 마태복음에는 '천국' 대신 '하나님 나라'라는 용어가 4번 사용되는데, 그중 하나가 이 본문의 내용이다. 마태복음에서 '천국'은 총 32번 사용되었는데, 이 용어는 성경 전체를 통틀어 오직 마태복음에서만 사용되었다.

여러 학자는 마태복음과 누가복음이 마가의 자료에 기인한다고 주장한다. 마가복음은 복음서 중에서 가장 짧은 복음서다. 하지만 마태복음과 누가복음은 마가의 자료 외에 'Q'라고 불리는 다른 자료를 추가로 사용할 수 있었다('Q'는 독일어로 '자료'라는 단어의 첫 글자다). 이런 관점에서 볼 때 마태복음에 천국 대신 4번 나오는 '하나님 나라'에 대한 이야기는 마태가 Q 자료에서 가져왔을 것으로 추정된다.

마태가 하나님 나라 대신 천국이라는 용어를 선호한 데에는 이유가 있었다. 마태는 유대인들을 위해 복음서를 기록했는데, 유대인들은 '하나님'이라는 단어를 발설하는 것을 매우 조심스러워했다. 그래서 하나님 나라 대신에 천국(天國)이라는 단어를 사용했다. 예수님 또한 유대적 배경을 가지고 계셨기 때문에, 주기도문을 가르치실 때도 '하나님'이라는 단어를 사용하지 않고, "하늘에서 이루어진 것 같이 땅에서도"라고 말씀하셨던 것이다. 즉, 천국은 곧 하나님의 통치를 의미했다.

성경을 난생처음 접해 보는 비그리스도인들도 복음서의 주제가 하나님 나라나 천국이라는 것을 금방 알아차릴 수 있을 것이다. 복음서에 나타난 하나님 나라나 천국은 들어가는 곳이라는 의미보다는 이 땅에 임하는 하나님의 권세와 통치, 그리고 능력이라는 의미를 강조한다. 우리는 어떻게 하늘에서 이루어진 것처럼 땅에서도 하나님의 뜻이 이루어질 수 있을까 하는 의미에서 하나님 나라를 이해해야 한다.

종교개혁이 가져온 결과는 이와 대조적이다. 종교개혁은 성경의 권위를 높인 문명운동이었다. 그러나 모순적이게도 그들은 구원론을 강조하여, 성경에 나타난 하나님 나라의 개념이 아닌 내세적 구원으로서의 천국을 강조하는 결과를 초래했다. 이런 신학적 강조점의 변화는 신약성경에 나타난 하나님 나라의 의미를 뒤바꾸어 놓았다. 그리하여 우리가 일부 성경 본문을 잘못 읽을 수밖에 없게 만들었다. 그들은 이 땅에 임하는 하나님 나라가 아닌 내세에 가게 될 천국만을 강조하여, 신약성경 자체가 의미하는 바와는 완전히 반대되는 관점을 갖게 했다.

서구 문명사에는 독특한 내세적 특징이 있다. 서구 문명사의 장구한 여정을 잠시 살펴보자. 성경이 실제로 널리 보급되기 전까지, 기독교는 현세보다는 내세에 초점을 맞춘 내세 지향적 종교였다. 기독교는 현재 삶의 현장에서 일어나는 변화에 대한 도전에 적극 대처하지 않았다. 이 땅에서의 소망은 포기하고 '현 상태를 그대로 수용하는 수동적 태도'를 취했다. 그리고 자신들의 소망은 현세가 아닌 내세에서 이루어질 것으로 믿었다.

그러나 성경에는 하나님의 뜻이 밝히 드러나 있다. 사실 성경은 하나님의 뜻이 현세에서, 즉 이 땅에서 이루어지는 데 초점을 맞춘다. 하나님 나라가 이 땅에 도래하는 것을 지향한다. 이는 예수님이 재림하실 때까지 이 세상이 점점 더 좋아질 것이고, 그분이 재림하시면 우리가 이룬 놀라운 업적을 칭찬해 주실 거라는 말이 아니다. 다만 우리가 이 세상을 변화시켜 점점 더 살기 좋아지도록 힘쓰는 것이 바로 예수님이 원하시는 바라는 말이다. 그것이 바로 우리가 하나님의 이름에 영광을 돌려드리는 방편이며, 우리의 복음 전도에 능력을 부여하는 일이기 때문이다. 그래서 우리는 우리가 완벽한 세상을 만들 수 있든지 없든지 상관없이, 그 일을 추진해야만 한다. 예수님의 비유가 생생하게 들려오지 않는가? "내가 다시 돌아올 때까지, 내가 맡긴 달란트를 남겨라."

예수님이 공생애 기간 내내 사람들에게 내세를 기다리라고만 강조하셨다면, 복음서의 내용은 현재의 복음서 내용과는 판이했을 것이다. 그러나 예수님은 모든 악한 것을 대적하고 도전하셨다. 이제부터 성경을 좀 더 자세히 읽어 보며, 당시 일반적으로 경건하고 종교적이었던 제자들의 관점과는 대조적이었던 예수님의 말씀들을 살펴보자.

우리는 우리가 성경을 바르게 이해하고 있다고 생각한다. 하지만 오늘까지 우리가 바르게 해석하지 못하는 신약성경 내용이 너무나 많다. 예를 들어, 탕자의 비유에서 첫째 아들을 유대인으로 해석하는 경우는 그리 많지 않다. 첫째 아들은 모든 면에서 올바르고 모범적인 아들이었지만, 이방인들을 사랑하시는 아버지의 마음을 이해하지도 수용하지도 못하는 보수적인 유대인과 같은 모습이다. 유대인의 관점에서 봤을 때, 이방인들은 전혀 구원받을 수 없는 존재였다. 따라서 이러한 유대인의 관점을 가지고 있으면, 성경에 기록된 탕자의 비유를 바르게 해석할 수 없다.

예수님의 다른 비유를 살펴보자. 마태복음 20장에 나오는 포도원 품꾼 비유를 보면 이해하기 어려운 장면이 나온다. "저물매 포도원 주인이 청지기에게 이르되 품꾼들을 불러 나중 온 자로부터 시작하여 먼저 온 자까지 삯을 주라 하니"(마 20:8). 주인은 오후 늦게 와서 일한 일꾼이나 종일 일한 일꾼이나 모두 같은 일당을 주었다. 이 비유를 어떻게 해석할 것인가? 시급으로 임금을 받는 현대 노동시장의 개념으로는 전혀 이해할 수 없는 처사다. 일찍부터 와서 일한 일꾼들은 이러한 주인의 파격적인 처사를 받아들일 수 없었다. 그들은 주인의 처사가 논리적으로 수용할 수 없는 것이라고 느꼈다. 이와 마찬가지로 전통적인 유대인들은, 이방인들에게도 동일하게 사랑과 호의를 베푸시는 예수님의 모습 때문에 당황하고 놀랐을 것이다.

누가복음 4장에 기록된 바에 의하면, 하나님은 이방인에게도 동일한 은혜를 베푸신다. 이 선교학적 이슈는 당시 아주 뜨거운 감자였다. 예수님은 구약을 인용하시다가, 하나님이 유대인이 아닌 이방인에게만 은혜를 베푸신 두 사례를 의도적으로 말씀하셨다. 이런 예수님의 충격적인 설교에 회당 유대인들의 분노가 폭발했고, 결국 그들은 예수님을 죽이려고 달려들었다.

여기서 잠시 우리의 종교적인 안경을 벗어 보자. 우리는 복음을 다룰 때, 어떻게 죄 사함을 받고 천국에 들어갈 것인지에만 목숨을 건다. 그러나 사실 이러한 내세 지향적 관점에서 한발 물러서서 현상을 직시하면, 전혀 새로운 진리를 발견할 수 있다. 중요한 쟁점은 죄 사함을 받고 구원을 받는 것만이 아니다. 죄 사함을 받은 이후에 무엇을 하면서 어떻게 살아가느냐다. 예수님은 "누구든지 제 목숨을 구원하고자 하면 잃을 것이요 누구든지 나를 위하여 제 목숨을 잃으면 찾으리라"(마 16:25)고 말씀하셨다. 이와 비슷한 말씀이 다른 공관복음들에도 기록되어 있다(막 8:35; 눅 9:24). 사실 마태복음과 누가복음에는 2번이나 기록되어 있다. 하지만 복음주의자들은 이 본문 말씀을 거의 인용하지 않는다.

우리는 본문에 나타난 예수님의 강조점에 주의를 기울일 필요가 있다. 예수님이 반복하여 강조하신 내용은 우리가 일상적으로 복음을 전하는 방법과는 아주 다르다. 복음을 전도할 때 우리는 이런 질문을 던진다. "당신이 오늘 밤 죽는다면, 내일 아침 천국에서 깨어날 자신이 있습니까?" 이런 질문은 어떻게 하면 구원을 받을 수 있을지에 초점을 맞추어 복음을 전도하는 고전적인 방식이다.

그러나 복음서에 나타난 예수님의 핵심 '메시지'는 두 문장으로 요약할 수 있다. "회개하라!" 그리고 "믿어라!"다. 예수님의 말씀은 "네가 추구하는 것을 포기하고, 예수 그리스도인 나를 따르며 순종하라"는 의도가 담겨 있다. 하지만 우리는 그분의 말씀을 우리 식으로 해석한다. "용서를 구하라. 간단한 신학적 내용에 동의하라. 그리하면 구원받는다."

요한복음 17장 1절 말씀을 보자.

예수께서 이 말씀을 하시고 눈을 들어 하늘을 우러러 이르시되 아버지여 때가 이르렀사오니 아들을 영화롭게 하사 아들로 아버지를 영화롭게 하옵소서.

계속해서, 2-3절을 읽어 보라.

아버지께서 아들에게 주신 모든 사람에게 영생을 주게 하시려고 만민을 다스리는 권세를 아들에게 주셨음이로소이다 영생은 곧 유일하신 참 하나님과 그가 보내신 자 예수 그리스도를 아는 것이니이다.

요한복음 4장 33절 말씀을 보자.

제자들이 서로 말하되 누가 잡수실 것을 갖다 드렸는가 하니 예수께서 이르시되 나의 양식은 나를 보내신 이의 뜻을 행하며 그의 일을 온전히 이루는 이것이니라.

예수님의 말씀은 하나님이 예수님을 통해 이 땅에서 이루셔야 할 일이 있음을 보여 준다. 이 말씀을 요한복음 17장 4-5절과 연결하면, 그 의미가 더욱 분명해진다.

아버지께서 내게 하라고 주신 일을 내가 이루어 아버지를 이 세상에서 영화롭게 하였사오니 아버지여 창세전에 내가 아버지와 함께 가졌던 영화로써 지금도 아버지와 함께 나를 영화롭게 하옵소서.

우리는 예수님의 말씀에서, 신약성경의 균형 잡힌 관점을 발견할 수 있다. 신약에는 인간을 부르심, 그리스도 안에서의 새로운 삶, 그리고 하나님 아버지가 하시는 일 사이에 확실한 연결점이 있다.

예수님이 하나님 아버지를 영화롭게 해 드리려면, 아버지가 먼저 아들을 영화롭게 해주어야 한다. 우리 역시 그렇다. 우리가 하나님을 영화롭게 하기 위해, 하나님이 우리를 영화롭게 해주신다. 그러나 하나님의 입장에서 봤을 때, 우리 안에서 하나님의 영광이 드러나는 것은 우리를 영화롭게 하려는 것이 아니다. 결국 우리가 하나님을 영화롭게 해 드리기 위함이다.

하지만 우리는 예수님의 말씀을 오해하여, 하나님의 목적은 사람을 구원하고 그들을 영화롭게 하는 데 있다고 생각한다. 그러나 하나님의 원래 목적은 그것이 아니다. 예수님이 그러셨던 것처럼, 하나님 아버지를 영화롭게 하기 위해 그분을 섬길 사람들을 부르시는 것이 바로 하나님의 목적이다. 예수님은 하나님 나라 안으로 사람들을 불러들이셨다. 이는 상당히 중요한 성취다. 그러나 예수님이 사람들을 불러들이신 것은, 자신이 한 것처럼 그들도 다른 사람들을 하나님 나라로 불러들이라는 의미였다. 예수님은 이렇게 말씀하셨다. "아버지께서 나를 보내신 것 같이 나도 너희를 보내노라"(요 20:21).

복음주의자들은 본문을 해석할 때, 구속을 아주 좁은 의미로 해석하여 그 광의적 의미를 무시하는 경향이 있다. 구도자 예배를 드리는 교회들이 특히 그렇다. 복음주의 교회들은 일반적으로 구원받기 원하는 사람들을 구원하는 데에만 초점을 둔다. 그들은 광의적 의미에서의 구원, 즉 회개하고 복음을 믿고 예수님의 모습을 본받아 그분처럼 섬기는 하나님의 종이 되는 일을 너무 가볍게 여긴다.

이와 같은 관점을 보여 주는 핵심적인 말씀이 다음 말씀이다.

> 하나님의 아들이 나타나신 것은 마귀의 일을 멸하려 하심이라 요일 3:8

신약에 언급되어 있는, 예수님이 멸하실 '마귀의 일'이란 무엇이었을까? 아마 말씀을 듣는 청중은 그 말씀을 인식하는 데서 확실히 한계에 부닥칠 수밖에 없었을 것이다. 당시 사람들은 창조물이나 타락한 창조물의 상태에 대해 제한적인 지식만을 갖고 있었다. 그래서 말씀을 이해하는 데 한계가 있었다. 예를 들어, 그들은 세균에 대해 칼뱅보다 더 무지했을 것이다. 위 말씀은 오늘날의 우리에게 도전을 준다. 예수님 당시 제자들에게 오늘 우리가 이해하는 세균학에 대한 지식이 있었다면, 예수님은 그들에게 무어라 말씀하셨을까? 아마 "세균은 마귀의 일이다. 그렇기에 우리가 할 일은 그 세균을 모두 박멸하는 것이다"라고 하지 않으셨을까?

현대 복음주의자들의 인식에 문제가 있다. 자연계를 인식하는 데 있어서 복음주의자들의 수준은 아직도 1세기 신자들 수준에 머물러 있다. 건강과 관련해서도 좋은 음식을 잘 먹고 면역력을 높이면 된다고 생각한다. 유기농 식품과 통밀이나 현미를 먹으면 어떤 질병이든 이겨 낼 수 있다고 생각한다. 물론 이 생각이 틀린 것은 아니지만, 이는 너무 단순하고 무지한 생각이다. 우리는 다양한 질병을 일으키는 병균을 연구해야 한다. 우리가 나서서 물리쳐야 할 질병의 종류는 다양하다. 천연두, 조류독감, 메디나충증, 흑파리 전염병, 결핵, 뎅기열 등은 건강식을 한다고 해결되지 않는다. 우리는 병원균과 싸워, 병 자체를 근절시켜야만 한다. 당신의 면역 체계가 제아무리 건강하다 해도, 말라리아를 예방할 수는 없다.

해석학적 도전 1

현대를 사는 우리는 여러 가지 도전에 직면한다. 말라리아는 학질모기가 옮기는 전염병이다. 요즘은 말라리아 기생충인 열원충을 현미경을 통해 볼 수 있다. 말라리아가 아주 영악하게 인체를 공격하는 4단계도 추적해 볼 수 있다. 우리는 말라리아 환자가 자신도 모르는 사이에 주변 모기들을 불러 모아, 말라리아에 전염된 자신의 피를 다른 사람들에게 나르게 하는 잠행성 활동에 대해서도 잘 안다. 말라리아 기생충은 이렇게 영악하게 사람들을 공격한다.

    여기서 말라리아에 관해 말하는 이유는, 예수님의 말씀을 오늘날 우리 시대에 맞게 해석하고 적용하는 과정에서 맞닥뜨리게 되는 해석학적 어려움을 설명하기 위함이다. 우리가 순진하게 1세기 관점에서만 예수님의 말씀을 이해한다면, 광범위한 해석학적 어려움과 만나게 된다. 예수님이 오늘날 우리에게 무어라 말씀하시며, 우리가 사탄의 일을 멸하는 것에 대해 구체적으로 어떻게 설명해 주실지 생각해 보자. 지금 우리는 사탄이 하는 일들을 더 자세히 이해한다. 따라서 우리의 책임 역시 커졌다고 볼 수 있다. 우리가 감당해야 할 기독교적 선교 활동은 그때와는 달라졌으며 더 커졌다.

해석학적 도전 2

여기서 다룰 두 번째 도전은 구약과 신약의 차이에 대한 부분이다. 이 주제는 상당히 복잡한 문제다. 초대교회 시대에 유대인들은 핍박받는 기독교인들과 자신들을 동일시하고 싶어 하지 않았다. 그래서 자신들은 기독교인들과 확실히 다르다고 주장했다. 지금 우리로서는 통탄할 일이지만, 유대인들은 정부에 그렇게 주장했다. 그 결과 수많은 기독교인이 고문을 당하고 순교했다. 당시 유대인들은 종교적 자유를 누리고 있었지만, 자신들이 누리는 특권을 기독교인들이 함께 누려서는 안 된다고 생각했다.

하지만 기독교 내에서도 헬라파와 히브리파 사이에 엄청난 문화적 차이가 있었다. 헬라파 제자들의 수는 점점 늘었지만, 히브리파 기독교인들의 수는 점점 줄었다. 두 그룹 사이에 존재했던 문화적 거리감은 결국 서로를 분리시켰다. 문화적 분리는 다른 그룹에 대한 편견, 적대감, 그리고 비판적 감정을 야기했고, 이런 상황은 수

세기 동안이나 이어졌다.

이런 역사적 이유 때문에, 일부 학자들은 구약과 신약 사이에 엄청난 차이가 있는 것처럼 과장한다. 심지어 구약이 신약보다 못하다는 인상을 주기도 한다. 그러나 탁월한 구약학자인 월터 카이저(Walter Kaiser, Jr.)는 성경을 둘로 구분 짓는 '구약과 신약'이라는 용어 자체도 바람직하지 않다고 지적했다. 이러한 카이저의 관점은 탁월하다. 그러나 이를 주류 기독교 전통이라고 할 수는 없다.

그 결과 우리는 구약과 신약의 연속성과 단절성을 연구할 때 살얼음판을 걷는 것처럼 조심스러워질 수밖에 없다. 구약과 신약을 구분 짓는 사람에 비해, 이 둘을 하나의 연장 선상에서 보려는 사람들은 아주 적다. 그럼에도 성경은 일관성이 있다. 그리고 성경의 일관성은 성경 교리의 기본이다.

지난 주일에 나는 구약의 율법과 신약에 나타난 은혜에 대한 설교를 들었다. 설교자는 은혜를 강조했다. 그는 신약의 은혜와 구약의 율법을 설명하는 가운데, 아브라함 역시 은혜로 구원받았으며 이는 신약 시대 사람들이 은혜로 구원받은 것과 같다고 말했다. 구약에 나타난 하나님의 은혜와 죄를 사해 주시는 예수님 보혈의 권세 사이에는 큰 차이가 없다. 당신이 그리스도 이전 시대에 살았든, 그리스도 이후 시대에 살았든 큰 차이가 없다. 하나님의 동일한 은혜의 강은 구약에서 신약으로 흐른다. 또한 예수 그리스도의 사역과 사도들의 사역을 통해 믿음이 분명하게 드러났다고 해서, 믿음이 신약에서 형성된 것이라고 할 수 없다. 믿음은 구약에도 있었다.

바울은 로마서 1장 5절에서 자신이 하나님께 받은 사도 직분에 관해 설명한다. 바울은 자신이 "사도의 직분을 받아 그 이름을 위하여 모든 이방인 중에서 믿어 순종하게 하나니"라고 했다. 여기서 바울은 자신이 받은 사도의 직분이 신약에서 생전 처음 생겨난 직분이라고 주장하고 있지 않다.

바울은 로마서 2장 28-29절에서 할례의 의미를 '마음의 할례'라고 강조한다.

무릇 표면적 유대인이 유대인이 아니요 표면적 육신의 할례가 할례가 아니니라 오직 이면적 유대인이 유대인이며 할례는 마음에 할지니 영에 있고 율법 조문에 있지 아니한 것이라.

바울은 예레미야 4장 4절에서 주장하는 "마음 가죽을 베는 할례"와 신명기가 주장하는 "마음의 할례"가 전혀 다르지 않다고 주장하는 것이다(신 10:16, 30:6).

일부 학자 중에는 구약과 신약의 구원론이 서로 다른 것처럼 설명하는 이들이 있다. 구약에서는 사람들이 율법에 순종함으로 구원을 받고, 신약에서는 사람들이 기본 구원 교리에 지식적으로 동의함으로 구원을 받게 된다는 주장인데, 이는 명백한 오류다. 이런 구원론은 성경과는 아주 거리가 먼 이단사설이다. 성경은 믿음으로 구원에 이른다고 가르치는데, 마음으로 순종하는 믿음이 구원하는 믿음이다. 구원에 이르는 믿음은 예수 그리스도가 하나님의 아들이며 사람들의 죄를 대속하려고 죽으셨다는 정보만을 믿는 지성적 활동이 아니다. 신구약에서 믿음과 순종은 절대로 분리할 수 없는 것들이다. 이 사실은 (로마 가톨릭이나 프로테스탄트, 그리고 종교개혁자들이 뭐라고 주장했든 상관없이) 성경적인 가르침이다.

다른 이유들 때문에 신약과 구약을 구별하려는 사람들도 있다. 세대주의 학자들은 신약과 구약 사이에 존재하는 문화적 차이와 거리감 때문에 그것이 곧 신학적 차이로 이어진다고 주장한다. 그러나 성경을 연구하면 할수록, 구약과 신약 사이에는 차이점보다 연속성이 더 많으며 차이점보다 연속성이 훨씬 더 중요하다는 사실을 알 수 있다. 우리는 문화적 차이와 신학적 차이를 구별할 수 있는 안목을 가져야 한다.

신약에는 구약과 다른 중요한 문화적 변화가 있다. 그것은 바로 구약에서 동물을 죽여 죄 사함을 상징적으로 보여 주던 희생제사가 사라졌다는 것이다. 하지만 그렇다고 구약에서 동물을 드리던 희생제사 과정에 믿음이 필요하지 않았던 것이 아니다. 구약에 나타난 믿음은 순종이었다. 구약은 거듭 강조했다. "순종이 제사보다 낫다"(삼상 15:22). 그러므로 희생제사 제도가 구약과 신약의 근본적인 차이점을 보여 준다고 주장할 수 없다. 희생제사는 유대인과 이방인 모두에게 깊은 상징적 의미를 깨우쳐 주는 것이었다.

유월절에 십자가에 달리신 예수님의 희생은 유대인들이 행하던 희생제사를 대체했다. 여기서 우리가 주목해야 할 것이 있다. 예수님은 구약에 나타난 희생제사의 제물을 대체하신 것뿐, 희생제사의 본래 의미를 바꾸신 것은 아니다.

또한 일부 무지한 사람들은 신약의 구원론에 특별한 변화가 일어났다고 주장한다. 즉, 유대인들만 구원받는다는 구약의 특수주의에서 모든 하나님의 사람이 구원받는다는 보편주의로 입장이 바뀌었다고 주장하는 것이다. 물론 신약이 보편주의를 더욱 강조했던 것은 맞지만, 구약에도 여러 이방인이 하나님께 나아온 경우가 있고 보편주의 역시 드러나 있다.

우리는 복음을 분명하게 인식해야 한다. 복음은 유대인이 가지고 있던 것을 이방인에게 릴레이 바통(baton)처럼 넘겨 준 것이 절대 아니다. 원래부터 유대인들만이 복음을 소유하고 있던 것도 아니다. 이렇게 복음을 유대인이 이방인에게 넘겨 주는 바통으로 생각하는 사람들은, 신약에만 참 믿음이 드러나 있다고 생각한다. 그리고 이제는 이방인만이 참 믿음을 가지게 되었다고 생각한다. 그러나 이는 복음과 신앙에 대한 심각한 오해다.

바울은 유대인들이 의를 얻는 데 실패했다고 선언한다. 다음 말씀을 보자.

그런즉 우리가 무슨 말을 하리요 의를 따르지 아니한 이방인들이 의를 얻었으니 곧 믿음에서 난 의요 의의 법을 따라간 이스라엘은 율법에 이르지 못하였으니 어찌 그러하냐 이는 그들이 믿음을 의지하지 않고 행위를 의지함이라 부딪칠 돌에 부딪쳤느니라 롬 9:30-32

바울은 의를 따르지 않았던 이방인들이 믿음으로 의를 얻었다고 주장한다. 그러나 의의 율법을 따르던 이스라엘은 의를 얻지 못했다. 여기에 우리가 무슨 말을 더할 수 있겠는가? 이스라엘이 의를 얻지 못한 이유는 무엇인가? 믿음에 의지하지 않고 행위에 의지했기 때문이다.

믿음이 중요하다. 믿음에 의지하여 의를 얻는다. 이 사실을 바르게 이해하지 못하면, 성경에 나오는 인물들의 믿음을 제대로 평가할 수 없다. 엘리사벳과 스가랴, 예수님의 어머니 마리아의 믿음을 올바르게 이해할 수 없게 된다. 일부 무지한 사람들이 생각하는 바와 같이, 하나님이 사람들 중 아무나 택하여 예수님의 어머니가 되게 하신 것이 아니었다. 마리아 앞에 나타난 천사 가브리엘은 이렇게 말했다.

마리아여 무서워하지 말라 네가 하나님께 은혜를 입었느니라 눅 1:30

이 말은 무엇을 의미하는가? 마치 무작위로 추첨하는 복권에 당첨되듯 마리아가 선택되었다는 뜻이 아니다. 천사는 마리아가 하나님이 맡기실 사명에 적합한 성품을 가진 자로 인정받았다고 말했다. 마리아에게는 참된 믿음이 있었다. 갈 바를 알지 못하고 나갔던 아브라함과 같은 믿음이 있었다. 마리아는 예수 그리스도의 보혈이 대속을 이루리라는 사실은 알지 못했지만, 하나님의 부르심에 순종하는 믿음을 가지고 있었다.

해석학적 도전 3

유대인의 바벨론 포로 경험이 중요하다. 우리는 유대인들이 바벨론에서 포로 생활을 하는 동안 조로아스터교를 믿던 사람들과 함께 생활했다는 사실을 다시 상기할 필요가 있다.

유대인의 바벨론 포로 경험은 구약과 신약 사이에 커다란 사상적 차이를 낳았다. 하나님의 절대 주권을 강조한 구약의 기자들은 하나님이 모든 사건을 궁극적으로 관장하신다고 이해했다. 이 중요한 논지에 관해서는 이미 여러 번 설명했기 때문에 다시 반복할 필요는 없다고 생각한다. 이제 우리는 신약 기자들이 설명하는 영악한 사탄의 존재에 주의를 기울일 필요가 있다. 사탄은 십자가 사건 이후에도 '이 세상의 주관자'로 남아 있다. 이는 구약과 전혀 다른 새로운 신약적 관점이지만, 사람들은 아직도 사탄을 그릇되게 인식하고 있다.

결론

우리는 신약성경을 바르게 이해해야 한다. 신약을 바르게 이해하려면, 적어도 세 가지 도전에 직면하게 된다.

1. 악을 대적하는 믿음이라는 구약 신앙의 연속성 문제
2. 신구약의 연속성과 단절성에 대한 일반적 질문들
3. 인간들에게 일어나는 나쁜 일들을 (하나님이 하시는 일로 보느냐, 아니면 사탄의 일로 보느냐) 해석하고 기록하는 방식에 대한 구체적인 차이

성경에 나타난 하나님의 목적은 분명하다. 신약과 구약은 하나님의 목적에 관한 통일된 관점을 견지한다. 그것은 바로 악한 자를 물리치는 것이다. 우리는 악한 자가 다스리는 세상을 탈환해야 한다. 악한 자의 권세 아래 있는 자들을 다시 찾아와야 한다. 우리는 이러한 하나님의 목적을 실행할 사람들, 즉 하나님 나라의 탈환 작전에 참여할 사람들을 동원해야 한다.

8장

세계 선교의 새로운 시작과
기독교 문명운동

 세계 선교가 새롭게 시작되었다. 세계를 향한 선교 계획은 신약성경이 새로 고안해 낸 아이디어가 아니다. 하나님의 세계 선교 계획은 구약에도 존재했다. 하나님의 선교는 창조 사건에 이미 드러나 있다. 그 하나님의 계획이 신약에 들어와서 새로운 문화를 입고 예전과는 전혀 다른 모습으로 나타난 것이다. 세계 선교의 새로운 시작이었지만, 최초로 시작된 선교는 아니었다.

 하지만 사실 신약에 나타난 세계 선교의 변화는 정말 놀랍기 그지없다. 그래서 여러 학자가 신약의 새로운 선교적 측면에 관해 목소리를 높여 왔으며, 수백 년 동안 많은 학자가 사도 바울의 공헌을 연구했다. 일부는 기독교와 예수교는 서로 다르며, 그것은 바울이 고안해 낸 바울의 종교라고까지 주장했다. 그들은 사도 바울이 강조한 믿음의 형식에 초점을 맞추어, 바울의 종교 문화 형식은 완전히 새롭고 독특하다고 주장했다. 유대인들 역시 오늘날까지 바울의 종교를 유대교와는 전혀 다른 종교로 간주한다. 유대인들뿐만이 아니다. 가톨릭, 개신교, 복음주의 성서신학자, 목회자, 그리고 신학자들 가운데서도 바울 종교에 대한 토론이 계속되고 있다. 이런 토론을 다룬 저서들 가운데 가장 유명한 책은 그레셤 메이천(J. Gresham Machen)의 《바울 종교의 기원》(*The Origin of Paul's Religion*)이다.

우리에게는 바울에 관한 선교학적 안목이 필요하다. 사실 학자들이 이렇게 부자연스럽게 바울 종교에 관한 토론에 열을 올리는 이유는, 그들이 선교학적 사고를 하지 못하기 때문이다. 스코필드 관주 성경을 출간하기도 했던 세대주의 학자들은 역사를 여러 세대로 나누어, 각 세대 간의 차이점을 심각하고 장황하게 설명한다. 세대주의자들 가운데 일부는 신약을 완전히 다른 '새로운 세대'(dispensation)로 구분해야만 한다고 주장했다. 그들은 복음서들이 '교회 세대'에 잘 맞지 않는다고 말했다. 그들은 사도행전에 관해, 한 세대가 다른 세대로 바뀌는 중간에 있는 회랑(回廊)이라 생각했다. 그래서 사도행전이 교리를 만드는 자료로는 부적합하다고 간주했다. 이런 보수적인 세대주의 학자들의 주장에는 문화적 통찰이 없다. 이들의 주장은 바울이 새로운 종교를 만들어 냈다고 주장하며 똑똑한 체하는 자유주의 신학자들의 주장과 유사하다.

구약과 신약의 차이점은 무엇인가? 구약과 신약 사이에는 적어도 한 가지 중요한 차이점이 있다. 그것은 바로 신앙 양식(信仰樣式)의 차이다. 구약의 유대 문화 신앙 양식은 신약의 헬라 문화 신앙 양식으로 전환되었다. 성경은 실로 장구한 역사를 담고 있는 책이다. 여러 시대를 관통하고 있기 때문에, 성경 안에는 다양한 시대가 존재하며 시대마다 다른 신앙 양식이 생겨났다.

1. 아브라함 시대의 신앙 양식: 할례와 십계명이 없는 신앙생활을 했다.
2. 아브라함 자손의 애굽 시대의 신앙 양식: 정확한 정황을 알 수 없다.
3. 모세와 함께했던 광야 시대의 신앙 양식: 출애굽 이후 광야에서 생활하던 시대의 신앙 양식이 있었다.
4. 사사 시대의 신앙 양식: 사사가 다스리는 환경에서의 신앙 양식이 있었다.
5. 다윗 시대의 신앙 양식: 왕권이 확립되어 가는 환경에서의 신앙 양식이 있었다.
6. 솔로몬의 성전 시대의 신앙 양식: 성전이 세워진 이후의 신앙 양식이 있었다.
7. 포로 시대의 신앙 양식: 바벨론과 페르시아에서 포로 생활을 하면서 회당이 세워지고, 사탄을 바르게 인식하기 시작한 포로 시대의 신앙 양식이 있었다.
8. 헬라와 로마 통치 시대의 새로운 팔레스타인 신앙 양식: 신약성경에서 볼 수 있는 헬라와 로마 통치를 받는 상황에서 형성된 새로운 신

앙 양식이 있었다.

9. 신약 이후 성전 파괴 시대의 신앙 양식: 티투스(Titus) 장군의 침략, 로마의 핍박, 성전 파괴로 이어지던 신약 이후 시대의 신앙 양식이 있었다.
10. 랍비적 유대주의(rabbinical Judaism) 시대의 신앙 양식: 랍비를 중심으로 계속해서 일어난 랍비적 유대주의 시대의 전승을 바탕으로 한 신앙 양식이 있었다.
11. 현재 이스라엘 유대주의 시대의 신앙 양식: 이스라엘에 역사적 배경을 가지고 지금까지 계승된 정통파, 보수파, 개혁파 유대주의, 그리고 정치적 유대주의적인 신앙 양식이 있다.

이스라엘 역사에 나타난 신앙 양식들만 해도 이처럼 다양하다. 각 시대를 특정 짓는 새로운 신앙 양식이 등장했다. 이러한 시대적 흐름 속에서 이스라엘이라는 민족 안에 일어난 독특한 변화들은 통시적(diachronic) 변화라 부를 수 있다. 이는 한 민족 내에서 역사적 흐름에 따라 통시적으로 일어난 변화다. 우리는 이런 통시적 관점 아래에서 지난 4,000년의 역사 속에서 일어났던 변화들을 추적하고 있다.

문화 양식들은 시대에 따라 변한다. 그러나 시간이 흘러도 변하지 않는 것이 있다. 성경에 나타난 성경적인 믿음의 본질이 바로 그러하다. 하나님은 전심을 다한 믿음과 순종을 기뻐하신다. "여호와를 경외하는 것이 지혜의 근본이요"(잠 9:10). 하나님의 말씀은 변하지 않는다. 지금도 우리는 변함없는 하나님의 말씀을 믿는다.

> 너는 마음을 다하여 여호와를 신뢰하고 네 명철을 의지하지 말라 너는 범사에 그를 인정하라 그리하면 네 길을 지도하시리라 잠 3:5-6

아브라함을 생각해 보자. 우리는 아브라함의 시대와 그의 신앙을 연구하면서 신앙적 통찰을 얻는다. 갈라디아서 3장에서 바울은 그리스도 이전에 아브라함에게 전해진 복음을 설명한다.

> 아브라함이 하나님을 믿으매 그것을 그에게 의로 정하셨다 함과 같으니라 그런즉 믿음으로 말미암은 자들은 아브라함의 자손인 줄 알지어다 또 하나님이 이방을 믿음으로 말미암아 의로 정하실 것을 성경이 미리 알고 먼저 아브라함에게 복음을 전하되 모든 이방인이 너로 말미암아 복을 받으리라 하였느니라 그러므로 믿음으로 말미암은 자는 믿음이 있는 아브라함과 함께 복을 받느니라 갈 3:6-9

아브라함에게 복음이 전해졌다. 아브라함에게 전해진 복음에는 하나님의 의도가 분명하게 드러나 있다. 그 의도는 이방의 모든 민족이 '믿음을 통해 하나님과 화해하는 것'이며, 이러한 하나님의 구원은 아브라함의 혈통에만 국한되지 않는다.

핵심은 하나님을 믿는 믿음이다. 성경이 장구한 역사를 통해 다양한 믿음의 양식을 기록한 데에는 분명한 목적이 있다. 그것은 믿음의 중요성을 더 분명하게 드러내기 위함이다. 믿음이 중요하다. 시간의 흐름에 따라 통시적(diachronic)으로 문화가 변화했더라도, 하나님을 믿는 믿음에 대한 본질은 언제나 동일하다. 이는 미래에도 계속 동일할 것이다. 성경에 나타난 신앙 양식의 변화는 어느 날 갑자기 일어난 것이 아니었다. 성경에는 변화의 전후 사정들이 잘 기록되어 있다. 바리새파와 사두개파의 신앙 양식의 차이점이 기록되어 있다. 오늘날로 치면 전통적 예배와 현대식 예배가 다른 것과 같다. 이런 변화는 공시적(synchronic) 양식이라 할 수 있다.

하지만 신약에는 문화 양식이 한순간 갑작스레 변화한 사례도 있다. 셈족의 유대 문화 양식이 로마인의 헬라와 라틴 문화로 급속하게 변모한 것이다. 이는 그때까지 성경에 나타난 변화들과는 상당히 다른 변화의 물결이었다. 이는 특별히 신약에서 볼 수 있는 핵심적 사회 현상이었다. 동일한 문화 안에서 시간의 흐름에 따라 일어나는 통시적(通時的, diachronic) 변화가 아니라, 동시대에 다른 문화로 옮겨가는 공시적(共時的, synchronic) 변화라고 볼 수 있다. 하지만 이를 측생적(側生的, lateral) 변화라 부르는 게 어떨까 한다. 동일한 문화적 근저가 아닌 다른 문화적 근저에서 생겨난 변화로, 바깥쪽이나 옆쪽에서 생겨난 변화라는 의미에서 말이다.

모든 변화는 여러 가지 차이를 야기하여 불편함을 준다. 여호수아 시대의 유대 문화는 예수님 시대의 유대 문화와 차이가 컸다. 우리는 이런 시대적 차이점, 특히 시간의 흐름에 따른 통시적 차이점을 인식할 수 있어야 한다. 우리가 이렇게 통시적 차이점을 신중하게 연구할 수 있게 된 것은 세대주의 학자들의 세대 해석 방법에서 얻은 통찰 덕분이기도 하다.

시대가 변하면 문화도 변한다. 문화가 새롭게 변하는 것은 시대가 변한다는 의미다. 바울의 경우를 살펴보자. 바울 시대의 변화는 통시적 변화가 아니었다. 공시적 변화였을 뿐 아니라, 이 문화에서 저 문화로 옮겨가는 측생적 변화였다. 사도행전 15장에는 예루살렘 공의회 사건이 기록되어 있다. 예루살렘 공의회는 이방인들도 우리와 동일하게 주 예수의 은혜로 구원을 받는다고 인정했다(행 15:11). 하지만 "우상의 제물과 피와 목매어 죽인 것과 음행을 멀리 할지니라"고 권했다(행 15:29). 교회 문화가 헬라 문화로 전환되었더라도, 특정 유대 문화적 신앙 형식을 지켜야만 한다고 주장한 것이다. 이런 변화는 통시적 변화가 아닌 공시적 변화다. 이렇게 생겨난 '새로운 규칙들'은 유대인이 아닌, 헬라와 로마 문화권의 '하나님을 경외하는 자들'을 위한 규칙이었다.

현실적으로 생각해 보자. 우리가 한 문화 속에서의 역사적 변화인 통시적 변화를 연구하든, 다른 문화로 옮겨가는 공시적 변화를 연구하든, 성경적인 신앙이 표현되는 문화의 형식은 변한다는 사실을 기억해야 한다. 하지만 문화가 불가피하게 이렇게 새로운 형식을 입게 된다 해도, 새로운 문화 형식이 모두 다 좋은 것이라고 할 수는 없다. 바람직하지 못한 변화도 있었다. 아프리카 토속 신앙과 혼합된 새로운 아프리카 기독교 신앙, 성경을 믿던 수많은 중국 신자들이 새로운 왕조 건설을 위해 봉기했던 태평천국운동(太平天國運動), 미국의 크리스천 사이언스(Christian Science)와 모르몬교 전통(Mormon traditions) 등은 심각한 오류가 섞인 신앙과 문화의 혼합작품이다. 이보다는 덜하지만, 로마 가톨릭이나 무슬림 안에도 오류가 섞여 있다. 이런 오류는 개신교라고 해서 예외는 아니다. 우리는 이를 혼합주의라 부른다.

하나님을 향한 신앙이 우선이다. 우리가 진정한 성경적 신앙을 살펴보는 방법이 통시적이든 공시적이든 상관없이, 어떤 신앙 양식에든 참된 신앙인들이 있다. 수많은 사람이 참된 신앙적 진리를 찾아보기 어려운 신앙 체계에 사로잡혀 있다고 할지라도, 새로운 신앙 양식을 통해 진정으로 하나님께 나아가는 참된 신앙을 가진 경건한 사람들이 있음을 기억해야 한다.

기독교 신앙은 유대 문화에서 헬라 문화로 옮겨갔지만 살아남았다. 신앙 양식은 헬라 문화 속에서 통시적 변화를 거듭했다. 바울 시대와 콘스탄티누스 황제 시대를 비교해 보면, 엄청난 변화를 실감할 수 있다. 콘스탄티누스 황제의 칙령에 따라 기독교가 로마 제국의 '국교'가 된 것이다. 그것은 정치적 결정이었다. 그래서 로마 제국에 반대하는 주변국들은, 로마에 저항하는 의미에서 자기 나라

기독교인들을 박해했다. 그런 정치적 영향으로, 셈족 전통을 가진 일부 지역에서는 '무슬림'이라는 용어를 사용하게 되었다.

종교개혁 시대도 변혁의 시대였다. 루터의 영향으로, 당대를 풍미하던 로마, 지중해 문화 형식들이 독일 게르만 문화 형식으로 공시적인 변화를 맞게 되었다. 사도행전은 이런 공시적 변화 가운데 나타나는 신앙적 복합성과 오해들을 어떻게 풀어가야 할 것인지에 대해 탁월한 도움을 제공한다. 하지만 종교개혁 당시 지도자들은 안타깝게도 사도행전의 교훈을 이해하지 못했다. 그들은 문화적 혼란을 느끼는 가운데 서로 투쟁을 벌였다. 헬라와 지중해 문화적 배경의 가톨릭교회는 독일 게르만 문화를 온당한 것으로 인정하지 않았고, 서로에 대한 불신이 점점 가중되었다. 그러나 종교개혁을 조금 더 객관적으로 바라보면, 양쪽 진영 모두에 여러 신실한 신앙인들과 명목상의 신자들이 공존하고 있었음을 알 수 있다.

종교개혁은 엄청난 공시적 변화였다. 하지만 흥미롭게도 종교개혁이 일어날 당시, 장구한 역사를 자랑하던 지중해 문화를 바탕으로 하는 신앙 형식들 안에서도 엄청난 통시적 변화가 일어나고 있었다. 구텐베르크 시대에 인쇄된 성경이 쏟아져 나와 읽히고 있었기 때문이다. 루터가 역사에 등장했을 때, 영국 전역을 비롯하여 프랑스, 스페인, 이탈리아, 그리고 독일 사람들은 역사상 그 어느 시대보다 성경을 많이 읽고 연구하고 있었다. 이런 성경 연구 과정을 통해, 독일인들은 완전히 독자적인 게르만 신앙 형식이 존재해도 좋겠다고 생각하게 되었다.

　신구약의 문화적 차이를 다룰 때 주의할 점이 있다. 신약에는 유대 문화를 고수하는 유대 교회와 헬라 문화를 고수하는 헬라적 기독교가 양극화되는 과정이 잘 드러나 있다. 하지만 유대 문화라는 그릇에 담겨 있던 신앙이 헬라 문화라는 그릇으로 옮겨졌다 하여, 유대교를 낡고 거짓된 종교로 폄하하고, 신약에 나타난 헬라적인 신앙을 새롭고 순전하고 이상적인 종교로 간주해서는 안 된다. 또 구약의 참된 믿음과 신약의 참된 믿음 사이에 본질적인 차이가 있다고 생각해서도 안 된다. 문화와 신앙 양식의 차이가 있을 뿐, 믿음의 본질은 같기 때문이다.

　유대교 종교 전통에는 하나님의 은혜와 믿음에 관한 기본적 요소들이 있었다. 헬라적 기독교 전통에도 하나님의 은혜와 믿음에 관한 기본 요소들이 있었다. 그러므로 유대적 종교 전통 안에 참된 은혜와 믿음에 대한 기본 요소가 없었고, 헬라적 기독교 전통에는 완전히 새롭고 참된 은혜와 믿음에 대한 기본 요소가 있었다는 주장은 옳지 않다.

　물론 사도 바울과 히브리서 기자가 메마른 율법주의를 비판하면서 참된 믿음에 관해 주장한 것은 사실이다. 하지만 율법주의적인 신앙관을 비판하고자 한다면, 굳이 유대교가 아니어도 어떤 새로운 문화적인 신앙 양식만으로도 동일한 기준 아래서 비판할 수 있을 것이다. 모든 종교적 전통에는 진실하고 참된 신자들이 있고, 동시에 명목상의 신자들도 있다는 사실을 기억해야 한다.

신약에 나타난 새롭고 놀라운 실존은 은혜와 믿음에 관한 재발견이 아니다. 행위를 강조하는 죽은 신앙이 영적으로 살아나도록 은혜와 믿음을 전해 주는 것도 아니다. 신약에 나타난 놀라운 실존은 예수 그리스도를 통해 하나님 자신이 역사 가운데 나타나셨다는 사실이다. 예수 그리스도는 성경책 속에 기록된 하나님의 실존을 밝히 드러내고, 성경말씀에 담긴 하나님의 뜻을 행동으로 명확히 보여 주셨다. 우리는 예수님의 얼굴을 통해 아버지 하나님의 영광을 본다. 예수님의 오심은 유대인과 이방인 모두에게 전혀 새로운 선물이다. 오늘날 헬라파 기독교 전통을 따르는 이들 중에는 '예수 그리스도'를 욕으로 사용하는 사람들이 있다. 그러나 오래된 유대교나 다른 전통을 신앙 배경으로 가진 이들 중에도 그분의 이름을 매우 조심스레 입에 올리는 사람들도 있다는 것을 생각해 보라.

이런 관점에서, 우리가 인식해야만 하는 사실이 있다. 다른 사람들이 예수 그리스도를 구세주로 '영접'하도록 우리가 열을 올리는 만큼, 사람들을 예수 그리스도께로 인도하는 그 어떤 방법과 과정도 성경이 끊임없이 강조하는 '참된 믿음'을 검증하는 확실한 방법이라고 할 수 없다는 것을 말이다. 그렇다면 참된 믿음을 검증하는 완벽한 기준은 없다는 말인가?

참된 믿음을 검증하는 완벽한 기준은 없다. 그 사실은 우리를 몹시 불편하고 당혹스럽게 한다. 그러나 아예 없는 것은 아니다. 다만 하나님이 숨겨 두셨기 때문이다. 하나님은 이를 의도적으로 숨겨 두셨다. 알곡과 가라지 비유를 읽어 보면, 하나님의 의도를 분명히 알 수 있다(마 13:24-43). 하지만 우리 안에는 자신이 가진 특정 문화적 신앙 형식을 중시하려는 자문화 중심주의가 도사리고 있다. 우리에게는 자신이 가진 하나의 문화적 잣대로 모든 것을 판단하고, 그 외 다른 모든 신앙 형식을 배척하려는 성향이 강하다. 간혹 진실한 마음을 가진 사람도 자신과 다른 문화적인 신앙 형식들을 배척할 때가 있다. 때로 우리는 자신이 가진 방식으로만 양과 염소를 갈라 낼 수 있다고 착각한다.

그러나 성경은 우리의 생각과는 다르다. 성경은 이렇게 말한다. "인자가 자기 영광으로 모든 천사와 함께 올 때에 자기 영광의 보좌에 앉으리니 모든 민족을 그 앞에 모으고 각각 구분하기를 목자가 양과 염소를 구분하는 것 같이 하여 양은 그 오른편에 염소는 왼편에 두리라"(마 25:31-33). 인간이 아닌 하나님이 그분의 손으로 직접 양과 염소를 분별하신다. 이 사실을 꼭 기억하라.

우리는 자신의 문화를 객관적으로 돌아볼 수 있어야 한다. 우리가 어떤 특정 문화를 입은 신앙을 수용하게 되면, 자신의 문화로 포장된 복음에 대한 자부심이 너무 높아진 나머지 다른 문화의 옷을 입은 복음의 타당성 자체도 인정하지 못하게 된다. 우리는 이런 잘못을 범하지 않도록, 자민족중심주의를 철저하게 경계해야 한다.

예를 들어, 윈터가 프린스턴 신학교를 다닐 때의 일이다. 미국교회에서는 헌금 시간이면 헌금접시(offering plate)를 참석자 개개인 앞으로 돌린다. 사람들은 그 방식이 중국에서 온 사람들의 기분을 거스르게 하는 행동인 줄 정말 몰랐다. 윈터가 처음 교회에 방문한 중국 사람들에게 헌금접시를 돌렸을 때, 그들은 소스라치게 놀라며 매우 당황했다. 중국 사람들은 문 입구에 놓인 헌금함을 이용하여 헌금을 드렸기 때문이다. 즉, 미국식이 모든 사람에게 가장 좋은 방식이라고 할 수는 없다.

또한 어느 곳이든 한 가지 방법만이 사용되는 것이 아니다. 우리는 한 나라의 기독교 안에 얼마나 다양한 문화 형식이 사용되는지 다 알 수 없다. 그럼에도 일부 신자들은 자신의 신앙 양식을 최고로 여기고, 자신과 다른 모든 문화 형식을 우습게 여기고 무시한다.

오순절주의자들 가운데 일부가 방언을 구원의 절대적 증거로 주장한 적이 있었다. 또 오순절주의 이전의 복음주의자들(pre-pentecostal Evangelicals) 가운데 일부는 구원을 받기 위해 '이중 은혜의 역사'가 있어야만 한다고 주장했다. 그들은 히브리서에 나오는 "거룩함을 따르라 이것이 없이는 아무도 주를 보지 못하리라"(히 2:14)는 말씀을 인용하면서, 이 본문에 나오는 '거룩함'(성결)이라는 단어의 의미를 그들의 복음 전도 방식과 동일시했다.

세상에는 다양한 기독교 문화가 있다. 그리고 이 다양한 기독교 문화 형식 사이에는 인식적 단절이 존재한다. 이는 공시적 변화가 일어났을 때 더욱 심각하게 나타난다. 그것은 바울 시대나 마르틴 루터의 시대에서도, 또 오늘날의 인도 선교 현장에도 존재하여 큰 어려움을 가져왔다. 미주리 루터파 신학자이자 선교사인 허버트 호퍼(Herbert Hoefer)의 관점을 가진 사람들 또한 이러한 인식의 단절을 경험한다. 인도에서 수백만 명의 신자를 얻은 기독교 운동이 있었다. 그러나 그들은 대부분 힌두 문화를 유지하는 가운데 하나님을 믿었기 때문에, 기독교인들에게 멸시와 비난을 받았다. 이는 생소한 일이 아니었다. 미국의 서구 기독교인들뿐 아니라 서양식 기독교를 따르는 수많은 인도인이 이 힌두 문화적인 기독교 운동을 멸시하고 비난했다. 사람들은 서구적 기독교를 평가의 기준으로 삼는 경향이 있어서, 서구적 기독교 문화 형식을 따르지 않고 아프리카 문화 형식을 따르는 아프리카 기독교 운동에 대해서도 인식의 단절을 경험한다. 그러나 현재 아프리카에는 서구 기독교 문화 형식이 아닌 아프리카 문화 형식을 따르는 기독교인의 수가 5천만 명을 웃돈다.

문화와 세계관의 차이는 극복하기 어렵다. 종교개혁이 일어난 후 400여 년이 지난 지금까지도 개신교와 가톨릭 사이에는 해결하지 못한 문제가 있다. 믿음의 선행(the works of faith)과 행함이 있는 산 믿음(the faith that works)을 아직도 분명하게 구분하지 못하는 것이다. 우리는 얼마나 시간이 흘러야 "행함이 없는 믿음은 그 자체가 죽은 것이라"(약 2:17)는 말씀을 액면 그대로 수용할 것인가?

개신교와 가톨릭이 나뉘었다 하더라도, 참된 신자들에게는 공통적인 신앙적 근거가 있다. 하지만 개신교 문화와 가톨릭 문화 사이에 근본적으로 존재하는 변할 수 없는 차이는, 지중해 문화와 게르만 문화의 차이다. 바울은 로마서 1장 5절에서 사도의 직분을 설명하면서, 이방인 중에서 "믿어 순종케 하는 것"에 대해 언급한다. 바울의 논리를 빌리자면, 개신교는 가톨릭이 믿음 없는 순종만 주장한다고 비판하고, 가톨릭은 개신교가 순종 없는 믿음만 주장한다고 비판한다. 이런 예리한 신학적 논쟁은 기독교 문화에 공시적 변화가 일어났을 때는 종종 불가피하게 일어난다.

종교개혁이 일어날 무렵, 당대 독일 최고의 영성을 가진 루터의 믿음과 로마 가톨릭 사이에는 메울 수 없는 간극이 있었다. 당시 로마 가톨릭은 상업적이고 향락적인 최악의 종교적 영성을 대변하고 있었으며, 독신주의를 문화적으로 강조했다. 다른 한편으로 루터는 탁월한 영성을 가진 가톨릭교 신약학자 요한 슈타우피츠(Johan Staupitz)에게 많은 도움을 받았다. 슈타우피츠의 열정적인 바울 서신 설교는 루터가 영적 침체에서 벗어나도록 도와주었고, 루터에게 복음의 빛을 비추어 주었다. 그러나 이 둘 사이에도 피할 수 없는 문화적 간극이 존재했다. 그 당시에 슈타우피츠는 로마 가톨릭에서 최고의 영성을 가진 사람이었고, 루터는 최악의 독일 명목주의를 지닌 데다가 결혼하고 싶은 '육신적' 욕망까지 가지고 있던 사제였기 때문이다.

루터 당시 일상어로의 성경 번역은 비교적 자유롭게 이루어졌다. 일반적으로 로마 가톨릭교회가 성경을 일상어로 번역하는 것을 제한한 것으로 알려져 있지만, 이는 사실과 다르다. 루터의 탁월한 독일어 성경은 14번째의 완역 성경이었다. 루터 이전의 성경 번역은 독일의 로마 가톨릭교회의 주관 아래 이루어졌다. 1522년에 루터는 작센의 궁중 언어를 기초로 에라스무스 그리스어 신약 2판을 대본으로 신약을 번역했고, 1534년에는 브레시아 히브리어성서 AT 1534(the Brescis Hebrew Bibel)를 대본으로 구약성서를 번역했다.

현재 우리는 문화 형식들보다는 믿음을 강조한다. 이는 성경적으로 적절한 일이다. 하지만 이렇게 믿음을 강조하는 것은 특정 문화권의 기독교만을 유일한 것으로 정형화하려는 사람들에게는 못마땅한 일임이 틀림없다.

이번 장에서 우리는 바울의 사역에 나타난 새로운 시작의 엄청난 의미를 살펴보았다. 그것은 유대 문화에서 헬라 문화로의 전환이었다. 우리는 성경에 나타난 여러 문화 양식의 전환이 다양한 문제와 함께 진행되었음을 안다. 우리는 이 문화 양식의 전환이 그저 철저히 기독교를 믿으려는 사람들에게 여러 가지 어려움을 주었으며, 그리스도인들이 새로운 문화 양식을 수용하든지 그렇지 않든지와 상관없이 새로운 문화 양식이 여러 문제의 원인이 되었다는 슬픈 현실도 함께 인정해야 할 것이다.

9장

새로운 교회의 확장과 기독교 문명운동

새로운 교회가 형성되고 확장되었다. 지난 장에서 우리는 셈족 문화를 배경으로 갖고 있던 초대교회가 헬라와 라틴 문화를 배경으로 하는 교회로 새롭게 확장되는 복잡한 역학 관계를 살펴보았다. 교회 문화는 히브리적인 셈족 문화에서 헬라와 라틴 문화로 확장되었다. 공시적 변화가 일어난 것이다. 교회는 새로운 문화적 경계를 넘어 계속 확장되었다. 교회는 또다시 지중해 문화에서 게르만 문화로 공시적 변화를 겪고, 또 한 번 새로운 문화의 옷을 입었다.

현재의 복음 역시 서구 문화의 옷을 벗고, 새로운 문화적 옷으로 갈아입고 새로운 교회를 만들어 가고 있다. 아프리카, 인도, 그리고 중국 문화권에서 서양 문화와는 다른 토착 기독교가 새롭게 형성되고 확장되고 있다. 이는 실로 복잡하고 복합적인 문화 변혁의 과정을 통해 이루어진다. 이번 장에서는 신약 시대 때 일어난 교회의 문화변이 현상을 살펴볼 것이다.

교회의 문화변이는 갑자기 일어난 것 같지만, 실상은 그렇지 않다. 변화의 조짐은 오래전부터 있었다. 예수님이 탄생하기 수 세기 전부터 문화변이가 태동하고 있었다. 바울이 초대교회들에 서신을 보내던 당시, 이미 수천 개의 유대인 회당이 존재했다. 디아스포라 유대인들의 회당은 로마 제국 안팎의 광범위한 지역에 널리 퍼져 있었다.

이러한 흩어진 유대인 디아스포라 공동체는 매우 신실했다. 유대인 디아스포라는 탁월한 도덕성을 가진, 살아 있는 신앙 공동체였다. 그들의 모습은 주변 이방인들에게 강한 영적 영향력을 미쳤다. 당시 이들에게 영향 받은 이방인들은 두 종류로 나눌 수 있다.

우선 이방인 개종자(Proselytes)가 있다. 그들은 이방인이었지만, 유대 신앙과 유대 문화를 전적으로 수용했다. 유대교가 요구하는 모든 율법적 요구를 만족시켜, 유대인 개종자가 된 것이다. 이들의 수는 약 10만 명으로 추산된다.

또한 '하나님을 경외하는 자들'(God-fearers)이 있다. 이들의 수는 약 100만 명으로 추산된다. 그들은 비록 유대인으로 개종하지는 않았지만 회당에 출입했으며, 성경말씀을 듣고 아브라함과 이삭과 야곱의 하나님을 예배했다.

이와 같은 움직임에는 헬라어로 번역된 구약성경이 결정적인 역할을 했다. 헬라어로 번역된 구약인 70인경은 당시 지중해 동부 지역과 팔레스타인 지역 전역에 널리 퍼져 있었다. 헬라어를 사용하던 유대 회당에 헬라인으로서 하나님을 경외하는 자들이 참여할 수 있게 된 것은 순전히 이 70인경 때문이었다.

유대인 디아스포라와 회당은 새로운 기독교의 발전에 결정적인 역할을 했다. 유대교 회당에 그토록 많은 이방인이 출석하고 있었다는 것은 선교학적으로 매우 중요한 역사적 사실이다. 그럼에도 기독교 역사가들은 유대교 디아스포라와 회당의 역할에 대해 인색한 것이 사실이다. 유대교에 반감을 느끼는 일부 기독교 역사가들은, 당시 디아스포라 회당에 출석했던 이방인들은 유대교 신자에게 어떠한 영향도 받지 않았다고 폄훼하기까지 한다.

신앙은 다양한 문화적 옷을 입을 수 있다. 예수 그리스도를 믿는 신앙도 그러하다. 신앙은 유대 문화라는 옷을 입을 수 있고, 헬라 문화라는 옷을 입을 수도 있다. 로마서 14장에서 바울은 유대 문화와 헬라 문화 사이에서 갈등하는 성도들의 주의를 환기시킨다. 바울은 신자가 가진 양심의 자유를 설명하면서, 고기를 먹는 문제나 종교적으로 지키는 절기 문제 때문에 서로 비판해서는 안 된다고 가르친다. 특히 헬라 문화권에 속한 신자들에게 유대 문화적 배경을 가진 성도들을 낮추어 봐서는 안 된다고 경고한다. 바울 역시 유대 문화적 배경과 헬라 문화적 배경을 모두 가진 이중 문화적 지도자였으며, 자신이 전하는 복음이 유대인뿐만 아니라 이방인까지 모두 구원할 수 있는 능력이라 믿었다. 그는 문화를 초월하는 복음의 능력을 믿었다. 다음 말씀을 읽어 보면 이를 확실히 알 수 있다.

> 내가 복음을 부끄러워하지 아니하노니 이 복음은 모든 믿는 자에게 구원을 주시는 하나님의 능력이 됨이라 먼저는 유대인에게요 그리고 헬라인에게로다 롬 1:16

오늘날 복음을 전하는 자들의 문제는 무엇인가? 복음이 문화를 초월하여 구원의 능력을 발휘한다는 바울 같은 믿음을 찾아보기 어려운 것이 문제인 것은 아닐까?

유대인들은 로마 제국 내에서 유대교를 유지하기 위해 피눈물 나는 전쟁과 갈등을 이겨 냈다. 결국 로마는 유대인들에게 신앙의 자유를 허락했다. 하지만 이방인들도 따로 집회를 갖게 되자, 어려움이 야기됐다. 다름 아니라 로마 관리들이 유대 종교를 다른 이방인 집단에 전하지 말 것을 경고했던 것이다. 특히 유대인이 한 명도 없는 새로운 이방인 신앙공동체는 유대교에 허락된 신앙의 자유를 누릴 수 없다고 지시했다.

이방인 교회에 대한 로마 제국의 규제 때문에, 그리스도를 믿는 초기 이방인들의 기독교회는 로마 제국의 핍박을 받게 되었다. 그들 중에는 죽임을 당하는 신자들도 있었다. 이런 로마 제국의 법적 규제와 핍박은 유대인들로 형성된 유대교 전통과 이방인을 포함한 기독교회 전통의 문화적 거리감을 확대시켰다. 이런 과정에서 수천 명의 초대교회 유대인 그리스도인이 유대 문화를 고수하게 되었다. 그들은 이방인들의 문화가 아닌, 유대 문화로 자신의 정체성을 규정하려 했던 것이다.

이렇게 초대교회 내에서 히브리파와 헬라파의 갈등이 고조되면서, 둘 사이에서 반목의 골이 깊어만 갔다. 그들은 결국 돌이킬 수 없는 강을 건너고 말았다. 힘을 가진 헬라인들이 상대적으로 약한 유대인들을 공격하기 시작한 것이다. 지중해 지역과 중부 유럽 지역에 살던 유대인 공동체는 역사상 숱한 핍박을 당했다. 유대인들은 '예수'를 싫어한다. 유대인들을 핍박하던 사람들이 '예수'와 관련된 사람들이었기 때문이다.

기독교에 대한 핍박은 산발적으로 늘어났다. 그런 와중에도 신앙을 받아들이는 이방인 출신의 '하나님을 경외하는 자들'의 수가 놀랍게 늘어났다. 도시 행정가들은 이처럼 늘어나는 신자들에게 '메시아 광신도'(Messiah Nuts)라는 칭호를 붙여 주었다. 이 말은 곧 '예수쟁이'라는 것이었다.

당시 유대 신앙인들의 생활은 모범적이었다. 그들은 로마의 이방인들에게 존경을 받았다. 황제와 결혼을 하는 유대인도 있을 정도였다. 그리고 예수 그리스도를 따르는 신자들의 삶 또한 유대인들과 같이 신실하여, 주위 사람들과 황실의 존경을 받았다. 로마 카이사르 황제의 뒤를 이은 콘스탄티누스(Constantinus) 황제는 동로마에서 성장한 그리스도인 부인을 맞이했다. 당시 동로마 지역의 전역에서는 기독교가 성행하고 있었다. 신실한 부인은 콘스탄티누스에게 선한 영향력을 끼쳤다. 당시 디오클레티아누스 박해(Diocletianus persecutions)로 수많은 순교자가 생기고 있었음에도, 콘스탄티누스가 다스리던 영국 군도를 비롯한 서부 유럽 지역에서는 기독교 박해가 일어나지 않았다. 그는 아들 콘스탄티누스를 동로마로 보내어, 그곳에서 자라게 했다. 이는 동로마와 좋은 관계를 유지하려는 정치적 배려였다. 당시 로마는 동서로 나뉘어 두 황제가 통치하고 있었다.

그리고 콘스탄티누스가 아버지의 뒤를 이어 황제가 되었다. 그는 동서 로마를 통합하여 전권을 가진 유일한 황제가 되었다. 콘스탄티누스 대제라고 칭함을 받는 그는 지금의 이스탄불인 콘스탄티노플로 수도를 옮겼다. 그가 재위하던 45년 동안 로마는 기독교에 놀라울 정도로 우호적이었다. 콘스탄티누스 황제 이후, 4세기 기독교는 눈부신 발전을 계속했다. 이 시기에 초대교회 역사가였던 에우세비우스(Eusebius, 유세비우스)가 초기 3세기 동안의 기독교 역사에 관한 정보를 수집하라는 명을 받았고, 방대한 자료를 수집하고 문헌들을 정리했다. 이러한 에우세비우스의 초대교회 연구는 우리에게 결정적인 도움을 주고 있다. 그가 초기 역사 자료들을 정리해 주지 않았다면, 우리는 초대교회에 대해 이토록 상세한 지식을 가질 수 없었을 것이다. 신약의 정경화 작업도 이 기간에 이루어졌다.

이 시기에 로마 제국 전역을 대표하는 니케아 종교회의가 개최되었고, 그 결과로 니케아 신조가 발표되었다.

콘스탄티누스 대제가 사망하자, 그 뒤를 이어 젊은 율리아누스(Iulianus)가 황제가 되었다. 하지만 이교로 개종한 그는 기독교를 탄압하기 시작했다. 그리하여 기독교는 잠시 어려움을 겪었지만, 대세를 완전히 거스를 수는 없었다. 율리아누스는 페르시아 군대와의 교전 중에 사망했고, 그 이후 기독교는 다시 로마의 국교가 되었다. 그리고 더는 기독교를 박해하는 황제가 없었다.

로마는 기독교 제국이 되어 갔다. 이런 기독교 제국화의 대세에 더는 위협적인 요소가 존재하지 않았다. 그런데 동방에서 무언가 불안한 일이 벌어지기 시작했다. 유럽과 아시아의 경계 지역에 살던 사람들이 로마와 콘스탄티노플 북부 지방인 고트족과 서고트족 지역으로 이주해 오기 시작한 것이다. 이주 인구가 늘어나자 기독교 신앙이 상대적으로 약했던 서고트족이 잠시 제국 변방으로 밀려나게 되었다. 그들은 로마로부터 무시와 핍박을 받으면서 로마와 점점 갈등 관계가 깊어졌고, 결국 410년 서고트족의 추장 알라리크(Alaric)가 로마를 침공하여 함락시키기에 이르렀다. 그러나 알라리크의 로마 침략과 점령은 상대적으로 평화적이었다. 왜냐하면 서고트족이 기독교인들이었기 때문이다. 그들은 교회에 불을 지르지도 않았고, 여자들을 보호했으며, 저항하지 않는 선량한 시민에게는 아무런 해를 가하지 않았다.

당시 서로마는 새로운 동로마의 수도인 콘스탄티노플에 비해 상대적으로 빛이 바랜 상태였다. 그리고 410년 알라리크의 침략 이후로는 더는 과거 역사의 주목을 돌이키지 못했다. 한편 고트족의 로마 통치는 순탄하지 못했다. 446년에는 아시아의 흉노족이 몰려오기도 했다. 불안한 나날이 계속되었다. 수 세기 후에 학자들은 이 시기를 '암흑기'라 불렀다. 하지만 북방에 살던 여러 부족에게 있어 고트족의 통치는 수 세기 동안의 '영화기'와 같은 것이었다. 고트족의 통치를 암흑기로 보는 것은 15세기 르네상스의 영향으로, 오늘날 고트족의 통치를 암흑기로 보는 학자는 거의 없다.

격동의 한 세기였다. 서로마 제국에 콘스탄티누스 황제가 등극하고 410년 알라리크가 로마를 점령한 한 세기는 격동의 세기였다. 그리고 기독교에는 매우 풍성한 시기였다. 당시 초기 기독교 역사의 사건들은 잘 기록되어 있다. 당시에는 역사가 에우세비우스가 있었으며, 히에로니무스(제롬)는 성경 전체를 라틴어로 번역했다. 또한 기독교 역사상 가장 탁월한 신학자인 아우구스티누스(Augustinus, 어거스틴)가 있었다. 출중한 신학자인 펠라기우스(Pelagius)도 있었다. 비록 당시 '펠라기우스주의'(Pelagianism)로 몰려 오랫동안 오해와 핍박을 받았지만, 그는 당대를 대표하는 탁월한 학자임이 틀림없다.

에우세비우스의 업적은 놀랍다. 우리는 에우세비우스가 저술한 《교회사》 10권의 자료를 통해, 니케아 종교회의 이전에 살았던 탁월한 교부들의 신학을 이해할 수 있다. 우리는 에우세비우스의 교부들에 대한 역사적 기록 가운데 제1권을 통해서는 로마의 클레멘트(Clement of Rome), 마데테스(Mathetes), 폴리캅(Polycarp), 이그나티우스(Ignatius), 바르나바(Barnabas), 파피아스(Papias), 저스틴 마터(Justin Martyr), 이레나이우스(Irenaeus)를 만날 수 있다.

제2권을 통해서는 헤르마스(Hermas), 타티안(Tatian), 테오필루스(Theophilus), 아테나고라스(Athenagoras), 알렉산드리아의 클레멘트(Clement of Alexandria)를 만날 수 있다. 또한 제3권과 제4권에서는 테르툴리아누스(Tertullianus, 터툴리안), 오리게네스(Origenes, 오리겐), 히폴리투스(Hippolytus), 키프리아누스(Cyprianus, 키프리안), 카이우스(Caius), 노바티아누스(novatianus), 그레고리 타우마투르구스(Gregory Thaumaturgus), 디노이시우스(Dinoysius), 율리우스 아프리카누스(Julius Africanus), 아나톨리우스(Anatolius), 그리고 메토디우스(Methodius)와 아르노비우스(Arnobius)를 만날 수 있다.

제4권을 통해서는 3세기와 4세기의 교부들을 만날 수 있다. 베드로 복음서에 관한 모든 자료, 타티안의 공관복음서, 베드로의 묵시록, 바울의 환상(Visio Pauli), 성모 마리아와 사드락의 묵시록, 아브라함의 언약(Testament of Abraham), 크산티페와 폴리크세나의 행전(Acts of Xanthippe and Polyxena), 조시무스의 네러티브, 아리스티데스의 변호, 클레멘트의 편지, 오리게네스의 요한복음 주석과 마태복음 주석을 만날 수 있다.

에우세비우스에 필적할 만한 학자들도 있었다. 그들은 니케아 시대와 니케아 이후 시대를 풍미했던 교부들에 대한 역사적 자료들을 남겨 주었다. 아우구스티누스와 크리소스토무스(Chrisostomus)는 첫 번째 역사 시리즈를 14권으로 집대성했다. 두 번째 역사 시리즈 14권은 첫 번째 시리즈에 대한 보충 자료들로, 니케아 공의회 전후에 연관된 자료들을 집대성한 것이다. 이것은 모두 책으로 인쇄되어 있는 것으로, 이외에도 우리가 결코 알 수 없는 그 이상의 역사적 사실들도 존재할 것이다. 그리고 우리는 그런 부분을 이해하기 위해, 그저 탐정처럼 최선을 다해야 할 뿐이다.

우리가 이런 책들로만은 다 알 수 없는 역사가 있다. 우리는 초기 기독교가 가졌던 다양한 문화적 형식들에 대해 다 알 수 없다. 우리는 콘스탄티누스 대제가 역사에 등장한 이후 기독교가 어떤 모습을 갖게 되었는지 다 알 수 없다. 우리가 가진 역사적 사료들은 대부분 강자들의 역사이며, 당시 집권자들에게 영향을 받을 수밖에 없는 정치적인 색채를 가진 자료들이기 때문이다.

콘스탄티누스 대제의 45년 치세는 기독교의 발전에 결정적인 영향을 미쳤다. 그는 기독교가 하나의 통일성을 갖고 평화롭게 발전할 기틀을 마련해 주었다. 이는 우리가 의심할 수 없는 사실이다. 콘스탄티누스 대제는 초기 나폴레옹처럼 선정을 베풀었다. 그는 장군이었지만 시민의 일상생활에 대해서도 사려 깊은 지도자였다. 또한 콘스탄티노플로 천도하는 엄청난 일도 해냈다. 천도 당시 그는 황제가 살던 라테란 궁을 로마 기독교 지도자에게 내주었다. 당시 라테란 궁은 지금의 백악관과 같았다고 할 수 있다. 콘스탄티누스 대제가 사망한 후에 율리아누스 황제는 이교도가 되어 기독교를 박해하고, 로마를 기독교 이전의 로마로 만들기 위해 심혈을 기울였다. 하지만 이교도 지도자들은 자비와 선행에 무지했고, 3년 동안의 짧은 시도는 실패로 끝났다. 우리는 이런 역사적 사실에 대해 확실한 자료를 갖고 있다.

기독교는 새로운 문화로 옷 입게 되었다. 당시 기독교 문화 형식은 놀랍게 변했다. 구약 시대의 기독교는 유대 문화라는 옷을 입고 있었다. 유대인은 오늘날의 모르몬교도들처럼 가족 중심의 신앙 공동체를 형성하고 살았으며, 유대교는 성전 중심으로 신앙생활을 했다. 하지만 이러한 성전 중심의 신앙 형식은 바벨론 포로 생활과 함께 끝나 버렸고, 율법을 강조하는 신명기적인 가족 중심의 신앙 형식이 번성했다. 가족을 대표하는 족장 10명이 모이면 회당을 세울 수 있었다. 포로기에 생겨난 회당 제도는 유대교를 존속시켰으며, 널리 퍼져 나갔다.

그러나 헬라인들은 유대인과 문화적으로 달랐다. 그들에게는 신전이 있었다. 그러나 그들은 집에서 예배를 드렸다. 헬라 기독교인들의 신앙생활은 가족 중심이었다. 오늘날 우리가 말하는 '교회'라는 단어의 헬라어는 에클레시아(ecclesia)로, 이는 가족 모임을 의미하는 말이다. 하지만 영어로 교회를 의미하는 'church'의 어근은 '키르크'(kirk)인데, 이 단어는 성전을 의미하는 '키리아콘'(kyriacon)에서 나온 말이다. 오늘날 우리가 교회에 간다거나 교회에 불이 났다고 할 때, 이는 교회 건물을 의미한다. 어느새 우리는 교회는 성전 건물이라는 개념을 갖게 되고 말았다.

콘스탄티누스 대제는 정말 많은 영향력을 행사했다. 그 덕분에 수많은 지하 신자가 지하의 카타콤에서 나와 살게 되었다. 기독교인들의 모임이 늘었다. 결혼식과 장례식 같은 특별한 행사 이외의 여러 가지 모임이 늘었고, 그 결과 이전에 이교 신전이었던 건물도 성전으로 사용하게 되었다. 또한 기독교 목회자는 정부에서 주는 수당까지 받게 되었다. 이런 일들은 로마 제국이 기독교를 국교로 삼았기 때문에 가능한 일이었다. 목회자를 정부 관리처럼 대우하게 된 것이다. 로마 제국이 기독교를 국교로 삼은 덕에 기독교는 여러 가지 특혜를 누릴 수 있었다.

하지만 콘스탄티누스 대제의 기독교 공인이 좋은 일만 가져온 것은 아니었다. 일부는 기독교를 부정적으로 바라보았다. 훗날 메노(Menno)파 교도들은 수십 년 동안 정부의 핍박을 받았다. 그들이 어려움을 겪는 동안 그 어느 나라도 그들에게 우호적이지 않았다. 그런 연유로 그들은 기독교의 국교 공인을 부정적인 시선으로 보게 되었고, 기독교를 국교로 삼았던 콘스탄티누스주의로의 변화를 '교회의 타락'으로까지 규정하게 되었다. 그리고 그들은 자신들의 신앙이 공인되는 것 자체를 두려워하기까지 하게 되었다. 거기에는 충분히 납득할 만한 이유가 있다. 그럼에도 메노파의 역사는 콘스탄티누스 대제의 국교주의와 유사한 길을 걷는다. 메노파는 일종의 부족처럼 후손들에 의해 유지되고 발전되었다. 메노파 교도의 자녀는 자신이 진심으로 거듭난 신자인지 아닌지와는 상관없이, 그저 핏줄에 따라 자동으로 메노파 교도가 되었다. 그리하여 결국 메노파는 명목상의 교인을 양산할 수밖에 없었고, 그 결과 명목주의를 피할 수 없게 되었다. 우리는 그들을 일종의 부족 콘스탄티누스주의(tribal constantinianism)라 부를 수 있다. 메노파의 분파인 후터파(Hutterites)는 명목상의 교인이 생기는 폐해를 줄이기 위해, 젊은 청년들이 1년 동안 후터파 공동체를 떠나 생활하게 했다. 만약 그들이 후터파 공동체를 떠나서도 신실한 믿음을 유지한다면, 그 후에야 후터파 공동체로 다시 돌아올 수 있었다.

    기독교 국교화의 폐해는 더 있다. 기독교가 로마 제국의 국교가 된 이후 제국주의 권력과 결탁하게 된 것이다. 한국 선교사 출신으로 프린스턴 신학교 교수였던 새뮤얼 모펫(Samuel Moffett)은 아시아 기독교 역사를 연구한 권위 있는 학자였다. 모펫은 그가 저술한 《아시아 기독교 역사》(*A History of Christianity in Asia*)에서, 로마 제국과 국경을 마주하고 있던 나라들에서 일어난 역사적 사건들에 대해 설명한다. 로마와 국경을 마주하며 적대적인 관계를 유지하던 페르시아(현 이란)에 살던 기독교인들은, 로마가 기독교를 국교로 삼은 이후 적국 로마에 동조하는 세력으로 오해받게 되었다. 그 결과 페르시아에서 많은 핍박이 일어났고, 수많은 페르시아 기독교인이 순교를 당했다. 이전에 로마 제국에서 간헐적으로 일어났던 핍박으로 순교한 순교자보다 훨씬 더 많은 사람이 순교했다.

　우리 기독교는 우리가 인식할 수 있는 것보다 훨씬 더 많은 로마 문화적 전통을 가지고 있다. 우리는 로마 문화를 기독교로 일부 수용했다. 결혼반지를 끼는 것이나 결혼식장에서 쌀을 뿌리는 것은 사실 로마 문화적 전통이다. 예수님의 탄생을 축하하는 성탄절 역시 로마 문화적 전통이다. 성탄절 축제는 로마의 농신제(Saturnalia)를 계승한 것이다. 그것은 토성(Saturn)에 감사하고 서로 선물을 나누는 로마의 축제였다.

　이처럼 기독교 문화 속으로 들어온 로마 문화와 전통은 수없이 많다. 우리는 다음 장에서 성경의 가르침과는 상관없이 기독교 문화 속으로 들어온 다른 문화와 전통들에 대해 살펴볼 것이다. 그중 한 예로, 예수님의 제자가 된 사람들을 크리스천이라 부르는 것 역시 성경적인 것이 아니라 로마 문화와 전통에 따른 결과였다. 신약에서 예수님을 따르던 제자들은 크리스천이라 불리기도 했지만, 이는 외부인들이 그들을 경멸하기 위해 사용한 냉소적 칭호였다는 사실을 기억해야 한다. 신약에서 교인들이 자신들을 스스로 크리스천이라 부른 경우는 없었다. 로마가 기독교를 국교로 삼은 이후 신자들은 자동으로 로마식 신앙을 갖게 되었고, 신자들을 크리스천이라고 부르기 시작했다. 그 후에야 크리스천이라는 칭호도 새로운 의미를 얻게 되었다.

우리는 기독교 전통이 가져다준 사회적 자원과 지성을 무척 감사하게 생각한다. 하지만 그와 동시에 우리는 기독교 전통이 성경을 잘못 보여 준 면이 있다는 것도 명확히 인식해야 한다. 우리는 콘스탄티누스 대제가 행한 일들 가운데 유감스러운 일들도 있다고 고백한다. 하지만 역사를 읽으면서 정치적 역학 관계를 염두에 두지 않을 수 없다. 인류 역사상 가장 강력했던 제국, 당대는 물론 이전 시대에 있었던 어느 제국보다 크고 막강한 로마 제국이 기독교를 국교로 수용하지 않았더라면, 역사는 어떻게 전개되고 기록되었을까? 이런 관점에서 우리는 콘스탄티누스 대제의 활동을 역사적으로 쉽게 평가할 수 없다.

콘스탄티누스 대제가 등장하면서부터 로마가 함락된 시기까지, 즉 310년부터 410년까지를 전후로 하는 시대적 상황은 어둡고 혼란스러웠다. 오늘날 우리가 상상할 수 없을 정도다. 하지만 그것은 기독교 문명이 탄생하기 위한 잠복기였다. 이 기간을 통해 탄생한 기독교 문명은 그 이후 일어난 그 어떤 부족의 침략으로도 이길 수 없는 엄청난 역사였다. 기독교 문명은 모든 역사적 도전을 이기고 살아남았다. 휘튼 대학의 역사학과 교수였던 마크 놀(Mark Noll)은 기독교 문명사의 가장 탁월한 금자탑은 수행과 연구를 병행하던 수도원 제도의 발흥이라고 말했다. 그는 수도원 제도에 대해 대부분 개신교 학자들과는 전적으로 다른 관점을 제시한다.

수도원 제도의 발흥은 기독교 역사에 일어난 사건들 가운데, 예수님이 제자들에게 명하신 지상명령 다음으로 가장 중요하고, 가장 유익한 제도라고 할 만큼 엄청난 사건이었다.*

수도원 제도는 서구 기독교에 결정적인 역할을 했다. 우리는 수도원에서 기록한 자료를 통해 기독교 역사를 이해한다. 다른 자료들은 거의 없기 때문이다. 개신교(Protestant) 선교단체들이 전 세계로 퍼져 나가 선교 사역과 기독교 운동에 관한 연구를 시작하기 전까지, 수도원은 독보적으로 기독교 사역, 선교, 연구를 병행했다.

이번 장에서는 새로운 문화로 옷을 입은 새로운 교회의 형성과 확장에 대해 다루었다. 그리스도의 교회는 하나의 문화 속에 갇혀 있을 수 없다. 기독교는 여러 문화 형식으로 옷을 바꿔 입고, 지경을 새롭게 넓혀 갔다.

다음 장에서는 고전적 르네상스 시대(0-400년)를 다루면서, 이 주제에 관해 좀 더 깊이 다룰 것이다.

---

* Mark A. Noll, *Turning Points: Decisive Moments in the History of Christianity* (Grand Rapids: Baker Academic, 2001), p.84.《터닝 포인트》(CUP 역간).

10장

고전적 르네상스 시대(0-400)의 기독교 문명운동

첫 400년은 격동의 시기였다. 400년까지 기독교 문명은 화려한 꽃을 피워 냈다. 다양한 사건이 상호 작용을 하는 가운데 역사는 역동적으로 전개되었다. 이 기간은 역사 연구에 있어 다양한 흥미를 유발하는 흥미롭고도 중요한 시기임이 틀림없다. 우리는 당시 역사를 회상하면서 몇 가지 중요한 관점들을 살펴보게 될 것이다. 당시의 관점과 오늘의 역사적 관점이 얼마나 놀라운 유사성을 보이며 연계되어 있는지 발견하게 될 것이다.

우선 이번 주제는 '고전적 르네상스'다. 랄프 윈터는 0년에서 400년에 이르는 시대를 고전적 르네상스 시대로 본다. 사실 '고전적 르네상스'라는 용어는 윈터가 만든 것이다.

윈터 이전에는 이 시대를 고전적 르네상스라 부르는 학자가 없었다. 사실 이 시대에 르네상스라는 전문용어를 사용하면, 다분히 오해의 소지가 있다. 일반 사람들은 고전적 르네상스라고 말하면, 대개 15세기와 16세기 르네상스를 떠올리기 때문이다. 대부분 로마와 헬라 문화에 대한 관심이 '부활'했던 시대를 연상할 것이다.

그러나 우리가 주목해야 할 것이 있다. 15세기 르네상스 때 고전적인 로마와 헬라 문화가 부활한 것은 맞지만, 사실 4세기 무렵에 로마와 헬라 문화가 다시금 부활했던 오리지널 르네상스가 존재했다는 사실이다. 원래의 고전적 르네상스는 4세기에 이미 존재했다. 다른 전문용어들이 그렇듯, '르네상스' 역시 한 가지 고정된 의미만 가진 것이 아니라 여러 가지 다른 의미로 사용될 수 있다.

윈터는 오랫동안 서양 문명사의 발전 과정을 연구했다. 서양 문명사에는 신앙이 증대하고 평화와 안정이 유지되면서 문명이 만개하는 시기들이 있었다. 윈터는 이러한 시기를 용감하게 '기독교 르네상스'라 지칭했다. 특히 기독교 문명운동사를 얘기하면서는 르네상스라는 단어를 좀 더 보편적인 용어로 사용했다. 하지만 그 역시 기독교 확장사의 핵심 용어로 국한하여 사용했다.

윈터는 서구 문명사 2000년을 다섯 개의 르네상스 시대로 구분한다. 그가 이렇게 시대를 다섯으로 나누어 각각 르네상스라는 이름을 붙이는 데에는 다 이유가 있다. 우선 다른 학자들이 다섯 시대 가운데 네 시대를 르네상스로 기술했다. 또 2000년을 0-400년,

400-800년, 800-1200년, 1200-1600년, 1600-2000년 등 400년 단위로 나누어 보았을 때, 윈터는 각 시대 마지막 부분에서 언제나 르네상스가 있었음을 발견하게 되었다. 역사에 나타난 다섯 번의 르네상스는 다음과 같다.

1. 300-400년, 고전적 르네상스(The Classical Renaissance)
2. 700-800년, 카롤링거 르네상스(The Carolingian Renaissance)
3. 1100-1200년, 12세기 르네상스(The Twelfth-Century Renaissance)
4. 1500-1600년, 전통적 르네상스(The Renaissance)
5. 1800-2000년, 복음주의 르네상스(The Evangelical Renaissance)

이들 각 르네상스 시대에 대한 구체적인 상황에 대해서는,《퍼스펙티브스》(*Perspectives on the World Christian Movement*)와 이 책에 부록으로 수록한 윈터의 글 "하나님 나라의 탈환 작전"을 참고하면 자세히 알 수 있다. 윈터는 도표를 통해, 케네스 스콧 라투렛(Kenneth Scott Latourette) 박사가 역사를 시대적으로 구분하여 기술한 '역사적 파동'(Pulses)과 그가 기술한 다섯 르네상스가 근본적으로 같음을 보여 주었다.

400년 단위로 나눈 시대 구분을 좀 더 자세히 살펴보면 특별한 점을 발견할 수 있다. 지난 400년 중 놀라운 번영 속에서 전성기를 구가한 세기는 마지막 세기 바로 이전, 즉 1900년대가 아닌 1800년대였다. 지난 다섯 번의 르네상스 시대를 살펴보면 그 특징이 드러난다. 시대가 발전해 가면서 르네상스는 매번 조금씩 빨라졌고, 더 강력해졌다. 다섯 번째 르네상스는 이전과는 현저하게 차이가 났다. 가히 폭발적인 르네상스였다고 할 수 있다.

윈터가 역사를 400년 단위로 나눈 것에 특별한 의미가 있는 것은 아니다. 역사가들이 역사를 100년 단위로 나누어 '세기'라고 칭하는 것과 같다. 사실 역사는 숫자상으로 100년이나 400년 단위로 선명하게 구별할 수는 없다. 하지만 역사를 100년이나 400년 단위로 나누어 세기 또는 시대로 구분하는 것은 역사 연구에 도움이 된다. 한꺼번에 수천 년의 역사를 모두 연구할 수는 없으므로, 어떤 식으로든 나누어서 접근해야 하기 때문이다. 이 방법은 역사를 좀 더 쉽게 분석하고 이해하게 해준다.

따라서 중요한 역사적 사건들이 꼭 위의 시대 구분에 맞추어 일어나는 것은 아니다. 각 시대를 특징짓는 르네상스와 같은 사건이 있기는 하지만, 다른 중요한 일들은 시대 구분과는 상관없이 일어났다. 켈트족 기독교 운동과 이슬람의 발흥이 그러했다.

하지만 각 시대는 공통적으로 혼돈과 핍박으로 시작되었다. 이를 시대적 특징으로 볼 수 있다. 처음 400년이 시작되던 당시 로마 제국은 세계를 혼란과 핍박 가운데로 몰아넣었다. 두 번째 400년이 시작될 무렵 고트족과 색슨족의 침략이 시대를 뒤흔들어 놓았다. 세 번째 400년이 시작되자 바이킹족이 침략을 시작했고, 이 시대 역시 혼란과 핍박으로 시작되었다.

이번 장에서 우리는 4세기에 초점을 맞추어, 역사상 처음 나타난 '고전적 르네상스'와 기독교 문명을 살펴볼 것이다. 지난 장에서 우리는 콘스탄티누스 대제의 등장과 함께 기독교에 대한 핍박이 사라지고 학문이 증진되었음을 살펴보았다. 학문이 발전하면, 학문적 대세에 반대 논리를 펴는 학자들이 등장한다. 에우세비오스의 경우가 그렇다. 에우세비오스는 이전 학파들이 주장하던 이론과 반대되는 비판적 자료들을 수집했다.

기독교 이단도 등장한다. 당시 가장 강력했던 기독교 이단은 마르시온(Marcion)파였다. 마르시온은 원래 부자 상인이었으나 나중에 감독이 된 사람으로, 바울 서신을 귀중히 여긴 반면 다른 성경책들은 저급한 것으로 여겼다. 특히 그는 히브리 민족의 신앙이 기록된 구약을 무시했다. 그는 구약을 파기하고, 신약도 대부분 거부했다. 히브리적인 색채가 있는 것은 모두 버리고, 오직 헬라적인 것만 취했다. 마르시온은 바울교가 유대교를 능가하며, 유대교를 대체했다고 주장했다. 유대교 신앙은 그동안 예수님의 사역을 통해 더 강력해졌지만, 그는 유대교 신앙을 그대로 물려받지 말고 유대 전통을 모두 헬라적인 것으로 대체해야만 한다고 주장했다.

마르시온은 헬라적 자민족중심주의자였다. 그의 논지는 단순하다. 지나간 유대 문화에 붙잡혀 있어서는 안 된다는 것이다. 사실 자민족중심주의는 오늘날까지 우리를 괴롭히고 있다. 성경적인 신앙이 한 문화권에서 다른 문화권으로 넘어갈 때마다 새로운 문화 번역의 역학 과정이 있었음을 이해하지 못할 때, 사람들은 자민족중심주의에 빠져서 자신의 문화만을 고집하게 된다.

이러한 자민족중심주의적 관점은 혼란을 가져온다. 사람들은 '그리스도 이전에 살았던 히브리인들은 과연 '중생'(born again)을 경험했을까? 그리스도 이전에 살았던 히브리인들은 거듭났을까? 아니, 종교개혁 이전에 살았던 가톨릭 교인들은 과연 거듭났을까? 아니, 복음주의 부흥운동이 일어나기 이전에 살았던 루터파들은 복음주의의 관점에서 과연 거듭났을까? 은사주의 운동이 일어나기 전에 살았던 복음주의자들은 과연 거듭났을까? 중국 가정교회 운동이 일어나기 이전에 살았던 은사주의자들은 진정 거듭났을까?' 등의 문제를 놓고 당혹스러워한다. 자민족중심주의 안에 갇힌 채 이러한 신학적 질문을 던지는 것이다.

마르시온주의는 예나 지금이나 변함없다. 자문화중심주의를 벗어나지 못했다. 그들은 자신과 다른 문화적 옷을 입고 있는 다른 문화권 사람이 가진 신앙을 이해하지 못한다. 자기만의 문화에 갇혀 있기 때문이다.

마르시온이 신실한 신자였던 것은 사실이다. 그러나 그는 수많은 문화적 잘못을 저질렀다. 그러나 비록 우발적이긴 하지만, 그도 좋은 일을 하나 하기는 했다. 성경의 정경화 작업을 간접적으로 촉진시킨 것이다. 마르시온은 유대교와 관련된 모든 소중한 문헌들을 파기했다. 그러자 이에 위협감을 느낀 학자들이 마르시온의 무분별한 행동에 대항하여, 신약성경의 '정경화 작업'을 서둘렀다. 그 결과 신약성경이 정경으로 공인될 수 있었다. 당시 헬라어 번역인 70인경에는 우리가 현재 구약이라 부르는 성경이 채택되어 있었지만, 신약성경은 아직 확정되지 않은 상태였다. 교계 지도자들은 마르시온의 강력한 영향을 견제하기 위해, 생각보다 신속하게 신약성경을 정경으로 확정하기에 이르렀다. 윈터는 성경을 둘로 나누는 구약과 신약이라는 단어보다는, 성경 1부와 성경 2부라는 용어로 부르는 것이 더 좋다고 이야기했다.

마르시온의 강력한 가르침은 마니교(Manichaeism) 형태로 일부분 살아남았다. 마니교는 조로아스터교의 철저한 이원론을 기독교에 전해 주었다. 그들은 선한 하나님과 악한 하나님이 모두 존재한다고 믿었다. 4세기의 유명한 신학자 아우구스티누스도 마니교 출신이었다. 그러나 아우구스티누스는 기독교인이 된 이후 마니교에서 철저하게 돌아섰다. 그 이후 아우구스티누스는 신플라톤주의자가 되었다. 그는 신플라톤주의에 따라, 모든 악도 한 분 선하신 하나님의 신비로운 역사라고 설명했다.

이와 같은 아우구스티누스의 신학은 서구 기독교에 결정적인 영향을 미쳤다. 학자들은 서구 기독교가 오랫동안 혼합주의적 특성을 가졌던 것은 아우구스티누스의 신학적인 진자운동현상(pendulum swing) 때문이었다고 지적한다. 아우구스티누스의 이런 신학적 영향 때문에, 서구 기독교에는 사탄에 대한 개념이 모호하다. 그들은 예수님이 십자가에서 사탄을 완전히 정복하셨기 때문에 더는 사탄이 존재하지 않는다고 주장한다. 그러나 이 주장은 성경과 다르다. 베드로는 "근신하라 깨어라 너희 대적 마귀가 우는 사자같이 두루 다니며 삼킬 자를 찾나니"(벧전 5:8)라고 말했다. 베드로전서가 십자가 사건 이후에 기록되었다는 사실을 기억하라.

펠라기우스주의는 서구 기독교 신학에 섞여 있는 고대 이단사설 중 하나다. 서구 기독교가 공식적으로 마르시온이나 펠라기우스 문헌들을 물려받은 것은 아니다. 그들을 반대했던 비판자들의 문헌들은 아직 남아 있지만, 그들의 문헌은 모두 사라졌다. 우리는 펠라기우스보다는 마르시온에 관해 더 정확하게 이해한다고 볼 수 있다. 라투렛은 펠라기우스에 관해 흥미로운 평가를 내놓았다. 라투렛은 펠라기우스가 진정한 펠라기우스주의자가 아니라 '절반의 펠라기우스주의자'였을 것이라고 지적했다.

이와 같이 고대의 인물들 가운데는 오늘날 대중적인 오해를 받는 사람들이 많다. 고대 금욕주의를 상징하던 스토아학파의 철학자들도 사실 금욕주의자들이 아니었다. 쾌락주의를 상징하던 에피쿠로스파도 사실 우리가 상상하는 것처럼 쾌락주의적 성향을 가진 것이 아니있다. 칼뱅주의의 상징인 칼뱅도 네덜란드 칼뱅주의자와는 다르게 생각했다. 청교도들도 청교도적 엄정(嚴正)주의를 가졌던 사람들만은 아니었다.

좀 더 깊이 들어가 보면, 서구 기독교 신앙 양식들 가운데는 성경에 바탕을 두지 않은 것들도 많다. 또 성경에 나타난 중요한 신앙 양식들 중에는 서구 기독교에 전달되지 않고 사장되어 버린 것들도 많다. '하나님 나라'와 '천국'이라는 단어는 신약성경에 98번 나올 정도로 성경적인 개념이다. 그러나 초대교회의 초기 신조에는 하나님 나라가 전혀 언급되지 않았다. 콘스탄티누스 대제는 하나님 나라보다는 자신의 왕국만 생각했던 왕이었다. 그는 하나님 나라의 초기 개념을 발전시킨 사람이 아니다. 십자가는 기독교에서 얼마나 중요한 상징인가. 하지만 기독교의 초기 300년 동안에는 십자가가 기독교의 상징으로 사용된 적이 없었다.

문화 양식들은 하나님의 영광을 담는 질그릇이다. 역사에 나타난 다양한 문화 양식을 통해 하나님의 영광이 드러나고, 다른 문화로 전달되었다. 우리가 가진 신앙 양식들도 마찬가지다. 기독교인들은 삼위일체 교리를 기독교인들이 언제나 지켜 온 교리로 생각한다. 그러나 이 또한 사실과 다르다. 그리스도의 신성을 부인하는 아리우스파 학설이 반세기 이상이나 로마 공교회의 공식 신조였던 시기도 있었다.

이처럼 역사에 나타난 어떤 신학 사상도 완벽할 수는 없으며, 동시에 공교회에서 인정받지 못했던 다른 신학 사상들에도 참된 성경적 진리가 일부 포함되어 있는 것을 볼 수 있다. 아리우스파 학설, 마르시온파 학설, 마니교의 교리, 루터파 학설, 그리고 칼뱅주의를 살펴보면, 모두 상당한 성경적 진리를 포함하고 있음을 알 수 있다. 심지어 이슬람교에도 성경적 진리가 들어 있다. 서로 비교해 보면, 상대적으로 더 훌륭한 교리가 있겠지만 이들 중 가장 완벽하다고 말할 수 있는 것은 없다.

감사하게도 하나님은 우리 마음의 중심을 보신다. 우리의 중심을 보고 판단하시고, 우리의 지식이나 직책으로 판단하지 않으신다. 아프리카 독립교회의 신도수는 5,200만 명을 웃돈다. 1만 개 이상의 교단을 자랑한다. 하지만 그들은 기독교와 사이비 교단을 가르는 경계선에 있어서 기성교회 지도자들을 당황하게 한다. 도널드 맥가브란(Donald McGavran)은 아프리카 독립교회 현상을 평가하는 유명한 명언을 남겼다. "그들이 성경을 계속해서 읽고 연구하고 있다면, 지금 이 순간에 그들이 무엇을 믿고 있느냐는 그리 중요하지 않다." 마음의 중심으로 성경을 읽고 연구하는 것이 무엇보다 중요하다는 말이다.

4세기의 번영은 눈부셨고, 엄청난 변화가 이어졌다. 그리스도를 따르는 추종자들에게 크리스천이라는 꼬리표가 붙었다. 이는 당시 정치 세력이 강압적으로 부여한 명칭이었다. 사실 신약성경을 살펴보면, 자신을 스스로 크리스천이라 부른 사람은 아무도 없었다는 것을 알 수 있다. 크리스천이라는 명칭은 외부인들이 예수 그리스도를 따르는 신자들을 경멸하면서 '메시아 광신도'라는 의미를 담아 냉소적으로 부르는 욕과 같은 칭호였다.

로드니 스타크는 4세기 기독교를 권력형과 경건형으로 구분한다. 그는 당시 기독교는 권력형 교회와 경건형 교회라는 각기 다른 두 가지의 교회 형태가 하나로 합쳐지고 또 나뉘는 시대였다고 지적했다. 권력형 교회는 로마 정부가 지원하는 공식 종교 활동을 지칭한다. 로마는 기독교를 국교로 정하고, 진짜 신앙을 가졌든 그렇지 않든 상관없이 로마의 모든 시민을 교회 신도로 포함시켰다. 그러나 경건형 교회는 고도로 집중된 소수 정예 엘리트 공동체를 지칭하는 것으로, 로마 공교회가 요구하는 공중도덕보다 훨씬 더 신실한 신앙인이 되고 싶어 하는 수도사들과 수도원 공동체를 일컫는 말이다.

수도원은 서구 기독교에 놀라운 축복이었다. 수도원은 도서관을 개원했고, 수사들은 기독교 서적과 일반 서적들을 필사했다. 그 당시 수도원에서는 수많은 책이 만들어지고 복사되고 보관되었으며, 이들이 만들지 않은 책들 중 지금까지 남아 있는 것은 4개의 필사본뿐이다. 중세기의 저명한 사회학자인 UCLA 대학의 린 화이트(Lynn White) 교수는 수도원의 중요성을 지적한다. 그는 당시 수도원 도서관 자료들이 없었다면, 오늘날 우리가 로마 제국에 대해 거의 알지 못했을 것이라고 지적한다. 아마도 영국 조지아 왕조에 대해 아는 것보다 더 얕게 알았을 것이다. 당시 수도사들은 시편을 노래하면서 매주 일과를 진행했다. 화이트는 당시 수도사들에 관해 이렇게 진술한다. "당시 수도사들은 손톱에 때가 끼도록 노동했던 최초의 지성인들이었다."

로마교회는 4세기에 이르러 순식간에 강력한 힘을 가지게 되었다. 하지만 그들은 로마 제국 경계선을 넘어 선교사들을 파송하지는 않았다. 오히려 로마교회는 이단들을 제국 밖으로 추방했다. 로마교회는 60년 후에 아리우스파의 신학을 거부하고, 아리우스파 지도자들을 국외로 추방했다. 억지로 추방된 그들은 고트족에게 전도했고, 야만스러운 고트족은 이단적이긴 하지만 기독교를 수용했다. 이는 전혀 의도하지 않은 선교 활동이었다. 역사는 이처럼 아이러니로 가득하다. 후일 아리우스파의 이단적인 신앙을 물려받은 야만인 고트족은 로마 제국을 침략한다. 그들은 비록 이단적인 세력이었지만, 기독교적 색채가 섞여 있었다. 그래서 침략자치고는 상당히 유순하고 온화했다. 그들은 여성들을 전혀 괴롭히지 않았고, 그들이 한 약속을 모두 지켰다. 당시 로마 귀족들은 침략자들이 로마인들보다 훨씬 더 신실한 기독교인들이었다고까지 평가했다.

아이러니하게도 로마 제국은 야만족의 침략으로 무너졌다. 야만족이 이탈리아 반도를 완전히 정복하면서, 드넓은 로마 제국은 완전히 멸망한 것으로 확실해졌다고 본다. 로마 제국의 멸망은 상상할 수 없는 시대적 사건이었다. 그러나 이 사건에는 적어도 두 가지 긍정적인 요소가 있다.

첫째, 로마의 멸망은 로마 제국 북부에 자리 잡고 있던 부족들이 상당한 군사 전략과 기술을 배우고 발전시켰음을 분명하게 보여 주었다. 야만인들이 탁월한 군사 전략과 기술을 배우고 발전시킬 수 있었던 이유는 그들이 고대 로마 군단에 징집되어 수십 년 동안 로마군의 군사 전략과 기술을 배웠기 때문이다.

둘째, 서양에서 로마가 멸망한 가장 중요한 원인은 흉노족이 아시아에서 유럽으로 침략해 들어오며 거세게 압박해 왔기 때문이다. 흉노족은 기독교를 일부 수용했던 고트족을 로마 제국 안으로 몰아갔다. 결국 견디다 못한 서고트족은 알라리크(Alaric)를 왕으로 선출하여, 410년 로마를 침략했다. 흉노족이 로마 제국에 도착한 것은 그로부터 40년이 지난 후였다. 하지만 당시 로마 제국의 수도는 로마 시가 아니라 콘스탄티노플(현재의 이스탄불)이었다. 흉노족은 콘스탄티노플로 수도를 옮긴 지 한 세기가 지난 다음에야 로마에 도착했던 것이다.

4세기 말에 이르자, 고트족 사이에 변화의 바람이 일기 시작했다. 당시 고트족은 기독교 신앙을 피상적으로 수용했지만, 기독교 신앙은 유럽에 살던 켈트족 지역으로 광범위하게 퍼져 나갔다. 켈트족의 신앙은 더욱 깊어졌고, 이는 급속한 학문의 진보라는 결과로 나타났다. 그리하여 켈트족 기독교 운동은 시대를 풍미하는 문명운동이 되었다. 우리는 다음 장에서 켈트족 기독교 운동을 좀 더 깊이 있게 살펴볼 것이다.

이 켈트족 기독교는 수많은 탁월한 학자를 배출했다. 4세기 말에 등장한 펠라기우스는 켈트족 기독교 안에서 일어난 성서학에 관한 높은 학문 수준을 보여 주는 사례다.

 펠라기우스는 아주 특출한 학자였다. 라틴계를 대표하던 학자 아우구스티누스를 능가할 정도였다. 하지만 펠라기우스는 켈트족 출신이었다. 당시 켈트족은 라틴 세계와 헬라 세계에서 모두 멸시를 받고 있었다. 그런 문화적 배경 때문에, 라틴계와 헬라 학자들은 펠라기우스의 학문에 동조하거나 그에게서 배우려는 생각을 전혀 하지 않았다. 펠라기우스는 켈트족 언어를 사용했지만, 로마 학계에 등장할 당시 그는 라틴어와 헬라어 그리고 히브리어까지 능통한 상태였다. 당시 아우구스티누스로 대표되는 라틴계 학자들은 라틴어밖에 구사하지 못했으므로, 펠라기우스를 통해 학계에 상당한 파란이 일어났음은 두말할 나위가 없다.

 하지만 펠라기우스의 인간의 자유의지에 대한 교리는 이단으로 정죄되고 말았다. 아마도 그는 인간 자유의지를 매우 낙관적으로 생각했던 것 같다. 펠라기우스는 학자들과 대면하여 신학적 논쟁을 펼칠 때면 자신의 논지를 성공적으로 변호했다. 특히 헬라어를 사용하던 로마 제국 동부지역에서는, 라틴어를 사용하던 대적자들을 압도했다. 대적자들은 라틴어만 구사할 수 있었기 때문에 통역관을 통해 논쟁을 진행해야 했지만, 펠라기우스는 유창한 헬라어로 청중을 압도했던 것이다. 사실 라틴계 학자들의 주장과 펠라기우스의 주장에는 큰 차이가 없었다. 단지 언어와 문화 차이에서 비롯된 의미론상의 차이일 뿐이었다. 하지만 히에로니무스 같은 라틴계 학자들은 켈트족을 더러운 '돼지들'로 여겼다. 따라서 라틴계 학자들은 펠라기우스의 학문적 통찰을 결코 수용할 수 없었고, 어떻게든 펠라기우스의 학설을 공식적으로 거부하려고 애썼다.

이처럼 학문에도 정치 논리가 작용했다. 하지만 당시 라틴계 학자들이 정치력을 가지고 있었다고 하더라도, 한 켈트족 학자의 탁월한 성서학적 수준만큼은 인정해야 할 것이다. 펠라기우스는 사람의 머리를 사냥하던 켈트족이, 성경을 하나님의 말씀으로 받아들이고 믿음으로 얼마나 깊고 영구한 신앙과 놀라운 학문적 업적을 이루어 냈는지에 관한 역사적 증거임이 틀림없다. 또한 성경이 켈트족의 문화 저변에까지 스며들어 가면서 놀라운 켈트족 기독교 문화를 형성했음을 보여 주는 증표이기도 하다.

다음 장에서 우리는 이런 켈트족 기독교가 어떻게 확고한 성경적 기반을 이루어, 앵글로색슨족의 침략을 받은 영국을 다시 복음화할 수 있었는지 살펴볼 것이다. 영국 남부 전역은 앵글로색슨족의 침략을 받은 후에 다시 한 번 복음화되는 과정을 겪는다. 켈트족 기독교는 다음 시대(400-800년) 말에 일어난 기독교 신앙의 르네상스를 일으키는 주요한 힘이 되었다. 서양사에서 기독교 전통이 살아남아 지금까지 유지된 데에는 켈트족 '선교 현장 기독교인들'의 공헌이 절대적이었다.

서기 400년 이후 서로마가 무너졌다. 그런데 그 이후 기독교 신앙은 로마 제국의 국경을 넘어 여러 곳으로 전파되었다. 이는 매우 흥미로운 사실이다. 동로마 제국은 강력한 군사력으로 계속 유지되었지만, 기독교를 국교로 삼았기에 기독교가 주변 국가로 전파될 수 없었다. 이 사실은 이슬람이 로마에 대항하여 발흥했으나 성경적 진리는 적대시하지 않았던 이유를 설명해 준다. 이슬람은 기독교를 통해 성경적 진리에 관한 더 깊은 지식을 얻기 원했지만, 성경적 지식이 부족했기 때문에 기독교에 관한 오해를 더 키워 갔다.

우리는 서로마의 쇠퇴 이후 시대와 제2차 세계대전 이후 시대 사이에 유사성이 있음을 발견한다. 서로마 쇠퇴 이후에 기독교가 서유럽에서 자생적으로 일어나 성장한 것과 같이, 제2차 세계대전 이후 서구 열강들이 물러나면서 자유를 얻게 된 식민지 나라들 안에서 자생적으로 기독교가 일어나 성장한 것이다.

우리는 이어지는 몇 장들을 통해 서유럽에 주목할 것이다. 전 세계를 대표하던 로마 제국 중심의 기독교 문명인 라틴계 로마 가톨릭이 결국은 어떻게 문화적 다양성을 가진 여러 기독교 문화를 잉태하게 되었는지를 살필 것이다. 이런 기독교 문화의 다양화 현상은 폭풍처럼 다가온 '종교개혁'이라는 사건 전후에도 계속되었다.

11장

카롤링거 르네상스 시대(400-800)의 기독교 문명운동

많은 역사가가 프랑스 카롤링거 왕조의 르네상스(Carolingian Renaissance)에 주목한다. 400년부터 800년에 이르는 400년 동안의 이 시기는 다른 시대와는 조금 다르다. 이 시대는 시대를 구분하는 다른 400년 단위의 시대처럼 단순히 혼돈으로 시작하여 새로운 문화적 토양에서 기독교 신앙의 르네상스가 꽃핀 것만은 아니기 때문이다.

이 시대가 다른 시대의 역사적 패턴과 다른 이유는 두 가지 중요한 사건 때문이다. 첫째는 켈트족 기독교의 계속적인 발흥이고, 둘째는 이 시대 말에 강력하게 등장했던 이슬람 운동이다.

이 시대에 일어난 가장 중대한 사건은 유럽의 야만족들이 발흥한 것, 그리고 시대 말에 이르러 이 야만족들이 기독교로 개종한 것이다. 여기서 말하는 야만족은 고트족을 중심으로 하는 야만인들을 지칭한다. 그들은 동양에서 쳐들어온 아시아계 유목민인 흉노족의 침략을 받아 로마로 밀려 들어갔고, 결국 로마 시는 이들에게 점령당하고 말았다. 로마 시는 콘스탄티누스 대제가 콘스탄티노플로 천도하기까지 로마 제국의 중심 도시였다.

일반적으로 사람들은 야만인의 침략을 로마의 멸망과 자연스럽게 연계하여 생각한다. 누가 뭐라고 해도 로마 시가 함락되어 버렸던 것이다. 하지만 사실 로마 제국은 동방에서 강력한 제국으로 수세기 동안 계속 존속했다. 서구 학자들은 대부분 동로마 제국을 비잔틴 제국이라고 달리 부르지만, 우리는 비잔틴 제국을 로마 제국의 연장 선상에서 이해할 수 있다.

로마 시의 함락도 논쟁의 여지가 있다. 동로마 제국은 한 세기에 걸쳐 군대를 파견하며 로마 탈환 작전을 계속했다. 그러나 이렇게 오랫동안 계속된 전쟁의 결과는 참혹했다. 이탈리아 반도 인구의 90%가 줄고 말았던 것이다. 당시 벌어졌던 전쟁의 심각성은, 이 전쟁을 10년 동안 계속된 월남전과 비교해 보면 분명하게 알 수 있다. 베트남이 남북으로 나뉘어 전쟁을 계속하던 10년 동안 베트남의 총인구는 얼마나 감소했을까? 놀랍게도 월남전 동안 총인구는 줄기는커녕 오히려 두 배로 늘어났다.

또한 새롭게 로마의 주인이 된 사람들은 '야만인들'이긴 했지만 적어도 부분적으로는 기독교로 개종한 사람들이었다. 그래서 그들은 자신들이 서로마 제국의 역할을 계속하려 했다. 그들은 이전에 따르던 아리우스파 신학을 버리고, 신속하게 로마 가톨릭 신학을 수용했다. 베네딕트 수도원 운동은 계속해서 강력하게 북진했고, 켈트족 거점들을 하나씩 점령해 나가면서 결국 800개에 이르는 수도원들을 설립했다. 이런 베네딕트 수도원들은 로마의 과학, 기술을 계승하면서 문화와 예술의 중심지가 되었다.

막강했던 서로마 제국이 무너지면서, 440년경에 제국의 동부 전선을 방어하기 위해 로마군이 퇴각했다. 그들의 퇴각은 독일계 앵글족, 색슨족, 프리시안족 등 '진짜' 야만인들이 남부 잉글랜드의 켈트족을 마음껏 공격할 수 있는 문을 활짝 열어 주었다. 하지만 켈트족이 점차 기독교인이 된 것처럼, 후일 앵글로색슨(Anglo-Saxons)이라 불린 이 야만인 침략자들 역시 점차 기독교로 개종하게 되었다. 시간이 흐르면서 그들은 로마 제국의 기독교 문화 형식을 점차 수용해 갔다.

오늘날까지도 영국 북부의 도시인 요크의 성공회 대주교는 동방정교회 스타일의 예복을 입는다. 그 이유가 무엇일까? 켈트족 기독교가 로마 제국의 동쪽에서 왔기 때문이다. 그와는 대조적으로 남부 캔터베리 대주교는 로마식 예복을 입는다. 천 년이 지난 후에도 북부, 즉 켈트족 아일랜드 사람들은 로마적인 것들을 완전히 수용하지 않았다. 이는 무엇을 의미하는가? 그들이 증오하던 앵글로색슨 침략자들의 문화 형식을 수용하지 않고, 거리감을 두는 삶의 방식을 유지하려 했음을 의미한다. 이는 헨리 8세가 영국 교회를 로마 교황청으로부터 성공회로 분리하여 독립시켰기 때문에 가능한 일이기도 했다.

한편 400년에서 800년에 이르는 동안, '선교적 기독교인들'이라고도 불리는 켈트족 사람들은 가장 탁월한 기독교 학문을 발전시켰다. 토마스 카힐(Thomas Cahill)이 유럽 '문명을 구원'했다고 칭했을 정도다.

하지만 우리는 로마의 전통을 이런 식으로만 기술할 수는 없을 것이다. 우리가 앞에서 살펴본 바와 같이, 켈트족 기독교 운동이 보여 준 탁월한 학문적 업적은 이미 380년부터 펠라기우스를 통해 확실히 드러났기 때문이다. 이 시기 말에 샤를마뉴(Charlemagne) 대제가 유럽 대륙 전역에 학교를 설립하기 위해 3천 명의 켈트족 교사들을 요청한 것만으로도, 켈트족 기독교 운동의 놀라운 영향력을 증명할 수 있다.

켈트족 그리스도인들은 성경 내용을 깊이 존중했다. 그들은 성경 사본을 존중하여, 금자(金字)나 그림 등으로 장식했다. 켈트족의 장식 성경 필사본들은 지금도 역사상 가장 탁월한 수공예품으로 인정받는다. 《켈스의 책》(*The book of Kells*)이라는 유명한 복음서 필사본은 현재 세계에서 가장 귀중한 예술 작품 중 하나다.

켈트족 기독교 운동은 악한 행동을 교정하기 위해 사용된 가혹한 벌칙들로도 유명하다. 그들은 이런 행동 교정법에 관하여 책에 기록했는데, 그런 책에는 교만에서부터 간음에 이르는 여러 악행에 대한 무시무시한 교정법들이 자세히 열거되어 있다. 이런 켈트족의 신앙생활 지침서는 로마인들에게 강한 인상을 주었고, 이는 후일 생겨난 '로마 기독교 참회제도'의 원형이 되었다.

로마교회는 켈트족의 신앙 유산을 상당 부분 물려받았지만, 켈트족의 독특한 탁발 형식만은 따르지 않았다. 로마교회가 차용한 '로만 칼라'(Roman Collar)도 원래는 켈트족이 사용하던 방식이었다. 오늘날까지 우리가 사용하고 있는 영어 소문자 '로마 알파벳' 역시 켈트족이 사용하던 문자를 바탕으로 한다.

선교적 관점으로 이 시기의 역사를 볼 때 가장 흥미롭고도 두드러지는 사건은, 침략자 앵글로색슨족의 로마 전통이 영국 북부까지 계속 열정적으로 북진했다는 점, 그리고 그로써 기존의 켈트족 기독교 운동을 라틴 문화적 기독교로 개종시키려 했다는 점이다. 로마 집권자들은 현장에서 일어나는 기독교 운동을 자신들의 지중해 문화로 바꾸어 놓으려는 무리한 노력을 계속했다.

이러한 문화적 사대주의 접근법은 시대에 뒤진 노력이었다. 또한 이는 본질적으로 쉽지 않은 일이었다. 우리가 이전 장에서 살펴본 바와 같이, 켈트족 기독교 운동이 이미 깊이 뿌리내리고 있었기 때문이다. 헬라 문화와 라틴 문화는 기본적으로 서로 달랐다. 동방교회 문화와 지중해 서방의 기독교 문화는 상이한 점이 많았다. 탁발을 하는 머리 모양에서부터 부활절 날짜 계산에 이르기까지 수많은 차이점이 존재했다. 하지만 사실상 가장 근본적인 차이는 언어와 문화에 있었다. 더 나아가, 침략을 당한 켈트족과 침략자인 앵글로색슨족 사이에는 깊은 골이 있었다. 과연 어느 민족이 침략자의 문화에 우호적일 수 있겠는가.

로마 가톨릭교회 전승 가운데 널리 알려진 학설에 의하면, 663년 소집된 휘트비(Witby) 종교회의에서 로마 가톨릭교회와 켈트족 교회 지도자들이 모여, 서로 겪고 있던 모든 갈등을 해결했다고 한다. 숲 속에서 모인 휘트비 종교회의는 윌프레드(Wilfred)가 로마 가톨릭교회 지도자와 켈트족교회 지도자를 소집하여 개최한 것이었다. 하지만 거기서 실제로 모든 갈등이 해결된 것은 아니었다. 한 세기 후에 역사학자 비드(Bede)가 휘트비 종교회의에 관해 기록한 것을 살펴보면 알 수 있다. 당시 로마 가톨릭교회의 관습이 수용되었다고 하지만, 비드는 상황을 더 깊이 분석했다. 비드는 당시 회의에 참석했던 켈트족 지도자들은 겸손했으나 로마 가톨릭 대표자들은 거만했다는 인상을 받았다. 즉, 휘트비 종교회의에서 이루어진 가톨릭교회의 승리는 지극히 피상적이었다.

역사는 지혜로운 지도자들의 탁월한 선택을 기록한다. 예를 들어 예루살렘 공의회가 보여 준 지혜는, 안디옥에 이중 문화권 출신인 바나바를 보내기로 한 것이었다. 이와 같은 맥락에서 로마 교황청이 내린 탁월한 결정은 앵글로색슨 기독교회를 위해 테오도르(Theodore) 추기경을 추대한 것이었다. 테오도르 역시 이중 문화권 출신인 인물이었다. 유럽 동쪽인 터키 중남부의 타르수스(Tarsus) 지방을 비롯한 모든 지역이 그를 지지했는데, 그는 로마에 대한 충성심도 가지고 있었다. 당시 66세였던 테오도르는 탁발했던 머리가 자라서 로마 스타일이 되기까지 로마에서 3개월 동안 머물렀고, 그 후 두 가지 형식의 기독교 문제가 대립하고 있는 영국의 문제를 해결하기 위해 영국으로 파견되었다.

당시 영국 캔터베리의 어거스틴은 선교적 통찰이 부족한 인물이었다. 그는 교황이었던 그레고리 대제와 같이 토착문화와 상황화에 대한 통찰이 있는 사람이 아니었고, 결과적으로 켈트족 문화에 대해 우호적인 입장을 취하지 못했다. 그는 가톨릭이 '하나의 세례'를 주장하는 바와 같이, 문화적 관습에서도 하나가 되어야만 한다고 오해하고 있었다. 한편 거대한 영토의 감독이던 윌프레드는 로마식 관습을 주장하던 사람이었다. 그는 휘트비 종교회의를 소집했을 때 로마 문화 형식에 치우친 결정을 하기도 했다.

하지만 거대한 영토를 책임지는 테오도르 감독은 달랐다. 테오도르는 영토를 네 지역으로 나누었다. 그런 결정에 대해 젊은 윌프레드는 분노했다. 그는 테오도르에 대해 강경한 입장을 취했고, 영국에서 여러 번 추방되었다. 테오도르의 입장은 분명했다. 그는 영토를 지방 도시의 행정 구역으로만 분리하기보다는 문화적으로 분리하는 것이 켈트족 기독교 문화와 가톨릭 문화 사이를 화목하게 하는 데 도움이 된다고 보았다. 즉, 중심적인 역할을 하던 수도원을 중심으로 지역을 분리했던 것이다.

668년에 테오도르는 다시 한 번 종교회의를 소집했다. 그리고 그 회의는 휘트비 회의보다 훨씬 더 의미 있는 성과를 이루어 냈다.

이렇듯 테오도르의 영향력이 빛을 발할 수 있었던 데는 이유가 있다. 그는 늦은 나이에 추기경직을 맡았지만, 20년 이상 꾸준하고 충실하게 그 직분을 수행했다. 테오도르는 명석하고 통찰력이 있었으며, 탁월한 결단력까지 소유한 지도자였다. 그는 서로 다른 두 문화를 분명하게 인정하면서도, 현실적인 면에서 타협 가능한 융통성을 발휘하는 인물이었다. 그가 추기경이 된 지 1천여 년이 지난 오늘날, 사람들은 요크와 캔터베리를 관할하는 성공회 대주교 중 캔터베리를 더 높이 인정한다. 테오도르의 영향력이 아직 남아 있는 것이다.

여기서 한 가지 흥미로운 점이 있다. 켈트족 기독교와 로마 가톨릭 기독교 사이에 엄청난 문화적 차이가 있었음에도, 둘 사이에서 군사적 충돌이 일어난 적이 한 번도 없었다는 사실이다. 이슬람 군대가 전 유럽을 이슬람화하려고 프랑스와 스페인 국경의 피레네 산맥을 넘었을 때 군사적 충돌이 일어났던 것과는 대조적이다.

당시의 역사적 상황을 연구해 보면, 참된 신앙이라는 보물이 담겨 진해지는 문화적인 세 가지 '질그릇'을 만나게 된다. 첫째는 라틴 문화권의 로마인, 둘째는 켈트족, 그리고 셋째는 셈족 이슬람이다. 이들은 모두 동일한 하나님을 인정했지만, 근거로 삼는 성경말씀이 서로 달랐다. 이슬람은 일부다처제를 용납했지만 동성애는 거부했고, 헬라파와 로마파는 그 반대의 결혼 문화를 보여 주었다. 이슬람은 초기에는 성경의 일부와 아주 왜곡된 기독교 문화 형식을 수용했지만, 이후에는 고트족이 다스리던 서부 지중해 지역의 문화에 머무르지 않고 발전된 로마 문명을 많이 물려받았다. 그리고 켈트족 학자들은 성서학 연구에 있어서는 탁월했지만, 지중해 문화의 복합성을 이해하지 못했다. 이들 세 부류 가운데서 이슬람의 가장 큰 약점은 성경과의 접촉점이 부족하다는 것이다.

모든 문화는 서로 다르며, 세상에 완벽한 종교 형식은 없다. 서로 다른 이 세 가지 종교 양식에서 우리는 외견상으로 오해와 반목을 보게 되지만, 그와 동시에 아주 다양한 질그릇을 통해 기독교 신앙이 전달되는 모습도 발견한다. 오늘날도 이렇게 다양한 문화적 기독교 혹은 이슬람이 존재한다. 그리고 기독교가 다른 종교에 비해 이런 문화적 다양성을 가지고 있다는 사실은 세계의 다른 종교들보다 큰 장점으로 작용한다. 그러나 이와 대조적으로, 어떤 특정 인간집단이 자신의 문화 형식을 다른 어떤 문화 형식보다 우월하다고 여기는 순간, 다양성의 장점은 사라지고 만다.

북아프리카의 경우, 사람들은 기독교가 사멸하여 그곳이 이슬람화가 되어 버렸다고 주장한다. 그러나 이를 문화적으로 바라보면 해석이 달라질 수 있다. 쉽게 말해, 그동안 몸에 맞지 않는 로마식 의복을 입고 불편하게 지내던 북아프리카 사람들이 그들에게 더 잘 맞고 더 잘 어울리는 셈족 의복을 이슬람에게 제공받아 갈아입게 되었다고 볼 수 있다. 신약성경 역시 기독교 신앙이 한 문화에서 다른 문화로 옷을 갈아입는 과정을 보여 준다. 이슬람의 경우도 그러하다. 무함마드는 셈족 문화 전통 위에 이슬람을 세웠다. 아랍어를 사용하는 것이나 하나님이 아닌 알라에게 기도하는 것, 하루에 다섯 번 기도하는 관습, 예수님의 동정녀 탄생을 믿는 것 등은 전혀 문제가 되는 부분이 아니다. 사실 무함마드는 이 모든 내용을 기독교에서 차용했다. 아랍권에서 신앙생활을 하던 기독교인들은 무함마드가 태어나기 500년 전부터 이미 알라라는 이름의 하나님께 기도하고 있었다. 오늘날도 3천만 명 이상의 기독교인이 알라에게 기도하고 있다. 그들의 성경에는 하나님이 '알라'로 번역되어 있기 때문이다.

하지만 이슬람교에 있어서 아주 유감스러운 부분이 있다. 무함마드는 성경의 일부분만을 소유하고 있었기 때문에, 전체를 보지 못했다. 그래서 무함마드는 삼위일체에 대한 잘못된 견해를 가지게 되었다.

꾸란을 읽고 그리스도에게 인도되어 기독교인이 되는 사람들도 있긴 하지만, 꾸란은 불충분한 책이다. 모르몬경 역시 그러하다. 원래 꾸란은 무함마드 이후 원래 내용에 다른 전승과 후대 기록들이 첨가되어 이루어진 것들로, 후대에 첨가된 내용은 대부분 아랍 문화 관습에서 나온 것들이다. 상당 부분 반박의 여지가 충분한 내용이다. 동일한 논리로 보면, 기독교의 성경에도 독신주의와 동성애 등에 관한 지중해 문화 관습들이 첨가되었음을 알 수 있다.

기독교 신앙이 다른 문화로 전달되면서 약화된다면, 심각한 문제를 유발할 것이다. 신앙이 헬라 문화로 전달될 때 약화되었고, 라틴 문화 속으로 들어가면서 묽어졌고, 그 이후 독일 문화와 영국 문화로 전달되면서 원래 색깔이 바랬다면, 큰 문제가 될 것이다. 하지만 이러한 문제를 해결하는 놀라운 방법이 있다. 바로 성경이다. 다른 문화권에서 온 선교사들에게 복음을 전달받은 새로운 문화권의 사람들이 스스로 성경을 통해 복음의 메시지를 바로 이해하고, 선교사들에게 들은 메시지를 자신이 성경에서 직접 깨달은 메시지로 대체하는 것이다. 그러므로 모든 교회와 선교운동은 결국 성경을 직접 자신의 것으로 만들어 성경적인 메시지를 들어야 한다. 그 무엇보다 성경이 중요하다.

예를 들어, 400년에서 800년 사이에 일어난 켈트족 운동은 성경과 아주 밀접한 관계를 맺고 발전했다. 반면 무슬림은 같은 성경을 전혀 접촉하지 않았다. 오늘날 무슬림들에게 필요한 것은 바로 성경과의 접촉이다. 이슬람권 사람들에게 예수님을 영접하게 하고, 자신을 스스로 기독교인이라고 칭하게 하는 것만으로는 부족하다. 그들이 성경을 접촉할 수 있게 해주어야 한다. 성경을 알지 못한 상태에서 호칭만 바꾸는 것은 아무런 의미가 없다. 스스로 깨닫게 해주어야 한다.

윈스턴 처칠(Winston Churchill)이 쓴 《영어 사용 민족들의 역사》 (*A History of the English Speaking Peoples*)라는 4권짜리 책을 보면, 8세기 무렵 유럽인들에 대한 내용이 나온다. 이 책에 의하면 당시 유럽인들은 '엄청난 외국군의 습격을 두 차례나' 받았다. 그들은 스페인에서 출발하여 피레네 산맥을 넘어 프랑스까지 침략해 온 사라센(Saracen, 서유럽인이 서아시아의 무슬림을 이르는 말 - 편집자 주) 이슬람 대군과 직면해야 했다. 유럽인들은 732년 투르 푸아티에 전투(Battle of Tours)에서 간신히 이슬람 대군을 물리쳤다. 하지만 두 번째 침략은 더 참혹했다. 바로 오늘의 스칸디나비아 반도 지역에서부터 맹습해 온 바이킹족의 공격이었다. 그들은 250년 동안이나 유럽을 괴롭혔다. 이 바이킹의 공격에 대해서는 800년에서 1200년 사이의 시대를 다룰 다음 장에서 더 이야기할 것이다.

이런 습격들 중에서 고트족에게 가장 항구적인 영향을 미친 '강습'이 있었는데, 사실 그것은 군사적 공격이 아니었다. 조용히 고트족에게 침투한 켈트족 기독교, 그리고 베네딕트 수도원들의 신앙적인 영향력이었다. 베네딕트 수도회는 800개 이상의 수도원을 설립했는데, 이는 수도원 제도의 발전과 궤를 같이한다. 청년들은 금욕과 독신주의를 숭상하는 지중해 문화의 영향을 받아, 결혼을 포기하고 수도원으로 몰려들었다. 그리스도에 대한 헌신, 소란스러운 세상으로부터의 안전 도모, 복음 전도, 그리고 로마 문학과 기술 보존 등 다양한 이유와 목적을 가지고 수도원으로 들어왔던 것이다.

수도원 제도의 가장 큰 특징은 무엇일까? 바로 성경에 대한 깊은 존경심이다. 그들은 힘과 정성을 다해 성경을 필사했다. 매주 시편을 찬양했으며, 성경을 삶과 생활의 중심으로 삼았다. 이렇게 경건하고 열정적인 수도원들이 없었다면, 오늘날 우리는 성경과 로마 제국에 관한 자료들을 거의 찾지 못했을 것이다.

수도원은 이런 귀중한 문헌들을 필사하여 후대에 전달했다. 수도원에서 남긴 이런 필사본을 제외하면, 로마 시대 때부터 지금까지 전해 내려온 문서들은 4개 정도뿐이다. 오늘날 유럽의 대부분 핵심 도시는 모두 당시에 작은 진리의 빛을 가져온 곳이었다. 미국의 경우, 모라비안 선교단체가 북미의 산속에 세운 마을들이었던 펜실베이니아 주의 베들레헴 같은 도시가 그러하다고 할 수 있다.

오늘날 우리는 과거에 선교사들이 설립했던 '선교기지'에 관한 평가를 듣는다. 먼 나라로 간 선교사들이 선교기지를 설립하여, 현지인들이 자신들의 이국 문화를 수용하거나 선교기지에 들어와 살게 했던 전략이 얼마나 큰 실수였는지를 들었을 것이다. 하지만 당시에는 세계 여러 곳에 선교기지가 세워졌으며, 그때는 이런 전략도 효과적이었다. 이런 선교기지 전략 덕분에 라틴어가 널리 퍼질 수 있었고, 라틴어는 수 세기 동안 유럽과 미국을 하나로 묶는 중요한 역할을 했다. 비록 다른 여러 일상어가 문학적으로 사용되고 인쇄되었지만, 라틴어는 1940년대까지 미국 공립학교의 교과목으로 채택되었을 정도로 널리 사용되었다. 지금까지도 라틴어는 로마 가톨릭교회를 하나로 묶어 주는 언어로 계속 존재하고 있다.

로마가 멸망한 이후 유럽에서 로마 제국의 정치적 위협은 사라졌지만, 로마 언어와 문화는 계속 존속되었다. 사람들이 로마 제국의 명성을 기억하고 있었기에 로마 문화를 계속 선호했던 것이다. 이는 수도원에서도 마찬가지였다. 철저하게 금욕적인 켈트족 전통보다는 로마 문화 형식을 수용한 베네딕트 수도원 문화가 더 보편화되었다.

여기서 우리가 주목해야 할 것이 있다. 근대에 식민주의가 무너지자 식민지였던 지역의 현지 교회들이 급속하게 성장했던 것과 같이, 로마는 로마의 기독교를 전파하기 위해 무너져야만 했다는 사실이다. 하지만 그 와중에 켈트족 성서학자들이 이룩한 형용할 수 없을 만큼 탁월하고 놀라운 업적들은 절대 간과해서는 안 된다.

프랑스는 무슬림의 침략을 잘 막아냈다. 이는 샤를마뉴 대제의 할아버지가 이룬 놀라운 업적이었다. 샤를마뉴 대제는 매우 강력한 통치자였다. 일부 역사가들은 샤를마뉴 대제의 출생 전후 2천 년을 통틀어, 샤를마뉴 대제가 역사에 가장 큰 영향을 미친 통치자였다고 주장한다. 그러나 여기서도 우리가 기억해 두어야 할 역사적 진실이 있다. 샤를마뉴 대제가 그토록 영향력 있는 통치자였다고는 하지만, 그에게 결정적인 도움을 제공한 사람들이 바로 켈트족 교사들이었다는 사실이다. 샤를마뉴 대제는 일반 백성을 가르치기 위해 3천 명이나 되는 켈트족 교사들을 불러왔다. 또 켈트족이 사용하는 켈트어 소문자(Celtic minuscule)라 불리는 켈트 철자법을 채택하기도 했는데, 이것이 바로 우리가 사용하고 있는 영어의 소문자 체계다.

역사가들은 시대를 구분하여, 400년에서 800년에 이르는 시기를 카롤링거 왕조의 르네상스 시대라 부른다. 역사가들이 이렇게 부르는 데는 그럴 만한 이유가 충분하다. 서로마가 멸망한 이후 시대를 '암흑기'라 부르는 세속적인 관점이 틀렸다고 할 수 있는 가장 확실한 이유는 카롤링거 르네상스에 있다. 카롤링거 왕조의 르네상스는 실로 놀라웠다. '야만인들'이 사는 지역이라고 불렸던 유럽 대륙을 완전히 개화시켰다. 그들의 문명을 밝히고 드높였다. 카롤링거 왕조의 르네상스는 실로 유럽 문명의 개화기의 절정이었다. 하지만 안타깝게도 이런 탁월한 문화가 바이킹의 침략으로 파괴되어 버리고 말았다. 이는 유럽 역사에서 너무도 아쉬운 한 장면이다. 이제 다음 장에서는 800년에서 1200년에 이르는 바이킹 시대를 살펴볼 것이다.

12장

12세기 르네상스 시대(800-1200)의 기독교 문명운동

역사를 기록하는 방식은 다양하다. 일반적으로 역사는 유명한 역사적 인물, 또는 유명한 사건이 일어난 장소와 날짜를 중심으로 기록된다. 하지만 우리는 역사를 다른 방식으로도 기술할 수 있다. 유명한 몇몇 인물에만 초점을 맞추기보다는, 장구한 역사의 소용돌이 속에서도 문명운동에 긍정적인 영향을 미친 작은 인종집단의 관점에서 서술해 볼 수도 있다.

지난 2천 년의 역사가 중요하다. 오래된 지구의 역사 가운데 지난 2천 년의 역사는 가장 흥미진진한 기간이었다. 우리는 이 기간을 5막으로 구성된 역사 드라마로 간주해 볼 수 있다. 우리는 2천 년을 400년 단위로 나누어 이를 각각 하나의 막으로 볼 수 있다. 그리고 각 막의 마지막 장은 나름의 기독교 르네상스를 연출한다. 이러한 각 막의 마지막인 르네상스에는 특징이 있는데, 성경에 나타난 하나님 나라가 한 문화권에서 다른 문화권으로 확장되는 과정이 묘사된다는 것이다. 이번 장에서는 800년에서 1200년까지의 시기와 12세기 르네상스에 관해 다룰 것이다. 역사의 제3막을 형성한 400년 동안의 역동적인 역사에 초점을 맞출 것이다.

역사의 제3막을 형성하는 800년 이후 400년을 이끈 주역들은 누구였는가? 바로 스칸디나비아인들이었다. 이 기간에 스칸디나비아 바이킹이 복음을 수용했다. 이는 하나님 나라를 위해 탁월한 공헌을 한 인간집단이 있었기에 가능한 일이었는데, 그들은 바로 셈족 유대인들이었다. 그들을 통해 하나님 나라와 하나님의 통치가 수 세기 동안 존속될 수 있었다. 그 이후에는 로마인들이 역사의 무대에 등장했다. 그들은 헬라와 라틴 지역을 대표했다. 그들은 첫 400년 동안 하나님 나라를 드높이고 전파하는 데 공헌했다. 그 후 고트족이 역사에 등장했다. 기독교 문명은 고트족을 통해 하나님 나라를 확장하게 되고, 카롤링거 왕조 르네상스를 통해 정점을 맞이한다. 지난 400년 동안 확장된 기독교 문명이 드디어 만개하게 된 것이다. 하지만 하나님 나라를 확장하는 기독교 문명에 가장 큰 영향을 미친 민족은 켈트족이라고 할 수 있다. 앞서 켈트족에 관해 살펴보았듯이 말이다.

기독교 문명의 확장은 하나님 나라의 확장을 의미한다. 유럽에서 기독교 문명은 계속 확장되었지만, 동쪽으로 중국과 필리핀, 그리고 남쪽으로 에티오피아에 이르는 동유럽 지역에서는 더디게 확장되었다. 그 지역에서는 기독교 문명 확장에 공헌한 극적인 사건들도 그리 많지 않았다. 그런데 이 시기에 하나님 나라를 확장한 중심인물로 등장한 사람들이 있었다. 오늘날 우리가 스칸디나비아 사람이라 부르는 바이킹족이 바로 그들이었다.

우리가 다루는 역사 드라마 5막 중 이번 장에서 다룰 제3막에는 하나님 나라의 복음이 전파되는 기독교 문명의 특징이 드러난다. 복음은 다양한 민족들 사이에서 일어난 상호작용으로 널리 퍼져 나갔다. 라틴계 로마인, 고트족, 켈트족, 그리고 바이킹족 사이에서 매우 다양한 상호작용이 일어나 복음이 전파된 것이다.

800년경이 되면서 상황이 바뀌었다. 계속 북방으로 확장하던 이슬람 세력이 더는 북상하지 못하게 된 것이다. 이는 이슬람 지도자들 때문이었다. 당시 이슬람은 이미 높은 문명을 구가하는 지중해 연안국들을 정복한 상태였다. 그래서 무지한 '야만족들'이 사는 북방을 얻으려 굳이 북상을 서두를 필요가 없다고 느꼈던 것이다.

확실한 것은 야만족이었던 고트족이 800년경까지 기독교 문명의 큰 빛을 경험했을 거라는 사실이다. 그 시기에 고트족에 위대한 지도자가 나타났다. 바로 경건하고 겸손하며 학자적 소양을 가진 샤를마뉴 대제였다. 그는 켈트족 교사 3천 명을 초청하고 모셔와 학교를 설립했으며, 어린이들을 위한 학교를 수천 개나 세웠다. 켈트족의 선교운동은 역사에 남을 만큼 실로 탁월했다. 그리고 샤를마뉴 대제와 유럽 대륙은 모든 면에서 켈트족 기독교 문명의 확실한 수혜자였다.

유럽 대륙의 역사 가운데 가장 이해하기 어려운 점이 있다. 색슨족이 샤를마뉴 대제의 영토를 가차 없이 공격한 것이다. 사실 예전에 색슨족은 먼저 영국을 침략해서 성공을 거두었고, 그 결과 어느 정도 기독교를 수용하게 되었다. 하지만 당시 유럽 전역은 여전히 이교적이었고, 복음에 대해서는 매우 적대적이었다. 결국 샤를마뉴 대제는 색슨족에게 매우 가혹한 처벌을 내렸다. 그들을 모두 유럽 내륙 지방으로 이주시킨 것이다. 이렇게 색슨족이 이주하여 살게 된 지역을 작센(Saxony)이라 부르는데, 현재 이 지역은 독일 영토에 소속되어 있다.

그렇게 색슨족을 몰아냈지만, 다른 위협이 찾아왔다. 바로 바이킹들이었다. '신성 로마 제국'의 황제가 된 샤를마뉴 대제는 제국의 해안선에 눈을 두게 되었다. 바다를 주의하여 살펴보던 그는 바이킹들이 운항하는 선박들을 자주 보게 되었고, 바다를 주름 잡은 바이킹족이 언젠가 큰 위협이 되리라고 직감했다. 그의 예감은 적중했다. 바이킹족은 곧 큰 문제가 되었다.

당시 샤를마뉴 대제가 전혀 인식하지 못했던 일이 있었다. 그것은 영국 북부 지역 동쪽 해안에 자리 잡은 켈트족 수도원의 선교 거점이었던 린디스판(Lindisfarne)이 바이킹에 의해 함락된 것이었다. 바이킹들은 수도원을 침략하면서 무자비한 살육을 자행했다.

그 때문에 수많은 수도사가 죽임을 당했다. 이런 비극은 그 시기에 13번이나 반복되었다.

바이킹의 침략은 평화를 앗아갔다. 비교적 평화롭던 아일랜드, 스코틀랜드, 영국, 그리고 중부 유럽 지역이 참혹한 전쟁터로 변했다. 북쪽에서 나타난 이 잔혹한 해적 무리는 장장 250년 동안 파괴와 약탈을 자행했다. 중세 역사가들은 당시 전 지역에서 죽어간 전사자들의 시체에 관해 구체적으로 서술했다. 당시 영국교회의 기도서에는 다음과 같은 기도문이 포함되어 있었다. "오, 주여! 저희를 북방 해적들의 포악함에서 구하여 주소서!"

바이킹은 바다를 통해 침투해 들어왔기 때문에, 그들의 침략을 막기란 무척 어려운 일이었다. 그들을 막으려면 일단 해안선을 봉쇄해야 했으나, 그 누구도 해안선을 다 막을 수는 없었기 때문이다. 바이킹의 침략을 막을 방법이 전혀 없었다. 한마디로 속수무책이었다. 바이킹이 침략하기 전, 핵심 거점에 있던 수도원들은 내륙 지방을 통한 침략은 잘 막아낼 수 있었다. 일부는 바다를 통한 침략에도 잘 견뎠다. 하지만 바이킹들의 침략 앞에서 그들은 모두 무참히 무너졌다. 어떤 수도원도 바이킹의 침략에서 안전하지 못했다.

또한 바이킹들의 침략은 예고 없이 일어났다. 그들은 전혀 예상치 못한 시간에 갑자기 나타났다. 사람들은 내륙 지방에서 움직이는 군대에는 쉽게 대처할 수 있었다. 전쟁 소식이 군사들의 발보다 더 빠르게 전달되었기 때문이다. 그러나 바이킹들은 갑자기 간헐적으로 찾아왔다. 정복지에 살려둔 사람들을 찾아가 세금을 거두어 가기도 했다. 바이킹들은 영국 지방에서 자신들이 차지한 영토에 '데인겔트(Danegeld, 영국의 국방세)를 내는 지역'이라고 이름 붙였으며, 자신들을 '데인즈'(Danes, 데인겔트를 받는 사람)라고 불렀다.

이런 어두운 역사를 뚫고 앨프레드 대왕(Alfred the Great, 849-899)이 나타났다. 그는 바이킹을 런던 남부 지역으로 격퇴했다. 자신을 앵글로색슨족의 수령으로 여겼던 앨프레드 대왕은, 라틴어로 된 중요한 문헌들을 모두 앵글로색슨 언어인 독일어로 번역하도록 지시하기도 했다.

900년경의 역사는 침울했다. 그 기간은 기독교 문명의 침체기였다. 수많은 켈트족 선교운동과 베네딕트 수도원들이 파괴되고 말았으며, 다른 기독교 운동들도 모두 쇠퇴했다. 하지만 이런 어두운 역사에 한 줄기 빛이 등장했는데, 바로 클뤼니 부흥운동(Cluny renewal)이었다. 이 운동은 910년 남부 프랑스 클뤼니에 새로 설립된 베네딕트 수도원에서 시작되었고, 곧 매우 특별한 지위를 갖게 되었다. 이 수도원은 표면상 교황의 지도를 받는 수도원의 지위를 확보했다. 그래서 지방 군주나 감독의 명령을 받지 않아도 되었다. 당시 수도원들은 어느 정도 성장하여 상당한 재산을 갖게 되면, 지방 군주나 감독들이 정치력을 남용하여 수도원장을 바꾸는 등 수도원을 좌지우지하려 했다. 그러나 클뤼니 수도원은 교황의 지도를 받는 수도원이었기 때문에 이런 정치적 외압에서 벗어날 수 있었다.

클뤼니 수도원 모델은 급속히 퍼져 나갔다. 새로 개혁된 베네딕트 수도원들 중 수백 개가 클뤼니 수도원 모델을 따르게 되었다.

클뤼니 수도원은 독특했다. 노동보다 예배를 강조했다. 높은 수준의 예술과 성례를 접목하여 새로운 종교 예식들을 발전시켰다. 클뤼니 수도원은 계속 커지며 증축에 증축을 거듭했고, 곧 알프스 북부 지방에서 가장 큰 수도원이 되었다. 그뿐 아니라 정치와 종교적인 면에서도 가장 영향력 있는 수도원이 되었다.

클뤼니 수도원에서 예술혼이 살아났다. 예술은 하나님의 영광을 드러내는 핵심 도구가 되었다. 복잡하고 성대한 종교 예식은 정교한 건축물을 탄생시켰다. 예배는 성대하게 거행되었다. 종일 정교한 형태의 예배가 진행되었다. 클뤼니 수도원 3관 건물은 화려하기 그지없었다. 아쉽게도 이 건물은 프랑스 혁명 당시에 상당히 많이 손상되었고, 지금은 박물관으로 사용되고 있다.

클뤼니 개혁운동 가운데 가장 특별한 점이 있었다면, 지방 감독이 클뤼니 수도원에게 권한을 행사할 수 없다는 것이었다. 이는 가히 혁명적인 일이었다. 이런 전례는 사회 전 분야에 영향을 미쳤고, '서임권 분쟁'(Investiture Controversy)의 전조가 되었다. 클뤼니 수도원뿐만 아니라 감독의 임명 문제 역시, 더는 지방 군주의 권한이 아니라는 논리로 발전한 것이다. 이후에 신성 로마 제국의 황제였던 프랑스의 하인리히 4세와 교황 사이에 싸움이 벌어졌고, 교황은 황제를 파문시켰다. 이 또한 가톨릭교회 감독들의 임명권자가 달라졌기에 감독들이 지위를 잃을 수 있게 되었다는 사실을 알 수 있다.

클뤼니 모델은 수도원이 갖추어야 할 가장 기본적인 문제들을 잘 다루었다. 이 모델은 새로운 종교적 자유를 누릴 수 있게 했다. 즉, 규칙은 있었으나 행정적 통치는 배제되었던 것이다. 교황은 중요한 규칙을 제정할 뿐, 수도원들의 행정을 관장하지 않았다. 사실 교황이 제정한 규칙도 이론상으로만 존재하는 것일 뿐이었다. 교황이 각 수도원에 실질적 권위를 행사하기에는 각 수도원이 교황청과 지리적으로 너무 멀리 떨어져 있었기 때문이다. 이런 환경은 클뤼니 수도원이 자율적인 권한을 갖고 운영되도록 해주었다. 각 클뤼니 수도원장들은 교구 지역을 관장하던 감독들의 권위 아래 종속되지 않고, 자체적으로 독자적인 권한을 행사하게 되었다. 교구는 일상적으로 특정 지역에 살고 있는 모든 시민을 포함하는 개념이었다. 교구에 포함되기를 원하든 그렇지 않든 상관없이, 일반 백성은 무조건 교구에 종속되었다. 그러나 클뤼니 수도원은 이와는 대조적이었다. 그들은 자원적 결단을 중시했다. 수도원에 소속된 사람이 되려면, 개인적으로 추가적인 선택과 결정을 해야만 했다.

윈터는 기독교 역사를 해석하는 두 조직체 이론(two structures)을 오랫동안 주장해 왔다. 학문적인 용어로 말하자면, 두 조직체로는 소달리티(sodality) 조직체와 모달리티(modality) 조직체가 있다. 모달리티 조직체의 회원이 되는 것은 교회나 가족, 그리고 사회 공동체의 일원이 되는 것과 같다. 회원 자격을 갖추기 위해 따로 해야 할 일은 없다. 그저 가만히 있어도 자동적으로 회원 자격이 주어진다. 하지만 소달리티 조직체인 '수도원'의 회원이 되는 것은 전혀 다르다. 소달리티는 회원이 되겠다는 분명한 의지를 갖고 헌신해야만 회원 자격을 취득할 수 있었다. 모달리티 조직에서는 지도자보다는 추종자가 중요하다. 하지만 소달리티 조직에서는 추종자보다 지도자가 훨씬 중요하다.

클뤼니 부흥운동은 주도적으로 발전했다. 수도원 형식을 중심으로 계속해서 성장하고 발전했다. 하지만 200년 후에 클뤼니 부흥운동은 부패와 쇠퇴의 길을 걷고 말았다. 시토파 수도회라는 영향력 있는 단체가 나타나 새로이 부흥운동을 주도하게 되었기 때문이다. 마치 초기 클뤼니 수도원의 부활과도 같았다. 시토파 수도회도 클뤼니 수도회처럼 베네딕트회에 소속되어 있었지만, 예배 형식이 서로 달랐다. 시토파는 클뤼니 운동의 끝없이 화려하고 정교하며 긴 예배 형식을 거부했다. 또한 시토파는 수녀원에 더 많은 권한을 부여했다. 평신도 역시 수도원의 정회원이 되도록 개방하기도 했다. 특히 여성 리더십이 강조되었으며, 그 가운데 여성들만 수용하는 시토파 수도원이 많이 설립되었다. 이러한 시토파 수도원 운동은 전혀 새로운 시도였다. 클뤼니 부흥운동보다 훨씬 더 성공적이었다. 시토파는 급속하게 유럽 전역으로 퍼져 나갔다.

시토파 수도원 운동에서 가장 유명한 인물은 클레르보의 베르나르(Bernard of Clairvaux)일 것이다. 그는 수많은 찬송시를 남겼다. 우리가 잘 아는 "구주를 생각만 해도", "오 거룩하신 주님" 등은 베르나르가 쓴 것이다. 하지만 시토파 수도회도 역사의 전철을 따르게 되었다. 그들은 점차 물질적인 풍요를 누리기 시작했고, 결국 사치와 향락에 빠졌다. 처음에는 가난한 자들에게 효과적인 사역을 감당했던 그들은 물질적으로 풍요로워지면서 부패해졌다.

그 후 새로운 수사신부들이 등장하기 시작했다. 새로운 신앙생활 양식이 등장했다. 베네딕트 규율은 신앙생활 양식의 기초를 제공했고, 이후 수 세기 동안 여러 수도원이 그들의 규율을 따랐다. 일반 성당에서의 신앙생활은 수도원 생활과는 대조적으로 느슨하고 무절제했다. 바이킹의 위협이 사라지면서, 수도승보다는 교구 목사가 득세하기 시작했다. 동시에 수도자 참사회원(regular)들도 교구 목사가 되고 싶어 했다. 그 결과 대성당의 성직자인 수사신부(canons)들이 늘어났다. 그들은 서로 다른 교구에 속해 있을지라도 공동체 생활을 하면서 비슷한 '규칙'을 따랐고, 이런 공동체 생활은 영적, 지적, 그리고 도덕적 훈련에 유익했다. 이것이 교회의 새로운 추세였다.

수도회는 놀랍게 변해 갔다. 그중에서도 가장 놀라운 변화는 이 시대의 가장 끝에 가서야 시작되었고, 1200년 초기까지 계속되었다. 이때에 탁발 수사회, 프란체스코 수도회, 그리고 도미니쿠스 수도회 등이 생겨났다. 이들은 담대하게 유럽 전역에 발을 내딛고 이곳저곳을 다니며 복음을 전파한 최초의 로마 가톨릭 수도회들이었다. 이들의 선교는 여러 길을 따라 잘 퍼져 나갔다. 당시 유럽을 연결했던 여러 도로망이 다른 어느 시대보다 훌륭하고 안전했던 덕분이었다.

이제 제3막(800-1200년)의 마지막에 이르렀다. 당시에는 역사를 장식했던 두 번의 십자군 운동이 있었다. 첫 번째 십자군 징벌로 예루살렘을 점령하게 되었지만, 그들은 예루살렘을 끝까지 지키지 못하고 다시 빼앗기고 말았다. 십자군들은 도시 안의 모든 생명체를 철저하게 도륙했다. 그러고 나서 88년 후에 무슬림 군대가 예루살렘을 다시 점령하게 되었는데, 그들은 십자군들과 대조적이었다. 예루살렘에 쳐들어와 수많은 인명을 무참히 죽였던 기독교인들과 유대인들도 다시 예루살렘으로 들어와 살게 해준 것이다.

이 시대에는 다양한 현상이 일어났다. 십자군 운동이 시작되었고, 수도회가 설립되었다. 특히 대성당과 대학들이 세워졌다. 많은 학문이 발전했다.

결론적으로 강조하고 싶은 바가 있다. 이 시대에는 세계 인구가 급속도로 늘었다. 인구 상승 곡선이 가장 가파르게 올라갔다. 앞서 우리는 인구의 '기하급수적 증가' 현상을 살펴보았다. 기하급수적 증가 현상은 믿기 어려운 일이지만, 산술적으로 쉽게 증명해 보일 수 있다는 것을 얘기했다.

여기서 강조하려는 바는 이 기간에 이루어진 세계 인구 성장률 계산 방법이나 다양한 수식, 당시의 인구에 대한 추정치 등이 아니다. 이 시기 이전에 인구 성장이 이루어지지 못했던 이유에 관하여 말하려는 것이다.

440년 무렵, 영국 제도에 살고 있던 인구는 약 1백만 명으로 추정한다. 이 숫자는 영국이 문명화된 3세기 동안의 시기와 로마 지배 시대를 거쳐, 앵글로색슨족의 침략으로 말미암아 다시 암흑기로 돌아간 것을 보여 준다. 1066년에도 영국의 인구는 여전히 1백만 명이었다.

이 무렵에 정복왕 윌리엄은 프랑스에서 해협을 건너와 영국을 점령하고 왕이 되었다. 그는 라틴 언어와 라틴 문화를 영국에 전파했다. 라틴 언어와 문화는 게르만의 언어와 문화와 융합되어, 현대 영국 문화를 이루었다. 하지만 여기서 지난 600년 동안 영국의 인구가 전혀 성장하지 않았다는 사실은 무엇을 의미하는가?

우리는 그 해답을 전쟁과 전염병에서 찾을 수 있다. 끊임없이 계속된 전쟁과 전염병 때문에 수없이 많은 사람이 목숨을 잃었다. 600년 동안 얼마나 많은 사람이 죽어 나갔으면 인구가 전혀 성장하지 않았을까! 당시 영국 정부가 현재 중국 정부처럼 산아제한을 하거나 유아 살해를 용납했던 것도 아니었다. 중세 역사를 기록한 연대기 편자들은 전염병을, 거부할 수 없는 숙명처럼 생각하고 받아들였다. 오늘날과 달리 그들은 전염병을 일으키는 세균에 대한 지식이 전혀 없었기에 유행병을 막거나 대항해서 싸울 방법을 전혀 몰랐다.

질병은 수많은 생명을 앗아간다. 오늘날 미국에서 심혈관계 질환(심장마비, 중풍 등)으로 목숨을 잃는 사람만 하루에 3천 명 이상이다. 또 하루에 10억 달러 이상이 심혈관계 질병을 치료하는 데 사용된다. 문제는 우리가 심혈관계 질병의 원인 자체를 밝히는 데에는 돈을 전혀 사용하지 않는다는 점이다. 비서구권 나라들의 실정은 미국보다 훨씬 더 열악하다고 알려져 있다. 아프리카의 경우를 살펴보자. 미국의 인구와 사하라 남부 아프리카 인구는 비슷한데, 미국에서는 하루에 6천 명이 심혈관계 질환과 암으로 사망하고 사하라 남부 아프리카에서는 하루에 6천 명이 HIV/AIDS로 사망하고 있다. 질병 문제는 생각보다 심각하다. 무언가 대책을 세워야 한다.

우리는 질병에 어떻게 대처하고 있는가? 우리는 질병에 극히 방어적인 자세만을 취하고 있다. 능동적으로 대처하지 않고 대부분 수동적인 태도를 보인다. 질병 치료와 예방을 위해서는 엄청난 시간과 돈을 쏟아 붓지만, 질병의 원인과 뿌리를 근절하는 데 투자하는 돈은 극히 적다. 질병을 일으키는 병원(病源)을 연구하는 일에 대부분 돈을 투자하지 않는다. 이러한 방식은 큰 문제가 있다. 특히 12세기에 일어난 의학 역사를 살펴보면, 안타깝기 그지없다. 당시 수많은 생명을 앗아간 질병들이 세균 감염에 의한 것이었다는 사실이 뒤늦게 밝혀셨다. 당시에 질병의 원인을 미리 파악했었더라면, 충분히 대처할 수 있었을 것이다.

결핵의 경우를 살펴보자. 수 세기 동안 의사들은 결핵의 원인이 감기나 습한 환경에 있다고 보았다. 그리고 그런 환경에 노출된 사람들이 결핵에 걸린다고 보았다. 그런데 1665년 영국 런던에서 발생한 대역병(大疫病, Great plague)은 7만 명의 생명을 앗아 갔다. 우리가 다음 장에서 다룰 페스트도 벼룩이 옮기는 질병이다. 사람들은 벼룩이 페스트를 옮기리라고는 생각조차 못했다. 황열병(Yellow fever)은 아직도 알 수 없는 신비로 남아 있다. 말라리아 문제도 아직 해결하지 못하고 있다. 조금 늦은 감이 있지만, 최근의 새로운 의학적 발견에 의해 심장병, 암, 궤양, 복합성 경화증(硬化症), 알츠하이머병과 정신분열증 등도 모두 전염으로 감염되는 질병임이 밝혀졌다. 환자가 특정 환경에 노출되면서 자연적으로 발생한 질병이 아니었다는 말이다. 이제 십이지장 궤양의 원인을 스트레스나 자극적인 음식 문제로만 볼 수도 없다.

그럼에도 병의 원인을 연구하기 위한 예산은 여전히 따로 잡혀 있지 않은 실정이다. 병의 원인을 근절하면 더 효과적일 것이 분명함에도, 엄청난 액수의 병원비는 필사적으로 치료받기 원하는 환자들이 지불하고 있다. 그 많은 재정을 병 자체를 근절하는 데 쓰지 않고, 치료하는 데만 쓰고 있는 것이다.

여기서 병의 치료에 관해 언급하는 것을 이해해 주기 바란다. 이 주제를 언급하는 것은 의약 산업에 종사하는 수많은 전문인을 폄훼하려는 의도가 아니다. 그들은 병들어 신음하는 수많은 환자를 희생적으로 돌보고 있다. 하지만 여기서의 요점은 간단하다. 12세기에 살았던 사람들이 병의 근본 원인을 간과했던 것처럼, 오늘날 우리도 병의 근본 원인을 제거하는 일에 충분히 관심을 쏟지 못하고 있다는 사실을 지적하려는 것뿐이다.

병의 원인을 해결하는 방법은 무엇인가? 역사적으로 증명된 방법들이 있다. 우리 주변을 청결하게만 유지해도, 많은 질병을 예방할 수 있다. 건강한 식생활도 질병을 예방한다. 적당한 운동과 충분한 수면도 병을 물리친다. 이런 방법을 통해 병의 원인이 사라졌다. 1066년 이후 악성 전염병들은 점차 사라졌다. 하지만 역사 속에서 기독교의 문제는 다시 반복되고 있다. 여전히 기독교는 사람들을 천국에 보내는 것에만 관심을 갖고, 이 땅에서 사탄의 일을 멸하는 데는 그다지 관심을 기울이지 않는다. 그래서 우리는 국제 개발 사역에 더 큰 관심을 쏟아야만 한다.

수도원 운동은 달랐다. 수도원은 내세 문제를 넘어서서 다양한 세상 문제에 관심을 가졌다. 그들은 중세의 건축물, 도로, 교량, 교육, 그리고 정부 구조에 이르기까지 다양한 분야에 관심을 쏟았고, 이것들은 모두 수도원 운동의 산물이었다. 유전학(遺傳學), 해부학, 천문학, 그리고 일반 과학 등의 분야의 초기 업적도 모두 수도원에서 이루어졌다. 화학 분야의 원소 주기율 개념도 예수회가 처음으로 발전시켜 소개한 것이다.

하지만 당시 수도원에 명석한 학자가 많았음에도, 그들은 짙은 어두움 속에서 길을 찾아 헤매는 것과 다름없었다. 그들은 자신들이 영악한 적에 맞서 싸워야 한다는 사실을 잘 몰랐다. 당시 학자들이 병원균에 의한 전염 때문에 병이 발생하는 발생학을 이해하고 있었다는 증거는 없다. 성경을 보면 병을 피할 수 있는 탁월한 생활 규칙들이 제시되어 있기는 하지만, 성경이 세균학에 관해 어떠한 정보를 제공하는 것은 전혀 아니다. 하나님이나 예수님, 그리고 칼뱅이나 루터도 세균이라는 원수들을 언급한 적이 없다. 이 영악한 적은 눈에 보이지 않기 때문이다. 이는 첨단 현미경으로만 볼 수 있다. 이는 미생물학, 세균학의 차원에서 다루어야 한다.

오늘날 우리는 세균들을 눈으로 직접 볼 수 있다. 특수 현미경을 통해 작은 바이러스까지 자세히 관찰할 수 있다. 세균학은 이렇게 눈부시게 발전하고 있다. 하지만 악한 세균과 싸우는 세균 신학이 부족하다. 의학계가 사용하는 연구비 가운데 병의 원인을 연구하는 데 사용되는 돈은 1% 미만에 불과하다. 12세기 사람들은 세균학에 무지했기에 아무런 대책도 세울 수 없었지만, 지금의 우리는 다르다. 우리의 지식은 놀랍게 발전했지만, 우리는 여전히 아무런 대책을 세우지 못하고 있다. 우리의 신학은 과거에 머물러 있다. 우리가 참여하는 선교 활동은 상당히 피상적이다. 물론 전 세계에 흩어진 선교사들은 아주 중요한 주제인 천국의 소망을 전하고 있다. 하지만 빈곤의 원인을 밝혀내어 빈곤을 근절하려는 선교 신학은 매우 부족한 실정이다. 우리는 가난한 자들에게 천국의 복음을 전하여 그들을 천국으로 인도하지만, 혹독한 가난으로부터는 그들을 구원하지 못하고 있다.

다음 장에서 이 문제를 다시 다룰 것이다. 다음 시대의 특징적인 문제인 페스트를 다룰 때 이 문제를 한 번 더 살펴볼 수밖에 없다.

이번 장에서 다룬 세 번째 시대를 다시 돌아보자. 여러 면에서 놀라운 발전이 있었다. 하나님이 창조하신 피조물에 대한 지식이 놀랍게 진보했고, 사람들은 하나님을 따르는 자들을 향한 하나님의 목적을 더욱 분명히 이해하게 되었다. 그리고 하나님 나라의 통치는 전쟁과 전염병이 가져온 어려운 시대 상황 가운데서도 계속되었다. 드디어 세계 인구가 서서히 증가하기 시작했다.

13장

전통적 르네상스 시대(1200-1600)의 기독교 문명운동

유럽은 서서히 하나가 되어 갔다. 그리고 1200년에 이르러 유럽은 하나의 공용어를 갖게 되었다. 남부, 중부, 그리고 북부 유럽의 국가들이 모두 라틴어를 공용어로 사용하게 된 것이다. 공용어는 기독교 신앙을 전파하는 중요한 역할을 했다. 라틴어는 기독교 신앙과 깊은 연관이 있었다. 성경을 통해 형성된 기독교 신앙이 로마 제국이라는 문화적 토양 안에서 라틴어를 기반으로 나타났기 때문이다. 라틴어는 탁월했다. 비록 성경적인 신앙을 전달하는 완벽한 도구였다고는 할 수 없지만, 라틴어는 기독교 신앙을 체계적으로 정립하고 전달하는 데에 중요한 역할을 감당했다. 1200년 무렵에는 유럽의 여러 나라가 하나의 라틴어 문화권을 형성하게 되었고, 유럽 전역이 놀랍게 달라졌다. 유럽은 수 세기 동안 라틴어를 통한 학문의 꽃을 피웠다.

르네상스는 시대적 대세였다. 전례를 찾아볼 수 없는 수많은 사건이 일어나면서 새로운 문예부흥 시대가 열리는 계기를 마련했다. 우리는 지난 400년(800-1200년) 시기의 끝 무렵에 일어났던 변화에 주목할 필요가 있다. 당시에는 인구가 증가하고 최초로 대학이 설립되고 대성당이 세워지고 십자군 운동이 일어나는 등 역사의 새로운 움직임이 활발하게 일어났다.

하지만 이런 새로운 역사적 움직임들 가운데서 특별히 주목할 만한 사건은 바로 수도원과 수사들의 등장이었다. 카롤링거 르네상스 말미에 수사들이 역사의 전면에 등장했다. 하지만 당시 놀라운 활력을 가지고 있었던 알비파, 카타르파, 그리고 발도파 수도원 운동 등은 권력자들에게 철저하게 짓밟혔다.

교황청도 이 시기의 새로운 움직임에 한몫했다. 인노켄티우스 (Innocentius, 이노센트) 3세는 역사상 가장 강력한 교황이었다. 그는 무너진 도덕과 정의를 바로 세우고자 특단의 조치를 내렸다. 그는 군주들을 파문하고 여러 나라의 성사수여(聖事授與)를 금지했다.

당시 수사들의 영성은 매우 탁월했다. 역사적 드라마의 제3막에서 제4막으로 넘어올 무렵, 프란체스코 수도회와 도미니쿠스 수도회가 강한 영적 영향력을 가진 집단으로 성장했다. 그들이 처음부터 정치력, 군사력, 혹은 교권을 장악하고 있었던 것은 아니었지만, 그들은 탁월한 영성을 소유하고 있었다. 프란체스코를 따르는 사람들은 수년 내에 6만 명으로 늘어났다. 이 프란체스코 전도자들은 유럽 전역으로 퍼져 나갔고, 그 결과 12세기에 일어난 르네상스 정신이 자연스레 다음 세기로 흘러갈 수 있었다. 우리가 1200년에서 1600년에 이르는 400년 동안의 시대를 다루기 전에 기억해야 할 가장 중요한 사건은, 바로 이러한 수도원 수사들의 등장이다.

하지만 이 시기에 유럽에는 무서운 전염병인 페스트가 돌았다. 페스트는 당시 유럽 인구 3분의 1의 목숨을 앗아 갔다. 독일에서도 프란체스코 수사들이 2만 명가량 죽었다. 그렇게 많은 프란체스코 수사가 죽었던 데에는 사실 이유가 있다. 그들은 페스트가 전염성이 강한 병임을 잘 알았지만, 죽어 가는 환자들을 돌보기로 작정하고 섬기다가 자신들도 목숨을 잃고 말았다. 이러한 수사들의 희생적 영성은 전 유럽을 감동시켰다.

또한 십자군 운동이 일어났다. 십자군 운동은 역사적으로 참 놀랍고 흥미로운 사건이다. 사실 십자군 운동은 이전 시대에 이미 시작되었지만, 1200년에서 1600년 시대에 와서 여러 가지 사회적 문제를 일으켰다. 한편으로 십자군은 당시 서양에서 기독교 신앙이 확실히 공식화되고, 문명이 증진되고 있음을 보여 주는 사례이기도 하다. 일부 십자군 운동은 광범위한 영적 부흥운동으로 일어났던 것이다. 하지만 다른 한편으로 십자군은 기독교의 야만성도 드러냈다. 지금은 비록 기독교화되었다지만 오래전에 야만적인 배경을 가졌던 고트족과 바이킹족의 문화적 DNA인 야만성이 표면에 드러났다. 십자군에는 다양한 사람이 섞여 있었다. 기도하며 헌신된 신자들도 있었지만, 어설픈 탐험가들도 섞여 있었다.

이 시대에 이슬람 전통은 이미 발전된 상태였다. 당시 이슬람 문화는 중부와 북부 유럽 기독교 문화보다 훨씬 더 높은 수준의 문명을 구가하고 있었다. 예를 들어 십자군 내에서는 정신이상자가 나타나면, 환자의 머리 가죽에 십자가 문양을 파고 거기에 뜨거운 납을 부어 넣는 무지막지한 치료법을 사용했다. 하지만 당시 상당히 개화된 무슬림은 달랐다. 그들은 신체적, 정신적 질병 치료법에 관해 훨씬 수준 높은 방법을 사용했다. 의학뿐만이 아니었다. 무슬림은 문학, 과학, 철학, 그리고 정치학에서도 기독교보다 훨씬 높은 식견을 가지고 있었다. 14세기 무렵 알프스 북부 지방에서 가장 큰 기독교 도서관이 소장하고 있던 책은 400권 정도였지만, 스페인 코르도바 지역의 이슬람 도서관이 소장했던 책은 40만 권이나 되는 것을 봐도 알 수 있다. 당시에 상상할 수 없는 지적 불균형이 존재했던 것이다.

몽골 제국 또한 유럽보다 훨씬 높은 수준의 문명을 구가하고 있었다. 마르코 폴로(Marco Polo)가 면밀하게 기록한 바와 같이, 당시 쿠빌라이 칸(Khubilai khan)의 몽골 제국이 통치하던 중국 문명은 장엄하기 이를 데 없었다. 마르코 폴로의 아버지 니콜로 폴로와 삼촌 마테오 폴로는 이전에 쿠빌라이 칸의 궁정에 들어가 쿠빌라이 칸을 알현한 적이 있었다. 모친이 네스토리우스 교도였던 칸 황제는 기독교에 우호적이었으며, 마르코 폴로의 아버지와 삼촌에게 자신의 친서를 교황에게 전달해 줄 것을 부탁했다. 그 친서에는 과학과 신학을 가르쳐 줄 선교사 100명을 몽골 제국으로 보내 줄 수 없겠느냐는 요청이 담겨 있었다. 마르코 폴로의 아버지와 삼촌은 유럽으로 돌아가 쿠빌라이 칸의 친서를 교황에게 전달했다. 그리고 이번에는 15세의 마르코 폴로를 데리고 유럽 여행을 시작했다. 몽골 제국에 들어갈 선교사를 구하기 위해서였다. 하지만 100명은커녕, 도미니쿠스 선교사 두 사람만이 나섰을 뿐이었다. 그러나 그들 역시 중국으로 들어가는 길에 조금 어려운 문제가 생기자, 마음을 바꾸어 고향으로 돌아가 버리고 말았다.

하지만 폴로 가족은 다시 몽골 제국으로 들어갔다. 쿠빌라이 칸 황제는 마르코 폴로를 특히 총애하여 곁에 두고 싶어 했고, 그는 황제의 뜻을 받들어 17년 동안 황제를 가까이 모셨다. 마르코 폴로는 유럽으로 돌아와 자신이 경험했던 동양의 생활을 생생하게 기록하여 책으로 썼다. 그것이 바로 그 유명한 《동방견문록》(*Travels of Marco Polo*)이다. 마르코 폴로는 당시 몽골 제국이 사용하던 종이 화폐 제도, 난방용으로 나무 대신 사용하던 석탄, 우체국 제도 등을 보고 매우 놀랐다. 당시 몽골이 사용하던 우체국 제도는 조랑말을 사용하여 우편물을 배달하는 것으로, 미국은 서부 개척 시대에 이르러 그와 비슷한 제도를 잠시 사용한 적이 있다.

1300년 무렵, 드디어 도미니쿠스 선교사들이 몽골 제국에 도착했다. 하지만 그것은 기독교에 우호적이었던 쿠빌라이 칸이 이미 1294년에 운명한 후였다. 네스토리우스파가 강력하게 저항해 왔음에도 도미니쿠스 선교사들은 탁월한 선교 활동을 개시했고, 신도수가 6천 명에 이르렀다.

십자군 운동의 파급 효과로 여러 문물이 놀랍게 발달하기 시작했다. 당대를 풍미하던 무슬림 문화를 능가할 정도였다. 헬라와 로마의 고전적 문화에 대한 지식은 광범위하게 퍼져 나갔고, 이들의 고전문화가 '재생'했다. 이는 르네상스, 즉 '문예부흥'을 가져왔다.

하지만 이 시기는 프랑스 카롤링거 왕조의 르네상스나 12세기 르네상스보다는 좀 약한 의미의 르네상스라고 할 수 있다. 카롤링거 왕조 르네상스와 12세기 르네상스는 단지 학자들과 예술가들의 활동으로만 특징지을 수 있는 15세기의 르네상스보다 훨씬 더 근본적인 변화인 사회의 변화를 일으켰기 때문이다. 또 앞서 언급했던 4세기의 고전적 기독교 르네상스도, 이렇게 근본적인 사회 변혁을 가져온 르네상스 중 하나라고 볼 수 있다.

위키피디아 백과사전은 르네상스에 관해 다음과 같이 기술한다.

역사가들이 르네상스와 관련하여 새롭게 발견하는 사실이 있다. 가난과 무지, 전쟁, 정치적 탄압, 종교적 박해 등 중세기 때의 가장 부정적인 사회 현상들이 르네상스 시기에 이르러서 더욱 악화되었다는 것이다. 마키아벨리가 살았던 그 시기는 16세기 마녀사냥, 보르지아 교황의 타락, 십자군 전쟁과 같은 종교 전쟁 등으로 얼룩진 시기였다. 사실 우리에게 '르네상스'로 알려진 이 시대에 살았던 사람들은, 대부분 어떻게 하면 시대를 더 발전시킬 수 있을지만 고민했을 뿐, 19세기의 일부 작가들이 묘사했던 것처럼 당대를 '황금기'로 인식하지 못했다. 당시 문예 부흥을 주도하던 학자들은 자신들이 중세기와는 전혀 다른 새로운 시대를 살고 있다고 여겼지만, 시대 의식이 부족했던 대부분 일반인은 사회적 병폐가 점점 심화되고 있다고 느꼈다.

르네상스 시대에 관한 가장 현명한 결론이 있다. 우리는 르네상스 시대를 좀 더 광의적 관점에서 바라보아야 한다. 1450년대에 일어난 구텐베르크 인쇄 혁명과 다음 세기에 일어난 유사한 인쇄 혁명들을 염두에 두면서, 16세기에 일어났던 종교개혁도 르네상스 시대로 포함시켜야 한다. 구텐베르크 인쇄 혁명이 일어난 지 반세기 만에 천 개 이상의 인쇄소가 설립되었고, 마르틴 루터가 역사에 등장하는 1500년대 초에 이르자 인쇄물은 홍수를 이루었다. 인쇄물은 무려 3백만 종을 넘어섰는데, 그중 종교적인 인쇄물의 비율은 75%를 상회했다.

이처럼 인쇄 기술의 발전과 종교개혁으로 말미암아 유럽 사회는 전례를 찾을 수 없을 정도로 변모했다. 일부 학자들과 예술가들이 시작한 르네상스는 유럽 전역으로 퍼져 나가면서, 사회 전반에 광범위한 영향을 미쳤다.

개혁이란 무엇일까? 무엇을 개혁하는 것일까? 흥미롭게도 '종교개혁'을 뜻하는 'Reformation'이라는 단어는 역사적 사실을 정확하게 규정하는 단어가 아니다. 원래 '개혁'(re-formation)은 신학이나 도덕 양식의 발전, 또는 재구성을 의미하는 말이다. 하지만 종교개혁은 다르다. 신학이나 도덕 양식의 발전보다는 지중해 문화를 기반으로 하는 로마 가톨릭 신학이 완전히 무너지고 게르만 문화를 기반으로 하는 새로운 신학이 형성된 것이라고 보는 것이 낫다. 즉, 종교개혁은 독일교회가 문화적으로 종속되어 있던 피선교지 교회에서 독립하여 그들만의 진정한 문화를 가진 독일교회가 된 것이며, 이제 자체적으로 새롭게 선교하는 그들만의 독특한 기독교 문화를 갖게 되었음을 의미했다. 우리는 단순히 종교개혁을 '믿음에 의한 칭의'로 대변되는 루터 신학의 등장이나 칭의에 대한 신학적 논쟁 정도로만 생각해서는 안 된다. 우리는 타문화적 안목을 갖고, 종교개혁을 '새로운 문화 정립 현상'(cultural reformulation)으로 볼 수 있어야 한다.

이와 같은 맥락에서 성경 번역 또한 개혁의 초석이 되었다. 존 위클리프(John Wycliffe)는 종교개혁이 일어나기 2세기 전에 살았던 인물이지만, 사람들은 그를 '종교개혁의 샛별'이라 부른다. 학자들은 위클리프의 영어 성경을 종교개혁 운동의 축소판이라고도 부른다. 위클리프는 라틴어 성경을 일상 영어로 번역했는데, 이 성경이 종교개혁 당시의 상황을 그대로 반영하고 있기 때문이다. 당시 가톨릭교회는 한 언어 정책을 고수하고 있었다. 그들은 성경이 유럽의 다양한 언어로 번역되는 것을 저지하고 억압했다. 교황은 위클리프와 존 후스 같은 인물을 적대 세력으로 간주하여 강하게 핍박했다. 하지만 당시 위클리프가 제시한 문제의 본질은 성경을 유럽의 다양한 언어로 번역해도 되느냐, 안 되느냐의 문제가 아니었다. 그것은 성경 권위에 관한 문제였다. 성경이 교황보다 더 높은 권위를 가질 수 있느냐, 없느냐는 것이었다. 위클리프는 성경의 권위가 교황의 권위보다 높다고 생각했다. 그는 성경적인 근거를 가지고 당시 가톨릭교회의 부와 권력 남용을 공격했으며, 신자들에게 성경을 가르침으로써 부패한 교회를 정화하려 했다.

하지만 근본적인 문제는 다른 것이었다. 성경의 권위가 올라가면, 상대적으로 교황의 권위는 낮아진다. 성경의 권위를 높이면 높일수록, 교황과 로마 가톨릭교회의 정치 문화적 영향력이 줄어든다. 라틴어가 아닌 일상어로 번역된 성경들은 교황권의 약화로 이어질 수 있었다. 자연스레 외곽 지역 나라들도 자국어 성경을 갖게 되면서 라틴어권에서 따로 떨어져 나가 독립하는 근거를 마련해 주는 것이기 때문이었다. 이는 교황권에 대한 심각한 도전이었다.

마르틴 루터는 독일인이었다. 그는 격렬하게 분노할 수밖에 없었다. 그는 사제로서 로마를 정기적으로 방문해야 했는데, 그때마다 로마 가톨릭교회의 비성경적인 모든 형식을 보았고, 치를 떨며 의분을 표출하지 않을 수 없었다. 루터는 현실을 직시했다. '화려하고 역겨운 도시 로마'를 방문할 때면 그는 순진한 기독교인 방문객들의 등을 쳐서 먹고사는 로마인들을 발견했다. 이러한 경험들 때문에 루터는 로마 문화가 아닌 게르만 문화를 가진 자신을 자각하게 되었다. 그의 자의식은 크리스천 독일인(Christian German)에서 독일 크리스천(German Christian)으로 바뀌었다. 그는 독일의 문화와 가치관을 로마 문화와 가치관보다 더욱 귀하게 여기게 되었다. 루터는 사망을 앞둔 신도들이 교회에 재산을 헌납할 것을 미리 약정하게 하는 가톨릭교회의 모금 방법에 대해서도 부정적인 견해를 가지고 있었다.

루터는 믿음으로 움직였다. 1517년 10월 31일, 루터는 95개조 반박문을 비텐베르크 교회 벽에 붙였다. 이러한 루터의 95개 조항은 종교개혁의 신학적 특징을 선명하게 보여 주는 것이었다. 당시 교황은 루터가 살던 독일 지역을 통치하던 프레데릭 선제후(Elector Frederick)에게 우호적이었다. 프레데릭을 차기 신성 로마 제국 황제로 지지하고 있었기 때문이다. 그런데 프레데릭은 루터를 보호하고 있었다. 그래서 교황은 차기 황제가 결정되기까지는 루터 문제에 관해 비교적 관대하게 대처했다. 비록 루터에게 적대심을 갖고는 있었지만, 정치적으로 프레데릭의 심기를 건드리고 싶지는 않았던 것이다.

무엇보다 문제는 다른 데 있었다. 문제의 본질은 일상어로 성경을 번역하는 일 자체가 아니었다. 루터가 번역한 독일어 성경은 열네 번째로 완역된 번역본이었고, 이미 일상어 성경은 널리 보급되어 있는 상태였다. 이탈리아, 스페인, 프랑스, 그리고 독일 등지에서는 성경공부 소그룹이 이미 수백 개씩 있었고, 그들은 성경을 통해 믿음으로 의롭게 된다는 사실을 믿게 되었다. 이처럼 성경을 읽고 연구하는 사람들은 다양한 견해를 주장하게 되었고, 이는 점차 위정자들에게 도전이 되었다. 그리하여 위정자들은 조치를 취하여, 가톨릭과 개신교 지도자들이 모두 학자들만 성경을 읽도록 제한하기에 이르렀다. 그들은 공교회의 공인을 받지 않은 일상어 번역본 성경들을 모두 불태웠다.

당시 교계 지도자들은 성경을 바르게 이해하지 못하고 있었다. 그들이 사도행전만이라도 제대로 읽고 이해했더라도, 역사는 크게 달라졌을 것이다. 당시 지도자들이 사도행전에 나타난 다양한 '내부자 운동들'(Insider Movements)이 얼마나 평화롭게 공존했는지만 이해했더라도, 그들은 라틴어와 라틴 단일문화만을 고집하지 않았을 것이다. 또한 주변국의 다양한 문화 속에서 일어나는 내부자 운동을 잘 수용할 수 있었을 것이다. 예를 들어, 당시 라틴교회는 지중해 문화적 배경을 갖고 있었는데, 지중해 문화는 독신주의를 존중했다. 지중해 문화에서는 그렇다고 해도, 독신주의를 굳이 독일 영토 내에서 강요할 필요가 있었을까?

사람들은 종교개혁을 교리적 개혁으로만 생각한다. 그러나 만일 종교개혁이 교리적인 개혁에 불과했다면, 루터파가 주장하는 '개혁'이 로마 제국의 영향권을 넘어선 지역까지 자연스레 흘러들어 가지는 못했을 것이다. 교리가 가진 힘만으로는 로마 제국의 '로마화 정책'이 충분히 이루어지지 못했던 다양한 하부 문화 집단까지 루터파의 '개혁'이 전염되기가 쉽지 않았을 것이다. 우리는 종교개혁에 대해 다문화적 시각을 가질 필요가 있다. 종교개혁은 충분히 로마화되지 않았던 프랑스, 스페인 그리고 이탈리아 문화에도 큰 영향력을 미쳤다. 개신교의 종교개혁은 로마 가톨릭이 성행하지 못했던 지역에서 놀라운 열매를 맺었다.

하지만 여기에는 두 가지 예외가 있다. 폴란드와 아일랜드의 경우가 그렇다. 폴란드와 아일랜드는 로마 제국의 변방 지역에 있는 나라였지만, 일부러 로마화 정책을 고수하면서 계속 로마 문화를 지켰다. 이는 개신교로 개종한 사람들에 대한 반감으로 나타난 현상이었다. 지리적으로 그들과 로마 사이에는 개신교 지역이 자리하고 있었지만, 그들은 계속 로마 문화를 고수했다.

오래된 종교적 습성도 한몫했다. 유럽은 수백 년 동안 로마 가톨릭의 지배 아래 있었기에, 유럽 사람들은 종교개혁에 반신반의하는 가운데 혼란 속에서 결정을 내리지 못하고 주저했다. 오늘날까지 독일에는 가톨릭 지역과 루터교 지역이 따로 나뉘어 있다. 심지어 도시 외곽 지역에는 가톨릭 신자와 루터교 신자들이 거주하는 지역이 구분되어 있다. 신교와 구교의 갈등은 적어도 한 세기 동안 계속되었고, 셀 수 없는 군사적 충돌을 불러왔다. 북아일랜드는 이런 전쟁을 오랫동안 견뎌야만 했다. 그 지방은 종교개혁 훨씬 이전에도 켈트족과 앵글로색슨족 사이에서 벌어진 갈등 때문에 아픈 질곡의 역사를 가지고 있었다.

여기에 선교학적 관점이 필요하다. 선교학적 관점만이 세계화된 기독교의 문화적 다양성과 복합성을 판독할 수 있는 유일한 방법이라고 생각한다. 현재 기독교는 전 세계적으로 다양한 문화적 형태로 나타나고 있으며, 우리는 이런 현상을 선교학적으로 볼 수 있어야 한다. 종교개혁 역시 이런 선교학적 관점에서 재조명해 볼 수 있다. 개혁이란 문화적 형식에 근본적인 변화가 일어난다는 의미다. 즉, 본고장에서 또는 선교 현장에서 문화 형식 전반이 근본적으로 변하는 것을 뜻하기도 한다.

새로운 언어로 번역되더라도 성경은 성경이다. 성경적인 신앙도 그렇다. 성경적인 신앙 형식이 새로운 문화 형식으로 번역된다 하더라도, 성경적 신앙이라는 일관성은 그대로 유지된다. 따라서 기독교 역사에 나타난 기독교 문화 형식의 변화들 사이에서도 우리는 유사성을 발견할 수 있다. 유대 기독교가 헬라와 라틴 문화로 전이되는 과정에서, 헬라와 라틴 기독교 문화가 북부 지방 여러 부족으로 전이되는 과정에서, 또 서구 기독교 문화가 서구 문화를 반대하는 비서구권 문화들로 전이되는 과정에서 우리는 유사성을 발견할 수 있다. 복음이라는 보화는 언제나 문화라는 질그릇에 담겨 전달되고 유지되며 보관되기 때문이다. 어떤 문화 형식에 담겨 있다

하더라도, 성경적 신앙이 가진 의미적 일관성은 그대로 유지된다.

이와 유사하지만 다른 경우도 있다. 이슬람은 로마 기독교가 셈족 문화 형식에 맞추어 변모한 것으로 볼 수 있다. 하지만 이 책의 전반부에서 살펴본 바와 같이, 안타깝게도 이슬람은 훼손된 기독교가 가진 수많은 결함을 수용한 하나의 종교 체계로 볼 수 있다. 이슬람을 연구한 어느 학자는, 이슬람이 훼손된 기독교로 말미암은 피해자라고 말했다. 이슬람이 발생하던 당시, 아랍어로 번역된 성경이 없었기 때문에 아랍인들은 성경을 알 수 없었다. 성경 전체가 아랍어로 번역되지 않았기에 이슬람은 기독교를 바로 이해할 수 없었다. 이는 결국 그들이 기독교에 대한 오해를 풀지 못하게 했다.

기독교에 대한 이와 같은 오해는, 기독교가 전파되는 선교지 전반에 걸쳐 일어난다. 셈족 문화를 배경으로 하는 관점 때문에 성경을 오해한 것은 이슬람뿐만이 아니다. 성경이 새로운 언어로 번역되어 소개되는 선교지라면 어디서든 기독교에 대한 오해와 오류가 나타날 수 있다. 선교사가 현지인들에게 성경말씀을 해석해 줄 때, 현지인들이 그것을 선교사의 문화적 배경을 바탕으로 나온 성경해석임을 이해하지 못하고 그저 자신들의 문화를 바탕으로 이해하는 과정에서 오해가 발생하는 것이다.

미국은 다문화 사회다. 리처드 니버(Richard Niebuhr)는 미국사에 나타난 다문화적 경향을 종교적으로 해석했다. 니버는 교단의 문화적 배경에 주목해야 한다고 지적했다. 그는 문화적 차이라는 원인을 예리하게 짚어 냈다.

미국에서 발생한 다양한 교단들은 신학적 논쟁의 결과로 생겨난 것이라고 보기보다, 각각 다른 문화적 배경에 따라 생겨난 것으로 보는 것이 더 자연스럽다.

우리에게는 역사를 보는 신학적 관점뿐만 아니라 다양한 문화를 볼 수 있는 문화적 통찰도 필요하다.

이 시기는 진정한 르네상스 시대다. 이 시기 말기에 이르러 항해술이 놀랍게 발달했다. 배로 전 세계를 일주할 수 있게 되었다. 해상항로와 무역로가 개척되면서, 서로 멀게만 느껴졌던 곳들이 가까워졌다. 그 결과 세계 선교가 시작되었다. 그런데 사실 그 당시에 세계 선교는 전적으로 가톨릭이 주도했다. 개신교 선교는 거의 찾아볼 수 없었다. 이 주제에 대한 자세한 내용은 관련된 참고 도서들을 살펴보면 좋을 것이다.

14장
복음주의 르네상스 시대(1600-2000)의 기독교 문명운동

마지막 시대인 복음주의 르네상스 시대는 가장 눈부신 역사를 자랑한다. 이 400년 동안 벌어진 역사적 업적은 전무후무한 것이다. 이번 장에서는 복음주의 르네상스 시대, 즉 기독교 문명의 다섯 번째 확장기를 다룰 것이다. 이 시대의 특징은 두 가지로 나타난다. 첫째, 이 시기에 전례를 찾아볼 수 없을 정도로 기독교가 확장되었다. 둘째, 이 시대에 일어난 사건들은 과거의 어느 시기에 일어난 사건들보다 100배나 더 정확히 기록되고 보고되었다.

이번 장에서는 복음주의 르네상스 시대에 일어났던 사건들을 다루게 될 것이다. 하지만 세세한 사건들을 하나하나 살펴보기보다는, 전체적인 안목으로 시대를 아우르는 큰 그림을 보는 데 중점을 둘 것이다.

복음주의 르네상스를 특징짓는 가장 중요한 사건은 무엇일까? 엄청난 인구 증가를 들 수 있다. 인구 조사가 정확히 이루어지지 않았던 고대 시대의 인구는 정확한 수를 측정할 수 없지만, 대략적인 추정치를 통해서라도 시대를 보는 거시적 통찰을 가질 수 있다.

시대적 구분	전 세계 인구(단위: 백만 명)	400년 동안의 성장률	매년 평균 성장률
기원전-0	200		
0-400	206	3%	0.01%
400-800	220	7%	0.02%
800-1200	360	64%	0.12%
1200-1600	545	51%	0.10%
1600-2000	6,000	1001%	0.6%

세계 인구 성장률이 높아졌다. 특히 근래에 들어 더더욱 높아지고 있다. 2000-2010년까지 추정되는 인구 성장률은 1.55%다. 이는 지난 400년 동안의 인구 성장률의 2배가 넘는다. 하지만 이 수치에는 인위적으로 인구 성장을 억제하는 나라들도 포함되어 있다. 독일이나 일본의 경우가 그렇다. 이들 나라의 인구 성장률은 현재 마이너스를 기록하고 있다. 하지만 아프가니스탄과 같은 나라의 인구 성장률은 4.8%로, 전체 평균치인 1.55%의 3배나 된다.

1200-1600년 사이에 전 세계 인구는 50%나 증가했다. 하지만 1600-2000년 사이에는 1001%였다. 이 수치는 이전 시기 성장률의

40배가 넘는다. 실로 놀라운 성장이라고 할 수밖에 없다.

이 시대 초기에 어디에서 가장 큰 폭의 인구 성장이 일어났는지 깨닫는다면 더욱 놀라게 된다. 이 시대 초기 인구 성장은 전쟁이 잦아들고 질병이 큰 폭으로 사라지기 시작한 유럽 대륙에서 이루어진 것이다. 하지만 오늘날 유럽 대륙의 인구 성장률은 제로에 가깝다. 전 세계적으로 전쟁 때문에 사망하는 사람은 매우 큰 폭으로 줄어들었지만, 교통사고로 사망하는 사람은 매우 늘었다. 교통사고 사망자는 전쟁 사망자의 5배나 된다.

이 시대를 특징짓는 놀라운 일은 또 있다. 복음주의 부흥운동을 통해, 전 세계적으로 지난 시대보다 20배나 많은 복음주의자가 생겨났다는 사실이다. 이는 놀라운 변화를 불러왔다.

복음주의 부흥운동과 복음주의 르네상스

복음주의 부흥운동과 복음주의 르네상스는 직간접적인 상관관계가 있다. 복음주의 부흥운동으로 말미암아 학자들이 '복음주의 르네상스'라고 부르는 운동이 일어났다. 적절한 지적이다. 이제 이 주제에 관해 좀 더 자세히 살펴보기로 하자.

복음주의 르네상스는 완전히 새로운 기독교 문화 형식을 낳았다. 복음주의 기독교가 탄생한 것이다. 종교개혁자들은 기독교의 근본은 교리라고 생각했다. 그들에게 있어 교리란, 기독교가 기독교임을 인정하는 '인증서'와 같은 것이었다. 그런데 복음주의 부흥 운동은 여기에다 감정적인 측면을 더했다. 바른 교리도 중요하지만, 무엇보다 '복음주의 부흥운동의 경험'이 중요했다. 바른 교리와 신학을 알고 믿는 것만이 중요한 것은 아니다. 거기에 경험을 통한 복음주의적 감성이 첨가되어야 했다. 복음주의 목회자의 설교에는 열정과 감성이 있어야 했다. 대부흥 운동이 일어날 때, 사람들은 눈물로 통회하고 자복했으며, 집회 중에 신음하고 쓰러지기도 했다. 수많은 사람이 주께로 돌아왔다. 복음주의 운동은 이런 부흥이 계속되기를 갈망한다. 또한 복음주의 운동은 새로운 신앙 '인증서'를 보여 주었는데, 그것은 신앙생활의 열매였다. 성경은 "그의 열매로 그들을 알리라"(마 7:20)고 했다. 복음주의 운동의 연장 선상에서 형성된 복음주의 기독교는 놀라운 사회 개혁을 이루어 냈다. 그 결과 사회 전반에 걸쳐 근본적인 변화의 물결이 일어났다.

사람들은 가짜를 진짜처럼 만들어 낸다. 신앙도 그렇다. 바른 신학적 사고, 복음주의적 경험, 심지어 '신앙의 열매'까지도 가짜로 만들어 낼 수 있다. 하지만 이 세 가지를 모두 동시에 가짜로 만들어 내기는 실로 어려운 일임이 틀림없다. 복음주의 부흥운동은 진정한 사회적 변화를 가져왔다.

복음주의 르네상스 시대의 또 하나의 특징은 개인의 권리와 능력이 증대되었다는 점이다. 이전 시대들은 군주와 제국이 엄청난 권력을 행사하고, 상대적으로 개인은 무력한 존재였던 시대였다.

대부분 사람이 '자신의 삶을 스스로 결정하고 주도하는' 삶을 전혀 기대하지 못했다. 물론 요즘 세상에도 스스로 자신의 삶을 결정하고 주도하는 사람은 그리 많지 않지만, 당시에는 정도가 더 심했다. 하지만 복음주의 르네상스를 맞아 기독교 복음이 널리 퍼지기 시작하면서, 자신의 삶을 스스로 주도하려는 소망과 능력이 점점 증대되었다.

  이와 같은 맥락에서 개인의 인권과 인류 평등주의 사상이 증대되었다. 이는 성경 안의 평등주의적 관점에서 유래한 것이라고 볼 수 있다. 당시 영국에서 한 목회자가 쓴 민요가 큰 반향을 불러일으키며, 영국 역사상 최초의 대규모 민중반란을 일으키는 도화선이 된 적이 있다. 1381년에 일어난 와트 타일러의 난(Wat Tyler Rebellion)이 바로 그것이다. 민요의 가사는 단순했다. "아담이 농사짓고, 이브가 길쌈할 제, 그란디 양반 나리는 그때 뭣하셨소?" 이 민요를 현대어로 바꾸면 다음과 같다. "아담이 피땀 흘려 농사를 짓고, 이브가 길쌈하여 옷을 지을 때, 귀족들은 도대체 무엇을 했는가?" 이 민요는 당시 영국 사회가 안고 있던 상류 계층과 하류 계층 사이의 문제를 예리하게 지적했다. 그리고 이 민요를 계기로 민중 봉기가 일어나게 되었다. 시골 출신의 민중 반란군은 10만 명을 넘어섰다. 와트 다일리가 이끄는 민중은 런던에 신격하여 귀속늘과 플랑드르 상인들을 학살하고, 대법관이자 대주교인 서드베리의 사이먼(Simon)과 재무장관 로버트 헤일스(Robert Hales)를 참수했다. 당황한

왕은 반란군을 만나 개혁을 약속하며 해산해 달라고 부탁했다. 그 후 반란군은 진압되었지만, 왕은 약속을 지키지 않았다. 그래도 이 반란 후에 영국 정부는 더는 인두세를 걷지 않았다.

마르틴 루터의 시대에도 '농민 반란'이 있었다. 당시 귀족들과 농민들 사이는 벌어질 대로 벌어져 있었다. 빈부 차이도 극심했다. 당시 귀족들은 겨울 사냥을 갈 때마다 농민을 몇 사람 데려갔는데, 바로 자신들의 발을 녹이기 위해서였다. 귀족들이 사냥을 하다가 발이 너무 시려지면, 농민은 옷을 풀어헤쳤다. 그러면 귀족들은 열린 앞가슴에 발을 집어넣어, 그 온기로 발을 녹였다. 하지만 시간이 흐르면서 농민들도 점점 성경을 읽을 수 있게 되었고, 바른 신앙을 소유하게 되었다. 성경을 읽은 농민들은 귀족들에게 '10가지 부탁의 말씀'을 간곡히 제시했다. 그중 하나가 눈길을 끈다. 귀족들의 겨울 사냥에 따라가서 시중드는 농민의 수를 제한해 달라고 부탁한 것이다. 농민들이 제시한 부탁의 말씀은 눈물겹다. 그들은 마지막 부분에 "저희 농민들이 하는 부탁의 말씀 가운데 하나라도 성경의 가르침과 맞지 않은 것이 있다면, 저희는 기꺼이 이 부탁의 말씀을 철회하겠습니다"라고 적었다. 이처럼 그 당시에는 귀족들보다 농민들이 더 성경말씀을 가까이하며 말씀에 따라 살았다.

이처럼 성경말씀은 사회 전 영역에 엄청난 변화를 가져왔다. 이런 사회적 변화는 대부분 평화로웠지만, 언제나 그런 것만은 아니었다. 올리버 크롬웰(Oliver Cromwell)의 원두파(Roundhead) 군사들은 상류 계층을 대표하는 왕당파(Cavaliers) 부대와 맞서 싸워, 크고 작은 전투에서 모두 승리했다. 크롬웰의 군대는 고도의 훈련과 전문성을 갖춘 신식 군대였다. 이렇게 영국은 프랑스 혁명이 일어나기 전의 약 100년 동안 프랑스보다 먼저 소규모의 혁명들을 거치게 된다. 하지만 결국 크롬웰의 군대는 1648년 8월 국왕 찰스 1세를 지지하던 스코틀랜드 군대를 무찌르고 내란을 종결지었다. 찰스 1세는 재판을 통해 사형을 선고받고, 1649년 1월 30일에 처형되었다. 크롬웰의 군대는 더욱 힘을 얻어 아일랜드 바다를 건너가, 수천 명의 가톨릭 지도자를 학살했다.

크롬웰의 등장으로 영국은 놀랍게 변했다. 변한 것은 입헌 민주 제도만이 아니었다. 영국 해군 함정의 갑판까지 변했다. 갑판이 놀라울 정도로 깨끗해진 것이다. 마치 식탁처럼 음식을 차려놓고 먹어도 될 정도였다. 그리고 참정권도 계속해서 확대되어, 결국 여성들도 투표권을 행사할 수 있게 되었다.

영국의 복음주의 부흥운동은 미국의 독립선언문에 서명하는 데에도 영향을 미쳤다. 역사가들은 영국의 부흥운동이 미국 식민지로 건너가 '중간 식민지의 대부흥 운동'으로 나타나지 않았다면, 미국의 독립선언문 서명은 어려웠을 것이라고 지적한다.

대부흥 운동은 중간 식민지에만 영향을 미친 것이 아니었다. 당시 미국에는 보스턴부터 찰스턴에 걸쳐 민주 정부를 조직하여 운영함으로써 훌륭한 정부 모델을 보여 준 교단이 있었다. 바로 지금의 미국 장로교단이다. 1789년 미국 헌법 초안이 만들어질 때, 길 하나 건너에서는 새로운 장로교 장정 초안이 다듬어지고 있었다. 당시 상당수의 사람이 길을 건너 왕래하면서 미국 헌법 초안 작성과 장로교 장정 초안 작성이라는 두 가지 일을 동시에 추진했다. 그래서 이 둘 사이에는 유사성이 많다.

미국 장로교회는 미국의 독립전쟁에도 영향을 미쳤다. 당시 미국 장로교회가 영국 정부를 대항하여 세금 감면 문제로 전쟁을 선포하고, 이 문제에 대해 설교하면서 교인들에게 세금 문제를 철저하게 설명해 주지 않았더라면, 영국과의 독립 전쟁도 승리를 장담하기 어려웠을 것이다.

복음주의 부흥운동은 제2차 대각성 운동(Second Awakening)을 불러왔다. 이 운동은 미국의 남북전쟁에 견줄 만한 혁명적인 사회 변화를 가져온 세기적인 운동으로, 수백만 명의 미국인에게 복음주의적인 이상을 갖게 하고 신앙 양심과 시민의식을 고양했다.

이 주제에 관하여 역사적인 연구를 한 학자가 있다. 그는 바로 1993년 노벨 경제학상을 받은 로버트 포겔(Robert Fogel)이다. 그는 역사 연구 방법론으로 양적 분석법(quantitative analysis)을 사용하는 새로운 학문 분야인 수량경제사(cliometrics)를 정립한 뛰어난 학자다. 포겔은 미국사 전반에 복음주의 부흥운동이 미친 공헌을 설명하기 위해 《제4차 대각성 운동》(*The Fourth Great Awakening*)이라는 아주 탁월한 책을 저술했다. 그는 이 책에서, 복음주의 부흥운동과 대각성 운동의 관점에서 미국 역사를 분석하는 것보다 더 탁월한 역사 분석은 없다고 주장한다. 그의 결론은 놀랍다. 그는 복음주의 운동에 매우 우호적이었다. 무엇보다 예일대학 교수인 포겔이 이 책을 썼다는 사실이 놀랍기 그지없다. 만약 유명한 복음주의 역사가가 이 책처럼 복음주의에 대해 우호적인 책을 저술했다면, 학자들은 그 논지를 신뢰하지 않고 오히려 비웃었을 것이다. 아마 복음주의를 선전하는 선전물로 간주했을 것이다. 그렇기에 우리는 포겔의 논지를 더 신뢰할 수 있다.

이 책에서 우리는 전체 역사를 통해 성경적인 신앙이 확산되어 온 과정을 탐구하고 있다. 복음주의 르네상스 시대인 1600년부터 2000년 사이에 일어난 가장 놀라운 변화가 있다면, 선교 주자의 바통이 가톨릭에서 개신교로 넘어갔다는 사실이다.

가톨릭 국가들은 확실히 세계 선교에 공헌해 왔다. 콜럼버스가 세계 항해를 시작한 이래로, 가톨릭 국가들은 모든 선박에 선교사를 함께 보내는 정책을 세우고 실행에 옮겨 왔다. 콜럼버스도 자신의 항해가 기독교 신앙을 세계로 펼치는 하나의 방법이라고 생각하고 있었다. 당시 세계를 탐험하기 위해 항해하던 사람들도 기독교 신앙을 세계에 전파하려는 생각을 가지고 있었다. 이런 식으로 가톨릭 선교는 계속 세계로 뻗어 나갔다. 1500년부터 1800년까지 비서구권 선교는 전적으로 가톨릭 선교사들의 독무대였다고 할 수 있다. 물론 1800년 이전에 퀘이커(Quakers) 교도나 모라비안 교도들의 선교운동이 미미하게 시작된 것은 사실이다. 찰스 차운시(Charles Chauncey)의 책《미국 선교운동의 태동》(*The Birth of Missions in America*)에도 1800년 이전에 선교 활동을 시작한 일부 개신교 선교사들의 존재가 기록되어 있다.

하지만 1800년대가 되면서 상황이 완전히 바뀌기 시작했다. 1800년대에 유럽은 프랑스 혁명이라는 큰 사건을 치르면서 재정이 거의 바닥을 드러내게 되었고, 세계 선교를 지원하던 가톨릭교회의 경제적 기반이 거의 무너지고 말았다. 더는 해외 선교에 지원을 해 줄 수 없었다. 한편 가톨릭에서 독립한 영국은 그 가운데 급속도로 성장하여 대영제국의 면모를 갖추게 되었다. 그리하여 윌리엄 캐리(William Carrey)와 같은 선교사들이 1800년 무렵에 이미 인도로 파송되어 선교 사역을 시작하게 되었다.

그런데 개신교 신자들의 세계 선교에 대한 입장은 가톨릭과 달랐다. 가톨릭 국가들은 전 세계로 나가는 모든 상선에 선교사가 동승하도록 규정했다. 개신교 신자들은 세계로 뻗어 나가면서도 선교에는 전혀 관심을 두지 않았다. 유명한 동인도 회사가 그러했다. 동인도 회사는 상업을 통한 이윤 추구에만 전념했으며, 해외 선교사들이 회사의 상업적인 이윤에 지장을 초래한다고 판단했다. 결국 그들은 해외 선교를 공개적으로 반대하고 나섰다.

이렇게 상업적인 이윤을 추구하는 현상은 선교지에서 갈등을 빚기도 했다. 선교사들과 상업적인 회사를 운영하는 사람들의 기본 동기부터가 너무 달랐다. 그래서 이 둘 사이에는 언제나 긴장과 적대감이 흘렀다. 하지만 이런저런 어려운 상황 속에서도 개신교 선교 사역은 상당히 활발하게 진행되었고, 단기간에 눈부신 성장을 이룩했다. 그리고 2000년이 되기 훨씬 전에 가톨릭의 해외 선교를 따라잡았다. 지금 현재 가톨릭과 개신교는 해외 선교 활동뿐만 아니라 해외 기업 활동에 이르기까지 대등한 규모를 유지하고 있다.

여기서 주목할 사실이 있다. 서구인들은 식민주의(colonialism)라는 단어를 자주 사용한다. 이는 서구인들이 원래부터 해외 식민지 정책을 가지고 있었음을 전제하는 말이다. 하지만 이는 올바른 말이 아니다. 비서구권 나라들에 들어가던 초기에만 해도 서구인들은 식민주의나 식민지 정책을 전혀 생각하지 않았다. 그 당시 그들이 비서구권 나라들에 가는 목적은 두 가지였다. 상업적인 목적, 아니면 선교적인 목적이었다.

벨기에의 식민지가 된 콩고의 실례를 살펴보자. 당시 콩고에는 상업적인 회사들과 선교사들이 함께 일하고 있었다. 그런데 고무회사에서 일하던 콩고의 현지인들이 너무나 부당한 처우를 받고 있었다. 문제는 심각했지만, 현지인들은 속수무책이었다. 이에 이 문제를 지켜볼 수만은 없었던 선교사들이 발 벗고 나섰다. 그들은 정부에 호소하고 신문에 광고를 내는 등 모든 방법을 동원하여, 현지 노동자들의 처우를 개선해 달라고 강력히 요청했다. 그 결과 벨기에 정부가 마지못해 나서게 되었고, 콩고에 사는 아프리카 현지인들을 도울 길이 열렸다. 초기 선교사들의 동기는 순수했다. 콩고인들을 도와 공공질서를 바로잡고 시민을 보호하려 했던 것이다.

스티븐 니일(Stephen Neill)의 책《식민주의와 기독교》(Colonialism and Christianity)는 많은 사람이 생각하는 통상적인 식민주의와 전혀 다른 식민주의 모습을 보여 준다. 오늘날의 우리는 식민주의의 '폐해들'만을 기억한다. 그래서 식민주의를 매우 부정적으로 바라본다. 그러나 인정하기는 쉽지 않지만, 식민주의에도 일부 긍정적인 면이 있었다. 객관적으로 평가해 볼 때, 식민정부에서 독립하여 자체 독립정부를 세워 통치하는 많은 나라를 살펴보면, 식민정부일 때보다 비효율적인 독립정부를 많이 찾아볼 수 있다.

개신교 선교가 시작되면서 세상은 놀랍게 변했다. 가톨릭 선교와 비교했을 때 작은 시냇물 같았던 개신교 선교는 이제 큰 강물이 되어 흐른다. 개신교 선교는 과거의 실수를 바로잡고 계속 발전하고 있다. 인류 역사상 그 어떤 선교 세력보다 더 큰 활력을 가지고 세계적인 변화를 주도하고 있다.

개신교 선교의 세 시대

개신교 선교 활동은 서로 겹쳐지는 세 시대로 크게 구분할 수 있다. 첫째 시대는 윌리엄 캐리 시대다. 윌리엄 캐리 시대의 선교는 주로 해안선을 따라 이루어졌다. 당시 가톨릭 선교사들이 이미 내륙 지방에서 사역하고 있었음에도 말이다.

둘째 시대는 허드슨 테일러 시대다. 테일러는 1865년 중국내지선교회(China Inland Mission)를 설립했다. 테일러는 해안선을 따라 선교하기보다 가톨릭 선교사들이 들어가 있던 내지로 들어가 선교하기로 작정했다. 테일러는 '믿음 선교'(faith mission)의 개념, 그리고 해외 선교를 위한 평신도 선교 개념을 태동시켰다. 믿음 선교는 선교헌금을 사람들에게 직접 모금하지 않는다는 원칙 이상의 의미가 있다. 그것은 바로 진정한 전방위적 '미개척지 선교'(frontier mission)를 의미했다. 이렇게 둘째 시대는 내륙 지방, 혹은 미개척지를 향한 선교 시대였다.

그러나 둘째 시대가 시작되었다고 해서 첫째 시대가 끝났다는 말은 아니다. 이 두 시대는 어느 정도 서로 겹치는 기간이 있다. 첫째 시대가 끝나기 전에 둘째 시대가 시작되고 번성한 것이다. 첫째 시대 때는 선교지에서 '미개척지 개척'과 '파트너십'(partnership)이라는 초기 단계가 무척 중요시되었다. 하지만 둘째 시대가 시작될 당시 선교 현장에서는 당대를 풍미하던 선교 전략인 파트너십(partnership)과 참여(participation)가 더욱 강조되기 시작했다. 이 두 시대의 선교 전략은 선교 현장에서 서로 충돌했고, 이는 새로운 선교 시대의 도래를 저해하는 결과를 낳았다. 이러한 현상은 해안선 시대가 완전히 끝날 때까지 이어졌다. 그런 다음에야 둘째 시대로 넘어갔지만, 이 시대의 선교는 구분 짓기가 쉽지 않다. 다만 해안선 선교와 내지 선교로 구분할 뿐이다.

셋째 시대는 캐머런 타운센드(Cameron Townsend)와 도널드 맥가브란(Donald McGavran)의 시대다. 그들은 수많은 인간집단에 주목했다. 선교 전략가들이 언어적으로 중요하지 않다고 생각하여 간과하고 지나쳤던 소수 인간집단에 초점을 맞췄다. 캐머런 타운센드는 '수평적' 관점으로, 흩어진 부족집단들에 주목했다. 반면 도널드 맥가브란은 사회구조의 '수직적' 구조에 주목하여, 소외된 계층인 미전도 종족들에게 선교적 관심을 집중했다. 이들 두 사람은 이전의 선교사들이 보지 못했던 엄청난 선교 영역을 새로 발견하여, 선교적 책무를 다하려 노력했다. 그들은 이 새로운 선교 영역을 설명하면서, '미전도 인간집단'의 도전이라고 했다. 이것이 개신교 선교의 세 번째 시대를 풍미한 선교 전략이다.

새로운 복음주의 선교 활동

여기서 언급하고 넘어가야 할 중요한 선교운동이 하나 더 있다. 그 것은 새로운 복음주의 선교단체들의 발흥이다. 제2차 세계대전이 끝난 후 5년 이내에 미국에서만 새로운 해외 선교회가 150개나 조직되었다. 하지만 이런 새로운 선교단체들이 조직되었다고 해서 개신교 선교의 새 시대가 열렸다고 할 수는 없다. 새로운 선교 미개척지가 개발된 것은 아니기 때문이다. 하지만 선교단체들의 발흥은 거대한 흐름이었다. 세계대전에 참전했던 1,100만 명의 군인과 여성들은 세계 여러 나라에 대해 더 많이 인식하게 되었는데, 이러한 선교적 특징은 기존의 선교단체들에도 큰 영향을 미쳤다. 그 결과 특별한 기능을 수행하는 선교단체들이 생겨났다. 그것이 항공선교회(Mission Aviation Fellowship), 극동방송(Far East Broadcasting Company), 세계문서선교회(World Literature Crusade) 등 여러 선교단체에 미친 영향은 실로 지대하다.

그러는 동안 2000년이 다가오면서 미국에서는 다양한 복음주의 각성운동의 영향이 여러 모양으로 나타나기 시작했다. D. L. 무디가 시작했던 성경학교들은 명칭과 학제를 바꾸어 훌륭한 기독교 대학들이 되었다. 갑자기 미국 내에서 복음주의자들의 활약이 눈부시게 빛나기 시작했다. 복음주의자들은 수적으로만 늘어난 것이 아니었다. 그들의 신분이 상승했다. 그들은 미국 사회의 주류가 되어 활동하기 시작했다. 하지만 이런 엄청난 변화는 부작용도 불러일으켰다. 복음주의 기독교를 반대하는 안티 크리스천 운동이 일어나기 시작한 것이다. 그들은 복음주의 기독교가 사회 전반에 강력한 영향력을 행사하는 것을 못마땅하게 여겼다. 이런 반(反)기독교 운동은 반기독교적 정서를 선동했다. 그들은 반기독교 활동을 법정, 학교, 그리고 공공기관에서 계속하고 있다. 이런 현상은 4,800만 부나 팔리며 교묘하게 기독교 신앙을 침식하고 있는 책인 댄 브라운(Dan Brown)의 《다빈치 코드》(The Da Vinci Code)에도 잘 나타난다.

한편 복음주의 선교운동 가운데 단기선교라 불리는 선교운동이 일어나고 있다. 매년 적어도 1백만 명 이상이 2주일 정도의 아주 비싼 프로그램에 참여한다. 하지만 실질적으로 이 프로그램이 현지에서 의미 있는 선교 사역을 한다고 하기에는 그 결과가 아주 미진하다. 그래서 이들의 여행이 의미 있을 수 있도록 도와야 할 것이다.

또한 개교회 선교가 활발하게 진행되고 있다. 지역교회 중에는 선교에 열정을 가진 교회들이 많다. 특히 초대형 교회들이 뜨거운 선교 비전을 품고서, 선교지로 사람들을 직접 파송한다. 하지만 그들은 해외 선교 경험이 많은 전문 선교단체를 무시하고 직접 해외 선교에 참여한다. 이 또한 결코 바람직한 선교 전략이 아니다. 전문성이 없는 개교회 중심적인 해외 선교를 좋은 선교 전략이라고 할 수는 없다.

또 하나 아쉬운 점은 현지 사역자 후원 선교다. 복음주의 교회들 가운데 어떤 교회는 더는 선교사를 파송하지 않고, 현지 사역자들에게 물질을 지원하는 것을 선교 전략으로 삼고 있다. 나는 이것이 복음주의 선교를 저해하는 세 번째 장애물이라고 생각한다. 선교사 없는 선교는 없다. 선교사를 파송하는 것은 다른 무엇과도 대체할 수 없는 중요한 선교 전략이다.

또한 요즘의 복음주의 선교운동은 구호 활동이나 개발 사역을 강조하는 경향이 있다. 물론 이는 인도주의적으로 아주 유익한 사역임이 틀림없다. 하지만 우리는 전략적으로 선교 활동을 평가할 수 있어야 한다. 구호 활동과 개발 사역이 유익한 것은 맞지만, 선교 활동에 중대한 기여를 하는 것은 아니다. 이 부분에서 우리는 좀 더 전략적으로 접근할 수 있어야 한다.

복음주의 선교운동에서 선교에 관한 연구가 활발해졌다. 새로운 선교학적 연구, 선교잡지, 선교적인 책들이 활발하게 출간되고 있다. 신학교들에서는 훌륭한 선교학 커리큘럼이 개발되고 있다. 이는 실로 바람직한 현상이다. 다음 장에서도 계속해서 이 놀라운 복음주의 르네상스에 관해 탐구할 것이다.

15장

식민주의의 붕괴와
세계주의의 등장

식민주의가 붕괴했다. 그리고 세계주의가 등장했다. 특별히 윈터는 식민주의 붕괴를 연구하면서 《랄프 윈터의 비서구 선교운동사》(*The 25 Unbelievable Years : 1945-1969*)라는 책을 저술했다. 그가 책에서 언급한 내용을 여기서 다시 반복할 필요는 없을 것이지만, 그가 그 책에서 심혈을 기울여 다루었던 서구 열강의 붕괴와 퇴각 현상을 좀 더 넓은 맥락에서 이해할 수 있도록 다시 정리하고, 거기서부터 이 주제를 좀 더 발전시켜 보도록 하자.

당신은 서구권이라는 단어를 들으면 어떤가? 이 단어는 사실 조금 불편한 단어다. 생각해 보라. 둥글고 둥근 지구를 어떻게 동서로 나눌 수 있다는 말인가? 사실 모든 나라는 다른 나라의 서쪽에 있다. 또한 모든 나라가 어떤 나라의 동쪽에 있다. 하지만 우리가 일반적으로 사용하는 서구권이란 서양 문화권을 의미하는 것이다. 이 서구권의 지배적인 문화는 기독교 문화다. 하지만 이는 서양 사람들의 문화가 기독교 문화권이라는 뜻이지, 서양 사람들이 모두 다 실제 기독교인이라는 말은 아니다. 사실 서양 문화 안에는 여러 가지 문화가 혼재한다. 서양 문화에는 비기독교적인 헬라 문화적 전통, 유대-기독교 전통, 그리고 서유럽 기독교 전통이 모두 존재한다. 이는 서양인들이 스스로 원해서 된 일이 아니다. 그들의 의지와 상관없이 역사의 산물로 이러한 문화적 전통을 받게 되었다. 즉, 서양인들은 자신들이 의식하건 못하건 상관없이, 윤리적 판단과 철학, 우주론, 그리고 세계관 전반에 걸쳐 이런 서양 문화적 전통을 물려받았다.

서양 문화는 동방에도 있다. 동방교회에 속한 기독교인들도 넓은 의미에서는 사실상 서양 문화권에 속한다. 그리고 러시아 역시 넓은 의미에서 서구 문화적 전통에 포함된다고 볼 수 있다. 러시아인이 중국에 가면 어떻게 보일까? 비록 그들이 지리적으로는 아시아 대륙에 위치한 시베리아에 살고 있다 할지라도, 중국인의 눈으로 볼 때 그들은 서양 사람들로 간주될 것이다.

중국의 문화는 서양 문화권에 속하지 않는다. 중국은 서양과 구별되는 독특한 동양 문화를 가지고 있다. 아니, 적어도 마오쩌둥 시대 이전까지는 서양 문화의 영향을 크게 받지 않았다고 볼 수 있다. 하지만 좀 더 분석해 보면, 마오쩌둥 이후에 중국이 차용한 공산주의는 서구 문화의 산물임을 기억할 필요가 있다. 그런 면에서, 중국도 서양 문화의 영향권에서 완전히 벗어난 동양 문화만을 가졌다고 할 수는 없다.

중국에서도 서구화 물결이 일어났다. 그러나 이것이 중국 여러 지방의 오지로 들어갔던 선교사들의 영향만이라고는 할 수 없다. 무엇보다 중국의 서구화 현상의 일등 공신은 공산주의자들이었다. 공산주의 신분증을 가진 모든 중국 공산당원은 중국의 서양화를 가져온 사람들이었다. 왜냐하면 공산주의 정신인 유물론은 기독교에서 파생된 것이기 때문이다.

기독교는 물질에 대해 독특한 관점을 제공한다. 사실 세계의 종교들 가운데 기독교가 가장 물질적인 종교라 할 수 있다. 기독교는 태생적으로 물질적인 종교일 수밖에 없다. 어떤 저명한 신학자는 "최초의 공산주의자는 하나님이시다"라고 주장했다. 태초에 물질을 창조하신 분이 바로 하나님이시기 때문이다. 하나님은 원자를 만드시고, 원자 안에 원자보다 작고 밝게 빛나는, 측량할 수 없는 아름다움을 가진 입자를 만드셨다. 하나님이 창조하신 물질계의 신비는 우리가 상상할 수 없을 만큼 복잡하지만, 그럼에도 분명 실존하는 것이다. 이 모든 것을 하나님이 창조하셨다.

물질계는 하나님의 지혜를 드러낸다. 이 모든 것이 하나님의 지혜에 기초한다. 물질계의 신비를 이해하는 기독교인들에게, 물질은 엄청난 경외심을 불러일으킨다. 기독교인들은 물질 자체를 숭배하지는 않지만, 하나님이 우리를 위해 만드신 모든 창조물을 통해 그분의 영광을 보고, 창조물들을 존중한다. "하늘이 하나님의 영광을 선포하고 궁창이 그 손으로 하신 일을 나타내는도다"(시 19:1).

우리는 하나님이 창조하신 물질세계에서 살고 있다. 공산주의자가 보는 것과 같은 물질적인 세계에서 살고 있는 것이다. 사실 우리 기독교는 공산주의와 공통점이 많다. 공산주의는 원래 기독교에서 파생되었기 때문이다. 하지만 공산주의는 변질되어 악하게 타락했다. 전 세계에 무신론적, 반종교적 강압체제 등으로 나타난 공산주의의 황폐함은, 공산주의가 원래 받았던 기독교적 유산이 기괴한 모습으로 변질되어 타락한 모습이다. 성경은 사실 종교라는 것을 반대한다. 이사야 1장을 읽어 보라. 또 마태복음 23장을 읽어 보라. 일부 신학자들의 논지에 따르면, 기독교는 애초부터 종교 체제가 아니었다. 기독교도 종교 체제가 되면 타락한다. 생명력을 상실하게 되어, 더는 생동하는 믿음을 기대할 수 없게 된다.

어떤 이들은 기독교가 종교가 아니라는 주장을 과장된 것으로 받아들일 것이다. 물론 종교적인 사람들 가운데도 신실한 그리스도인으로 사는 사람이 많다. 하지만 여기서 말하려는 바는, 기독교는 다른 종교와 완전히 다른 독특한 특징이 있다는 점이다. 특히 복음주의 기독교의 경우, 기독교는 예식과 규례를 초월한다. 우리는 현란한 종교 예식을 통과하지 않고, 특정한 외식적인 규례를 지키지 않고도 기독교인이 될 수 있다. 이는 종교적 예전을 가볍게 여긴다는 뜻이 아니다. 복음주의 교회들의 예배에 예전적인 요소가 없다는 것이 아니다. 복음주의 교회들 중에는 잘 조직된 예전을 철저히 지키면서도 경건하게 예배드리는 교회들이 있다. 이런 교회들의 예배는 순서대로 정확하게 진행된다. 예전적인 교회든 예전적인 예배를 반대하는 교회든, 나름대로 예배 순서와 형식을 가지고 있다고 볼 수도 있다. 다만 종교적 예전과 규례가 기독교인이 되는 필수 조건은 아니라는 점이다.

기독교에서 중요한 것은 성경과 믿음이다. 따라서 기독교 안에 규례나 예배 순서가 있다고 해서, 그것을 종교라고 부를 수는 없다. 진정한 의미에서 기독교는 종교가 아니다. 기독교는 살아 있는 신앙이며, 삶 자체다. 이런 면에서 기독교는 유일하게 세계적인 신앙이 될 수 있다. 다른 종교들은 그저 종교들일 뿐이다. 하지만 기독교는 종교가 아닌 신앙이다. 그러나 기독교는 너무 쉽게 종교로 전락해 버리곤 한다. 그것은 기독교의 타락이다.

윈터는 기독교만이 유일한 세계적 종교라고 주장했다. 세계적인 종교란 무엇인가? 사람들은 무엇보다 역사상 아주 오랫동안 유지되어 온 종교체제를 세계적인 종교라고 생각한다. 일부 무분별한 사람들은 역사가 오래되고 추종자가 많은 종교를 세계적인 종교라고 부른다. 당찮은 말이다! 진정한 세계 종교가 되려면 갖추어야 할 기본 조건이 있다. 세계인과 세계 문화를 포함할 수 있어야 한다는 것이다. 세계의 모든 문화와 연관성이 있어야 한다. 이런 자격 조건을 따지고 보면, 전 세계적으로 다양한 문화를 포함하는 기독교 외에는 세계 종교라고 주장할 수 있는 종교 체제가 없다. 기독교야말로 모든 문화적 전통을 인정하고 세계인과 함께 숨 쉬어 온, 유일한 세계적인 종교다.

이슬람교는 어떤가? 여러 면에서 이슬람교는 기독교의 이단 종파와 같은 종교다. 이슬람교는 특정 문화와 문화 형식들만을 주장하며, 교인들에게 일반 종교보다 더 많은 것을 요구한다. 이슬람교의 경전인 꾸란만 해도 아랍어로 쓰여 있다. 기도할 때는 얼굴이 꼭 메카를 향해야 한다. 다른 나라와 문화에 전파될 때에도, 이슬람교는 수용자의 문화와 상관없이 이슬람만의 특성을 강조한다. 이슬람교가 가진 이런 단일 문화적 이유 때문에 이슬람은 인도네시아에서 반감을 샀고, 인도네시아의 공산주의자들은 이슬람을 제국주의적인 종교라고 비난했다. 인도네시아에서 공산주의 정부가 막을 내리기 전까지, 공산주의자들은 외국의 종교를 받아들인 인도네시아 사람들을 민족적 자의식도 없이 외국 종교를 무턱대고 받아들인 얼간이들이라고 비판했다.

그러나 인도네시아의 공산주의 정부는 기독교에는 상대적으로 우호적이었다. 그들은 이슬람을 날카롭게 공격했지만, 기독교에 대해서는 큰 비판거리를 찾지 못했다. 당시 인도네시아 교회들은 인도네시아 건축 양식을 따라 세워졌고, 인도네시아어로 번역된 성경이 출간되었으며, 찬송가와 교회 음악도 상당수 인도네시아 문화에 토착화되어 있었다. 문화적인 면에서, 인도네시아 기독교는 제국주의적 이슬람처럼 침략자의 종교로 느껴지지 않았던 것이다.

이쯤에서 우리가 지적하고 넘어가야 할 역사적 사실이 하나 더 있다. 그것은 바로 기독교가 이슬람보다 먼저 인도네시아에 들어갔다는 사실이다. 이는 역사의 매우 흥미로운 단면이다. 인도네시아 사람들에게 이슬람은 상대적으로 최근에 접하게 된 종교라고 볼 수 있다.

이슬람의 한 분파인 바하이교(Bahai religion)는 세계적인 종교라고 부르기에는 너무나 작은 신앙운동이다. 하지만 바하이교는 문화적 다양성이라는 측면에서는 어느 정도 기독교와 같은 방식을 채택했다. 문제는 그들의 경전이다. 바하이교 신자들은 바하이교 경전 안에 이루 말할 수 없는 영원한 진리가 담겨 있다고 주장한다. 그렇기에 그들의 경전을 결코 다른 나라 말로 번역할 수 없다고 말한다. 윈터는 이들의 주장이 사실이라고 말했다. 그들의 주장대로 그 경전은 번역될 수 없을 것이었다. 그 경전이 만일 다른 언어들로 번역되더라도, 지각 있는 현대인들 가운데 그 누구도 그 경전의 기괴함과 생경한 특성을 다 따를 수 없을 것이기 때문이다. 이 점에서 바하이교는 이슬람교와 같은 문제에 봉착해 있다. 동일 선상에 놓여 있다. 하지만 이슬람교가 아랍어 꾸란만을 강조하는 것은 바하이교의 경우처럼 경전의 내용상의 문제가 아니다. 그들이 아랍어를 유일한 세계어로 간주하고 있기 때문이다.

기독교 문명의 부산물에 주목하라. 기독교 문화를 중심으로 서구화가 일어나는 과정에서 여러 가지 부산물이 생겨났다. 공산주의도 이런 기독교 문명의 산물이다. 원래의 공산주의는 여러 면에서 기독교 윤리를 신실하게 따랐다. 원래 공산주의가 주장하는 윤리 기준은 기독교에서 차용한 것으로, 훌륭하기 이를 데 없다. 하지만 공산주의자들은 절대 그런 높은 윤리적 기준에 이를 수 없다. 그 윤리적 기준에 따라 살 만한 영적인 능력이 없기 때문이다. 공산주의는 모든 인민이 평등하다는 점을 강조한다. 공산주의의 평등에 대한 강조는 기독교에서 직접 차용한 것이다. 공산당의 세포 조직, 잘못에 대한 고백이나 자백을 강조하는 것 등 모든 문화 형식이 기독교에서 차용한 것이다. 그들의 역사관 또한 기독교에서 그대로 차용한 것이다. 공산주의는 기괴하고 이단적이며 악한 이념집단이지만, 아주 광의적 의미에서 볼 때 서구 기독교 문명의 산물이라고도 할 수 있다.

서구화의 과정은 인간 지성을 크게 고양하고, 산업을 발전시키는 등 놀라운 변화를 가져왔다. 서구의 정치력을 신장시키고 인구를 증가시켰다. 기독교 문명의 산실이었던 서유럽은 성경을 통해 문화를 꽃피웠다. 성경을 깊이 연구하고 수용했다. 서유럽 기독교 문명은 눈부신 발전을 거듭했다. 인구도 급속하게 늘었고, 순식간에 경제적인 부와 정치적인 힘을 갖게 되었다. 이런 신속한 문명 발달은 전 세계 인류 역사 어디에서도 찾아볼 수 없는 놀라운 발전이다. 초기 서유럽 문명이 성경을 수용했다는 사실이 중요하다. 서유럽은 성경을 바탕으로 모든 영역에서 눈부시게 발전했다.

강대국이 된 서유럽의 세력들은 여러 모양으로 새로운 역사를 장식했다. 그들은 전 세계에 걸쳐 추한 방식, 비극적인 방식, 그리고 유익한 방식을 두루 남겼다. 이렇게 강력한 힘을 갖게 된 서유럽은 세계 다른 나라들에 막강한 실력을 행사하며 현대 식민주의 운동을 시작했다.

사실 여러 가지 면에서, 현대의 식민주의 운동은 이전 시대에 일어났던 십자군 운동과 유사하다. 하지만 식민주의 운동은 전혀 기독교적인 운동이라고 할 수 없다. 식민주의 운동에서는 성경적이고 기독교적인 측면을 거의 찾아볼 수가 없기 때문이다. 그러나 역사의 대부분을 장식한 포르투갈, 스페인, 그리고 프랑스인들이 주도한 식민주의는 확실히 기독교 십자군 운동이었다. 당시 세계로 항해하던 배에는 모두 선교사로 파송된 신부들이 동승하게 되어 있었고, 그 선교사들은 현지인들에게 예수 그리스도를 전하고 그리스도를 왕으로 모시도록 이끌려는 목적이 있었다. 이른바 개종 정신이 있었다. 이는 모두 개신교 선교사들이 활동하기 이전에 일어난 일이었다.

그리고 마침내 개신교 선교사들이 역사에 등장한다. 그들은 어떤 모습으로 역사의 전면에 등장했는가? 놀랍게도 그들은 먼저 공해 상에서 해적으로 등장했다. 당시 헤아릴 수 없을 정도로 많았던 해적은 거의 다 개신교도들이었다. 해적의 공격을 받은 가톨릭은 개신교를 긍정적으로 볼 수가 없었다. 이처럼 가톨릭이 개신교를 적대적으로 간주하는 경향에도 다 역사적인 이유가 있다.

해적으로 나타난 개신교도들은 가톨릭교회가 예상하고 있던 개신교의 악한 이미지와 정확히 맞아떨어졌다. 가톨릭교회의 예상대로 그들은 악하게 행동했다. 선교사였던 베거르트(Baegert) 신부가 쓴 《캘리포니아 남부에서 본 관찰일지》(*Observations in Lower California*)는 이런 초기 개신교 신자들의 활동사를 자세히 설명하고 있다. 베거르트 신부는 당시 개신교, 즉 해적들이 이미 카리브해를 지배하고 있었다고 기록했다. 그는 아픈 질문을 던진다. 카리브해를 지배하던 개신교 해적들은 왜 전도는 하지 않는 것일까? 일부 해적들은 자신들의 본거지인 전초(前哨) 기지에 그들을 위한 예배당도 세워 놓았다. 소규모 잠복 장소에도 작은 예배실이 있었다. 해적들 중에는 신실한 신앙인도 많았다. 그들은 열심히 기도하는 가운데, 다른 사람의 목을 베었다. 아마도 그들은 사람들을 죽이고 해적질을 하면서, 자신이 하나님의 뜻을 행하고 있다고 여겼을지도 모른다.

어쨌거나 개신교 선교사들이 역사의 전면에 등장하면서, 식민지화 과정에서 더는 기독교적인 색채를 찾아볼 수 없게 되었다. 무엇보다 식민지가 세속화되었다.

실례를 들어 보겠다. 일본이 모든 외국 선박에 대해 완전히 입항 통제를 실시하던 때에도, 네덜란드 선박만은 일본 항구에 제한 없이 입항할 수 있었다. 그 이유는 확실했다. 그 누구도 네덜란드 배가 개신교 선교사들을 데려오리라고는 생각지 않았기 때문이다. 하지만 실상은 그와 달랐다. 네덜란드 사람들은 실제로 선교사들을 배에 태웠다. 네덜란드 사람들이 대만에 선교사들을 데려간 결과, 대만에서 상당한 규모의 개신교 운동이 일어났다. 네덜란드 사람들은 네덜란드령 동인도라 부르는 인도네시아에도 선교사들을 데려갔다. 개신교도들은 이렇게 일부 선교적인 일들을 하기는 했다. 하지만 앞서 지적한 바와 같이, 개신교 신자들은 이전에 식민지를 운영하던 다른 가톨릭 세력보다 일반적으로 신앙심이나 선교 의식이 훨씬 떨어졌다.

십자군 운동이라는 이름을 붙이든 붙이지 않든, 이런 식민주의 운동과 같이 대규모로 세계를 종횡무진으로 활동했던 서구의 힘은 도대체 어디서 온 것일까? 그것은 유럽에서 기독교가 여러 곳으로 전파되는 가운데, 다양한 신앙 공동체가 폭발적으로 성장했기 때문이었다. 기독교는 유럽 문명이 폭발적으로 발전하는 데 결정적인 역할을 했다. 하지만 서양 문명사를 다루는 역사가들의 평가는 인색하기 그지없다. 세속적인 학자들이 쓴 역사 연구서들을 살펴보면, 그들이 아주 의도적으로 기독교적인 내용을 빠뜨리고 있음을 바로 알 수 있다. 그런 책들은 우리에게 올바른 시각을 제공하지 못한다. 그러나 케네스 스콧 라투렛은 균형 잡힌 시각을 가진 학자다. 라투렛은 영국의 복음주의 부흥운동이 영국 의회뿐만 아니라 영국 사회 전역에 얼마나 큰 영향을 미쳤는지 자세하게 기록한다. 반면에 세속적인 역사가들은 같은 사건을 다루면서도, 기독교가 끼친 영향에 대해서는 전혀 언급하지 않는다. 같은 사건을 다루는 책을 읽어도 전혀 다른 시대의 책을 읽는 느낌이 들 정도로 다분히 의도적이다.

사실 기독교 운동은 서양 문명과 식민주의에 결정적인 역할을 했다. 기독교는 사람들 안에 헌신적 자세와 열정을 불러일으켰고, 사람들이 높은 이상, 사회 개혁, 정치 개혁을 향한 집념을 발휘하게 했다. 무엇보다 기독교는 노예제도를 근절시켰다. 원래부터 노예제도는 기독교와 거리가 먼 것이다. 역사를 연구해 보면, 우리는 백인이 흑인을 노예로 삼은 수보다, 백인이 다른 백인을 노예로 삼은 수가 훨씬 더 많았다는 사실을 알 수 있다.

예를 들어 보겠다. 슬라브족(Slavs)이 누구인가? 슬라브족은 노예의 산실이었다. 슬라브족은 수백 년 동안 노예가 되어 아프리카 시장에 팔려 갔다. 노예제도는 기독교가 들어가기 훨씬 전부터 세상에 존재하고 있었다.

그러나 기독교의 영향력은 놀라웠다. 기독교는 존 웨슬리(John Wesley)와 복음주의 부흥운동을 통해 영국 사회 상류층에 스며들었고, 윌비포스(Wilberforce)와 클래팜 파(Clapham Sect)에게 노예제도 폐지에 대한 비전을 주었다. 런던의 행정 자치구인 클래팜은 복음주의자들이 주로 살던 지역이었다. 사실 클래팜 파는 영국 의회에서 아주 적은 수에 불과했지만 클래팜 파라는 명칭을 얻었다. 클래팜 파는 소수당이었지만 노예제도 폐지 운동을 주도했고, 그 때문에 의회가 마침내 노예제도를 폐지했던 것이다.

서구 문명의 발전에 기독교는 매우 큰 영향을 미쳤다. 기독교는 서구 문명의 핵과 같다. 또한 기독교는 서양 군사력에 활력을 제공한 것으로 알려져 있다. 그런데 세속적인 역사가들의 책에는 이런 내용 또한 빠져 있다. 그래서 많은 지식인이 그 사실을 전혀 모른다. 이는 결코 바람직한 역사라고 할 수 없다.

사실 서양에서 일어난 십자군의 배경에도 기독교가 있었다. 십자군은 기독교로부터 나온 힘으로 사람들의 목을 쳤다. 하지만 기독교는 잔혹한 사람들을 건전한 사람으로 바꾸었다. '아버지의 마음을 자녀들에게' 향하게 했다. 특정 민족이 기독교를 받아들이고 나면, 그 즉시 새로운 변화가 나타났다. 우리는 특정 사회에 기독교가 들어와서 일어나게 된 긍정적인 변화를 모두 기록할 수는 없지만, 우선 유아사망률이 줄었다. 고아원, 병원, 정신병자 보호시설들이 생겨났다. 기독교가 들어가는 곳마다 수많은 사회 문제가 개선되었다. 기독교를 통해 일어난 이러한 모든 긍정적 변화는 사회와 국가에 새로운 힘을 주었으며, 전 세계에 영향을 끼쳤다. 비록 어떤 사람들은 기독교가 세계 문명의 발전에 영향력을 미쳤다는 사실을 인정하는 않는다 해도, 사실은 사실이다. 기독교의 영향력은 서구 문명을 넘어 전 세계로 뻗어 갔다.

하지만 전 세계에 미친 기독교의 영향은 다분히 이중적이었다. 기독교의 영향력에 대해서는 축복이라 할 수 있고, 식민주의라는 사건의 측면에 대해서는 불운이라 할 수 있다. 과연 식민지 시기를 경험한 국가 출신의 지식인 중에서, 자기 나라를 식민지로 다스렸던 식민 통치를 균형 잡힌 시각으로 솔직히 평가할 수 있는 사람이 얼마나 될까?

상당수의 인도인은 이렇게 고백한다. "우리 인도인들이 과거로 돌아가 영국의 통치에 대해 다시 결정할 수 있다면, 영국이 다시 인도를 통치하게 해 달라고 부탁할 것이다. 그랬다면 인도는 지금보다 나은 상태일 것이다." 물론 이런 생각은 심사숙고해야만 하는 위험한 발상이다. 여기에 반대하는 사람도 많을 것이다. 또한 만일 그런 일이 일어난다면, 폭력적인 충돌을 피할 수 없을 것이다. 하지만 좀 더 객관적인 시각이 필요한 것은 사실이다.

한 나라가 다른 나라를 무력으로 다스리는 일은 있을 수 없는 일이다. 그런 일이 일어나서는 안 된다. 앨런 무어헤드(Allan Moorehead)는 남태평양 지역에 관한 보고서 형식의 《치명적 영향》(*Fatal Impact*)이라는 책을 썼다. 그는 유럽에서 온 노예선들은 수천 명의 현지인을 노예로 잡아갔고, 유럽에서 건너온 질병이 현지인 수천 명의 생명을 앗아 가고 말았다고 했다. 그는 이것을 '치명적 영향'이라 칭했다. 그는 남태평양의 고유문화가 크게 훼손된 것 역시 치명적 영향이라고 기술했다.

역사는 흥미롭다. 강자가 쓰러졌다. 4세기 동안이나 막강한 힘으로 전 세계에 걸쳐 식민지를 지배하던 강대국들이 갑자기 힘을 잃고 멸망했다. 그 누구도 저지할 수 없던 막강한 세력이 갑자기 무너져 버린 것이다. 이것이 역사다. 누가 이런 일을 상상이나 할 수 있었겠는가!

드디어 식민지에 해방이 찾아왔다. 식민지를 지배하던 막강한 서구 열강들이 무너진 것이다. 왜 서구 열강들의 식민 지배 시대는 그렇게 막을 내리고 말았는가? 그것은 하나님의 역사였다. 그런 현상이 일어난 것은 서구인들이 무능해서가 아니다. 그들은 무능하지 않다. 기독교 문명을 배경으로 하는 서구인들이 다른 문명보다 학문적으로 좀 더 뛰어난 것이 사실이다. 그들이 가진 우월성은 오랜 세월 주 예수 그리스도의 복음이 그들 안에 스며들었기 때문에 가능한 것이다. 이는 서양 문명이 발전하는 데 결정적인 역할을 했다. 물론 서양의 다른 어떤 요소들에 대해서는 다른 문명과 비교하여 우월성을 주장할 수 있는 것이 전혀 없다. 변수는 그리스도다. 그들이 예수 그리스도의 복음을 받아들여, 기독교 문화를 통해 서양 문명을 구가했다는 데에 가산점을 주기 충분하다. 그리스도를 받아들인 서양 나라들은 이렇게 소리칠 수 있을 것이다. "오직 주의 은혜로, 아자!"

언젠가 윈터는 동아프리카의 교계 지도자인 존 가투(John Gatu)를 만나 대화를 나눈 적이 있다. 당시 가투와 윈터는 토론회 방송

촬영을 앞두고 있었다. 잠시 후 그들은 카메라 앞에서, 가투의 모라토리엄(Moratorium, 선교 유예 혹은 한시적인 선교 활동 중지)에 대해 논쟁을 벌일 예정이었다. 방송 전에 가투는 윈터를 찾아가, 이야기를 나눌 것을 청했다. 방송 토론 중에 불필요한 갈등이 생길 가능성을 미연에 방지하고 싶던 것이다. 가투는 선교지에서의 외국 선교사 철수를 주장하는 사람이었다. 긴 대화를 나눈 끝에 그들은 성공적으로 토론을 마칠 수 있었다. 아마 두 사람은 토론 결과에 만족했을 것이다. 윈터가 가투의 주장에 반대하긴 했지만, 케냐와 같은 특수 상황의 경우에는 가투의 의견도 충분히 납득할 만한 일이라고 인정했기 때문이다. 케냐의 상황을 고려했을 때, 가투가 영국을 비롯한 강대국 출신 선교사들에 대한 모라토리엄을 주장한 것은 나름의 근거가 있는 것이었기 때문이다.

사실 가투는 몇 개월 전에 영국 통치에 저항하는 마우마우 반란에 참여한 적이 있었다. 여기에는 케냐 키쿠유족도 참여했는데, 아무리 가투라고 해도 키쿠유족이 저지른 잔혹한 광란에 대해서는 뭐라 할 말이 없었을 것이다. 그들이 저지른 만행은 우리의 상상을 초월했다. 사탄이 뒤에서 조종했다고 할 수밖에 없을 정도였다. 윈터는 가투에게 "나의 선조도 그렇게 잔학 무도한 무리였지만, 복음으로 변하더었습니다. 키쿠유족도 복음으로 그렇게 변화될 수 있을 것입니다"라고 말했다.

아일랜드 사람들 역시 마찬가지였다. 그들이 누구인가? 그들은 사람들의 목을 베는 일을 업으로 삼았던 야만인들이었다. 그들은 작은 배를 타고 아일랜드 해협까지 항해하여, 약 50km 떨어진 작은 마을에 갑자기 상륙했다. 그곳에서 아일랜드인들은 선량한 사람들을 닥치는 대로 살육했다. 남자나 여자, 심지어 어린아이까지 무참히 전멸시켰고, 자신들이 죽인 사람들의 목을 잘라 전리품으로 배에 가득 실었다. 얼마나 많은 사람을 죽였는지, 사람들의 머리 때문에 배가 무거워 가라앉을 정도였다. 그리고 그들은 그 머리의 골을 파내어 해골바가지를 만들었고, 거기에 술과 음료를 따라 마셨다. 이것이 16세기까지 지속된 아일랜드 사람들의 풍속이었다. 도저히 믿을 수 없는 일이다!

하지만 우리는 이것이 남의 이야기라고 함부로 말할 수 없다. 사탄의 통치 아래 있는 사람들은 그보다 더한 일도 할 수 있기 때문이다. 우리 역시 장담할 수 없다. 사탄은 세상의 신이며, 지금까지 이 세상을 다스리고 있다. 따라서 우리는 우리 선조의 과거를 자주 돌아보아야 한다. 우리는 모두 사탄이 주관하던 문화적 배경을 가지고 있기 때문이다.

현대 과학도 기독교의 우주론을 바탕으로 하고 있다. 과학은 유대-기독교 전통에서 유래한 우주론의 결과물이기 때문이다. 과학자에게도 믿음이 필요하다. 자연 세계에 명확한 질서가 있다는 사실을 믿지 못하는 과학자는 올바르게 과학을 할 수 없다. 그렇기에 헬라 철학에 심취한 사람은 과학자가 될 수 없다. 플라톤은 싸우는 신들의 만신전인 판테온(pantheon)이라는 개념을 믿었다. 그는 헬라 신들이 만신전에 모여 논쟁하는 결과에 따라 비가 오기도 하고 비가 오지 않기도 한다고 설명했다. 당신이 만일 플라톤의 추종자라면, 기상을 관측하는 과학적 연구를 할 수는 없을 것이다. 이처럼 헬라 전통은 과학 발전에 공헌한 것이 전혀 없다. 헬라 과학이라 불리는 책들이 일부 있기는 하지만, 이는 우리가 이야기하는 과학과는 전혀 다른 범주에 속한다. 과학은 하나님이 만드신 피조물의 아름다움과 놀라운 창조 질서를 경건하게 관찰함으로써 발전된 학문이다. 지극히 기독교적인 학문이다.

서양 과학과 문명은 신앙을 바탕으로 발전했다. 하지만 하나님이 서구 열강의 정치 세력을 향해 "이제 그만"이라고 선언하신 때가 있었다. 하나님의 때가 찼기 때문이다. 그 결과, 광대하던 세계적 제국들이 하루아침에 허무하게 무너졌다. 이것을 바로 '서구의 퇴각'이라 칭할 수 있다. 하지만 서구 열강이 광대한 식민지를 잃고 세계 무대에서 사라졌다고 해서, 서구 문명의 영향력이 전 세계에서 모두 다 사라진 것은 아니었다. 그것은 서구 정치력과 군사력의 퇴각일 뿐, 서양의 경제나 문화적 영향력, 그리고 종교적 영향력까지 모두 퇴각한 것은 아니었기 때문이다.

많은 사람이 예측했다. 아니, 적어도 간절히 소망했다. 서구 열강의 군대와 식민 정부가 철수하기만 하면, 서양 세력이 누렸던 권력과 영향력을 새로이 독립한 국가들이 모두 차지할 수 있으리라고 말이다. 하지만 실제 결과는 그렇지 않았다. 식민 통치자들이 모두 물러간 후에도 서양 문화의 영향력은 세계 곳곳에 살아남아 있다.

그러나 여기서 우리가 주목해야 할 놀라운 변화가 하나 있다. 서구 열강이 퇴각하자, 도리어 새로 독립한 나라들 안에서 복음이 더욱 자유롭게 퍼져 나가게 되었다는 사실이다. 서구 열강이 퇴각했다고 복음마저 퇴각한 것은 아니었다! 이제 예수 그리스도의 복음은 다양한 문화적 옷을 입고, 전 세계적으로 더욱 자유롭게 퍼져 나가고 있다.

《랄프 윈터의 비서구 선교운동사》라는 책에는 이와 관련한 내용이 담겨 있다. 서구 열강들이 식민지에서 퇴각한 25년 사이에, 일반적인 상식으로는 도저히 믿을 수 없는 엄청난 선교적 사건들이 일어났다. 윈터가 이 책에서 다룬 25년 동안에 예수 그리스도의 교회는 더욱 성장했다. 교회는 이전에는 유례를 찾아볼 수 없을 정도로 강해지고, 깊이 뿌리를 내렸으며, 토착화되었다. 교회는 놀랍기 그지없는 발전에 발전을 거듭했다.

여기서 우리는 식민주의와 세계화를 보는 우리의 시각을 조금 조정할 필요가 있다. 무엇보다 이 두 주제가 전혀 다른 시대의 일이라고 생각하거나 식민주의 시대에서 세계화 시대로 옮겨 갔다고 생각하기보다는, 식민주의와 세계화가 오랫동안 공존하다가 서서히 세계화 쪽으로 넘어가게 되었다고 인식할 수 있으면 좋을 것이다. 《랄프 윈터의 비서구 선교운동사》의 결론 부분에서 랄프 윈터가 지적한 바와 같이 서구 열강은 외형적으로는 세계 여러 곳에서 쇠퇴한 것처럼 보이지만, 실상은 그렇지 않다. 심층적인 면에서 살펴봤을 때, 서구의 영향력은 사실상 약화되지 않았다고 할 수 있다. 세계화 시대를 맞아 서구권은 다시 전 세계를 움직이는 주도권을 행사하고 있다.

오늘날 급속도로 퍼져 나가고 있는 세계화의 파장은 우리의 상상을 초월한다. 하지만 세계화 역시 전혀 새로운 개념이 아니다. 수천 년 동안 인류는 한 곳에서 생산된 물건을 다른 지방으로 가져가, 그 지방에서 생산되는 물건과 교환하는 무역업을 계속해 왔다. 다만 오늘날 이른바 세계화라고 불리는 개념이 이런 과정을 훨씬 더 빠른 속도로 이루어 내고 있는 것일 따름이다.

이제는 어느 나라도 홀로 존재할 수 없다. 무엇보다 나라 사이의 상호의존성(interdependence)이 높아졌기 때문이다. 일부 학자들은 중국이 앞으로 미국을 점령하지 못할 주된 이유는, 두 나라 사이에 존재하는 산업적이고 상업적인 상호의존성 때문이라고 지적한다. 그러나 솔직히 말하자면 그 반대다.

고트족과 로마의 예를 들어 보자. 로마는 전쟁에 필요한 군사를 충당하기 위해 고트족을 징집하여 훈련시켰다. 그 결과 고트족들은 로마 내에서 훌륭한 군사훈련을 받고 전쟁 경험을 얻게 되었다. 그뿐 아니라 군사 전략도 이해할 수 있게 되었다. 이제 군사력을 갖추게 된 그들은 결국 서로마의 수도인 로마를 침략했다. 로마 제국은 그렇게 무너졌다. 로마 제국은 다시 회복하지 못하고 역사에서 사라졌다.

세계화를 설명하는 최근의 책들 중에는 현재 세계를 '편평한 운동장'으로 설명하는 책이 있다. 선수들이 편평한 운동장에서 운동 경기를 하듯이, 작은 회사들은 지구 반대편에 있는 거대한 공장들과 경쟁해야 한다는 것이다.

이 책은 그 한 예로 이집트에서 일하던 공장 근로자들이 직업을 잃게 된 현상을 자세히 기록한다. 이집트 공장 근로자들이 맡아서 하던 일감이 갑자기 중국으로 옮겨 가고 말았다. 중국 공장이 이집트 공장보다 더 효율적인 생산 체제를 갖게 되었기 때문이다. 이집트의 카이로에 있던 손전등 공장들은 수개월 정도 앞서서 손전등을 생산하여 비축해 두었다. 이슬람 월력에 따라, 손전등을 사용하는 시기에 맞추어 판매하기 위함이었다. 그런데 사정이 달라졌다. 그동안 카이로에서 만들던 손전등 수백만 개는 현재 중국에서 생산되고 있다. 중국에서 손전등을 생산하여 이집트까지 선박으로 운송해도, 생산 단가가 이집트에서 생산하는 것보다 훨씬 싸게 나오기 때문이다.

이렇게 수천 명의 이집트인이 일자리를 잃고 말았다. 그들은 일할 의지가 없는 것도, 일할 수 있는 능력이 부족한 것도 아니었다. 단지 더 효율적인 중국 공장과의 경쟁에서 승리하지 못했을 따름이었다. 그들이 일자리를 잃어 가난해진 것은 전적으로 외부적 요인에 의한 것이었다. 세계적인 기업들 사이의 의사소통이 증진되고, 다른 나라의 제조업이 눈부시게 발전했기 때문이다. 특별히 악감정을 품은 중국인들이 이집트 노동자들에게 해를 가하려 했기 때문에 그렇게 된 것도 아니었다. 중국 노동자들은 단지 열심히 노력했을 뿐이다. 자신들이 만든 물건을 세계 사람들이 사들일 수 있도록 열심히, 효율적으로 일했을 뿐이다. 그래야 자신들도 다른 나라에서 생산한 좋은 물건들을 살 수 있었기 때문이다.

다른 실례를 들어 보자. 뉴욕 무역센터가 무너진 9·11사건 이후 미국인들의 애국심이 갑자기 높아졌다. 비극적인 사건을 경험하고 난 미국인들은 애국심의 발로로 작은 성조기를 소장하기 시작했는데, 그때 미국에서 팔려 나간 2백만 개의 성조기는 모두 중국산이었다. 미국이 애국심을 발휘하는 만큼 중국이 돈을 번 것이다.

세계화를 통한 문화적 변화는 이른바 기술적으로 뒤떨어진 실업자들을 양산했다. 손으로 베를 짜던 베틀 노동자들은 방직공장이 들어서자마자 직장을 잃게 되었고, 생계형 농사꾼들은 농기계를 동원한 대형 농장들이 들어서자 실업자들이 되어 버렸다. 이처럼 오늘날 일어나고 있는 엄청난 문명의 변화는 수많은 실업자를 양산해 내고 있다. 그리고 이런 실업자들은 특히 비서구권 나라들에서 수없이 만들어지고 있다. 하지만 이와 동시에, 세계화에 따른 세계 경제 상황은 전혀 새로운 일자리를 제공하기도 한다. 큰 회사들은 지리적인 이유 때문에 아웃소싱(outsourcing)이라는 방식으로 세계 여러 곳에 물품을 주문하여 생산한다. 그 결과, 이전에 상상할 수 없었던 일자리들이 생겨나고 있다.

세계화는 변화를 촉진한다. 세계화가 가속되면서 세상은 하루가 다르게 변하고 있다. 이런 세계화 현상은 기독교 선교에 새로운 변수가 되었다. 이제는 이전의 선교 전략과 다른 새로운 선교 전략이 필요하게 되었다. 이 주제에 대해서는 다음 장에서 좀 더 심도 있게 다룰 것이다.

16장

제2차 세계대전 이후 일어난 신생 선교단체들

제2차 세계대전은 참혹했다. 이번 장에서는 제2차 세계대전 이후 달라진 선교 환경을 살펴볼 것이다. 제2차 세계대전은 놀라운 변화를 가져왔다. 그 변화의 소용돌이 가운데 '국제 선교사 협의회'(International Missionary Council, IMC)가 쇠퇴했다. 전쟁이 끝난 후 참전용사들은 새로운 선교단체들을 조직했다. 이런 새로운 선교단체들은 전쟁 중에 개발된 신기술로 무장되어 있었기에, 기존의 선교단체를 기술적으로 한 단계 업그레이드시켰다.

이후에도 선교 현장의 변화는 계속되었다. 선교단체들은 하나씩 점점 국제화되어 갔고, 제3세계 선교단체들도 생겨났다. 이러한 새로운 선교 개척지에 대한 개념은 선교계에 지각변동을 일으켰고, 선교계는 선교의 대상인 인종집단이나 인간집단을 전략적으로 볼 수 있게 되었다. 그리고 이런 상황에서 미전도 종족이라는 새로운 개념이 생겨나게 되었다. 또한 로잔 운동을 비롯한 선교협의회 운동은 선교단체 지도자들의 국제적인 전략 회의 형식으로 발전되었다. 여기서 먼저, 1910년 세계 선교대회 이후에 생겨난 IMC부터 다루도록 하자.

IMC의 쇠퇴

IMC는 1910년 열린 세계 선교대회의 결과로 설립된 단체다. IMC가 세계적인 조직이 된 것은 놀라운 일이었다. 에든버러에서 개최된 세계 선교대회는 역사상 처음 있는 새로운 개념이었다. 그것은 선교사들과 선교단체 대표들이 동참한 국제적인 회의였다. 국제 선교의 새 지평을 열었던 놀라운 모임이었다.

하지만 1910년 에든버러 세계 선교대회에서 IMC를 조직하기로 결정을 내렸음에도, IMC의 설립은 계속 지연되었다. 그 사이에 제1차 세계대전이 발발했기 때문이다. 하지만 존 모트(John R. Mott)의 리더십이 빛을 발휘하여, 1921년에 이르러 드디어 IMC가 조직되었다. 존 모트는 세계 여러 나라의 선교지에 22개의 '국가 기독교 협의회'(National Christian Council, NCC)를 조직했다. 각 나라의 NCC는 선교 역량을 하나로 묶어 주었다. NCC 덕분에 선교사들은 어느 단체 출신이든 상관없이 선교지의 다른 단체 선교사들과 연합할 수 있었다. 이처럼 세계 선교 전략을 하나로 집결시킨 IMC는 존 모트의 생애 여러 업적 가운데 가장 탁월한 것이었다.

그런데 시간이 흘러 여러 나라의 NCC가 한 조직으로 모이게 되자, 전혀 예상치 못했던 일이 벌어지고 말았다. 현지 교회가 성장함에 따라 선교사들의 영향력이 약화된 것이다. 선교 현지의 교회들이 개척되고 성장하게 되자, 훌륭한 현지인 교회 지도자들이 생겨났다. 물론 이렇게 탁월한 교회 지도자들이 생겨난 것은 실로 바람직했지만, 이 점은 NCC에 어려운 문제가 되었다. 탁월한 현지인 기독교 지도자들을 무시할 수 없게 됨에 따라, 교회 지도자들도 NCC에 참여하게 된 것이다. 사실 기존의 NCC 모임은 순전히 선교 활동에 관한 모임이었기 때문에, 선교사들과 선교단체 지도자들만 회원으로 참여했다. 그런데 이 모임에 현지 교회 지도자들이 참여하게 되면서, 점차 현지 교회 지도자들이 NCC에서 주도권을 갖게 되었다.

현지 교회의 성장은 변화를 가져온다. 선교지 각처에서 교회들이 성장하고, 걸출한 현지인 교계 지도자들이 등장했다. 이렇게 NCC의 성격과 기능이 바뀌면서 NCC는 '국가 기독교 협의회'(National Christian Council)에서 '기독교회 협의회'(National Council of Churches)로 이름을 바꾸게 되었다. 그러나 인도만은 이름을 바꾸지 않았다. 당시 인도는 국가 내에 기독교 협의회(Christian Councils)가 가장 많은 나라였다. 1945년 인도 교계 지도자들은 NCC의 기능을 바꾸면서도 기관의 명칭을 교회 협의회로 바꾸지 않고, 선교단체 지도자의 조언에 따라 원래 명칭을 그대로 유지했다. 하지만 해외 선교사들의 회원권, 즉 투표권을 제한했다. 외국인이 아닌 내국인 교회 지도자들만 정회원으로 투표권을 행사할 수 있게 한 것이다. 그리고 선교 지도자들은 이런 변화를 바람직한 토착화 현상의 일부로 수용했다.

지도자의 관점이 모든 것을 결정한다. 각 나라의 NCC를 바라보는 당신의 관점에 따라 그에 대한 평가도 달라질 것이다. 선교사와 선교 중심의 NCC가 현지 교계 지도자와 지역 교회 중심의 교회 협의회로 성격과 기능이 바뀐 것은 상당한 바람직한 선교적 성과라고 할 수도 있다. 하지만 선교사들과 선교 지도자들이 빠진 NCC는 전혀 다른 조직이 되고 말았다. NCC의 모체인 IMC의 위대한 선교 정신을 상실해 버린 것이다. 이는 그 누구도 전혀 의도하지 않았던 결과였다.

하지만 선교사를 파송하던 서구 나라들에서는 사정이 좀 달랐다. 선교단체 책임자들은 계속 NCC 회원들로 참여했다. 그러나 해외의 22개 IMC 회원국 대표자는 선교사가 아닌 교계 지도자로 모두 바뀌었다. 그 결과 1958년 가나에서 열린 IMC 모임에서 IMC는 자연스럽게 WCC(World Council of Churches)와 병합하기로 가결되었고, 모든 것이 달라졌다. 범세계적인 관점에서 세계 선교를 바라보고 세계 선교 전략을 논의하던 선교단체 대표자들의 모임은 이제 추억 속에 묻힌 과거가 되고 말았다.

여기에서 IMC의 태동부터 IMC가 WCC와 병합되기에 이른 과정을 간략하게 요약하는 이유가 있다. 지금도 여전히 세계 선교 전략을 위한 국제적인 선교단체 대표자 모임이 필요하다는 점을 부각하기 위함이다. 지금도 1910년 에든버러 대회와 같은 국제적인 선교단체 대표자 모임이 필요하다. 이런 목적 아래 1980년에 범세계적 선교단체들을 대표하는 협의회가 조직되려는 시도가 있었으나 무산되고 말았다. 하지만 2005년에 열린 '싱가포르 2002' 선교대회의 결과 '선교 구조의 글로벌 네트워크'(Global Network of Mission Structures, GNMS)가 조직되었다. 이 싱가포르 대회는 특별히 미전도 종족들에게 선교 전략을 집중하는 세계적인 선교대회였다. GNMS에 대해서는 이후에 좀 더 자세히 다루기로 하겠다.

제2차 세계대전 이후에 일어난 선교단체의 부흥

제2차 세계대전이 끝나자 전혀 예상치 못했던 일이 벌어졌다. 선교사들이 급증한 것이다. 놀라운 일이었다. 모든 전쟁이 그렇듯이 제2차 세계대전은 참혹하기 그지없었지만, 그 전쟁의 폐허 속에서도 세계 선교의 꽃이 활짝 피어났다. 선교사의 활동이 전혀 알려지지 않았던 태평양 군도에서 선교의 열매가 나타났다. 이것을 현금으로 환산하면 1,100만 명이 세계 일주를 다녀오기에 충분한 액수에 해당한다. 태평양을 전쟁터로 만든 일본군의 발길이 닿지 않았던 태평양 군도의 주민 중 75%가 기독교인이 되었다. 그들은 자신들에게 선교사를 파송해 준 나라들과 유대를 갖고 긴밀하게 교류하는 기독교인들이 되었다.

참전용사들 또한 큰 몫을 해냈다. 전쟁이 끝난 후 고향으로 돌아온 참전용사들을 중심으로, 5년 동안 150개에 이르는 선교단체가 창설되었다. 이런 선교단체의 급증은 선교의 새 시대를 열었다. 앞서 우리가 연구한 선교 역사의 세 시대를 기억하는가? 당시 시대를 가르는 핵심 사상은 선교의 새로운 개척지를 발견하는 것이었다. 최근에 강조되고 있는 새로운 개척지는 우리가 간과하고 지나쳐 버린 '미전도 종족들'이다.

참전용사들의 새로운 전략이 새로운 선교 시대를 열었다고는 할 수 없어도, 미국교회의 세계 선교에 엄청난 활력을 불어넣은 것이 사실이다. 제2차 세계대전 참전용사들의 선교운동은, 반세기 전에 일어났던 '학생자원운동'(Student Volunteer Movement, SVM)을 훨씬 능가하는, 금세기에 일어난 가장 거대한 선교운동이었다고 이야기할 수 있다.

그리고 당시에 새로 생겨난 150개 선교단체의 특징은, 기존의 선교단체들에 기술적 지원을 한다는 점이었다. 참전용사들은 전쟁 경험을 통해 무선 전신 기술, 라디오 기술, 비행기 운항 기술, 인쇄 기술, 행정과 경영 기술, 어려운 결정을 내리는 기술 등 탁월한 신기술을 습득했고, 그들이 참여한 새로운 선교단체들은 이런 신기술로 무장할 수 있었다. 그리하여 기존의 선교단체들을 기술적으로 지원하는 새로운 선교 모델이 등장하게 되었다.

변화하는 세계 선교단체들

이 시대에 세계 선교단체들이 어떻게 변화했는지 살펴보도록 하자.

첫째, 기존의 선교단체들을 돕는 '서비스 선교단체들'(Service Missions)이 생겨났다. 그 결과 세계 선교는 새로운 국면을 맞게 되었다. 이들 신생 선교단체들은 신기술을 선교에 접목했다. 이들은 무선 전신 기술, 비행기 운항 기술, 문서 제작 기술, 어린이 전도 등으로 전문인 선교 시대를 열었다. 또한 구호 활동과 개발을 전문적으로 담당하는 선교단체들도 생겨났다. 참전용사들은 외국에 나가 전쟁을 하는 동안 고아들과 위기에 처한 아이들을 보며 많은 것을 깨달았고, 이런 새로운 인식은 구호와 개발 운동의 형태로 나타나게 되었다.

둘째, 선교단체의 국제화가 일어났다. 이전의 선교단체들은 한 국가에서 조직된 선교단체가 세계 선교를 하는 형식이었다. 하지만 단일국가적 배경을 가진 선교단체들이 하나둘씩 국제화의 여정에 합류했다. 단일국가에서 조직된 선교단체들이, 여러 나라에서 회원을 모집하여 여러 나라를 섬기는 구조로 변화하여, 진정한 의미의 국제적인 선교단체가 된 것이다. 어떤 경우에는 선교 현지 출신을 정회원으로 직접 영입하기도 했다.

물론 쉬운 변화는 없다. 국내 선교단체가 국제적인 선교단체로 탈바꿈하는 작업은 쉬운 일이 아니었다. 선교단체를 국제화하는 방법을 설명해 주는 책이 있는 것도 아니었다. 한 가지 흥미로운 현상은 2000년까지 자신의 선교단체 이름에 국제(International)라는 단어를 포함한 선교단체들이 10여 개로 늘어났다는 것이다. 하지만 사실 단체의 이름이 변화한 것일 뿐, 그 이상의 특별한 의미가 있는 것은 아니었다. 서구 나라들이 연합하여 새롭게 국제화된 선교단체를 후원한다는 것을 시사하는 정도에 불과했다. 서구 선교단체 가운데 '중국내지선교회'(China Inland Mission, CIM)는 'OMF 선교회'(Overseas Missionary Fellowship)로 이름을 바꾸었고, 점점 더 많은 국제단체나 비서구권 선교사들을 회원으로 영입하면서 그 수를 늘려 나갔다.

셋째, 제3세계 선교단체들이 생겨났다. 이는 새로운 현상이었다. 비서구권 교회들이 직접 새로운 선교단체들을 만들어 선교사를 파송하기 시작한 것이다. 사실 이는 오래전부터 당연히 있어야 했던 일이었지만, 아쉽게도 서구권 선교사들은 이런 일의 필요성을 강조하지 못했다. 이러한 비서구권 선교단체들은 '제3세계 선교단체들'이라 불린다.

하지만 예외적인 선교단체가 하나 있다. '기독교 연합 선교회'

(Christian and Missionary Alliance, CMA)가 동아시아에서 이룩한 선교적 업적은 탁월하기 그지없다. CMA는 동아시아 지역에서 교회를 개척할 때, 언제나 선교부도 반드시 조직하게 했고, 그 결과 현지 교회들은 시작 단계부터 선교를 했다. 필리핀에서 파송되는 CMA 선교사의 경우, 미국 CMA 본부가 아닌 현지 필리핀의 CMA 교회가 지원하고 파송하고 있다.

인종집단이나 인간집단에 주목하라

20세기에 이르러, 선교 전략에 놀라운 변화들이 일어났다. 그 가운데 가장 큰 변화는 도널드 맥가브란의 선교 전략을 통해 일어났다. 맥가브란의 가족은 인도에서 3대째 선교사로 사역해 왔다. 따라서 맥가브란은 선교 현지의 인간집단들 사이에 존재하는 언어적 장벽뿐만 아니라, 문화적 장벽의 존재까지도 확실히 인식할 수 있었다. 이를 바탕으로 그는 새로운 선교 전략을 주장했다.

맥가브란은 특정 인간집단에서 한 사람이 복음을 받아들이고 기독교인이 되었다면, 그 개종자를 다른 사람들이 다니는 교회의 회원으로 삼지 말고, 그가 속한 집단에 돌아가도록 하여 그들을 위한 '하나님의 다리'가 되도록 해야 한다고 주장했다. 이것이 맥가브란의 유명한 '하나님의 다리'(bridges of God) 전략이다.

맥가브란은 미전도 종족 가운데 한 사람이 복음을 처음으로 받아들이는 것이, 전략적으로 얼마나 중요한 사건인지 알았다. 이는 이미 많은 개종자가 있는 인간집단에서 추가적인 개종자가 나오는 것과는 본질적으로 다른 것이다. 왜 그런가? 한 집단의 첫 번째 개종자가 자신의 집단에 그 누구보다 효과적으로 복음을 침투시킬 수 있기 때문이다. 이는 선교 전략에서 매우 중요한 통찰이었다.

맥가브란의 통찰은 동일 인간집단을 중심으로 하는 교회 설립에 관한 전략으로 발전했다. 새로운 인간집단의 첫 개종자를 기존 교회 구성원으로 삼기보다는, 지금까지 문화적 장벽으로 말미암아 복음에 닫혀 있던 새로운 사회 계층에 복음을 전달하는 '하나님의 다리'로 사용하는 전략은 매우 탁월한 것이다.

맥가브란의 통찰은 훌륭하지만, 이 전략은 새로운 미전도 종족을 보게 한다. 맥가브란의 말대로 문화적 장벽 때문에 복음이 들어가지 못했던 새로운 인간집단 가운데 복음을 받아들인 개종자의 전략적 가치가 크다면, 아직 단 한 사람의 개종자도 없는 미전도 종족에 초점을 맞추어야 한다. 문화적 장벽 때문에 복음과 격리되어 있는 그들에게 특별한 관심을 쏟아야 한다.

윈터는 이러한 '미전도 종족'의 중요성을 강조했다. 윈터가 이 주제를 꺼냈을 때, 맥가브란은 약간 당황했다. 그는 선교단체들이 새로운 인간집단을 전도하기 위해, 이미 존재하고 있는 하나님의 다리를 찾는 일에 성심을 다해 주기 바랐기 때문이다. 그러나 때늦은 지혜이긴 하지만, 하나님의 다리 전략도 중요하고 미전도 종족 전략도 중요하다. 맥가브란은 윈터가 주장한 미전도 종족 선교 전략의 중요성을 이해하게 되었고, 미전도 종족 선교운동에 동참했다. 곧이어 다른 선교단체들도 미전도 종족 선교운동에 참여하게 되었다. 사실 미전도 종족 선교 이론은 윈터가 '하나님의 다리' 선교 전략에서 얻은 선교적 통찰을 바탕으로 시작된 것이다. 구체적으로 말하면, 문화적 장벽의 전략적 중요성에 대한 맥가브란의 통찰에서 시작한 것이다.

하지만 안타까운 일이 있다. 동일집단 교회들에 대한 오해가 생긴 것이다. 상당수의 사람이 '동일집단 교회들'을 일종의 인종 차별로 여기지만, 사실 동일집단 교회는 인종 차별이 아니다. 서로 언어가 통하고 같은 문화적 전통을 공유하는 사람들과 어울리는 것은 당연한 일이다. 끼리끼리 모이는 것이 억지로 섞이는 것보다 더 자연스럽다. 우리는 문화적 전통을 가볍게 생각해서는 안 된다. 미국에는 흑인들 주도의 '블랙 파워'(black power), 황인종의 '브라운 파워'(brown power) 등을 비롯하여 다양한 문화권의 문화적 자부심이 있다. 이는 엄연한 현실이다. 이러한 선교 현장의 현실은 맥가브란의 선교 전략의 적절성을 보여 주는 것이다.

로잔 운동(Lausanne Movement)과 WEA, GCRT, GNMS

IMC가 와해되기 시작하자, 칼 헨리(Carl Henry)는 그 상황을 심각하게 걱정했다. 당시 칼 헨리는 시대를 대표하는 걸출한 복음주의 신학자였다. 그의 부인은 카메룬에서 사역하던 선교사의 딸이었기에, 헨리는 선교에 대한 헌신이 남달랐다. 빌리 그래함(Billy Graham)과 친분이 두터웠던 헨리는, 빌리 그래함에게 1966년 베를린 세계 복음화 대회를 함께 후원하지 않겠느냐고 제안했다. 빌리 그래함은 헨리의 권고를 받아들였고, 세계 복음화 대회는 대성공을 거두었다. 그들은 그 연장 선상에서 2차 대회를 개최하기로 했다. 그것은 세계 선교를 더욱 강조하는 선교대회였다. 그것이 바로 1974년에 스위스 로잔에서 열린 '세계 복음화 국제 대회'(International Congress on World Evangelization)다.

이 로잔 대회는 훨씬 더 성공적이었으며, 세계 선교에 놀라운 영향을 주었다. 로잔 대회의 참석자 중 타문화권에서 문화적 장벽을 넘어 선교하는 사역자들이 20%나 되었다. 또한 로잔대회는 그 유명한 로잔 언약(Lausanne Covenant)을 발표했다. 존 스토트(John R. Stott)가 초안을 잡았고, 대회 기간에 로잔위원회가 이를 수락하고 공식화했다.

로잔 언약에는 선교 활동에 관한 실제적인 내용이 충분히 포함되어 있다. 그러나 사실 선교 활동에 관한 패배 의식이 다소 느껴진다. 지금까지의 선교가 대부분 실패했기에 큰 소망을 잃었으나, 그런 실망감을 떨쳐 버리고 열심히 해보자는 정도로 보인다. 어쨌든 로잔 위원회는 1989년 필리핀 마닐라에서 두 번째 대회를 개최했고, 거기서 '마닐라 선언'(Manila Manifesto)이 공표되었다. 이 마닐라 선언문이 선교 활동에 관한 그 어떤 선언문 중에서도 가장 탁월한 선언문이다. 마닐라 선언문은 '미국 세계 선교 센터'(U.S. Center for World Mission, USCWM) 등 여러 기관의 입장을 잘 반영했으며, 그것 역시 존 스토트가 위원장을 맡아 초안을 작성한 것이다.

로잔 운동에는 중요한 특징이 있다. 첫째, 로잔 운동은 포용성이 있었다. 로잔 운동은 세계를 여러 지역으로 나누어, 여러 지역에서 선교대회를 개최했다. 그 과정에서 다양한 복음주의자와 교단, 선교단체들을 하나로 아우를 수 있었다. 이에 반해 '세계 복음주의 연맹'(World Evangelical Alliance, WEA)은 로잔 운동보다는 배타적이었다. WEA는 회원제로 운영되어, WEA의 신앙고백에 일치하는 교단을 회원으로 받아들였다. 그와 달리 로잔 운동은 개교회와 개인 참여자들도 수용했다. 교단과 교파도 가리지 않았다. 따라서 로잔 대회에는 WEA에 전혀 모습을 드러내지 않았던 교단의 대표자들도 참여했다. 루마니아에서는 50만 교인을 자랑하는 '주의 군대'(Lord's Army) 교단 대표도 참여했고, 라트비아에서는 루터교단 대표가 참여했다. 이들은 WEA에서는 전혀 주의를 기울이지 않던 단체들이었다.

로잔 운동의 두 번째 특징은 복음 전도라는 기본 정신에 충실했다는 것이다. 그들은 교회 지도자들뿐만 아니라 기성교단 지도자, 복음주의 이전 교회의 지도자들도 받아들였다. 로잔 운동은 세계 복음 전도를 위한 전도 전략을 세우는 데 다양한 복음주의 전통을 하나로 융합했다.

1974년 로잔 대회 때, 윈터도 주 강사로 참여했다. 그때 윈터의 원고를 미리 검열한 주최측은 '선교'라는 단어를 모두 빼 달라고 부탁했다. 그래서 윈터는 그 강의의 제목을 "타문화 복음 전도: 최고의 우선순위"(Cross Cultural Evangelism: The Highest Priority)로 바꾸게 되었다. 그리고 평소 즐겨 사용하던 선교 전문용어인 M-1, M-2, M-3 등은 전도 전문용어 E-1, E-2, E-3 등으로 바꾸었다. 즉, 선교(M)를 전도(E)로 바꾼 것이다. 아마도 당시 로잔 운동을 대표하여 정부의 협조가 필요했던 빌리 그래함은, 선교 대신 전도라는 단어를 사용하여 불필요한 정부의 견제를 미리 차단하려 했던 것으로 판단된다. 당시 정부 관계자들은, 선교는 외국 선교사나 선교단체가 참여하기에 외국의 영향력을 허용하는 것이지만, 전도는 주로 내국인들이 하는 것이라고 생각했기 때문이다.

물론 빌리 그래함의 생각에도 일리가 있다. 하지만 빌리 그래함의 논리에는 그 전제 자체에 문제가 있다. 그는 선교 대상 국가 안에, 전도에 초점을 맞추는 교회나 선교단체가 존재한다는 전제로 전도 전략을 개발했다. 즉, 그의 전도 전략은 기존에 이루어지고 있던 선교 사역에 전적으로 의존하는 것이 될 수밖에 없다. 따라서 이 전략은 지금까지 복음이 전혀 전해진 적이 없는 전방 개척지는 염두에 두지 않는 전략일 뿐이다. 기성교회도 선교사도 전혀 없는 미전도 종족은 어떻게 접근할 것인가?

'노르웨이 선교사 협의회'(Norwegian Missionary Council, NMC)라는 단체는 IMC 운동에 적극 참여했지만, IMC가 WCC에 흡수 통합된 이후에 무미건조해진 IMC를 떠나고 말았다. 그리고 그 이후 전 세계 여러 나라에서 교회들이 눈부시게 성장했다. 선교사 파송단체도 엄청나게 늘었다. 그러나 어떤 선교학자들은 "이제는 나라마다 교회들이 많이 있기에, 예전처럼 선교사들을 파송하는 선교단체 체제는 불필요하게 되었다"고 주장한다. 그러나 NMC와 같은 선교단체들과의 교류와 협력 없이 세계 선교를 논할 순 없다.

물론 선교단체가 불필요하다는 관점은 교회들이 이미 존재하는 특정 국가의 경우에는 유익할 것이다. 하지만 우리가 주목해야 할 사실은, 지금이 더는 국경으로 국가를 구분하여 선교 전략을 세우는 시대가 아니라는 것이다. 이제는 약 2만 4천 개의 인간집단으로 세계를 구분하여 이해해야 한다. 만약 우리가 이런 민족집단의 관점에서 생각하면, 현실을 좀 더 정확하게 직시할 수 있다. 사람들은 아직도 전통적인 선교 관점을 선호한다. 그러나 국가 개념으로 전도 전략을 수립하면, 소수민족을 간과하는 심각한 오류를 빚게 된다. 복음화가 이루어진 국가라 하더라도, 기존 교회들의 사역 영역 밖에서 살아가는 미전도 종족들이 있기 때문이다.

실제로 한 국가 내에 존재하는 다양한 민족 갈등 문제는, 선교 전략에서 매우 중요하다. 거리상으로는 가까운 부족들이나 민족들이 역사적으로는 오랜 갈등을 빚어 온 경우가 허다하다. 따라서 한 민족집단이 복음을 받아들였다고 해서 그들이 가까운 거리에 사는 다른 민족에게 자동적으로 복음을 전할 것이라는 생각은 절대로 현실적인 전략이 될 수 없다. 여기에 문화인류학적 통찰이 필요하다. 문화인류학자들 사이에서 유명한 격언이 하나 있다. "가장 가까운 사람이 가장 멀리 있는 사람이다."

실례를 하나 들어 보겠다. 노르웨이계의 라플랜더족(Laplanders)은 가까이 사는 노르웨이인 선교사들보다는 나바호(Navaho) 인디언 선교사를 훨씬 환영할 것이다. 라플랜더족과 노르웨이 사람들은 비록 가까우나, 서로 적대감이 있기 때문이다. 이와 유사한 경우로, 미국 애리조나 주에 사는 아메리카 인디언 주니(Juni)족은, 과거 자신들을 박해했던 미국인에 대한 적대감 때문에, 같은 애리조나 주에 사는 미국인들보다도 캐나다 출신 선교사를 더 선호할 것이다.

선교 전략은 현실적이어야 한다. 위에서 언급한 경우들을 보면 직관적인 선교 전략이 언제나 옳은 것만은 아님을 알 수 있다. 현지 상황을 무시하고 '현지인들에게 선교비만 보내 주면 그들이 가까이 사는 이웃 민족들을 전도할 것'이라고 생각하는 현지인 후원 전략은 너무 순진하며, 득보다 실이 많은 전략이다. 이와 같은 맥락에서, 단기선교사들이 타문화권에서 오랫동안 사역하면서 현지 문화를 익힌 장기선교사와 연결되지 않은 채 독자적으로 사역을 진행하는 것도 바람직하지 않다. 그런 단기선교사들 자신은 타문화권을 경험할 수 있을지 몰라도, 실제로는 효율적인 선교를 할 수 없을 뿐 아니라, 심한 경우 선교에 해악을 끼칠 수도 있다. 단기선교사들은 타문화권 선교에 더욱 신중하게 접근해야 한다.

결론을 내리겠다. 선교 전략은 매우 복합적이다. 그렇기에 지역 교회가 타문화 선교 경험이 많은 선교사 파송 단체를 통하지 않고 자체적으로 선교사를 직접 파송하면 실패할 확률이 높다. 지역 교회와 달리, 전문 선교단체는 오랫동안 선교 현장에서 전혀 예상하지 못했던 여러 문제와 씨름하며 선교 전략을 세워 왔다. 따라서 이런 전문 선교단체를 효과적으로 이용하는 것이 좋을 것이다.

다시 NMC로 돌아가 보자. 그들은 무미건조해진 IMC를 떠났다. 그들은 뜻을 같이하는 주변 선교단체들을 모아 '지상명령 좌담회'(Great Commission Round Table, GCRT)라고 불린 조직을 설립했다. 이 조직은 NMC가 주도하고, AD 2000 운동, 로잔 협의회, '세계 복음주의 협의회'(World Evangelical Fellowship, WEF), 빌리 그래함 전도협회 등이 참여했다.

그 후 빌리 그래함 전도협회 대표를 제외한 GCRT 대표들은 여러 번 회합을 가졌다. GCRT는 지금도 세계 선교를 위한 핵심 단체들이 모인 '원로들의 원탁회의' 형식으로 남아 있다. 그들 가운데 세계 신교의 원로라고 주장할 수 있는 사람은 그리 많지 않지만, 원로들의 원탁이기 때문에 '선교구조의 글로벌 네트워크'(Global Network of Mission Structures, GNMS)를 조직할 때 협조와 자문을 해

주었다. GCRT는 GNMS 사역의 설립에 찬성하며, 축복해 주었다.

GNMS는 2005년 4월 암스테르담에서 전 세계 28개의 선교단체 대표들이 모여 결성한 모임이다. 이들은 의도적으로 소수 정예로 네트워크를 조직했다. 우선 말레이시아에 사무실을 두기로 했고, 미국 캘리포니아에 법인 등록을 했다. 앞으로 미전도 종족 선교를 위해 GNMS가 아주 긍정적인 역할을 하게 될 것으로 기대된다.

특정 국가나 특정 지역만을 대표하는 선교단체 협의회들이 많다. 물론 그들은 자신이 속해 있는 국가나 지역을 책임지고 선교할 수 있을 것이다. 하지만 오늘날은 전 세계적으로 복합적인 인구 이동이 이루어지는 시대다. 따라서 우리에게는 인간집단의 이동을 추적하는 범세계적인 데이터 관리 체계가 필요하다. 우리가 인간집단을 목표로 선교 전략을 세운다면 어떻게 할 것인가? 어떤 인간집단이 특정한 전략을 통해 복음을 더 잘 받아들이는 것이 확인된다면, 그 전략에 중점을 두고 사역하는 것이 좋을 것이다. GNMS가 이런 사역을 효율적으로 감당할 수 있을 것이다.

이번 장에서는 제2차 세계대전 이후 달라진 선교 환경에 대해 살펴보았다. 다음 장에서는 인도, 아프리카, 그리고 중국 등지에서 일어나고 있는 새로운 기독교 문명운동 현상에 대해 살펴보겠다.

17장

서구적 기독교를 넘어서는 기독교 문명운동

이번 장에서는 새롭게 부상하는 비서구 기독교 문명에 관한 전망을 다룰 것이다. 사실 서양의 관점에서 볼 때, '서구적 기독교를 넘어서는 기독교 문명운동'이란 다소 도발적인 주제다. 하지만 이 주제를 논하는 것은 지극히 '개인적인 기독교'를 선호하려는 것도, 자신들의 역사에 자부심을 가지고 있는 서구적 기독교를 도발하려는 것도 아니다. 사실 기독교 운동은 근본부터 개인주의적 운동이 아니다. 온 가족, 인간집단, 공동체, 그리고 전 국가와 국민을 아우르는 집단적 운동이다. 성경적인 신앙은 어떤 특정 인물만의 지극히 '개인적인 기독교' 형식으로 나타날 수 없다. 개인적인 기독교는 역사 속에서 지속성을 유지할 수 없다.

루터교 신학자인 허버트 호퍼(Herbert Hoefer) 박사는 《교회당 없는 기독교》(*Churchless Christianity*)라는 제목의 책을 저술했다. 허버트 호퍼는 루터교 미주리 대회 원로이자 존경받는 신학자로, 선교지 신학교에서 여러 해 동안 선교학을 가르쳐 온 인물이다. 《교회당 없는 기독교》는 호퍼가 남부 인도 최대 도시인 첸나이(전 마드라스 시)의 인구 표본을 통계학적으로 분석하여 작성한 일종의 현장 보고서로, 서구적 기독교를 넘어서는 인도의 기독교 문명운동에 관한 아주 확실한 자료와 증언을 제시하는 책이다.

호퍼는 인도에서 일어나는 새로운 기독교 문명운동에 관해 자세히 기술한다. 이 책에서 호퍼는 서구적 교회와는 전혀 다른 기독교 신앙인의 독특한 모습을 보여 준다. 우리가 편하게 생각하는 서구화된 기독교 형식과는 전혀 다른 방식으로 신앙생활을 하지만, 그 누구보다 예수 그리스도를 참되게 믿는 수많은 인도인 그리스도인이 인도에 얼마나 많은지를 이야기한다. 이 점은 매우 놀랍다.

서구인들이 생각하는 교회의 모습은 당연히 서구의 문화 양식을 반영한 모습이다. 그들은 서구적 문화 양식을 따라 살아간다. 그러나 호퍼는 서구적 기독교만이 유일무이한 기독교가 아니라고 주장한다. 그는 이런 서구적 기독교가 가진 서구 교회의 문제점을 좀 더 심각하게 다룬다. 그 과정에서 호퍼는 '교회당 없는' 기독교라는 개념에 이르게 되었다. 그가 '교회당이 없는' 이라는 말을 사용한 것은 실제로 교회나 교회당이 없다는 의미가 아니다. 서구적이며 공식적인 기독교 교회 운동과는 전혀 상관없는, 지금 인도에서 일어나는 새로운 기독교 운동에 초점을 맞추어 이야기한 것이다. 그렇다고 인도 첸나이에서 일어난 새로운 기독교 운동에 교회 모임이나 교제가 없다는 말이 아니다. 인도 문화에 맞는 독특한 가정 친교 모임들이 존재할 뿐이다.

호퍼는 첸나이 인구 1,300만을 대상으로, 통계학적 방법론을 사용하여 표본을 추출하고 분석했다. 그의 분석에 따르면, 첸나이 인구 75%는 그리스도에 관하여 신학적으로 잘 이해하고 있었다. 그리스도에 대한 그들의 이해도나 평가는 유럽인들의 평균치보다 훨씬 높았다. 그리고 나머지 25%는 예수님을 아주 잘 믿는 진실된 신자들로 분석되었다. 하지만 그들은 서구식 교회에 가지 않고, 가정 교회 형식으로 집에서 성경을 공부하고 예배를 드리고 있었다. 호퍼는 이렇게 신앙생활을 하는 25%에 대해 '교회당 없는 기독교'라고 불렀다. 이 숫자는 공식적인 교회당에 출석하는 첸나이 기독교인 통계치보다 두세 배나 높은 것으로 나타났다. 이는 실로 놀라운 사건이다.

윈터는 호퍼의 의견에 동의하면서도, 한 가지를 염려했다. '교회당 없는 기독교'(churchless Christianity)라는 용어가 불필요한 오해를 살 가능성이 있다고 생각한 것이다. 윈터는 '교회당 없는 기독교'라는 용어보다는 '서구적 기독교 냄새가 없는 교회'(Christianity-less churches)라는 용어가 더 적절하다고 생각했다. 왜냐하면 비록 첸나이 기독교 운동이 교회당을 중심으로 하는 공식적인 기독교 운동과 직접적인 관계가 없더라도, 첸나이 기독교 운동은 분명히 '가정교회'라는 교회 형식을 가지고 있기 때문이다. 첸나이 기독교 운동은 그들만의 독특한 현지 문화적 특징을 가지고 있는 기독교다.

이렇게 인도 문화에 적합한 가정교회 운동에 참여하는 수백만 명의 신자는 독특한 성격을 띤다. 그들은 서구 기독교와 연관을 맺고 싶어 하지 않을 뿐만 아니라, 달리트(Dalit) 같은 불가촉천민들과도 상관하고 싶어 하지 않는다. 개인적으로 그리스도를 믿는 형식을 가지고 있으면서도 인도의 가장 낮은 계층인 달리트나 서구 기독교와는 전혀 상관이 없는, 매우 독특한 기독교 운동이다. 서구 문화는 대가족이 아닌 핵가족을 선호하고, 높은 이혼율이나 포르노, 알코올의존증, 방탕함, 높은 범죄율 등의 문화적 분위기를 갖고 있다. 이러한 관점에서 봤을 때, 인도 첸나이의 기독교 운동은 '서구적 기독교 냄새가 없는 가정교회'(Christianity-less house churches)라고 부를 수 있을 것이다.

한편 인도의 또 다른 지역은 첸나이와는 다른 양상을 보인다. 인도 북동쪽 부족들은 인구가 그리 많지 않음에도, 기독교인 비율이 무려 75%에서 95%에 이른다. 그중에는 신앙과 생활이 분리된 서구 양식을 좋아하는 신자도 있다. 즉, 서구적 신앙 형식을 따르는 기독교도, 또는 서구적 신앙 형식을 따르지 않는 기독교도 인도는 물론 전 세계 어느 곳에서든 성장하고 부흥할 수 있다.

이 장에서 우리는 이러한 세계적인 문화 변화 현상을 살펴보면서, 세 시대의 문명 변화를 살펴볼 것이다. 세 시대는 바로 신약 시대, 종교개혁 시대, 그리고 현대 세계화 시대다.

신약 시대의 문명 변화

복음은 문화라는 그릇에 담기지만, 문화를 초월한다. 앞서 우리는 믿음의 보화를 담았던 다양한 문화적 '질그릇'들을 살펴보았다. 즉, 여러 시대를 대표했던 기독교 문화와 문명들을 살펴보았다. 구약에서 신약에 이르는 다양한 시대를 살펴보았고, 콘스탄티누스 황제가 등극하면서 로마 제국 중심의 기독교 문명으로 바뀌며 가장 큰 문화적 '질그릇'의 변화를 일으킨 것을 살펴보았다.

사실 로마 문화 전통이 나타나 이런 큰 변화를 일으키기 전까지, 구약 시대 동안 일어난 변화들은 동일한 문화 내에서 시간이 흐름에 따라 일어나는 통시적(diachronic) 변화였다. 하지만 신약 시대에 와서는 더 근본적인 변화인 '측생적'(lateral) 변화가 일어났다. 측생적 변화는 한 문화가 다른 문화로 넘어가면서 문화적 외형이 바뀌어 원래 문화와는 판이해지더라도, 원래 문화에 담겨 있던 복음의 순수성은 계속 존속된다는 것이다.

문화가 외형적으로 변화하는 시기에는 혼란이 가중된다. 특정 문화 형식으로 복음을 처음 받아들인 사람들은, 새로이 등장하는 현대적 문화 형식으로 전달되는 복음은 타당하지 않다고 생각하기 때문이다. 유대인들은 개종 후에도 계속 헬라 문화 속에서 살아가는 헬라인은 신실한 그리스도인이 아니라고 생각했다. 유대 문화, 유대 음식, 유대 의복, 유대 언어 등을 받아들이지 않고서는 신실한 그리스도인이 될 수 없다고 생각한 것이다. 이처럼 그들은 유대 문화 형식 속에 갇혀 있었다. 그러나 헬라인들은 자신들이 갖게 된 진실한 신앙을 표현하기에는 유대 문화 형식이 너무 고리타분하다고 생각했다. 심지어 유대 문화 형식이 시대에 뒤떨어지고 부족하며, 잘못되었다고 생각했다.

로마 가톨릭교회는 어떠한가? 로마 가톨릭교회는 지중해 문화라는 배경을 가지고 있다. 그들은 독일 게르만 문화 형식들로는 도저히 복음이 표현될 수 없다고 생각했다. 그러나 종교개혁은 복음을 게르만 문화형식이라는 그릇에 담을 수 있게 만들었다. 이제 이 종교개혁 시대를 살펴보자.

종교개혁 시대의 문명 변화

종교개혁은 복음을 게르만 문화 형식에 담아내는 데 성공했다. 독일 게르만 문화 형식 안에서 성경적인 신앙을 소유하고 있던 사람들은, 지중해 문화 형식으로 이루어진 가톨릭 신앙을 더는 유효한 신앙으로 인정하지 않았다. 오히려 지중해 문화 형식을 게르만 문화 형식의 복음으로 대체해야만 한다고 강하게 주장했다. 반면 지중해 신앙 형식을 가진 로마 가톨릭은 게르만 신앙 형식을 정당한 것으로 인정하지 않았다. 이는 신약 시대에 나타났던 유대 문화 형식과 헬라 문화 형식 사이의 갈등이 그대로 재연된 현상이다. 이것이 자문화중심주의의 병폐다.

이렇듯 지중해 문화 형식과 게르만 문화 형식이 다투었음에도, 종교개혁 시대에는 이미 다양한 기독교 문화가 공존하고 있었다. 마니교의 후예였던 조로아스터교도들의 흔적은 아직까지 프랑스 남부 지역의 카타르파(Cathari) 신자들 가운데 남아 있다. 당시 가톨릭교회는 조로아스터교를 완전히 제거하려 노력했으나, 성공하지 못했다.

또한 그 무렵 독일의 농부들은 기독교 신앙을 수용하며 성경을 읽게 되었는데, 가톨릭교회나 루터 교회 전통은 따르지 않고 그들만의 독특한 신앙 형식을 고수했다. 비슷한 시기에 재세례파 운동도 매우 강하게 일었다. 그들은 종교개혁을 일으킨 제3의 개혁세력이라고까지 불렸다. 지금까지도 가톨릭교회 전통과 재세례파 전통 사이에는 사회적 거리감이 존재한다. 이 거리감은 신교와 구교에만 있는 것이 아니다. 개신교와 재세례파 사이에도 상당한 사회문화적 거리감이 있다.

여러 문화를 바탕으로 하는 기독교 전통 가운데 가장 강력한 신앙이자 문화 양식은 바로 가톨릭 전통이다. 가톨릭 전통이 다른 전통들과 다른 점은, 고유한 언어인 라틴어를 단일 언어로 계속 유지해 왔다는 것이다. 라틴어는 수 세기 동안이나 생명력을 지속했다. 라틴어는 무역 언어, 그리고 학문 언어로 귀중한 역할을 감당했다. 이는 오늘날 영어가 세계어가 되어 중요한 역할을 감당하며 순기능을 하는 것과 같다. 하나의 통일된 언어로 연합을 유지한다는 비전은 소중한 것이었다. 사실 유럽 전역이 하나의 공용어인 라틴어로 소통한다는 사실은 엄청난 특전이었다. 공용어를 유지하려는 고귀한 정신은 언어 문화적 분리를 막고 연합을 유지하려는 '하나의 통일된 정신'이었다. 그러나 종교개혁은 이 통일 정신을 여지없이 깨뜨리고 말았다.

동방 정교회의 경우는 달랐다. 흥미롭게도 그들은 헬라어를 사용하는 전통을 유지했으나, 헬라어 하나만을 고집하는 정책은 오래전에 포기했다. 그리하여 동방 정교회는 다양한 언어 문화 전통을 가진 다양한 모습으로 존재하게 되었다. 이런 동방 정교회의 언어 문화적 개혁은 종교개혁 이전에 일어난 종교개혁이라 할 수 있다.

하지만 로마 가톨릭 관점에서 보면, 하나의 통일된 언어와 문화를 추구하는 가톨릭 정신이 깨진 것은 엄청난 비극이었다. 가톨릭 내부에 긴장과 두려움이 엄습했다. 역사가 케네스 스콧 라투렛은 종교개혁 이후에 가톨릭교회가 느꼈던 긴장감을 '분열 번식의 경향'(fissiparous tendency)이라는 용어로 설명했다. 두려움에 휩싸인 가톨릭교회는 모든 원인을 개신교에 돌리며 그들을 박해했다. 하지만 가톨릭교회의 박해는 결과적으로 다양한 문화적 배경을 가진 여러 신앙 형식으로의 개혁을 부추겼다. 이런 현상 역시 가톨릭교회가 볼 때는 소름 끼치도록 혐오스러운 일이었다. 가톨릭교회는 하나의 문화 전통과 하나의 언어로 된 하나의 우주적 교회(universal church)를 지향해 왔기 때문이다. 교회의 다양성을 예견하지 못한 가톨릭교회는 문화적 다양성에 대해 완고하게 저항했지만, 결국 하나의 유일한 교회를 향한 그들의 꿈은 결국 산산이 조각나고 말았다.

가톨릭교회 지도자들이 문화적 다양성에 완고한 태도를 보인 것과 달리, 가톨릭 선교사들에게는 문화적 유연성이 있었다. 가톨릭 선교사들은 선교지 문화에 따라 다양한 선교 전략을 구사했다. 가톨릭 선교사들이 취했던 두 가지 극단적인 선교 전략의 예를 들어 보겠다. 1540년 페루에서 사역하던 예수회 선교사들은 '매질'을 선교 전략으로 채택했다. 페루 원주민 가운데 가장 세력이 큰 잉카 사람들을 교회로 인도하고, 그들이 신앙을 고백하도록 매질을 하기로 한 것이다. 하지만 60년 후인 1600년 무렵, 중국에서 사역하던 예수회 선교사들은 정반대의 전략을 채택했다. 이들의 선교 전략이 이렇듯 극단적으로 바뀐 이유는 무엇일까? 페루에서 사역하던 예수회 선교사들은 현지어를 전혀 할 줄 몰랐다. 또한 잉카인 학자들을 존경하지 않았으며, 잉카인의 의복도 입지 않았다. 반면 중국에서 사역하던 예수회 선교사들은 중국 학자들을 진심으로 존중했으며, 중국 복장을 즐겨 입었다. 이것은 예수회의 두 가지 극단적인 선교 정책을 보여 주는 사례다.

당시 중국에서 사역하던 예수회 선교사들은 '문화 적응 정책'을 받아들여, 중국 문화에 적극 동화되었다. 얼마나 많이 동화되었던지, 중국에 간 선교사들이 기독교 신앙을 이교 신앙과 혼합하는 혼합주의에 빠졌다는 보고가 바티칸에 자주 당도할 정도였다. 이에 이러한 선교가 옳은 것인지에 관한 논쟁이 벌어졌다. 70년 동안 바티칸과 중국 선교 현지를 배로 왕래하며 이루어진 선교 전략에 관한 토론은 슬픈 역사로 기록되어 있다. 바티칸 교황은 중국의 유교 의례에 부정적인 견해를 피력했고, 바티칸의 강경한 결정은 중국 황제를 격노케 했다. 결국 중국 황제는 모든 선교사를 중국에서 추방하게 되었다. 이를 가리켜 '중국 의례 논쟁'(中國儀禮論爭, Chinese Rites Controversy)이라 부른다.

바티칸의 교황은 중국 기독교가 유교 문화를 수용하는 것을 거부했다. 하지만 리치를 비롯한 예수회 선교사들은 탁월한 결정을 내렸다. 중국에서 복음을 전하기 위해서는 선교사들이 중국어를 하고 중국 고전들을 읽으며 중국식 옷을 입는 것이 바람직하다고 판단한 것이다. 그러나 당시 바티칸은 가톨릭 문화가 아닌 유교적인 중국 문화를 수용하지 않기로 했다.

현대 세계화 시대의 문명 변화

당시 교황은 자신의 관점에서 타종교를 대했다. 수 세기 동안 바티칸 교황은 선교적 문화 적응 전략을 펴는 예수회 선교사들에게 적대적인 칙령을 내렸다. 그리고 그 칙령들은 중국 황제의 분노를 샀고, 결국 모든 선교사를 중국에서 추방하라는 명령을 내리게 했다.

이런 선교 전략을 대하는 시각은 정말 다양하다. 근래에 들어서는 선교 지도자들이 자신의 문화만을 주장하기보다는, 이전보다 더 우호적으로 현지 문화에 접근한다. 적어도 17세기의 교황청보다는 훨씬 우호적이다. 하지만 이런 문화 적응 전략을 너무 강조하면, 도가 지나쳐서 한계를 넘어설 수도 있다.

이렇듯 중국 선교에 대한 주제를 다룰 때면 기억나는 기독교 운동이 있다. 수많은 중국 기독교인이 새로운 왕조 건설을 위해 봉기했던 태평천국운동(太平天國運動)이 바로 그것이다. 이 운동은 10년 동안이나 난징을 장악했다. 난징은 당시 중국에서 가장 큰 도시였다. 초기에 이 운동의 지도자들은 상당히 공평하고 정의롭게 백성을 다스렸다. 또한 구약의 말씀 중 일부를 책으로 출판하고, 성경 말씀에 따라 살려고 노력했다. 하지만 모든 것이 정말로 성경적인 것은 아니었다. 태평천국 운동의 지도자는 자신을 '하나님의 또 다른 아들', 즉 '하나님의 중국인 아들'이라고 불렀던 것이다. 당시 이 운동에 대한 선교사들의 관점은 다양했다. 일부는 이 운동이 좋은 결과를 가져올 것으로 보았지만, 다른 선교사들은 이 운동이 정치적인 면에서 너무 도가 지나쳤다고 판단하여 반대했다.

얼마 지나지 않아 비극이 일어났다. 만주 지방 지도자들은 외국 군대의 도움을 받아 그들의 거점도시를 되찾았다. 이 과정에서 영국, 미국, 프랑스의 함포(艦砲)들이 동원되었고, 그리하여 태평천국운동에 참여했던 수만 명이 참혹하게 살해당했다. 이는 종교개혁 시대에 일어났던 농민 운동과 유사하다. 당시에도 수많은 사람이 참혹한 죽음을 맞이했다. 비극이었다.

오늘날은 어떠한가? 오늘날에도 태평천국운동과 비슷한 성격의 운동들이 세계 곳곳에서 일어나고 있다. 아프리카에서도 다양한 카리스마를 가진 지도자들이 일어나 수백 개의 교단이 형성되었다. 이들 지도자는 특별히 신령한 하나님의 능력을 받은 자로서 사람들에게 존경받고 있으며, 신적인 인도를 받는 아주 특별한 자로 인식된다. 하지만 현지에서 사역하는 외국인 선교사들은 그런 카리스마적인 지도자들이 주창하는 혼합주의를 경계한다.

물론 선교지의 문화를 따르는 신앙운동이 모두 이렇게 특별한 신적 능력을 부여받은 것으로 여겨지는 카리스마적인 지도자에 의해 주도되는 것은 아니다. 서구 기독교와는 전혀 다른 방식으로 신앙생활을 하지만 그러한 지도자는 없는 기독교 운동이 아마 두 배는 더 많을 것이다. 이렇게 서구적이지 않은 교회 형식을 가진 아프리카 교회들을 일컬어 '아프리카 독립교회들', 또는 아프리카인이 시작한 교회들(African Initiated Churches, AIC)이라 부른다. 아프리카 독립교회들의 신도수는 5천만 명 이상이며, 2만 개 이상의 교단을 형성하고 있다.

아프리카 독립교회들 내의 다양성은 우리의 상상을 초월한다. 그래서인지 아프리카 독립교회들에 대한 현지 선교사들의 시각도 다양하다. 아프리카 독립교회들에 속한 각 교회는 그 크기와 기질 등에서 정말 복잡하고 다양하기 이를 데 없다.

아프리카 독립교회들 가운데 가장 큰 교단조직으로는 킴방구 집단이 있다. 이 교단은 콩고에서 출생한 시몽 킴방구(Simon Kimbangu, 1889-1951)가 설립한 교단이다. 킴방구는 일부일처제를 엄수하고 우상숭배를 배격했으며, 신유 사역을 했다. 지금은 콩고민주공화국이 되었지만, 당시 콩코는 벨기에의 식민지였다. 그리고 콩고를 통치하던 벨기에 정부는 유럽 문화를 가진 가톨릭교회를 선호했기에, 아프리카 문화적 정체성을 가진 교회를 지향했던 킴방구를 감옥에 수감했다. 킴방구는 38년 동안이나 고달픈 옥살이를 한 끝에 죽었다. 사실 그가 감옥에 수감되던 때, 그를 따르는 신도들은 별로 없었다. 하지만 그가 죽은 후, 매장하기 위해 그의 시신이 감옥에서 빠져나오는 순간, 벨기에 식민지였던 콩고가 갑자기 자이레(Zaire)라는 이름의 국가로 독립을 맞게 되었다. 그를 감옥에 수감했던 교도관들은, 콩고가 독립하는 순간까지 그토록 오랜 세월 살아남아 있던 킴방구가 특별한 신적 카리스마를 가진 사람이었음이 틀림없다고 생각했다. 그는 비록 육신적으로 죽었지만, 자신의 추종 세력을 회복할 능력이 남아 있다고 믿었다.

하지만 사실 킴방구는 그다지 특별한 일을 하지 않았다. 그가 죽으면서 콩코가 독립국가가 되었을 무렵, 킴방구를 따르는 제자가 급속히 늘어나 백만 명을 선회하고 있었기 때문이다. 오늘날 킴방구 기독교를 믿는 사람은 수백만 명에 이른다. 킴방구 기독교는 여러 선교사의 천대를 받았지만, 핍박을 잘 견뎌 내고 성장했다. 그 과정에서 킴방구 신자들은 주위 사람들의 존경을 받게 되었다. 그리고 킴방구 기독교는 지금은 국제적으로 인정을 받아 WCC 회원이 되었다.

우리는 이러한 전혀 새로운 양식을 가진 아프리카 교회들을 어떻게 이해할 것인가? 여기서 탁월한 선교학자인 도널드 맥가브란의 견해를 들어보자. 아프리카 독립교회들에 대한 도널드 맥가브란의 관점은 아주 간단하다. "성경을 잣대로 평가하자. 그들은 성경을 하나님의 말씀으로 존중하는가? 성경을 하나님의 말씀으로 믿고 연구하는 것이 중요하다." 맥가브란은 "그들이 무엇을 믿는가는 별로 중요하지 않다. 그들이 하나님의 말씀을 신실하게 읽고 연구하느냐가 중요하다. 지금 상태만 보고 판단하지 말고, 그들에게 시간을 좀 더 주라. 그러면 그들은 반드시 바른 신앙을 갖게 될 것이다"라고 자주 말했다.

현재 아프리카에서 서구권 선교사들이 사역하면서 설립한 교단들의 수는 4백 개 미만인 것으로 추산된다. 하지만 서구 기독교와 전혀 상관없이 설립된 교회에 속한 아프리카식 신앙을 가진 신자들의 수도 엇비슷하며, 이들은 더욱 활력을 가지고 급속히 성장하고 있다. 서구 교회적 관점에서 보면, 이것은 이제 '통제가 불가능한 상황'이다.

또한 이 장 서두에서 언급한 바와 같이, 인도 교회들 안에서도 아프리카 기독교 운동과 같은 현상이 벌어지고 있다. 중국 안에서도 아주 유사한 일들이 벌어지고 있다. 지금 중국에는 크게 세 종류의 기독교가 있다고 볼 수 있다. 가톨릭교회, 정부에서 공식적으로 인정한 삼자교회, 그리고 가정교회가 그렇다. 중국의 가정교회들은 아프리카의 독립교회들처럼 다양한 인간집단을 포함하며 다양한 모습을 하고 있다. 중국교회들 중에는 가정교회에 속한 기독교인 수가 훨씬 많다는 사실을 주목해야 한다. 중국 가톨릭은 정부에서 인정한 삼자교회 신도수 1,500만 명보다 훨씬 적은 숫자다. 하지만 중국 가정교회 신도수는 적어도 6천만 명에서 8천만 명을 웃돈다.

전 세계에서 토착 기독교가 성장하고 있다. 우리는 서구적 기독교와 상관없는 토착 기독교들을 가볍게 보아서는 안 된다. 서구적 범주에서 봤을 때, 아프리카나 인도, 그리고 중국에서 예수 그리스도를 믿는 대부분 토착교회 신자들을 '서구적 기독교인'이라고는 할 수 없을 것이다. 하지만 그들을 '교회당 없는 기독교'(churchless Christianity)라고 부르든, 혹은 '서구적 기독교 냄새가 없는 교회'라 부르든 상관없이, 그들이 충실하고 강력한 기독교 집단임이 틀림없다. 그리고 우리가 이런 현상을 어떻게 보느냐에 상관없이, 우리는 서구의 기독교가 아무리 교리적으로 정확하고 신학적으로 높은 경지에 올랐다 해도 현재는 점점 뒤처지고 있음을 알아야 한다.

서구 문화적인 교회 안에 있기 때문에 자신을 '기독교인'이라고 칭하는 전 세계 20억 기독교 인구 가운데 상당수는, 관심을 갖고 성경을 연구하며 살지는 않는다. 자신이 무엇을 믿는지를 명확히 인식하지 못한다. 반면 서구 문화적 전통을 따르지 않는 '서구적 기독교 냄새가 없는 교회'에 속한 신자들은 부족하지만 열성을 가지고 성경을 읽고 연구한다. 우리는 이런 현상을 어떻게 이해할 것인가? 탬플 추기경은 이 현상을 '우리 시대의 새로운 현실'이라고 지적한다. 그리고 새로운 현실은 우리에게 새로운 관점을 요구한다.

18장

기독교 문명운동의 미래

우리는 미래를 알고 싶어 한다. 어떻게 미래를 알 수 있을까? 물론 우리는 미래를 다 알 수 없다. 그러나 미래를 전망해 볼 수는 있다. 이번 장에서는 미래에 관해, 그리고 미래를 예측하게 해주는 방향지표(indicators)에 관하여 논할 것이다. 예수님의 기도인 "(하나님의) 뜻이 하늘에서 이루어진 것 같이 땅에서도 이루어지이다"는 미래에 과연 어떻게 이루어질 것인가? 앞 장에서는 미래 기독교의 주요 특징에 관해 다루었다. 전통적인 기독교와는 전혀 다른 모습의 기독교가 엄청난 기세로 일어나고 있음을 이야기했다. 우리는 지금까지, 기독교란 다양한 문화적 전통 안에 성경적인 가치를 담아낸 것임을 이야기했다. 그러나 미래의 기독교는 전혀 다른 모습으로 나타날 것이다.

이번 장에서 우리는 미래를 알려 줄 몇 가지 방향 지표를 다루게 될 것이다. 바로 과학과 신앙, 세계 기관들의 네트워크, 리더십 계발, 대학 교육, 남은 과업, 새로운 교회 개척 운동, 그리고 최근 들어 관심을 받고 있는 국제 개발의 개념이 그것이다.

과학과 신앙

오늘날 과학의 발전은 놀랍기 그지없다. 그러나 이는 심각한 문제를 가져왔다. 이제 과학과 신앙은 더는 다시 만날 수 없을 것 같은 양극화의 길을 걷고 있다. 분명히 미래의 가장 심각한 문제는 과학과 신앙의 양극화 현상일 것이다.

현재 상황을 살펴보자. 세계 전역에서 활동하는 신실하고도 탁월한 기독교인 과학자들은 자연의 무한한 복합성에 놀라고 있다. 자연의 장엄한 모습과 끝없는 경이로움 속에서, 신비한 영적 존재의 실재를 깨달으며 놀라는 것이다. 하지만 신실한 신자들은 그들과 다르다. 과학보다는 성경 속에서 측량할 수 없는 깊이를 발견하며 놀란다. 그들은 성경에서 새롭게 발견하는 새로운 영적 도전들과 무한한 영적 풍성함에 경이로움을 표한다.

우리는 자연으로부터 새로운 통찰을 배워 왔다. 자연이 주는 숨 막히는 통찰에 경탄해 왔다. 그래서 이제는 새롭거나 놀랄 만한 일이 더는 남아 있지 않은 것 같다. 그러나 사실은 그렇지 않다. 자연을 깊이 이해하면 할수록 자연의 신비 앞에 고개를 숙이게 된다. 그리고 우리가 얼마나 많은 것을 모르는지 깨닫게 된다. 이는 지식의 원주(圓周) 현상과 같다. 원의 지름이 증가할수록 원주가 3배 이상 증가하듯, 지식의 깊이가 깊어질수록 무지의 세계는 더 넓어진다.

간단해 보이는 원리들도, 사실은 그 깊이를 헤아릴 수 없는 경우가 많다. 자력(磁力)과 자성(磁性)의 원리를 살펴보자. 자석은 자력으로 물체를 끌어당긴다. 그 원리는 정확히 어떤 것인가? 두 물체 사이에 일어나는 현상과 원리를 완전하게 설명할 수 있는 사람은 아마 이 지구 상에 없을 것이다. 역사상 그 누구도 설명해 내지 못했다. 인간이 인지할 수 있는 지식의 한계가 있다. 인간은 그저 자력의 크기를 수학적으로 계산하고, 자력에 따라 물체가 움직이는 현상을 상세하게 기술하는 정도까지만 할 수 있을 뿐이다. 우리는 자력과 자성의 본질을 정확히 알지 못한다.

우리가 사는 지구도 그렇다. 우리는 지구에 대해 얼마나 정확하게 아는가? 놀랍게도 지구에는 상부가 있고, 하부가 있다. 즉, 우리가 사는 지구는 우주에 떠 있는 크고 둥근 공과도 같다. 지구본을 보면 좀 더 쉽게 이해할 수 있다. 태양에서 약 1억 5천만km 떨어져 있는 지구는 태양의 중력이 미치는 궤도를 따라 공전한다. 우리는 지구와 태양 사이에서 중력과 인력이 어떻게 작용하는지는 정확하게 계산해 낸다. 하지만 중력의 본질에 대해서는 어떤가? 그것은 자력과는 다르다. 우주에 작용하는 중력과 인력을 연구해 보면, 즉

량할 수 없는 우주의 신비에 함몰되어 버리고 만다. 우주에 작용하는 중력의 본질과 그 모든 역학을 다 이해하는 사람은 없다.

은하계는 또 어떤가? 태양계가 속한 은하계는 거대하기가 이루 말할 수 없다. 우주선을 타고 빛의 속도로 은하계를 여행한다 해도 10만 년이 걸린다. 우주의 다른 은하까지는 수십억 광년이 걸린다. 그런데 우주에는 이런 크고 작은 은하가 수없이 널려 있다. 그와 동시에 세상에는 전자 현미경으로만 볼 수 있는 극도로 작은 물질들도 존재한다. 거대한 우주와 작은 물질에 관한 우리의 지식은 정말이지 지극히 피상적일 뿐이다.

작은 박테리아를 생각해 보자. 박테리아는 그 종류만 해도 3천만 가지에 이른다. 사람의 몸에 침투한 박테리아는 때를 기다리며 점차 번식해 나간다. 그러다 사람의 몸을 해치기에 충분한 숫자와 힘을 갖게 될 때 비로소 공격을 개시한다. 박테리아는 자신의 미션을 효과적으로 수행하기에 충분한 지성을 갖추고 있다. 아주 영악한 존재다.

과학자들은 박테리아의 놀라운 지성을 이야기한다. 박테리아는 처음에 침묵하며 기다리다가, 정족수(quorum, 定足數)에 이르는 즉시 동시다발적으로 인체 공격을 개시한다. 정족수에 이르기 전에 공격을 개시한다면, 인간의 면역 체계와의 싸움에서 질 수 있기 때문이다. 즉, 박테리아는 그 크기에 비해 상당히 놀라운 지성을 가지고 있다. 최근에 박테리아의 지성에 관한 연구 결과가 발표되기 전까지, 그 어떤 학자도 박테리아가 서로 교신을 한다든지, 자신들의 숫자를 계산하여 강력한 힘으로 동시에 인체를 공격한다는 사실을 꿈에도 생각하지 못했다.

그렇기에 과학자들이 박테리아가 지성을 가졌다는 것을 처음으로 이해하게 되었을 때 얼마나 놀랐겠는가! 과학이 아무리 발전하더라도, 인간의 도덕성과 존재의 목적에 관해 말할 수 있는 과학자는 없다. 과학자들은 사랑의 감성과 불쌍히 여기는 마음, 그리고 희생을 자처하는 인간성에 관해 과학적으로 설명할 수 없다. 그러나 우리는 성경을 통해 이 모든 것을 발견할 수 있다. 성경은 인간이 동물과 어떻게 근본적으로 다른지 이야기하고, 인간이 자기 존재의 실존적 의미를 찾게 해주고, 이 땅에서 살아가는 동안 해야 할 역할에 대해 고민하게 해준다.

양극화 현상

과학과 신앙은 서로 양극화되면서 상호 적대적인 관계로 발전했다. 어떻게 해서 이런 현상이 일어난 것인가? 양극화에 관한 책임은 과학과 신앙 양쪽 모두에게 있다고 해야 옳다. 과학이 군사무기를 개발하는 데 사용되면서부터 종교 지도자들은 과학을 불편하게 대하기 시작했다. 과학자들도 종교 지도자들의 심기를 불편하게 했다. 과학자들은 가공할 만한 공상과학을 통해 과학에 대한 혐오감을 부추겼고, 새로운 과학 지식을 가지고 거만하게 떠들기도 했다. 과학이 발달함에 따라 이전에 그들이 주장하던 것들은 어처구니없는 지식으로 변해 버릴 때도 잦았지만, 그래도 여전히 많은 과학자가 계속 거만하게 굴었다.

그리하여 성경을 신봉하는 일부 기독교인들이 과학을 기독교 신앙의 적으로 규정하게 되었다. 1930년대에는 달랐다. 당시 기독교 신앙은 과학에 매우 우호적이었다. 무디 성경학교는 참신한 과학 교재를 제작했다. 그것은 과학의 경이와 신비를 보여 주면서 하나님의 영광을 드러내는 컬러영화였고, 이는 컬러영화 제작의 선구자 역할을 했다.

이런 움직임의 핵심 인물은 휴 로스(Hugh Ross)였다. 그런데 구글 검색창에 그의 이름을 검색해 보면, 놀라운 사실을 발견하게 된다. 대부분 글이 공공연히 그를 비난하고 있기 때문이다. 특히 기독교적 배경을 가진 사람들은, 로스가 다름 아닌 과학의 신비를 통해 하나님의 영광을 드러내려고 시도했다는 점을 비난한다. 어떤 종교 사이트는 신앙의 이름으로 과학을 매도하고 있었다. 그들은 과학이 위험하며, 불필요하다고 주장했다. 그들은 하늘이 하나님의 영광을 선포하고 땅이 그분의 솜씨를 자랑하기 때문에, 굳이 과학으로 하나님의 영광을 드러내려는 생각은 위험하며 쓸모없다고까지 주장했다. 그들은 "하늘이 하나님의 영광을 선포하고 궁창이 그의 손으로 하신 일을 나타내는도다 날은 날에게 말하고 밤은 밤에게 지식을 전하니 언어도 없고 말씀도 없으며 들리는 소리도 없으나"(시

19:1-4)라는 말씀을 증거로, 과학이 필요하지 않다고 주장했다. 그러나 실제로 성경은 무엇이라 말하는가? 성경말씀은 분명하다. 과연 우리는 과학을 반대하기 위해 성경을 약간은 오용해도 되는 것인가? 아니면 과학이 성경을 더욱 확실히 밝혀 주도록 선용하는 것이 더 좋은 것인가?

또 일부 과학자들은 역사상 종교 지도자들이 과학을 반대했던 이야기만 모아, 교회가 과학 발전을 저해했다는 논리를 폈다. 역사적으로 교회가 과학을 증진시키고 과학 연구에 관한 신학적 근거를 제시한 경우가 많았음에도, 그 사실에 관해서는 침묵한 채 말이다. 그리하여 과학자들은 종교 지도자들이 과학을 반대해 온 것만 기억하며 종교에 대해 의로운 분노를 품게 되었다. 더 나아가, 대부분 과학자는 자신의 과학 세계에서 하나님의 신적 권위를 전혀 인정하지 않는다. 자신의 삶에 하나님의 간섭을 전혀 수용하지 않는 것이다.

또 어떤 과학자들은 대표적인 종교 지도자였던 칼뱅과 루터에 주목하며, 종교와 과학의 분리를 부추긴다. 칼뱅과 루터는 성경은 태양이 지구를 도는 천동설을 이야기하고 있으며, 지구가 태양을 돈다는 코페르니쿠스의 지동설은 성경의 가르침에 위배된다고 강력하게 주장했다. 그래서 어떤 과학자들은 칼뱅과 루터가 성경을 잘못 해석했다는 가능성은 전혀 염두에 두지 않고, 그들이 성경의 가르침을 지적으로 잘 설명하고 대변했다고 확신한다. 그리하여 성경이 천동설을 주장하고 있는데, 그 천동설은 믿을 수 없는 오류이므로, 성경 역시 믿을 수 없는 오류라는 결론에 도달한다.

오늘날에도 이와 유사한 상황이 벌어지고 있다. 바로 지구의 나이에 관한 과학적 논쟁이 그러하다. 지구의 나이가 아주 오래되었다고 믿는 사람들은 기독교를 반대한다. 왜냐하면 성경을 믿는 일부 사람들이 성경의 가르침에 따라 지구의 나이가 6천 년에 불과하다고 주장하기 때문이다. 사실 여기서 실제로 문제가 되는 것은 지구의 나이가 적으냐 많으냐가 아니라, 성경을 신뢰할 수 있는가 하는 신뢰성 문제인 것이다.

대부분 복음주의자는 창조에 대한 복음주의 운동의 가르침을 잃어버리고 말았다. 원래 복음주의 운동은 창세기 1장 1절 이전에도 지구가 존재했음을 가르쳤다. 그들은 창세기에 나타난 창조는 전혀 새로운 창조였다고 가르쳤다. 그것은 바로 인간과 육식을 하지 않는 동물의 기원에 관한 창조로, 이사야 11장이 그리고 있는 바와 같이 종말에 완성된 새로운 창조를 뜻하는 것이기도 한다고 가르쳤다. 종말이 오면, 사자가 어린 양과 함께 눕고, 365일 내내 계속되는 자연계의 포악함이 사라질 것이다. 이런 '창세기 이전의 지구 생성' 이론은 댈러스 신학교 구약학과 과장이었던 엉거(Unger) 박사의 엉거 성경핸드북에 자세히 설명되어 있다. 이 책은 무디 출판사에서 출판하여 재판에 재판을 거듭하고 50만 권 이상 팔린 책으로, 개정판이 나와 있다.

엉거 박사의 이론이 맞는다면, 성경과 현대 고생물학 사이에 있는 갈등 요소는 사라지고 만다. 그렇다고 엉거 박사의 이론이 정확히 맞는다고 주장하는 것은 아니다. 다만 여기서 주장하는 바는, 과학과 신앙이 굳이 반목할 필요는 없다는 것이다. 하지만 대부분 신실한 그리스도인들은, 성경대로 논한다면 우주는 생겨난 지 6천 년 이상이 될 수 없다고 생각한다. 타임지 기자에서 유치원 교사에 이르기까지 신실한 그리스도인들은 모두 그렇게 생각한다.

과학자 사회에는 성경에 대한 잘못된 편견이 있다. 특정 사회에 과학적 사고를 하는 사람들이 많다면, 그곳에 복음을 전할 때는 커다란 장애물을 맞닥뜨리게 된다. 그동안 기독교는 세계 여러 곳에서, 특히 주로 교육을 받지 못한 시골 사람들 가운데서 성공적으로 전파되어 왔다. 하지만 성경적 기초가 없는 종교적 가르침이 이루어져 왔기에, 과거 기독교가 성공적으로 전파되었던 곳에서 이제는 날이 갈수록 종교적 가르침에 대한 반대가 계속 높아지고 있다.

우리는 무디 성경학교의 정신으로 돌아가야 한다. 무디 성경학교는 과학을 통해 하나님의 영광을 드러내고자 무디 과학학교를 설립했다. 무디 과학학교를 통해 복음주의자들은 과학을 새롭게 이해하고, 과학이 기독교 신앙을 반대하는 것이 아니라 오히려 지지한다는 것을 알게 되었다. 오늘날 우리에게는 이러한 무디 정신이 꼭 필요하다.

그러나 지금까지 토론한 과학과 신앙의 양극화 현상도 기독교의 전파는 막을 수 없다. 과학에 대한 인식이 널리 퍼지지 않은 곳이나 과학이 신앙의 장애물로 여겨지지 않는 곳에서든 얼마든 성장할 수 있다. 데이비드 개리슨(David Garrison)은 세계 전역에서 새롭게 일어나는 교회 개척 운동을 기술했다. 개척교회는 특히 시골 지방에 많이 세워지고 있다. 이렇게 미전도 종족을 전도하고 교회를 세우는 미완성 과업은 잘 진행되고 있다. 기독교는 지리적 장벽과 사회적 장벽을 넘어 잘 전파되고 있다.

기독교 문명이 성장하는 곳과 쇠퇴하는 곳

하지만 교육 수준이 낮은 시골에 세워진 교회의 성장은 일시적이다. 머지않아 그들의 교육 수준은 높아질 것이다. 세속화된 과학과 역사 과목은 그들에게 반기독교적 정서를 심어 줄 것이다. 교육 수준이 낮고 가난한 시골에서 사역하는 선교사들은 주로 가난의 문제를 심각한 선교적 문제로 다루지 않는다. 그러나 기독교 선교는 총체적이어야 한다. 선교단체는 가난의 문제를 심각하게 다루어야 한다. 윌리엄 캐리 국제대학(William Carey International University)은 1977년부터 가난의 문제를 선교적으로 다루기 시작하여, 국제개발학(International Development)을 기본 학위 과정으로 발전시켰다. 풀러 신학교 역시 2005년부터 국제 개발을 중요한 선교학 학과목으로 첨가했다.

    기독교 지도자들은 성경의 탁월한 진리에 감탄한다. 과학자들은 하나님이 만드신 창조물과 자연에 감탄한다. 하지만 문제는 서로를 향한 비난이다. 성경의 탁월한 진리에 감탄하는 기독교 지도자들은 하나님의 창조물과 자연에 감탄하는 과학자들을 비난한다. 또한 과학자들은 기독교 지도자들을 비난한다. 그 결과 과학자들은 기독교 지도자들이 감탄하는 정통성을 부인하게 되었다.

이처럼 서로서로 비방하는 한, 과학자와 종교 지도자 사이의 갈등은 해결책이 없다. 어느 쪽도 승자가 될 수 없다. 유일한 해결책은 양자가 서로의 학문적 근거를 인정하는 것이다. 자연계라는 놀라운 책을 하나님의 자연 계시로 인정하고, 또 성경을 하나님의 계시로 인정하는 것이다.

그러려면 먼저 우리 기독교 지도자들이 솔선수범해야 한다. 특별 계시와 자연 계시를 모두 배우는 것이다. 기독교 지도자 교육 과정에 과학 탐구를 포함해야 한다.

일반 지도자 교육 과정에도 문제는 있는데, 하나님의 계시인 성경이 빠져 있다는 것이다. 자연에 나타난 하나님의 계시를 인정하지 않는 일반 교육에도 문제가 있다. 이런 문제의식은 미래의 방향 지표 중 하나인, 기독교 지도자 교육 문제로 우리를 인도한다.

기독교 지도자 훈련과 교육 문제

우리의 기독교 지도자 교육에는 확실히 문제가 있다. 크게 세 가지 문제를 들 수 있다. 그것은 바로 잘못된 학생 선발 문제, 잘못된 커리큘럼 문제, 잘못된 학위과정 문제다.

앞서 말했듯이 기독교 지도자 교육 커리큘럼의 문제는, 자연 계시를 학과목에 포함하지 않은 것이다. 대자연이라는 가장 근본적인 교과서는 하나님의 기초적인 자연 계시를 담고 있다. 이러한 자연 계시의 가르침은 모든 언어와 문화를 넘어 살아 숨 쉬고 있다. 그런데 어떻게 이런 자연 계시를 무시한 채, 바른 기독교 지도자 교육이 이루어질 수 있겠는가?

그러나 더욱 심각한 문제는 학생 선발에 있다. 전 세계적으로 기독교 지도자 훈련은 책과 훈련 프로그램을 강조하면서, 학생 선발에는 전혀 신경을 쓰지 않는다. 전 세계 신학대학과 대학원에 다니는 학생들을 살펴보라. 그들이 학과목에서 제아무리 우수한 성적을 받는다 해도, 애초에 목회자나 선교사로서의 자질을 갖추지 못한 사람들이라면 무슨 소용이 있겠는가? 학교가 그들을 잘 훈련할 프로그램을 갖추고 있을지는 모르겠지만, 애초부터 학생을 잘못 선발한 것이라면 어떻게 할 것인가? 대부분 학생 선발에 문제가 있다. 무엇보다 목회자나 선교사의 자질을 갖춘 학생을 선발해야 한다.

오늘날 교회의 문제는, 사역자의 은사는 없으면서도 교육만 많이 받은 지도자들이 넘쳐난다는 것이다. 이는 단순하지만 냉엄한 현실이다. 학교에 거주하는 형식으로 훈련을 시키는 교육 방법을 채택한 교회 운동은, 결국 사역자의 은사가 없는 사람들에게 고등

교육을 받게 하여 은사 없는 지도자를 양산해 낸다. 그 결과 교회는 쇠퇴하거나 정체 현상을 맞게 된다. 이것이 신학교 교육의 문제점이다. 특히 대부분 미국 기독교 교단은 이러한 학교 거주 형식으로 목회자들을 훈련하는데, 그만큼 교회는 확연하게 쇠퇴하고 있다. 과연 문제는 무엇인가?

그와 달리, 현재 세계적으로 급성장하는 교회 운동은 미국과는 전혀 다른 방식으로 학생들을 선발한다. 그들은 신학교에 다니는 사람이 아니라 은사가 있는 사람을 지도자로 선발한다. 은사가 있는 사람들을 훈련하는 것, 그리고 훈련은 받았으나 은사가 없는 사람들을 훈련하는 것은 서로 완전히 다르다. 은사가 먼저다.

기독교 지도자 교육의 세 번째 문제는 아주 간단하다. 잘못된 학생 선발의 문제, 잘못된 커리큘럼의 문제, 그리고 잘못된 학위 과정 문제다. 타문화권으로 파송된 선교사들은 현지어를 할 줄 알아야 한다. 선교사가 현지 사람들이 알아들을 수 있는 언어를 구사하는 것은 선교에 결정적인 영향을 미친다. 그런데 교단 지도자들은 교단 지도자를 양성하는 학교를 운영하면서 현지 언어를 무시해 버렸다. 이들은 학교 이름과 학위 과정 모두 세상 사람들은 전혀 알아들을 수 없는 명칭을 사용하여 혼돈을 가중시키고 있다. 기독교 학교들은 '성경학교' 또는 '신학교'라는 명칭을 사용한다. 신학대학교나 신학대학원이라는 명칭으로 부르기도 한다. 이들 학교의 졸업생에게는 교역학 석사(M.Div) 혹은 목회학 박사(D.Min)와 같이 정체를 알 수 없는 학위 명칭이 주어진다. 이런 학위 명칭들은 일반 대학 위주로 교육받은 일반 사람들에게 상당한 혼동을 안겨 준다.

하지만 전 세계에 걸쳐 새로운 복음주의 대학교들이 훌륭한 교육 모델로 설립되고 있다. 칼뱅 대학교 학장인 조엘 카펜터(Joel Carpenter)는 선교지에 세워진 복음주의 대학교들을 조사했다. 인터넷 검색을 통해 그는 선교지에 41개의 대학교가 새롭게 생겨났음을 발견했다. 그런데 흥미롭게도 이들 대학교는 선교사들이 아니라, 현지 지도자들이 주도하여 설립된 것이었다. 이들 새로운 대학교는 우리에게 새로운 미래형 모델을 제시한다. 현지 지도자들이 신학교보다는 대학교를 선호한다는 사실을 보여 주는 것이다.

물론 여기에도 문제는 도사리고 있다. 이런 복음주의 대학교들은 선교사들이 주도하여 설립한 학교가 아니다. 그래서 선교단체들과의 연계성이 전혀 없다. 그 결과 이들 복음주의 대학들은 기독교계의 지도자를 길러 내는 대학교가 되기보다는 세속적인 대학 커리큘럼을 따라가는 학교가 되는 경우가 많다. 이는 실로 안타까운 일이다. 기독교 대학교가 중요하다. 기독교 지도자를 훈련하고 양성하는 모델은 신학교가 아닌 대학교가 되어야 한다.

선교단체들 사이의 네트워크

미래를 알려 주는 또 하나의 방향 지표는, 선교단체들 사이에서 구축되기 시작한 네트워크 조직이라고 할 수 있다. 지금 이 순간에도 지구촌 곳곳에서 다양한 네트워크가 구축되고 있다. 이는 역사상 전례를 찾을 수 없는 현상이다. 그리고 이렇게 전 세계적인 연결망을 가진 선교 네트워크가 형성되는 것은 미래를 향한 중요한 방향 지표 중 하나다.

그 예로, 앞서 말한 GNMS를 들 수 있다. GNMS는 2005년 4월에 설립되었다. 그 전까지 선교단체들은 특정 지역 내에서, 또는 특정 국가 내에서 네트워크를 유지하면서 사역했다. 하지만 GNMS가 설립되면서, 복음주의 선교단체들이 처음으로 국제적인 연결망을 갖게 되었다. 이런 국제적 네트워크는 역사상 최초로 시도된 것이다. 물론 이와 가장 유사한 단체로 '제3세계 선교협의회'(Third World Mission Association)가 존재하고 있긴 하지만, 이 단체는 이름만 놓고 봐도 세계적인 선교단체 네트워크라고 할 수 없다.

현재 GNMS는 새로운 도전에 직면하고 있다. 전 세계 인구가 역사상 유례를 찾아볼 수 없을 정도로 자유롭게 이동하며 상호작용을 하는 상황에서, 한 단계 더 높은 수준의 세계적인 네트워크를 형성해야만 하기 때문이다. 오늘날 세계 각국의 이주 노동자의 수를 조사한 최근 자료에 따르면, 이주 노동자의 수는 우리의 상상을 초월한다. 그들이 매년 자신의 고향으로 송금하는 금액은 3천 8백억 달러에 이른다. 이는 전 세계의 외국 원조비와 외국 투자비 전부를 합한 것보다 많은 금액이다.

이와 같은 상황에서, GNMS는 각각의 인간집단 안에서 벌어지는 이주 현상을 철저하게 추적할 수 있을 것이다. 복음에 엄청나게 저항했던 인간집단에 속한 사람이라도, 영국 런던이나 미국 로스앤젤레스로 이주하게 된다면 복음에 대한 수용성이 달라질 것이다. 그들은 고향에서 살 때에는 상대적으로 외국 문화에 대해 닫혀 있었지만, 다른 나라로 이주한 후에는 새로운 환경에 적응하기 위해 사람들의 도움이 필요하다. 우리는 GNMS를 통해 이런 새로운 이주 집단들을 추적하여, 새로운 복음 전도의 기회를 포착할 수 있을 것이다.

하지만 그렇다고 해서, 이주 현상이 좋은 것이라고 주장하는 것은 아니다. 이주 현상은 역사상 가장 많은 가족을 갈라놓는 비극을 초래하기도 했다. 이주 노동자들을 전도하는 것은 훌륭한 일이지만, 전도만으로는 그들의 모든 문제를 해결해 줄 수 없다. 이주 현상에 대한 해결책은 그리 단순한 것이 아니다. 그럼에도 우리는 이주 노동자들을 위해 더욱 다각적인 해결책을 제시할 수 있어야 하며, 이를 위해 먼저 그들에게 복음을 전해야 한다. 다가오는 미래의 중요한 이슈들은 무엇일까? 다음 장에서 이 문제를 계속 다루게 될 것이다.

19장

하나님의 영광을 복원하는
기독교 문명운동

기독교 문명운동이란 무엇인가? 그것은 한마디로 하나님의 영광을 복원하는 운동이다. 그것은 예수님이 가르쳐 주신 주기도문 정신과 일치한다. 우리는 주님의 기도를 드리면서 그 기도를 실천해야 한다. 그리고 우리가 주기도문을 몸으로 실천할 때, 하나님의 영광을 복원하는 사역에 참여하게 된다.

주기도문 정신과 사회 활동

세상 사람들은 대부분 힘이 없다. 상상 이상으로 약하다. 자신의 삶을 바꿀 힘이 없다. 자신의 삶에 대해 단호하게 결정을 내릴 수도 없으며, 그저 하루하루 근근이 살아간다. 극소수를 제외하고는 자신이 진정으로 원하는 직업으로 전직하기도 쉽지 않다. 이들에게는 무언가 새로운 일을 시작할 여력이 없다.

사람들은 대부분 나름대로 종교를 믿고 살아간다. 그러나 그들이 믿는 종교는 대부분 내세에 초점이 맞추어져 있다. 오로지 내세지향적이기 때문에, 이 세상에서 일어나는 일들에는 아무런 관심을 두지 않는다.

교회의 역사를 살펴보자. 역사에는 특정 국가를 운영해 온 기독교 집단들이 있었다. 루터교는 독일을 운영했다. 성공회는 영국을 운영했다. 가톨릭은 여러 가톨릭 국가를 운영했다. 그들은 모두 오늘날 우리가 공공신학(Public theology)이라 부르는 신학, 즉 이 세상 국가를 운영하는 일에 관한 신학적 기반이 있었다.

기독교에도 현세에 대한 신학은 없고 내세를 지향하는 신학적 특성이 강한 집단들이 있다. 바로 재세례파, 모라비안, 퀘이커교도들과 같은 소수 집단들이다. 물론 이런 집단이 특정 국가를 운영했던 적은 단 한 번도 없다. 그들의 신학은 현실과는 별 상관이 없는, 내세에 초점을 맞추기 때문이다. 그러나 실제로 우리 중 많은 사람이, 국가를 운영해 본 경험이 없는 내세지향적 신학 유산을 물려받았다. 스스로 예수님의 신실한 제자라고 자처하는 복음주의 성향의 신자들은, 아마도 로마 가톨릭이나 종교개혁자들보다 재세례파의 영향을 더 많이 받았을 것이다. 우리 역시 종교개혁보다는 복음주의 대부흥 운동을 더 가깝게 느낀다. 이렇듯 내세지향적인 신학인 복음주의 대부흥 운동에 담긴 신학적 패러다임에 따라, 우리의 신학과 교회 생활에 관한 관점이 형성되었다.

하지만 이러한 복음주의 신학 전통에서 특별히 예외인 인물이 하나 있다. 바로 존 웨슬리다. 웨슬리의 신학적 배경은 영국 성공회 전통이었고, 그는 내세를 강조하는 독일의 경건주의도 수용했다. 하지만 웨슬리는 거기서 멈추지 않았다. 세속사회의 다양한 관심을 신학에 접목했다. 이러한 웨슬리 신학은 사회 전반에 영향을 미쳤고, 영국 사회를 개혁하기에 이르렀다. 법정, 감옥, 정신병동, 그리고 공립학교들이 개혁되었다. 웨슬리 운동은 18세기 영국 사회에 엄청난 변화를 불러왔다. 웨슬리의 영향으로 영국 복음주의자들은 과감한 사회 참여에 투신하여 사회의 광범위한 영역에 영향을 미쳤다. 이것이 복음주의자들의 모범적인 사회 활동이었다. 하지만 오늘을 살아가는 복음주의자들은 이러한 과거의 역사를 전혀 기억하지 못한다.

오늘날은 사정이 어떤가? 우리 복음주의자들은 사회 활동을 다소 낮게 평가하는 경향이 있다. 사회봉사는 천국에 들어가는 방법이 아니라며 경시하는 것이다. 그러나 우리는 기독교인의 사회 활동을 심각하게 다시 생각해 볼 필요가 있다. 사회 활동이 주기도문에 나타난 신앙에서 출발하는 것이라면 어떻게 될까? 그렇다면 사회 활동은 주님께 영광을 돌리는 방법의 하나인 것이다. 어둠이 아닌 하나님의 빛을 따르는 삶이다.

한번은 하버드 대학의 한 교수가 〈타임〉지에 실린 기사 내용을 인용한 적이 있다. 그는 "지적설계론을 지지하는 사람들이 믿는 하나님이 실제로 존재한다면, 그 하나님은 우리가 목도하는 모든 악을 창조하신 분이 된다"고 주장했다. 이러한 논리는 사실 복음 전도에 전혀 도움이 되지 않는다. 성경의 논지와도 전혀 다르다. 사탄의 존재를 분명하게 인식하는 신약성경의 관점과도 다르다. 확실히 이는 일종의 이교주의 관점과 같다. 아마 복음주의적 운명론이라고 부를 수 있을 것이다.

존 파이퍼(John Piper)는 모든 움직이는 것이 하나님의 에너지로 움직인다고 주장했다. 모기가 날갯짓을 할 때 하나님의 힘이 작용한다. 그의 논리에 의하면, 모든 것이 하나님의 힘과 능력으로 운행된다. 그 결과 사탄이 존재할 여지는 없어지고 만다. 한번 생각해 보자. 당신이 4명의 자녀와 함께 옷을 사러 갔다. 당신은 아이들 각자에게 딱 맞는 옷을 찾아 주고 싶다. 아이들이 이 옷, 저 옷을 마음껏 입어 보며 자신의 옷을 골라 보는 상황에서, 아이들을 완전히 통제하고 당신이 원하는 스타일을 입도록 고집하겠는가? 아니면 통제권은 여전히 당신이 가졌으나 아이들의 자유의지를 존중해 주어 그들이 원하는 옷을 사 주겠는가?

하나님은 인간을 자유의지를 가진 존재로 창조하셨다. 우리는 자유의지로 살아간다. 하지만 여전히 모든 것은 하나님이 주관하신다. 아이들이 전혀 맞지 않는 옷을 사 달라고 하면, 우리는 "안 돼!

그 옷은 아니야"라고 말할 수 있다. 그러나 우리는 아이들의 의사를 최대한 반영하여 결정한다. 반대로, 당신이 아이들의 의견을 완전히 무시하고 당신이 원하는 방식만 아이들에게 강요한다면 어떻게 될까? 아이들은 로봇처럼 피동적인 존재가 될 것이다. 자기 아이가 로봇처럼 되기를 원하는 부모가 과연 있을까?

하나님도 천사들과 인간들이 로봇처럼 되는 것을 원치 않으셨다. 하나님은 그들이 자유의지를 가지고 스스로 결정하며 살 수 있게 하셨다. 하지만 하나님이 자유의지를 허용하셨다는 것은, 그들이 자유의지로 결정하는 모든 것을 그대로 다 용납하신다는 뜻은 아니다. 하나님은 그들이 자유의지를 잘못 사용할 때, 매우 탄식하신다. 하지만 인간을 조종하기보다는 자유의지를 허용하기로 한 것이 하나님의 뜻이다. 악을 처리할 능력이 없으시므로 악을 허용하신 것이 아니다. 하나님은 모든 악을 물리칠 능력을 갖고 계신다. 하지만 그분은 우리가 참된 지성을 가지고 자발적으로 그분을 위해 일하기를 원하시고, 우리가 자발적으로 그분을 사랑하기를 원하시며, 우리가 자발적으로 우리의 삶을 드리기를 원하신다.

하지만 만약 우리가 자유의지라는 요소를 완전히 포기하고서, 오직 하나님이 모든 것을 주관하신다고 주장한다면, 피할 수 없는 질문이 생겨난다. 하나님이 주관하시는 세상에, 어떻게 이 모든 악한 일들이 일어나는가? 하나님은 왜 사람의 눈을 멀게 하는 기생충을 만들어, 수백만 명이 눈병으로 고생하게 하시는가? 그러나 이 책 앞부분에서 이미 언급한 바와 같이, 하나님은 악한 일을 주관하시는 분이 아니다. 악행은 사탄이 하는 짓이다. 악도 하나님으로부터 말미암았다는 생각은, 하나님의 영광을 드러내는 일에 결정적인 장애물로 작용한다.

그러나 아우구스티누스 이후 신학자들은 이성적 논리로 신학을 설명하기 시작했다. 토마스 아퀴나스, 그리고 존 칼뱅 등은 논리적이긴 하지만 오류가 있는 신앙의 신조들을 주장했다. 그들의 논조는 완고하기 그지없다. 만약 그들의 말대로 이미 하나님의 뜻이 이 땅에서 이루어졌다면, 우리는 왜 "나라가 임하시오며 뜻이 하늘에서 이루어진 것 같이 땅에서도 이루어지이다"라는 주기도문을 드리는가? 이 기도는 이루어졌는가? 아직 이루어지지 않았다. 만약 이 기도가 이미 이루어졌다면, 주님은 우리에게 이렇게 기도하라고 하지 않으셨을 것이다. 이 땅에서 일어나는 모든 일이 이미 하나님의 뜻대로 이루어진다면, 우리가 주의 기도를 드릴 필요가 더는 없지 않겠는가?

사실 복음주의자들이 사회적 복음(social gospel)을 거부한 데에는 역사적 배경이 있다. 무엇보다 D. L. 무디가 저소득층 사람들을 주님께로 대거 인도했기 때문이다. 당시 교권을 장악하고 신학적 판결을 내리던 부유한 상류 지식층은 대부분 가난을 경험하지 못했던 보수적 성향의 전통적 복음주의자들이었다. 즉, 저소득층 신자가 많이 생겨나면서, 복음주의자들 사이에 빈부의 양극화 현상이 심화되었다. 미국에서 무디 이후의 복음주의자들이 대부분 사회 복음을 거부한 것은 사회적인 양극화 현상의 영향력을 받은 결정이었다. 이는 전적으로 신학적 입장에만 의거한 결정이 아니었다.

예수님의 가르침은 분명하다. 우리가 살아가는 사회를 하나님의 뜻에 맞게 개혁하는 것이다. 하지만 오늘날 우리는 안타깝게도 사회 변혁에 대한 의지조차 갖추지 못하고 있다. 세상이 계속 악해져만 가기 때문에 굳이 세상 가운데 소망을 둘 필요가 없다는 결론에 이르는 것이다. 특히 이런 현상은 복음주의자들 가운데서 확연하게 드러난다. 복음주의자들은 사회 복음에 참여하는 자들을 자유주의자로 낙인 찍기도 한다. 그러나 이는 큰 잘못이다. 역사는 오히려 복음주의자들이 사회 변혁에 더욱 열심이었음을 증거한다. 티모시 스미스(Timothy Smith)는 《부흥운동과 사회 개혁》(*Revivalism and Social Reform*)이라는 책에서 이 점을 잘 설명한다. 그의 논지는 명료하다. 부흥운동이 일어나면 사회 개혁이 촉발된다는 것이다. 부흥운동과 사회 개혁은 공존한다. 부흥운동은 영적인 것이고, 사회 개혁은 자유주의적인 것이라는 생각은 이분법적인 사고다. 미국의 경우를 보면, 1850년대에 부흥운동과 사회 개혁은 하나였다. 마치 동전의 양면과 같았다. 복음주의자들은 문맹 퇴치 운동, 여성 교육 운동, 노예 해방 운동, 그리고 시민 윤리 운동 등을 전개하는 다양한 사회조직을 만들어 사회를 개혁했다. 이런 모든 사회 활동은 복음주의자들이 주도한 것이었다.

하지만 그 직후 무디가 미국 역사에 등장했고, 그와 동시에 분위기가 완전히 달라졌다. 무디는 가난한 사람들 수백만 명을 교회로 불러들였고, 곧 그들은 가난한 복음주의자들이 되었다. 정부를 운영하거나 사회 변혁을 시도해 본 경험이 전혀 없던 가난한 자들이었다. 그래서 그들은 세상에 소망을 두지 않았다. 내세에 집중했다. 이와 같은 맥락에서 무디 성경학교의 복음주의 계통 교수들은 종말론을 철저하게 연구하기 시작했다. 무디 성경학교가 설립된 후 35년 동안, 그들은 종말론만을 집중하여 연구했다. 종말이 언제든 다가올 수 있음을 강조하며, 그 종말의 순간에 일어날 일들과 종말에 대비하는 방법에 대해서 철저하게 가르쳤다. 하지만 세상사에 대해서는 아무런 관심이 없었다. 예를 들면, 도시에 새로운 다리를 건설할 필요도 없다는 식이었다. 거대한 다리가 건설되기도 전에 주님이 재림하실 수도 있다고 믿었기 때문이다. 그들의 신학적 특징은 긴박한 종말론이었다.

그러나 존 웨슬리는 달랐다. 웨슬리는 어떻게든 영국을 개혁하고 싶어 했고, 결국 영국을 변화시켰다. 여기에 주기도문 이론을 가져올 수 있다. 우리는 무엇을 하든, 이 땅에서 하나님의 뜻을 이루는 주님의 기도를 따라 살아야만 한다. 주님이 언제 재림하시든 상관없이, 하루하루 오직 주님의 기도에 따라 사역해야 한다. 우리는 악과 어둠의 세력을 대적하기 위해 하나님과 함께 전투에 참여해야만 한다. 우리의 대오를 정돈해야 한다. 복음주의자 가운데서 세계 은행가를 움직이는 금융인도 나와야 할 것이다. 또한 질병의 원인을 규명하기 위해 노력해야 한다. 질병의 근본 원인을 밝히는 의학 연구에 탁월함을 보여 주어야 한다. 하지만 아직도 질병에 대한 신학은 전혀 계발조차 되지 않고 있으니, 안타깝기 그지없다.

복음주의자들은 처음부터 대학이 아닌 성경학교를 세웠다. 이것이 문제였다. 70-80년 동안 복음주의자들은 사회 제도나 공공 정책에 아무런 관심을 기울이지 않았다. 그들은 사회의 문제와 직면하지 않고 에둘러 갔다. 복음주의자들은 국회의원, 변호사, 시장 등의 전문직 인재들을 전혀 양성하지 않았다. 하지만 최근 들어 긍정적인 변화가 일어나고 있다. 복음주의자들이 설립했던 성경학교들이 기독교 대학으로 변모했다. 이제 복음주의자들은 주류 사회에 당당하게 진출하고 있으며, 전에는 회피했던 사회적 이슈들을 당당하게 다루게 되었다. 복음주의자들은 새로운 사회의식을 갖기 시작했다. 이제는 국회에도 진출하여 정부를 운영하는 방식에 대해서도 결정권을 갖게 되었다. 이는 과거의 내세지향적 복음주의자와 사뭇 다른 모습이다. 복음주의자들은 이제 공공신학(public theology)도 계발하고 있다. 오늘날 복음주의자들의 모습이 바뀌고 있다.

우리는 어떤 자세로 살아야 할까? 주님의 기도를 실천하며 그분의 영광을 복원하는 복음주의자가 되어야 한다. 기독교 문명에 대한 안목을 가져야 한다. 하나님의 영광을 복원하는 기독교 문명운동에 적극 참여해야 한다.

20장

기독교 문명운동을 위한 미래의 기회

 이제 우리가 거대담론으로 시작했던 기독교 문명운동에 관한 고찰의 결론을 내릴 때가 왔다. 이 책 전반을 통해 우리는 하나의 역사가 전개되는 과정을 살펴보았다. 우리가 다룬 역사는 하나님의 역사였다. 일반 역사가들이 말하는 이른바 빅뱅(Big Bang)이라는 우주의 탄생 이후부터 지금까지의 역사가 아니라, 하나님이 운행하심에 초점을 맞춘 역사였다. 간혹 호기 어린 눈으로 여러 가지 역사적 사실을 선택적으로 다루기도 했지만, 우리가 다룬 역사의 특징은 선하신 창조주 하나님과 선한 목적으로 창조된 세계로 시작하는 역사였다.

 창조는 선했다. 그러나 이 선한 세상은 갑자기 영악하고 반역적인 악한 세력으로부터 공격받게 되었다. 그 이후 악한 자의 후예들은 하나님의 창조물들과 그분의 이름을 계속해서 공격했다. 그 결과 창조물은 엄청난 상처를 받고 신음하기 시작했고, 하나님의 명성이 땅에 떨어지게 되었다. 그래서 하나님의 창조 세계에 대한 구출과 회복이 필요하게 되었다. 우리는 이런 구출과 회복의 이야기를 장대한 5막의 서사시로 풀어 볼 수 있다.

5막 중 가장 긴 제1막은 창조에 관한 이야기다. 우주 만물의 창조 사건은 여러 사건 가운데서 가장 오랜 시간에 걸쳐 이루어졌다. 다양한 생명체가 생겨나면서 발전했다. 아마 천사들도 하나님의 지시를 받고 이 일에 동원되었을 것이다. 그리고 하나님이 기뻐하시는 뜻이었던 창조의 신비를 보며 놀랐을 것이다. 우리는 오늘날에 이르러서야 하나님이 창조하신 생명체의 구조가 얼마나 복잡한지 조금씩 이해하기 시작했다.

제1막 동안에는 물질의 기본이 되는 원자와 분자가 형성되었는데, 무엇보다 가장 놀라웠던 일은 생명체라는 상상할 수 없이 복잡한 존재가 탄생했다는 것이다. 이들 생명체는 작은 박테리아처럼 DNA 분자 조합으로 된 것을 넘어서서, 동물이라고 부를 수 있는 것들이었다. 이들 동물들의 일부는 불가사리와 같이 구조적으로 방사 대칭을 이루고 있었다. 다른 동물들은 앞과 뒤, 혹은 오른쪽과 왼쪽으로 나뉜 양극화 구조로 되어 있었다. 중요한 점은, 그들 모두 선하게 창조되었다는 것이다. 핵심은 이것이다. 당시 이 동물들은 모두 공격적인 자세를 취할 필요가 없었다. 상대방이 해를 가하지 않았기에, 자신을 방어할 필요가 전혀 없었다. 그러나 제1막 말미에 비상사태가 발생했다.

창조 사건 말미에 일어난 이 비상사태 때문에 제1막이 끝나고 제2막이 시작된다. 제2막은 비상사태, 즉 사탄의 반역을 다룬다. 바울이 설명하는 바와 같이, 후에 '이 세상의 주관자'라고 불리게 되는 천사장 하나가 수하의 부하들과 함께 하나님을 대적한 것이다. 이것이 바로 사탄의 타락이다. 그리고 사탄의 타락은 유전자 변형을 가져왔다. 제2막에 일어난 이런 악한 유전자 변형은 모든 종의 생명체에게 영향을 미쳤다. 이 기간에 박테리아부터 공룡에 이르기까지 파괴와 약탈을 일삼는 생명체들이 출현하기 시작했고, 모든 자연계가 전쟁터로 뒤바뀌었다.

하지만 폭풍 같은 소란이 일어나던 이 기간에도 선한 천사들은 계속해서 지성적인 생명체들을 발전시켰다. 그럼에도 현대 인류가 등장한 11,000년 전까지, 자연계에는 죄로 말미암은 소름 끼치는 왜곡이 이어졌고, 잡아먹고 잡아먹히는 위험한 약탈이 계속되었다.

제3막은 심판이다. 대규모의 소행성들이 충돌하면서 중동 지역에 있던 모든 생명체가 멸망했고, 해수면보다 낮은 큰 호수가 생겨났다. 이 흔적이 오늘날 사해(死海)로 알려진 곳이라 할 수 있다. 이 지역에서 드디어 새로운 생명의 역사가 시작된다. 하나님이 원래 창조하신 에덴동산의 질서가 회복되고, 공격적인 육신 동물들이 육식을 하지 않는 원래 상태로 돌아간다. 인류는 하나님의 형상을 회복할 새로운 아담의 모습으로 나타날 것이다. 이는 이사야 11장에 묘사된 모습처럼, 사자와 양이 함께 평화롭게 잠을 자는 종말론적 세상을 반영하는 창조였다. 생명체들 사이에서 약육강식이 사라지고, 조화와 평화가 완전히 회복되기를 원하시는 하나님의 의도가 밝히 드러났던 것이다.

하지만 인류가 타락하면서, 제3막이 끝나고 제4막이 시작되었다. 아담과 하와는 범죄하게 되었고, 그 때문에 에덴동산에 죄가 들어왔다. 죄 없던 에덴동산의 생명체들은 에덴동산 밖에 있던 타락한 생명체와 이종교배를 하여 잡종이 되고 말았다. 하나님의 아들들은 사람의 딸들과 결혼했고, 인간의 수명은 본래 주어졌던 수명보다 점차 줄어들었다. 죄는 모든 것을 변화시켰다.

아담의 타락은 확실히 심각한 결과를 초래했다. 인간에게서 하나님의 형상이 손상되고 사라졌다. 모든 인간은 전적으로 타락하고 말았다. 이제 인간 역시, 구속이 필요한 존재가 되었다.

그리고 오늘날의 우리는 이 제4막의 후반부를 살고 있다. 그리고 이 시기에 시작된 하나님의 구속 사역은 지금도 계속되고 있다. 바로 인간을 새롭게 하여 "마귀의 일을 멸하기 위한" 영적전쟁에 참여시키시는 것이다(요일 3:8).

하지만 많은 사람은 이런 사탄과의 영적전쟁에 전혀 무지하다. 사람들은 마귀의 일을 멸하는 것이 무엇인지 모른다. 미혹의 영 사탄은 오늘도 우리를 미혹하고 있다. 사탄은 우리가 이 세상에 악을 대적하는 전쟁이 벌어지고 있다는 사실 자체를 인식하지 못하도록 미혹하는 것이다. 특별히 이런 현상은, 다른 어느 곳보다 자신이 구속받았다고 생각하는 사람들이 많은 서양 기독교 국가에 더욱 편만하다. 비극적인 일이 아닐 수 없다. 서양 기독교 문화권에 살고 있는 사람들이 영적전쟁에 더욱 민감하게 반응한다면, 하나님의 구속 사역은 더욱 활기를 띠고 효과적이 될 것이다.

이 세상의 현실은 참혹하다. 세상은 악한 자의 약탈 때문에 신음하고 있다. 사람들은 가난, 질병, 그리고 종족 갈등 문제로 고통 받고 있다. 그런데 아이러니한 사실은, 가난하고 힘이 없는 비서구권 사람들이 서구권 사람들보다 더 훨씬 깊이 있게 영적전쟁을 체감하며 이해한다는 것이다. 더 아이러니한 일은, 이렇게 영적전쟁을 잘 이해하는 비서구권 사람들이야말로 참담한 현실 앞에서 가장 무력한 사람들이라는 사실이다. 그런 약한 사람들이 냉엄한 현실 문제에 대항하여 과연 무엇을 할 수 있겠는가. 그들에게는 '현실 도피주의 신학'이 가장 적절한 위안이 될 수밖에 없다. 그들이야말로 "죄 많은 이 세상은 내 집 아니네. 내 모든 보화는 저 천국에 있네"라는 흑인 영가를 진심으로 공감하며 부를 수 있는 사람들이다. 그렇다면 영적전쟁은 서구권, 또는 비서구권 어느 한 쪽에만 맡겨 둘 수 없는 문제다. 그렇다면 대안이 있을까? 현실적인 대안은 무엇인가? 가난한 자와 약자들은 사탄과의 총체적 전쟁을 잘 치러 낼 수 없다. 그렇기에 이제 우리는, 비록 내켜 하지 않을지라도 사탄과의 전쟁을 잘 감당할 실제적 능력이 있는 자들에게로 눈을 돌려야 한다. 전략적으로 접근할 필요가 있다. 어떻게든 힘 있는 자들을 전쟁에 동원해야 한다.

유명한 철학자인 모티머 애들러(Motimer Adler)는 이런 문제에 대해 적절하게 지적했다. 그는 우리가 세상을 살아갈 때 가장 필요한 것은 '전시적(戰時的) 생활 태도'라고 말했다. 바울 또한 이와 동일한 것을 지적한 바 있다. 바울은 우리의 전쟁은 혈과 육에 대한 전쟁이 아니라, 하나님의 창조를 왜곡하는 악한 세력에 대한 전쟁이라고 말했다. 이 전쟁은 창조물을 왜곡시키고 하나님의 명성을 땅에 떨어뜨리는 악한 영을 대적하는 전쟁이다.

오늘날 우리에게는 긴박한 전쟁에 참여하는 전사와 같은 생활 태도가 필요하다. 여기서 나는 우리가 적에 대해 분명하게 알아야 한다고 주장한다. 우리의 적은 평범한 인간이 아니다. 우리의 적은 악한 영이다. 하지만 오늘날은 대부분 기독교인이 악한 영의 존재 자체까지 부정하려고 하는 것이 현실이다. 그러나 전쟁 상황을 살아가는 우리는, 무엇보다도 적을 바로 알아야 한다.

과거의 전쟁은 강자나 강대국의 대규모 공격으로 촉발되었다. 그런 참혹한 전쟁과 견줄 수 있는 재앙으로는 세계적인 역병(疫病), 즉 전염병을 들 수 있다. 1918년에는 5천만 명에서 1억 명의 목숨을 앗아간 전염병이 돌았다. 당시 제1차 세계대전으로 죽은 사람들보다 더 많은 사람이 이 전염병 때문에 목숨을 잃었다. 그러나 미군과 연합군이 참전한 제2차 세계대전은 그 무엇보다 참혹한 전쟁의 실상을 처절하게 보여 주었다. 오늘날 제2차 세계대전을 겪은 사람들은 거의 남아 있지 않지만, 전쟁을 겪은 사람들은 전시 생활이 무엇인지 잘 알고 있다. 전쟁이 벌어지면, 전면전을 치르는 국가 국민의 생활은 평상시와는 아주 다른 전시 체제로 바뀐다. 생활의 모든 면이 확실히 달라진다. 전쟁은 모든 것을 바꾼다.

논지와 분석이 틀리지 않다면, 이 전쟁은 사탄의 타락 이후부터 지금까지도 계속되고 있다. 그리고 아담이 타락한 후부터, 인간 역시 이 전쟁에 휘말리게 되었고, 사정은 더욱 악화되었다. 아담의 고향은 에덴동산이었다. 그 당시 아담에게는 창조물을 보살펴야 하는 문화적 사명(Cultural mandate)이 있었다. 하지만 에덴동산에 죄가 들어왔을 때, 에덴의 질서가 무너졌다. 아담은 자신의 안위를 걱정해야 하는 신세로 전락하고 말았다. 급기야 아담의 아들이 살해되었다. 인류 역사에 살인죄가 들어온 것이다. 죄는 에덴동산 밖에서부터 안으로 흘러들어 왔다. 곧 죄는 전 영역으로 퍼져 나가기 시작했다. 제2차 세계대전 당시 진주만(Pearl Harbor)에는 전쟁을 수행하기 위한 엄청난 군수물자들이 쌓여 있었다. 그렇게 많은 자원이 한데 모인 일은 전무후무한 일이었다. 하지만 기독교는 어떤가? 복음주의 기독교가 전쟁을 수행하기 위해 모든 군수물자를 한 곳으로 집적할 수 있을까? 쉽지 않은 일이다.

하지만 예수님이 가르쳐 주신 주기도문을 묵상해 보자. 주기도문에는 놀라운 힘과 능력이 깃들어 있다. "나라가 임하시오며 뜻이 하늘에서 이루어진 것 같이 땅에서도 이루어지이다"라는 말씀은 무슨 뜻인가? 우리는 이 기도문에 어떻게 응답해야 할 것인가? 이 기도문은 하나님 나라의 선교적 사명을 담고 있다. 하나님 나라를 위해, 그분의 뜻을 이루기 위해 우리가 할 수 있는 모든 일을 다 하라는 선교적 명령이다. 우리는 하나님 나라를 위해 엄청난 개인적 희생을 치를 수도 있지만, 하나님 나라의 역사를 이루기 위해 기독교계뿐만 아니라 비기독교계도 모두 함께 참여할 수 있도록 독려하는 데에도 힘써야 할 것이다.

사도 요한은 하나님의 아들이 하시는 일을 분명하게 설명한다.

> 하나님의 아들이 나타나신 것은 마귀의 일을 멸하려 하심이니라
> 요일 3:8

죄를 짓는 자는 마귀에게 속한다. 그러므로 우리는 마귀의 일을 대적하는 전쟁을 치러야 한다. 마귀의 일을 멸하는 것이 하나님의 아들이 나타나신 가장 주요한 목적 중 하나이기 때문이다. 하나님의 아들 예수님은 분명히 "아버지께서 나를 보내신 것 같이 나도 너희를 보내노라"고 말씀하셨다. 이 말씀이 정확하고 정당한 것이라면, 이제 사정이 달라진다. 하나님의 아들의 사명은 곧 우리의 선교 사명이 되기 때문이다. 그러나 오늘날 우리는 이 선교 사명을 너

무도 가벼이 여기고 있다.

너무나 많은 사람이 아직도 오해 속에 갇혀 있다. 사실 1세기 신자들은 사탄에 대해 잘 인식하지 못할 수밖에 없었다. 그들은 사탄이 하나님 나라에 얼마나 많이 침식해 들어와 있는지 잘 알지 못했다. 그들은 특히 질병의 영역에 침식해 들어온 사탄의 실상을 바르게 인식하지 못했다. 그러므로 사탄과의 전쟁에 대한 구체적인 선교적 함의 또한 다 인식할 수 없었다.

그러나 오늘은 사정이 다르다. 우리는 희미하긴 해도 이 전쟁에 대해 1세기 신자들보다 좀 더 분명한 그림을 갖고 있다. 특히 서구의 선교단체들은 하나님의 뜻에 합당한 선교 목적을 달성하기 위해 세계 여러 곳으로 선교사 팀들을 보내고 있다. 또한 이제 비서구권 선교사들도 전 세계에 퍼져 놀라운 활약을 하고 있다. 특히 한국 선교사의 사역은 주목할 만하다. 우리는 이들 선교 인력들을 하나님 나라의 '군대'로 간주할 수 있다. 그 군대에는 수많은 '군인들'이 포함되어 있다. 이 하나님 나라에는 '민간인' 후원자, 그리고 후원하지 않을지라도 '후방에 있는 사람들'이 모두 포함되어 있다.

문제는 이것이다. 하나님 나라의 수많은 시민이, 전혀 전시 체제에 돌입하지 않고 있는 것이다. 어떤 국가에서 전면전이 벌어지면 군인뿐 아니라 시민 역시 자연스레 전시 체제로 돌입하고 전쟁에 동원된다. 하지만 지금 하나님 나라에서는 전면전이 벌어지고 있는데도, 하나님 나라의 일부 군사만이 적대 세력에 대항하여 벅찬 전투에 참여하고 있을 뿐이다.

문제는 무엇인가? 문제는 인간들이 터무니없이 이기적이며 탐욕하고 악하다는 것이다. 또한 지금이 전시 상황임을 전혀 인식하지 못한다는 것이다. 사람들은 그냥 외견상 평화로워 보이는 시대를 살아가고 있다. 이것이 바로 문제다.

물론 선교사를 후원하는 후원자들은 귀하다. 하지만 그들이 생활 태도를 조금만 전시 체제와 같이 바꾼다면 어떻게 될까? 즉, 후원자들이 자신이 후원하는 선교사 가족의 생활 수준으로 매일 생활한다면 어떻게 될까? 엄청난 액수의 돈이 절약될 것이다. 지출 대비 수입이 놀랍게 올라갈 것이다. 하지만 후원자들에게 이런 이야기를 한다면, 그들은 "우리가 현장 선교사와 같은 생활 수준으로 살아야 할 이유가 어디에 있는가?"라고 질문할 것이다. 그들이 이렇게 질문하는 까닭은 현실에 대한 인식이 부족하기 때문이다. 그들은 주변 세계 사정을 모르고 있다. 그리고 설령 그들이 세상 문제를 인식한다 하더라도, 세상에 존재하는 문제는 우리 자신이 해결하기엔 너무나 커 보이기에 일찌감치 포기하고 만다. 사람들은 세상에 존재하는 문제를 해결하려는 시도 자체를 비현실적인 것이라고 생각하고, 시도조차 하지 않는다.

하지만 기독교 문명운동에 미래가 있다. 우리는 이런 미래의 기회를 포착해야 한다. 전시 상황에서 미래의 기회를 포착하기 위해 우리가 할 수 있는 일은 무엇인가? 먼저 근본적으로 새로운 관점이 필요하다. 즉 전혀 새로운 전시적 관점을 가져야 한다. 그리고 이 전시적 관점을 더 널리 전파해야 한다.

문제의 범위

첫째, 우리는 문제의 범위를 제대로 인식해야 한다. 문제를 확실히 인식하고 범위를 설정하는 것이 우리의 최우선 과제다. 사탄은 사람의 신경을 무디게 하고, 엉뚱한 곳으로 시선을 돌리게 하는 기술이 있다. 존 엘드리지(John Eldredge)는 그의 책 《서사시》(*The Epic*)에서 이 점을 다음과 같이 지적한다.

> 사람들은 대부분 사탄과 악의 세력에 대해 너무나 무지하고 순진무구하다. 그 사실이 나를 놀라게 한다.

미국인들은 이라크 전쟁에 민감하다. 이라크 전쟁 때문에 하루에만 10여 명의 미국인이 생명을 잃었기 때문이다. 하지만 이라크보다 미국 땅에서 훨씬 더 많은 사람이 질병과의 전쟁에서 목숨을 잃고 있다는 사실을 아는가? 암과 심혈관계 질병으로 죽는 사람만 해도 하루 6천 명이다. 이라크 전쟁의 사망자보다 600배나 많은 사람이 질병으로 목숨을 잃고 있다. 게다가 그들은 전쟁터에서 죽는 사람보다 더 심한 고통 가운데 숨을 거둔다. 그럼에도 이러한 질병들의 원인을 찾아 해결하려는 우리의 노력은 극히 미미하다. 미국은 이 병을 치료하는 데 하루에 약 20억 달러를 사용하고 있지만, 병의 근본 원인을 찾아내고 제거하기 위한 발병학 연구에 쓰는 비용은 터무니없이 적다. 질병 관련 예산의 90%는 이미 병을 앓고 있는 환자들의 치료 비용으로 쓰이고 있다. 참으로 안타까운 일이다.

이런 예산 사용의 불균형 문제를 어떻게 해결할 것인가? 적어도 이 사실을 널리 알려, 마치 제2차 세계대전 당시 진주만에 병력을 집결시켰듯, 질병과의 세계대전을 위해 자원들을 집결시켜야 할 것이 아닌가?

미국 예산에서 의료비와 약품 비용은 우리의 상상을 초월한다. 하지만 이들 예산은 전적으로 치료 행위에 집중적으로 배당된다. 반면에 질병의 근원을 근절하기 위한 예산은 극히 미미하다. 이것이 미국의 비극이다.

문제의 모호성

둘째, 문제 자체가 모호하다. 우리는 이 문제가 크고 악하다는 사실을 깨달아야 하지만, 무지와 혼동이 만연하여 문제가 그 자체로 모호하다는 사실도 인식할 필요가 있다. 조금 전까지 이야기한 인식 부족 현상은 또 다른 문제다. 언젠가 사람들이 이 문제를 분명하게 인식할 수만 있다면, 지금은 아무리 문제가 크다고 해도 그 문제를 해결할 수 있게 되기 때문이다. 그러면 인식 부족은 그리 심각한 문제가 아니다.

문제는 무지와 혼동 때문에 문제 자체가 모호해진 것이다. 사탄은 질병을 통해 인간과 동물에게 악한 영향력을 행사해 왔다. 하지만 이러한 악의 모습은 문제를 해결하는 데 동참해야 할 인간들 사이에서도 나타난다. 그들 안에 팽배한 부정과 부패가 그렇다. 문제를 해결해야 할 사람들이 도리어 더 악해져서, 그들 자신이 문제 자체가 되는 경우도 많다.

또한 우리가 간과하는 부분이 있다. 눈에 잘 띄지는 않지만, 잔인한 육식성 동물들에게서 나타나는 악의 문제는 어떻게 할 것인가? 이런 육식성 동물들을 육식을 하지 않던 원래 상태로 되돌리는 유전자 변형을 시도해 볼 수는 없을까? 만약 가능하다면, 이런 유전자 변형을 통한 원상회복을 하나님의 영광을 드러내는 선교 사역이라고 규정할 수도 있을까? 만일 사탄과 타락한 천사들이 호랑이에게 유전자 변형을 일으켜 그들을 악한 식인 호랑이들로 만든 것이라면, 그것은 사탄이 저지른 악행이 아닌가? 그렇기에 언젠가 유전자 공학의 혜택을 제공하여, 식인 호랑이가 육식을 하지 않던 원래 상태로 되돌려 놓는다면 어떻게 될까? 식인 호랑이 문제를 해결하기 위해 그들을 가두거나 죽여 없애는 것만이 능사일까? 현재 식인 호랑이들이 육식을 하게 된 것은 하나님의 영광을 가리는 일이 아닌가? 만약 그렇다면, 그들도 다시 하나님께 영광을 돌릴 수 있게 하는 것이 우리가 감당해야 할 선교의 일부분이라고 할 수 있을까? 혹시 이렇게 하나님이 창조하신 원래의 창조 질서를 회복하는 것이 우리 선교의 일부가 될 수 있다면, 우리는 최근 각광을 받고 있는 미생물학을 더 깊이 있게 연구해야만 할 것이다.

하지만 문제는 이 외에도 더 있다. 우리가 쉽게 간과해 버리고 마는 악한 일들이 아직 많이 남아 있다.

세계은행(World Bank)에서 오랜 기간 고위 간부로 일했던 윌리엄 이스털리(William Easterly)의 저서 《백인의 부담》(*The White Man's Burden*)에는 섬뜩한 현실이 여과 없이 드러나 있다. 그는 경제난과 빈곤 문제를 해결하기 위해 미개발 국가에 보내지는 구호 자금의 절반 이상이, 현장까지 가는 도중 흔적도 없이 사라진다는 사실을 지적한다. 중개인들, 그리고 미개발국의 정부 관리들이 중간에서 돈을 빼돌리는 것이다. 세계은행의 고위급 직원 1만 명 중에도 이러한 범죄 행동에 직접 가담하는 사람이 많다고 한다. 세계은행은 이런 부패 관행을 정리하기 위해 여러모로 계속 노력하고 있지만, 자본을 다루는 금융회사 자체 내에서도 부패가 너무 만연하여 그 시도는 계속 성공하지 못하고 있다. 그래서 근본적인 문제 해결을 위한 의지마저 흔들리고 있는 지경이다. 이것이 바로 악한 인간의 실존이다.

하나님 나라가 이 땅에 임하고, 그분의 뜻이 이루어지기 위해 선행되어야 할 일이 있다. 그것은 바로 우리의 관점을 바꾸는 것이다.

하나님의 뜻에 저항하는 영악한 원수를 물리치기 위해서는, 우리에게 아주 새로운 전시적 생활 태도와 관점이 필요하다.

누가 우리와 함께 싸울까?

이 어려운 문제를 누가 해결할 수 있을까? 전 세계의 기독교인들이 이 문제를 해결하기 위해 모두 일어나서 힘을 합한다면 어떻게 될까? 그러나 이것만으로 문제를 가볍게 해결할 수 있을 것이라는 생각은 너무도 순진한 발상이다. 기독교인들은 개인 구원과 영생의 소망에는 큰 관심을 두고 많은 영향을 받는다. 그러나 그 외의 일, 즉 사탄의 일을 물리치기 위한 일에는 어떠한가? 그러한 일들은 모두 비기독교인들, 또는 외형상으로는 기독교 정신을 드러내지 않는 단체나 개인이 주도하고 있다. 이러한 현실을 접할 때면, 너무 당혹스럽다.

이 문제를 돈으로 해결할 수 있다면, 빌과 멜린다 게이츠(Bill and Melinda Gates) 재단이 나서 주면 정말 좋을 것이다. 사실 게이츠 재단은 다른 재단들에 큰 자극을 주고 있다. 세계가 당면한 가장 긴박한 문제들을 먼저 해결하도록 도전을 주며, 우선순위를 결정하도록 돕고 있다. 이 부분에서는 유대인들도 잘하고 있다. 질병의 원인을 연구하는 첨단 세균학이나 미생물학 분야는 인구 비례상 정통 유대인 의사들이 가장 많이 참여하고 있는 분야다. 지미 카터(Jimmy

Carter)와 저명한 카터 센터(Carter Center) 역시 질병의 원인을 연구하는 발병학에 초점을 맞추어 질병 퇴치를 추구하고 있다. 하지만 카터 센터가 하는 일을 돕기 위해 자본을 대거나 인력을 보내는 공식적인 기독교 단체나 선교단체는 아직 없는 것이 사실이다.

오늘 우리가 살아가는 세상에서 활동하는 악의 규모는 가히 상상을 초월한다. 실로 거대하다. 따라서 이 문제를 기독교인들의 힘만으로 해결할 수 있다고 생각해서는 안 된다. 이는 지혜롭지 못한 생각이다. 하지만 우리 기독교인들의 기본 목표, 즉 하나님의 목적을 분명히 밝히는 일은 기독교인의 힘만으로도 가능하다. 기독교인들은 무엇보다 하나님의 뜻을 명확히 드러내야만 한다. 기독교인들은 악을 조장하는 사람들이 되어서는 안 된다. 악에 대항하는 일에 앞장서야 한다. 동시에 비기독교인들까지도 동원하여, 사탄과의 전쟁에 참여시켜야만 한다.

하나의 특별한 문제

신학의 유형은 정말 다양하다. 하지만 신학적 유형들 가운데 상당수의 신학이 악을 대적하는 실제적 활동에 아무런 도움이 되지 않고 있다. 전혀 무기력하다. 현장에서 아무런 힘을 발휘하지 못하는 것이다. 어떤 신학은 세상이 계속 악해져 가고 있다는 주장만 되풀이할 뿐, 악한 세상에 대해 어떻게 대처해야 하는지는 아무런 구체적인 대안을 제시하지 못한다. 그저 세상은 계속 끝없이 악해질 것이고 우리가 노력해도 헛수고일 뿐이니, 현세를 보지 말고 내세에 초점을 맞추라고 쉽게 주장할 뿐이다. 그러나 이는 이미 현실 세계를 포기한 신학이다. 현실에 대해서는 더는 아무런 상관도 하지 않겠다는 무관심한 자세다. 이것이 내세지향적 신학의 입장이다.

우리는 어떻게 할 것인가? 날로 악해져 가는 세상을 그대로 수수방관만 할 것인가? 그러나 사실 내세지향적 신학보다 더 나쁜 신학이 있다. 바로 세상에서 일어나는 모든 비극적인 사건에 대한 책임을 하나님께 돌리는 매우 수동적인 신학이 그렇다. 세상에 만연한 악의 문제에 대한 책임을 사탄이나 타락한 천사, 타락한 인간에게 묻는 것이 아니라, 선하신 하나님께 전가하는 것이다. 이는 매우 무책임한 신학적 입장이다.

하지만 사실 이런 신학은 너무나 널리 통용되고 있으며, 심지어 그런 무지한 신학적 전제를 바탕으로 책을 저술하는 기독교 지도자들까지 있다. 《하나님을 이해할 수 없을 때》(*When God Doesn't Make Sense*), 《내가 고통당할 때 하나님 어디 계십니까?》(*Where Is God When It Hurts?*)와 같은 책이 바로 그렇다. 이런 책들의 논지는 분명하다. "하나님의 뜻은 신비롭다. 신묘막측하다. 우리는 하나님의 신비를 다 이해할 수 없다. 그러므로 그 신비를 인정하라. 고통 속에서 하나님의 뜻을 이해하려는 노력을 포기하라"는 것이다. 그들은 영악한 악의 세력에 대해서는 전혀 언급하지 않는다. 당연히 해야 할 말을 하지 않는다. "영악한 악의 무리를 대적하라. 아무것도 시도하지 않는 것보다는, 목숨을 걸고 사탄을 대적하여 싸우는 것이 훨씬 낫다. 우리에게는 악과 대적할 사명이 있다"라고 설명하지 않는다.

  기독교의 기본 전제에도 문제가 있다. 기독교는 모든 창조물의 회복과 복원(復元)보다 인간의 구원과 구출에 우선순위를 둔다는 생각이다. 하나님을 대적하여 피조물에게 악을 행하는 사탄의 해악과 왜곡 전략을 물리치고 이 땅에 하나님의 영광을 회복하는 일보다는, 하루빨리 이 세상을 떠나는 편을 더 선호하는 것이다. 여기에 문제가 있다.

연구와 훈련

연구가 필요하다. 사회적 통제와 훈련이 필요하다. 사회적 통제와 훈련을 통해 효과적인 인간 행동이 이루어질 수 있다. 이는 분명한 사실이다. 전쟁터에 참전하는 군인들은 우선 철저하게 훈련을 받는다. 전쟁의 승패는 훈련된 병력의 유무와 탁월한 군사 작전에 따라 결정되기 때문이다.

  일반 기업체들도 마찬가지다. 회사는 이윤을 추구하는 사업을 위해 직원들의 생활을 쥐어짜고, 직원들을 철저하게 훈련시킨다. 그런데 그들이 은퇴를 하고 나면 사정이 달라진다. 사회적 통제 기능이 더는 작동하지 않으며, 나사가 완전히 풀어진다. 은퇴 전에는 산업 현장에서 탁월한 업적을 내던 사람이 삶의 초점을 잃고 흐트러지면서 전혀 딴사람이 된다. 여기서 우리가 기억해야 할 것이 있다. 이미 유명해지고 부자가 된 운동선수나 영화배우도, 개인 트레이너까지 두고 자신을 관리하며, 철저하게 훈련을 계속한다는 것을 말이다. 만약 세상 사람들이 모두 누군가의 도움 없이 개인의 의지에 따라서만 움직인다면 어떻게 될까? 인간의 놀라운 업적들이 모두 단번에 중단되고 말 것이다.

현대 미국 개신교는 교인들에게 신앙생활의 최소만을 요구하는 경향이 있다. 교인들도 최소한의 신앙생활을 하는 것으로 만족한다. 이러한 문제를 극복하려는 움직임 가운데는 가톨릭 전통 중 하나인 '오프스 데이'(Opus Dei)라는 운동이 있다. 오프스 데이 전통은 하나님의 사역을 위해 철저히 훈련된 가톨릭 평신도들이 날마다 책임 있는 생활 습관을 가지고 바른 신앙인으로 살아가게 한다. 개신교 내에도 이런 신앙운동이 있는데, '훈련된 그리스도 수도회'(Disciplined Order of Christ, DOC)가 그것이다. 그러나 가톨릭보다는 생활이 느슨하다.

만약 요즈음의 경향을 따라 모든 사람이 자기 소견, 자신이 옳다고 생각하는 바에 따라 편하게만 생활한다면, 기독교인들의 노력을 모두 응집시켜 보았자 미미한 결과만 나타날 것이다. 하나님 나라는 하나의 상징에 불과하게 되고, 최악의 경우 신앙인의 삶 안에서 하나님 나라는 아무런 의미가 없게 될 것이다. 물론 '오프스 데

이'에서 '일상의 성화'를 강조하는 것은 훌륭한 일이다. 그러나 이런 목표는 삶의 분명한 방향성과 초점이 모호하며, 현재 진행되고 있는 영적전쟁에 대한 인식도 부족하다. DOC의 인식 부족은 더 심각하다. 기독교 윤리학자인 리처드 마우(Richard Mouw)가 주장하는 중요한 개념인 '거룩한 세속성'(holy worldliness)이 상대적으로 약화된 것이다. 거룩한 세속성은 정말 중요한 개념이다. 기독교인들 가운데서 제대로 된 신앙생활이 이루어지려면, 그들에게 거부감을 주지 않으면서도 그들이 철저하게 신앙생활을 하도록 훈련해 줄 수 있어야 한다.

미국 전 대통령인 지미 카터와 그의 아내 로잘린 카터(Rosalynn Carter)는 1982년에 '카터 센터'를 설립했다. '행동하는 싱크탱크(think tank)'인 카터 센터의 활동은 놀랍기 그지없다. 중동의 평화 정착, 핵무기 확산 금지 등 세계 평화를 위한 활동부터 파나마, 니카라과, 가이아나, 잠비아, 나이지리아, 라이베리아 등 각국의 민주주의 정착을 위해 노력하고 있을 뿐만 아니라, 질병의 발병 원인을 밝혀내는 데 초점을 맞추어 질병 없는 세상을 만들기 위한 활동을 하고 있다. 놀라운 사역이다. 우리에게 알려진 기독교 기관 중에서 카터 센터처럼 발병학에 초점을 맞추어 사역하는 곳은 현재까지 없다. 공립학교에서의 기독교인의 권리를 지지하기 위한 기독교 기관 혹은 공공복지를 증진시키기 위한 기독교 기관들은 있지만, 이런 기관들의 사역은 다분히 피상적이고 방어적이다.

이 주제는 정말 중요하지만, 충분히 다룰 수 없음이 아쉽다. 우리는 악한 상황과 하나님을 연계시키지 않기 위해 어떤 조치를 취할 것인가? 악한 상황을 해결하기 위해 훈련된 집단을 어떻게 투입시킬 것인가? 이 주제를 놓고 우리 안에서 좀 더 심도 있는 토론이 이루어져야 한다.

또한 지금까지 다룬 바와 같이, 협의적 관점에서뿐만 아니라 더욱 광의적 측면에서 기독교 선교를 바라보아야 한다. 광의적 관점에서 이해한 선교를, 현재 이루어지는 선교와 대조해서 살펴봐야 한다. 이제 우리는 새로운 방향을 제시할 수 있어야 한다.

지금은 전시 상황이다. 전면전이 벌어지고 있다. 그리고 지금 벌어지는 전면전은 수많은 복음주의자에게 새로운 도전을 주고 있다. 복음주의자들은 시야를 더 넓혀야 한다. 사회 각 분야에 관심을 가져야 한다. 첨단 미생물학도 연구하고, 현실 정치에도 참여해야만 한다. 상거래 전반에 걸친 윤리 기준을 바로잡기 위해 뛰어들어야 한다. 그리고 이 모든 일을 성취하기 위해 철저하게 훈련받아야 한다. 새롭게 일어나는 기독교 문명운동을 위해 '미래의 기회를 포착하도록', 우리는 그보다 더한 어떤 일이라도 감수해야 한다.

| 부록 A |

기독교 문명운동사의 기본 전제들
Foundational Premises of Christian Movements

1. 하나님은 역사의 주인이시지만 우리는 광대무변한 전쟁터에 남겨졌다.
   God is the Lord of History but we are locked in a cosmic struggle.

2. 하나님은 역사 안에서 그분의 목적을 성취하시려고, 새로운 일을 시작하고 발전시켜 나가신다.
   God initiates and advances work in history to accomplish His purpose.

3. 하나님은 인간에게 일반 계시와 특별 계시를 주심으로써 인간과의 교제를 먼저 시작하신다.
   God initiates a relationship with humankind through general and special revelation.

4. 하나님은 그분 자신에 대해 계시하시나, 악의 권세가 일반 계시와 특별 계시를 왜곡하고 있다.
   God reveals himself, but an evil power appears to be distorting both general and special revelation.

5. 영악한 사탄은 하나님의 창조물을 모두 전적으로 타락시켰다. 그러므로 역사의 기본적인 줄거리는 (창조물들 가운데 하나님의 영광을 회복시키려고) 타락하고 왜곡된 세상을 점진적으로 정복해 나가는 것이다.

Creation at all levels was corrupted by intelligent evil. The basic plot of history is thus the progressive conquest of a distorted and darkened world.

6. 하나님은 모든 시대의 모든 사람에게 계속해서 자신을 계시하신다.

God continues to reveal Himself to all peoples at all times.

7. 하나님은 인류를 구원하고 복 주시려고, 그리고 온 땅의 모든 창조물 안에 자신의 온전한 영광을 회복하려고 사탄의 세력을 이김으로써 그분의 목적을 성취하신다.

God accomplishes His purpose by triumphing over evil in order to rescue and bless people and to restore the full glory of His creation throughout the earth.

8. 하나님은 그분의 목적을 성취하시기 위해, 자신의 백성을 불러 함께 일하신다.

God calls His people to join Him in fulfilling His purpose.

9. 하나님 나라의 확장은, 인류를 구원하는 것뿐만 아니라 타락한 창조물을 회복하고 악한 사탄을 물리치는 것도 포함한다.

The advance of the Kingdom consists not merely of the rescue of humans but includes the restoration of a corrupted creation and the defeat of the Evil One.

10. 역사에 나타난 하나님의 사역은 일관성을 가지고 진행되고 있으며 궁극적으로 완성될 것이다.

God's work in history has continuity and will come to an ultimate culmination.

11. 하나님은 인간집단이 그분의 목적을 위해 역사 속에서 그분과 함께 일하는 대리인이 되기를 원하신다.
    God desires humans to work with Him as agents in history for His purposes.

12. 성경은 하나님의 목적에 대한 하나로 통일된 이야기다.
    The Bible is a unified story of God's purpose.

13. 선교는 성경의 기초가 되는 진리다. 지상명령은 성경 전체를 지탱하는 척추다.
    Missions are the basis for the Bible. The Great Commission is the backbone of the whole Bible.

14. 성경은 하나님이 구원 계획을 이루시는 모습을, 그분과 백성 사이의 언약 관계를 통해, 또 만백성의 메시아 예수를 통한 모든 인류의 구속을 통해 보여 주신다.
    The Bible shows God carrying out His redemptive purpose through a covenant relationship with His people and redeeming all of humankind through Jesus, the Messiah for all peoples.

15. 예수님의 삶과 죽음을 통해, 하나님은 사탄을 물리치고 인류와 창조물을 구속하며 회복하신다.
    On the basis of Jesus' life and death, God defeats evil and redeems and restores humanity and creation.

16. 교회의 본질은 선교다.
    The essence of the church is to be missionary.

17. 성경적 신앙의 특징은 모든 문화 전통에 맞는 문화적 옷을 입히는 것이다. 참된 신앙은 참된 순종이라는 증거로 나타나기 마련인데, 참된 신앙적 순종은 언제나 문화적 형식이라는 옷을 입고 나타난다.

    A characteristic of biblical faith is the willingness to take upon itself the cultural clothes of every tradition. True faith always is evidenced in true obedience, but the form of that obedience is always cultural.

18. 아우구스티누스와 신플라톤주의적 신학의 영향을 받은 복음주의 사상에는 논리적 연결성이 결여되어 있다. 죄와 악은 사탄에서 기원한 것이지, 하나님으로 말미암은 것이 아니다.

    As a result of the influence of Augustine's Neoplatonic theology, there is a disconnect in evangelical minds: we need to attribute evil to Satan, not to God.

19. 하나님 나라를 확장하고 그분께 영광 돌리는 우리의 사명은 모든 곳에 존재하는 악한 사탄을 물리치는 일을 수반한다.

    Our task of glorifying God and advancing the Kingdom involves defeating evil wherever it is found.

20. 예수 그리스도의 삶과 죽음, 그리고 부활은 유일무이하고 확실한 역사적 사건으로써, 역사의 중심이다.

    The life, death, and resurrection of Jesus Christ are authentic, unique, and central to history.

21. 선교 사역은 성경적인 믿음을 전하고, 서구 기독교가 아닌 그리스도를 선포하며, 우리의 삐뚤어지고 터무니없이 복잡한 역사적 전통이 아닌 성경을 선포하는 것이다.

    The mission task is to extend biblical faith, preaching Christ, not Christianity, preaching the Bible, not all the twists and turns of our enormously complex historical tradition.

22. 하나님은 역사와 문화 전반에 걸쳐 자신의 교회를 세우신다.
    God builds His church throughout culture and history.

23. 기독교 운동은 긍정적인 사회 변혁을 가져왔다.
    The Christian movement has brought about positive social transformation.

24. 하나님은 모든 문화 속에서 일하시며, 하나님의 영광을 위해 그들을 구속하기 원하신다.
    God is at work in all cultures and wants to redeem them for His glory.

25. 거의 대부분 복음은 작고 집중되어 있고 헌신된 공동체들인 선교단체들을 통해 엄청난 문화적 장벽과 지리적 장벽을 넘어 전파되었다.
    The gospel has almost always been carried across significant cultural and geographic barriers by small, focused, committed communities—mission structures.

26. 하나님을 더욱 간절히 구하고 그분의 음성을 더 깊이 들은 핵심 지도자들은, 하나님이 새로운 돌파를 이루실 때 쓰임 받을 수 있었다.
    Key leaders who have sought God more deeply and have listened to Him more profoundly have been used by God to make new breakthroughs.

27. 미전도 종족은 자신들의 문화와 사회 내에 토착교회 운동이 없는 인간집단이다. 그들은 문화적 장벽과 편견이라는 장벽 때문에 복음과 격리되어 있다.
    Unreached peoples are those cultures or societies in which there is no indigenous church movement. They are held at a distance from the gospel by boundaries of prejudice and culture.

28. 전혀 새로운 전방개척지를 위해 더 철저한 상황화가 시급하게 필요하다. 하나님은 예수님의 제자가 되려면 자신의 문화적 정체성을 포기해야 한다고 말씀하신 적이 없다.

The urgent need for radical contextualization is an incredibly new frontier. God does not require people to give up their cultural identity to be followers of Jesus.

29. 하나님을 대항하는 인간의 첫 번째 반역의 결과, 인간은 사회적, 영적, 심리적, 육체적, 그리고 문화적으로 사탄의 영향을 받게 되었다.

Since humankind's first rebellion against God, humanity (socially, spiritually, psychologically, physically, culturally) has been affected by evils.

30. 선교 사역을 완수할 수 있으려면 타문화 상황에 적합한 커뮤니케이션 방식을 따르는 효과적인 타문화 복음 전도가 필요하다.

Completing the task requires effective cross-cultural evangelism that follows communication patterns within cultures.

31. 인간집단(민족집단)들 내에서 이루어지는 교회 개척 운동을 통해 세계 복음화가 얼마나 진척되었는지 부분적으로 측정할 수 있다. 선교 사역 완수를 위해, 사회 전반의 흐름을 따르는 교회 개척 운동과 성장이 필요하다.

The progress of world evangelization can be measured in part in terms of church-planting movements within people groups. Completing the mission task requires the initiation and growth of church-planting movements that follow social avenues of influence.

32. 선교 사역은 완성될 수 있고, 완성될 것이다. 선교 사역의 완수를 위해 다양한 문화와 전통을 가진 교회와 선교단체들이 공동으로 협력해야만 한다.

Mission task can and will be completed. Completing the task requires collaborate efforts of churches and mission agencies from diverse cultures and traditions.

33. 사명을 완수하기 위해서는, 공동체의 발전과 교회 개척을 긴밀히 연관시키는 총체적 전략이 필요하다. (우리가 하나님을 바르게 전하려면, 모든 악에 대항하여 싸우도록 연합해야만 한다.)

    Completing the task requires strategic wholism in which community development is integrated with church planting (We must be allied against all evil if we do not want to misrepresent God.)

34. 하나님 나라의 확장에는 인간을 구원하는 것뿐만 아니라, 악한 사탄을 물리치고 타락한 창조물을 회복하는 것도 포함시켜야만 한다.

    The advance of the Kingdom consists not merely of the rescue of humans but must include the restoration of a corrupted creation and the defeat of the Evil One.

35. 하나님은 모든 민족, 족속, 나라, 언어 집단에서 그분을 따르는 자를 부르신다. 죄를 회개하고, 예수님을 통하여 하나님께 돌아오고, 사탄을 대적하는 광대무변한 전쟁에 참여할 전사를 부르신다.

    God calls people from all tribes, nations, and linguistic groups to follow Him: to repent of sin, turn to Him through Jesus and be re-enlisted in the cosmic battle against evil.

36. 역사의 종말 이후, 하나님은 모든 창조물을 완전히 회복시키실 것이다. 사자들이 어린 양과 함께 눕게 될 것이다. 모든 질병이 사라질 것이다. 하나님이 하늘과 땅을 다스리실 것이다.

    After the end of history, all of creation will be completely restored by God. Lions will lie down with lambs. Disease will disappear. God will reign in heaven and on Earth.

| 부록 B |

하나님 나라의 탈환 작전: 구속사의 열 시대

랄프 윈터 Ralph D. Winter

인류의 역사는 전쟁의 역사다. 전쟁은 많은 것을 앗아간다. 사람들은 맹렬히 싸우면서 자신의 역사를 파괴했다. 고대 유물의 90% 이상이 파괴되었다. 방대한 저술 작품, 역사적 문헌, 예술 작품들은 파괴된 도시와 함께 영원히 사라지고 말았다. 오래된 역사적 기록들을 살펴보면, 악한 인간들의 참혹한 이야기들로 가득하다. 언제부터인가 인간은 그토록 악한 존재가 되고 말았다.

인간은 어찌하여 악하게 되었을까? 어떤 생명체도 자기와 같은 동종 생명체를 그토록 증오하고 죽이지 않는다. 그런데 인간은 악하기 그지없다. 오래된 인간의 두개골들을 자세히 살펴보면 강한 타격을 받은 흔적들을 발견할 수 있다. 심지어 두개골 안에 든 것을 구워 먹은 흔적도 보인다. 인간집단을 공격한 것은 인간들만이 아니었다. 각종 질병, 무서운 세균들도 인간을 공격했다. 그 결과로 세계 인구가 성장하지 못하고 줄어든 적도 있었다.

아브라함 시대의 세계 인구는 약 2,700만 정도로 추산된다. 이는 2000년 미국 캘리포니아의 인구보다도 적은 숫자다. 아브라함 시대 때 세계 인구는 거의 성장하지 못했다. 당시 세계 인구 증가율은 오늘날 세계 인구 증가율의 16분의 1 정도에 불과했다. 왜 인구는 그토록 느리게 성장했던 것일까? 이는 당시에 전쟁이 자주 일어났고, 많은 사람이 역병에 걸려 일찍 죽었음을 의미한다. 전쟁과 역병은 사탄의 전략이다. 사탄이 잔인하게 사람을 공격하는 방법들이다. 그러나 세계 인구 증가율은 증오와 질병이 극복되면서 점점 가속도가 붙기 시작했다.

세상에 악이 가득했다. 역사적 기록이 비교적 상세하게 남아 있는 집단은 유대인, 그리스도인, 그리고 무슬림 등이다. 이들의 성문서, 즉 유대인의 '토라', 그리스도인들의 '율법서', 무슬림의 '타우랏'을 살펴보면 놀라운 공통점이 발견된다. 이 문서들은 악의 근원을 제시하고 설명하며 악한 사탄과의 전쟁을 묘사한다. 사탄과의 전쟁은 수 세기 동안 계속되었다. 그리고 지금도 계속되고 있다. 세상을 다스리는 사탄과의 전쟁은 현재 진행형이다. 우리는 사탄을 물리쳐야 한다. 또 사탄을 물리치는 하나님 나라의 탈환 작전을 효과적으로 감당하기 위해, 우리는 사탄에 대해 더욱 자세한 지식을 가져야만 한다.

창세기는 사탄에 대한 지식을 제공한다. 창세기의 서론 부분에 해당하는 처음 11장은 세 가지 중요한 사실을 기술한다.

1. 하나님이 '보시기에 좋았고' 영광스러웠던 태초의 창조 상태
2. 하나님께 반역한, 악한, 인간의 능력을 초월한 인격체 사탄의 등장
3. 하나님을 향한 사탄의 반역에 동참하여, 그 악한 사탄의 권세 아래 놓이게 된 인간의 처참한 상황

성경은 하나님 나라에 관한 하나의 거대한 드라마다. 이 드라마의 초반에 하나님을 반역한 사탄이 등장한다. 그리고 인간과 피조물이 악한 사탄의 권세 아래 놓이고 난 후부터 하나님의 영광이 왜곡되기 시작했다. 이 세상에서 하나님의 통치가 거부된 것이다. 그러나 창세기 12장부터 성경 전체는 하나님의 통치를 위해 하나님 나라의 탈환 작전이 전개되고 있음을 보여 준다. 성경에 나타난 구속사는 바로 하나님 나라의 탈환 작전이다. 원수 사탄을 물리치고 하나님 나라가 이루어지는 모습을 담은 하나의 드라마다. 우리는 구속사의 드라마, 하나님이 자신의 아들을 중심으로 타락한 피조물을 회복하고 구속하시는 드라마를 볼 수 있다.

이 소논문을 통해서 나는 하나님 나라의 탈환 작전이 시작된 BC 2000년부터 시작하여, 지난 4,000년 동안의 구속사를 살펴보려 한다. 이 구속사의 핵심은 예수 그리스도시다. 하나님은 구속사 한가운데 자신의 아들을 보내셨다. 왜 아들을 보내셨을까? 하나님이 아

들을 보내신 목적은 분명하다.

> 하나님의 아들이 나타나신 것은 마귀(사탄)의 일을 멸하려 하심이라
> 요일 3:6

하나님은 사탄의 통치를 그대로 용납하실 수 없었다. 사탄의 통치에 대항한 하나님 나라의 탈환 작전은 예수님이 오시기 전부터 시작되었던 것이다. 성경은 하나의 핵심 주제로 엮인 드라마다. 즉, 원수가 점령한 영토 안으로 살아 계신 하나님 나라의 능력이 침투해 들어와 영적전쟁을 벌임으로써 이루어지는, 하나님 나라의 탈환 작전이다. 창세기 12장부터 성경 끝까지, 그리고 종말의 순간까지는 '하나님 나라의 탈환 작전'이라는 일관성 있는 주제로 드라마가 펼쳐진다. 이 구속의 드라마에서 우리는 아들을 내주심으로 타락한 피조물을 다시 복원하고 구속하시는, 지속적이고 불가항력적인 하나님의 능력을 볼 수 있다.

하나님 나라의 탈환 작전은 구속사 드라마의 중심부에 등장하는 예수님이라는 핵심인물이 등장하기도 전에 이미 진행되고 있었다. 그리스도가 오시기 전에 이미 탈환 작전의 다섯 시대가 진행되었다. 물론 이 소논문의 핵심 목표는 그리스도가 이 땅에 오시고 난 후에 펼쳐지는 다섯 시대 가운데 진행된 하나님 나라의 탈환 작전을 기술하는 데 있다. 하지만 이 후반부의 다섯 시대 역시 열 시대

에 걸쳐 전개되는 전체 드라마의 일부라는 것을 설명하기 위해, 전반부 다섯 시대에 대해서도 먼저 간략하게 요약하고자 한다.

구속사 열 시대를 관통하는 한 가지 주제가 있다. 바로 "악한 자의 통치 아래 있는 세상"(요일 5:19)을 회복하기 위해 간섭하시는 하나님의 은혜다. 그 은혜는 일시적으로 "이 세상 신"(고후 4:4) 노릇을 하고 있는 사탄과의 싸움에서 이기고 열방을 회복시켜, 열방이 하나님의 이름을 찬송하게 한다. 이를 위한 하나님의 계획은, 우리가 '하나님의 나라가 임하오시며'라고 기도하는 것처럼, 아브라함과 아브라함의 후사들에게 특별한 '복'을 주심으로써 모든 인간집단에 복음을 전하는 것이다. 그러나 이와 반대되는 악한 자의 계획도 있다. 사람들 사이에 증오심을 불러일으키는 것이다. 악한 세력은 심지어 DNA 배열까지도 왜곡하여, 하나님의 선한 피조물을 철저하게 파괴한다. 이러한 사탄의 책략 중에는 사람들이 하나님이 사랑이 많으신 분이라는 것을 더는 믿지 못하도록 악한 질병을 일으키는 악성 세균을 고안해 내는 전략도 포함되어 있다.

그러나 하나님은 사탄이 다스리는 세상을 그대로 용인하실 수 없었다. 하나님은 사탄에 대항하여 하나님 나라의 탈환 작전을 시작하셨다. 이 하나님 나라의 탈환 작전을 성공적으로 수행하기 위한 하나님의 작전 계획은 무엇이었는가? 하나님은 우선 '복'을 주면서 시작하셨다. 하나님이 아브라함과 그의 자녀들의 믿음에 복을 주셨다. 하나님은 그들에게 복 주심으로, 모든 민족에게 복 주시려는 그분의 전략을 드러내셨다. 하나님의 복은 개인적인 소유물을 물려받는 개념이 아니라, 가족의 명예, 책임, 그리고 의무를 후대에 계승하는 것이다. 그래서 하나님의 복은, 그분의 복을 다른 인간집단들과 나눈다는 조건 아래에서만 효력이 발생한다. 하나님께 복을 받은 사람들은 아브라함처럼 믿음의 사람이 된다. 하나님의 뜻에 순종한다. 하나님 나라에 속한 사람이 된다. 다른 모든 인간집단 가운데서 하나님 나라를 확장하는 책임을 가진 인간집단을 대표하게 된다. 이 복은 하늘에 계신 아버지와 함께, 모든 가족(열방)을 하나님 나라에 속하게 하여, '하나님의 영광을 선포하게 하는 것'이다. 하나님께 복을 받은 사람은 그분의 뜻에 복종하는 믿음의 사람이 된다. 하나님 나라의 일부가 된다. 다른 모든 민족에게 그분의 통치, 그분의 권능, 그리고 그분의 권위를 드러내게 된다.

4,000년 구속사의 전반부 이야기

창세기 12장에서부터 시작되는 '하나님 나라의 탈환 전략'은 BC 2000년 무렵의 족장 시대부터 시작된다. 아브라함은 첫 번째 400년 동안의 족장 시대에 복의 근원으로 선택받았다. 그는 하나님께 부르심을 받고 아프리카 – 아시아(Africa-Asia) 지역의 중심부로 이동했다. 우리는 아브라함, 이삭, 야곱, 요셉의 시대를 족장 시대라 부른다. 이 기간에 하나님은 그분의 통치권을 회복하라는 선교 명령

(창 12:1-3)을 아브라함에게 두 번(창 18:18, 22:18) 하셨고, 이삭(26:4)과 야곱(28:14-15)에게도 여러 번 하셨다. 그러나 그들은 하나님의 선교 명령에 순종하지 않았다. 주변 나라들에 증인이 되고 하나님의 복을 나누는 면에서, 별다른 성과를 보여 주지 못했다.

하나님은 또한 요셉을 부르셨다. 요셉은 그의 형들에게 "당신들이 나를 팔았지만, 하나님이 나를 보내셨다"(창 45:5)고 말했다. 실제로 그 사건은 이집트에 큰 축복이 되었다. 심지어 바로 왕도 요셉이 성령으로 충만했다는 사실을 인식했다(41:38). 그러나 요셉의 선교는 자발적인 선교 사역이 아니었다. 요셉의 형들은 선교 헌금을 모아 요셉을 애굽으로 파송한 것이 아니었다. 즉, 그것은 지극히 비자발적인 선교 사역이었다. 족장들의 선교는 하나님이 원하셨던 자발적 순종에서 기인한 선교가 아니었다. 하나님이 비자발적인 사람들을 통해 이루어 내신, 하나님의 선교였다.

나는 예수님이 오시기 전, 구속사 2,000년의 역사를 각각 400년으로 나눈다. 다섯 시대는 다음과 같다.

1. 족장 시대
2. 애굽 포로 시대
3. 사사 시대
4. 열왕 시대
5. 바벨론 포로 시대와 디아스포라 시대

하나님의 백성 이스라엘은 비록 하나님께 복을 받았지만, 이 다섯 시대 동안 거칠고 험난한 날들을 보내야만 했다. 하나님의 뜻은 분명했다. 이스라엘이 자신이 처한 시대적 상황 속에서 자발적으로 선교에 참여하여, 하나님의 선교적 백성이 되어 주기를 간절히 바라신 것이다. 하지만 이스라엘은 순종하지 않았다. 그들은 하나님이 약속하신 복과 하나님이 그들에게 원하신 선교 사명, 즉 그분의 복을 모든 인간집단에 나누라고 하신 선교적 책무를 감당하지 못했다. 그럼에도 하나님의 역사는 이루어졌다. 하나님이 다른 방법들을 사용하여 자신의 뜻을 이루셨기 때문이다. 하나님은 자신의 뜻을 이루셨다. 백성의 자발적 순종을 통해서 이루셨고, 때에 따라서는 비자발적인 방업(邦業)을 통해서도 이루셨다.

구약의 역사를 보라. 요셉, 요나, 그리고 온 백성이 포로로 잡혀간 이스라엘은 어떻게 하나님의 선교를 이루었는가? 하나님의 선교는 백성이 포로로 잡혀간 원수 나라에 하나님의 복을 나누는 것이었다. 그러나 그 선교는 비자발적으로 이루어졌다. 시리아 장군 나아만의 집에 잡혀간 어린 이스라엘 소녀는, 포로가 된 상황 속에서도 자신의 믿음을 장군에게 나누었다. 다른 한편으로, 멀리 이방 나라에 간 나오미는 자기 아들들과 이방인 며느리들에게 신앙을 나누었다. 나오미의 며느리였던 이방 여인 룻, 시리아인 나아만, 그리고 시바의 여왕 등은 모두 이스라엘에 베푸신 하나님의 복에 이끌려 자발적으로 찾아왔다.

하나님의 선교는 하나님이 이루신다. 우리는 각 시대에서 이루어진 하나님의 선교 역사를 볼 수 있다. 선택된 사람들이 자발적으로 선교에 참여했든 그렇지 않았든 상관없이, 하나님은 자신의 선교 목적을 성취하셨다.

그리고 예수님이 나타나셨다. 그것은 이스라엘의 죄를 드러내는 하나님의 '방문'이었다. 그분은 자기의 소유된 백성에게 찾아오셨지만, 그분의 소유된 백성은 그분을 영접하지 않았다(요 1:11). 사실 이방인에게 복 주기 원하시는 하나님의 열망에 관해 언급하시기 전까지, 예수님은 고향 나사렛에서 환대를 받으셨다. 하지만 누가복음 4장에 나타난 바와 같이, 이방인에게 복 주기 원하시는 하나님의 선교적 비전에 대해 예수님이 설명하기 시작하시면서 사람들은 분노했다(눅 4:28). 그들이 살기 등등하여 분노를 표출했다는 것은 과연 무엇을 의미하는가? 하나님의 선택을 받은 백성이, 자신들이 다른 이들에게 하나님의 복을 전하도록 선택받았다는 사실(출 19:5-6; 시 67편; 사 49:6)을 거역하고, 이 사명의 길에서 벗어나 있었다는 것을 보여 준다.

물론 그들 중에는 '한 사람의 이방인 개종자를 얻기 위해 육지와 바다를 여행했던' 광신적인 사람들도 있었다(마 23:15 참고). 그러나 그들의 이방인 전도 여행은 이방 민족들에게 복이 되지 못했다. 왜냐하면 그들의 선교 목적 자체가 하나님의 뜻과는 달랐기 때문이다. 그들은 이스라엘이라는 나라와 문화를 유지시키기 위해 이방인 개종자를 찾아갔다. 하나님은 육신의 할례보다 마음의 할례를 더 중요하게 여기셨지만, 그들은 이방인 개종자들이 마음의 할례를 받는 데에는 그다지 관심을 기울이지 않았다(신 10:16, 30:6; 렘 9:24-26; 롬 2:29).

그리고 이러한 상황에서 예수님이 오셨다. 그분이 오신 목적은 무엇인가? 선교적 대위임령을 주기 위해서 오신 것이었지만, 어떤 의미에서는 그것을 다시 회수하려고 오신 것이었다. 원래 나무에 붙어 있던 원가지들이 잘려 나갔다. 그리고 대신에 '원가지가 아닌' 다른 가지들이 나무에 접붙여졌다(롬 11:13-24). 선교적 백성으로 선택된 나라가 대부분 선교 사역을 주저했음에도, 그중 일부 신실한 사람들을 통해 많은 인간집단이 신앙적 영향을 받았다. 역사적으로 보면 가나안, 이집트, 블레셋(고대 미노아 문화), 히타이트, 모압, (두로와 시돈의) 페니키아, 아시리아, 사비아(시바 지역), 바빌로니아, 페르시아, 바르티아, 메데, 엘람, 로마 등이 영향을 받았다.

4,000년 구속사의 후반부 이야기

이제 후반부 2,000년을 살펴보자. 이 시기는 하나님이 예수 그리스도를 통해 역사 속에 개입하셔서, 유대인들뿐만 아니라 열방들도 복을 받으며, 그들 역시 '땅의 모든 족속에게 복의 근원이 되라'고 부르심 받았음을 확실히 보여 주시는 기간이다. 그리고 복을 받

구속사의 열 시대: 후반부 AD 0 - 2000년

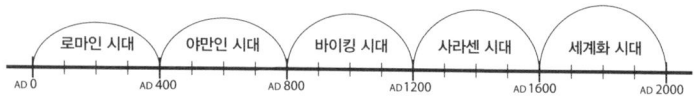

은 다양한 민족에게는 "많이 받은 자에게는 많이 요구할 것이요"라는 말씀이 적용된다. 하나님 나라는 아르메니아인, 로마인, 켈트인, 프랑크인, 앵글로인, 색슨인, 독일인들의 영역까지, 그리고 무지막지한 이교도 해적들인 바이킹들의 영토와 문명까지 침투했다. 이들 문명은 모두 다 복음의 능력으로 침략당하고, 길들여졌다. 복음으로 정복되었다. 그들은 복음의 복을 누렸다. 그들은 이제 다른 인간 집단들에게 그들이 받았던 복을 나누어 주어야만 했다.

그러나 그들은 순종하지 않았다. 이런 의미에서 구속사 후반부 다섯 시대는 전반부 다섯 시대와 별로 다르지 않다. 하나님께 복을 받은 사람들은, 그 복을 다른 인간집단들과 나누는 책무를 열정적으로 수행하지 않았다. 그러나 켈트족은 달랐다. 처음에 그들은 1,000년 동안 독특하게 선교적 명령에 순종했다. 구약에서 보았듯이, 하나님의 복은 책임도 수반한다. 복을 받고 책임을 이행하지 않으면 위험 부담이 따르는 것이다. 우리는 구속사를 통해, 하나님이 네 가지 선교적 메커니즘을 반복하여 사용하시는 것을 볼 수 있다.

로마 제국은 잔인한 제국주의를 보여 주었지만, 그리스도의 오심을 위해 이 세상을 준비시키는 하나님의 도구로 사용되었다. 구세주 그리스도가 '오신 것'은 극적인 사건이었다. 이 놀라운 사건은 "때가 차매" 이루어졌다. 예수님은 로마에 압제받던 백성으로 태어나셨다. 로마는 실로 위대한 제국이었다. 전무후무하게 광대한 영토를 다스렸고, 언어와 문화가 본질부터 달랐던 여러 민족에게 로마의 평화(팍스 로마나)를 제공했다. 또한 수 세기 동안 광활한 지역을 통치했기에, 로마 황제는 통치를 위한 의사소통 시스템을 구축해 왔다. 로마에는 제국 각지로 뻗어 나간 40만km에 이르는 도로들이 있었다. 마치 미국 개척 시대에 조랑말을 이용하여 신속하게 우편물을 보내던 속달 우편 제도처럼, 로마 제국 각 곳에도 편지와 서류들을 빠르게 전송하는 우편국 체계가 있었다. 그러나 로마가 정복한 나라 중에는 그리스의 헬라 문명처럼 로마보다 더 진보된 문명을 가진 나라가 있었다. 헬라 문명을 동경했던 로마는 헬라의 고등교육을 받은 전문인들과 교사들을 노예로 삼아, 로마 제국의 모든 주요 도시로 보내어 헬라어를 가르치게 했다. 그 결과 헬라어는 영국 제도에서 인도 지역까지 통용되는 제국의 공용어가 되었다. 이런 로마의 헬라어 정책이 없었다면, 헬라어로 기록된 복음서들과 바울 서신들이 수많은 인간집단 사이에서 그렇게 단기간에 널리 퍼져 강한 영향력을 줄 수 없었을 것이다.

　유대인 디아스포라도 중요한 역할을 했다. 당시 로마 제국 전역에는 유대인 디아스포라들이 살고 있었다. 그들은 토라를 믿는 의롭고 신실한 신앙인들이었다. 그들은 고향에서 살 때보다는 오히려 흩어져 살 때 현지 사람들에게 더 큰 존경을 받았다. 학자들은 유대인 디아스포라가 로마 인구의 10%에 육박했다고 증언한다. 이런 '마음에 할례를 받은' 유대인 디아스포라들은 선교적 도구로 쓰임받았다. 이들의 모범적인 삶을 본 이방인들은 회당으로 모였다. 그런 이방인 중에는 고넬료 집안 사람들처럼 토라를 읽으며 하나님을 예배하는 사람들이 많았다. 신약에서는 그런 사람들을 '유대인 개종자'와 '하나님을 경외하는 무리'라고 부른다. 이렇게 믿음은 인종의 벽을 넘어갔다! 다른 문화 출신이지만 신앙을 가지고 하나님을 경외하던 무리는 기독교 문명운동이 확장되는 데 핵심적인 역할을 했다.

보수적이었던 정통 유대교인들은 이런 이방인들의 기독교 문명운동을 수용하기가 어려웠을 것이다. 그러나 신앙을 가졌던 이방인들이 신약성경을 널리 전파했다. 이들이 없었다면, 어떻게 그 짧은 기간에 복음서와 사도 바울의 서신서 몇 통이 그 많은 인간집단에 전달될 수 있었을까! 어떻게 그 넓은 지역에서 그토록 큰 영향력을 끼칠 수 있었을까! 생각해 보면 그저 놀라울 따름이다.

잠시 다시 한 번 생각해 보자. 예수님이 이 땅에 오셨고, 33년 동안 사셨다. 그리고 그분은 하나님의 복을 받음으로 선교사로 부르심 받았으나, 그 길에서 벗어난 유대 민족에게 버림받으셨다. 십자가에 달리셨다. 무덤에 묻히셨다. 그리고 다시 부활하셔서, 믿음으로 응답하는 모든 이에게 동일한 선교적 지상명령을 위임하셨다. 그 후 승천하시어, 다시 아버지께로 돌아가셨다. 그리고 이런 예수님의 생애를 기록한 복음은 놀라운 능력을 발휘했다. 이는 오늘날 가장 불가지론적인 견해를 가진 역사학자들도 놀라는 사실이다. 로마 제국의 변방인 팔레스타인의 베들레헴, 그 초라한 마구간에서 시작된 예수님의 복음이, 어떻게 300년도 되기 전에 로마 황제의 궁전까지 장악할 수 있었을까! 우리는 이 놀라운 역사적 사실에 경탄할 따름이다. 이는 정말 놀라운 이야기다.

우리는 모든 열방에 복이 되어야만 한다. 이는 하나님의 백성에게 있어서 더는 선택 사항이 아니다. 하나님은 오늘도 열방이 복을 받는 그분의 선교 목적이 성취되기를 원하신다. 그리고 그 일을 이루기 위해, 오늘도 그분의 백성을 사용하신다.

중세 시대에는 참된 성도들이 없었는가?

여기서 잠깐 중세 시대의 성도들에 대해 살펴보자. 오늘날의 교계는 중세 시대에 대해 회의적이다. 일부는 중세 문제에 대해 논하는 것 자체를 의도적으로 회피한다. 우리 복음주의자들은 중세 시대를 모르몬교와 비슷하게 생각하는 경향이 있다. 모르몬 교도들은 '보보'(BOBO) 이론을 신봉한다. 모르몬의 보보 이론에 의하면, 기독교적 신앙은 사도 시대 이후로 '꺼졌다'(Blinked Out)가, 조지프 스미스

(Joseph Smith)가 19세기에 모르몬교의 신성한 서판을 파냈을 때 다시 '켜졌다'(Blinked On)는 것이다. 이런 보보 이론은 '초대교회' 성도, 그리고 중세 이후 '후기 시대'의 성도는 있으나, 그 중간기인 중세 시대에는 성도가 없었다고 주장한다. 그런데 많은 개신교도 역시 이런 견해를 가지고 있다. 그들은 종교개혁 이전 교회의 상황에는 전혀 관심이 없다. 루터와 칼뱅 이전에는 진정한 교회가 존재하지 않았다고 생각한다. 종교개혁 이전의 중세교회는 종교를 저버렸기 때문에, 참된 기독교가 있었다 해도 여기저기에서 핍박받던 극소수의 교인에 국한되었을 거라고 막연하게 생각할 뿐이다.

《20세기 동안의 위대한 설교》(*Twenty Centuries of Great Preaching*)라는 제목의 20권짜리 설교 시리즈를 보면, 처음 15세기 동안의 설교에 대해서는 첫 권의 반 정도만 할애하여 아주 가볍게 다룬다. 복음주의 계통 교회의 주일학교에서는 창세기에서 요한계시록까지의 하나님의 역사하심에 관해 초점을 맞추어 가르치고, 주일학교 교재 출판업자들은 그들의 '성경 전체를 다루는 교육 과정'에 대해 자랑하기 바쁘다. 그러나 이러한 현상은 사도 시대와 종교개혁자들 사이에 존재하는 중세 시대, 즉 성경의 유일성과 능력에 대한 확신이 흔들리던 시대에도, 하나님이 성경을 통해 어떤 일을 행하셨는지는 전혀 알 수 없게 한다. 이런 사람들은 중세 시대에는 참 성도가 없었다고 간주한다.

여기서 잠시 나는 서양 기독교 문명운동사를 간략하게 살펴볼 것이다. 그러기 위해, 우선 전체 이야기를 쉽게 이해하게 도와주는 단계들을 먼저 인식할 필요가 있다. 케네스 스콧 라투렛(Kenneth Scott Latourette)의 저서 《기독교사》(*History of Christianity*)는 성경을 제외하고 내가 가장 귀중하게 여기는 책이다. 그는 이 책을 통해 매혹적인 역사적 사실들을 기록했다. 그는 성경 이외의 이야기까지 다룬다. 라투렛은 '재기'(Resurgence)라는 용어에 독특한 의미를 부여했다. 그것을 나는 '기독교 르네상스'라 바꾸어 부른다.

제1시대에서 로마는 복음을 받아들이기는 했으나, 야만적인 켈트족과 고트족에게는 복음을 전하지 않았다. 그리고 그에 대한 징계로 고트족은 로마를 침범했고, 로마 제국의 서쪽 전체가 고트족에게 넘어가게 되었다.

제2시대에 고트족이 쳐들어왔고, 그들은 짧은 시간에 새로운 '신성' 로마 제국을 형성했다. 그러나 그들 역시 북쪽으로는 효과적으로 복음을 전하지 않았다.

제3시대에 바이킹이 쳐들어왔다. 이는 신성 로마 제국에는 징벌과도 같은 일이었다. 바이킹들은 기독교화된 야만 켈트족과 고트족들의 영역을 침범했다. 그러나 바이킹족 역시 그 과정에서 우여곡절을 겪으면서 그리스도인이 되었다.

제4시대에서 유럽은 처음으로 기독교 신앙으로 하나가 되었다. 그리고 사라센(무슬림)들에게 십자군 전쟁으로 알려진 유사 선교는 참혹한 실패로 끝났다.

제5시대에 이르러 이제 유럽은 지구의 땅 끝까지 이르렀다. 이 시대의 선교는 매우 혼합된 동기로 이루어졌다. 상업적 관심과 영적 관심이 뒤죽박죽으로 섞여 있었던 것이다. 이는 장애물인 동시에 복이 되었다. 하지만 이 시대에 비서구 세계는 식민 통치를 받으며 전쟁과 질병이 크게 줄어들었다. 그 결과 비서구 세계는 놀랍게 발전했다. 소수의 사람이 그렇게 많은 사람에게 영향을 미친 적은 일찍이 없었다. 물론 지구의 동반구와 서반구 사이의 격차가 그렇게 컸던 적도 없었다. 이제 앞으로는 어떤 일들이 일어날까?

고트족이 로마를 침략하고 바이킹들이 유럽을 지배했던 것처럼, 엄청나게 강해진 비서구 세계는 유럽과 북미를 어떻게 침략할 것인가? 엄청난 부를 누리는 OPEC 산유국들이 점차 서구인들의 자리를 차지할 것인가? 우리는 잠에서 깬 비서구 세계가 갑자기 서구의 통제권에서 벗어나는 현상을 보고 있다. 역사는 반복된다. 이런 역사에서 나타난 복음 전파의 순환 주기에서 우리는 어떤 통찰력을 얻을 수 있을까?

제1시대: 로마인의 기독교 문명운동(AD 0-400)

1. 기독교 문명운동의 역학 복음은 네 가지 메커니즘을 통해 전파되었다. 바울의 선교단은 '자발적으로 가는' 유형을 보여 준다. 초대교회가 핍박을 받았을 때 그리스도

인들이 핍박을 피해 흩어진 것은 '비자발적으로 가는' 유형을 보여 준다.

2. **기독교의 진보** 복음은 여러 무역로를 따라 사회 계층 구석구석에 전파되었다. 기독교는 초기 몇 세기 동안 유일하게 민족주의와 정치적 정체성을 지니지 않은 종교였다. 기독교는 그 자체만으로도 로마 제국 전역과 로마 바깥에 있는 많은 사람에게 호소력을 가졌다. 그런데 기독교가 일단 로마 제국의 국교가 되자 사정이 달라졌다. 기독교는 로마의 정치적, 문화적 형식을 가지게 되었고, 그 결과 로마 제국 밖의 지역, 특히 로마 제국을 적대시하거나 두려워하던 지역에서는, 이미 진행되고 있던 복음의 진보마저 둔화되기 시작했다. 우리는 당시 로마교회로부터 이단으로 정죄된 기독교 문명도 다른 문명사적 시각에서 볼 수 있다. 세부적인 면에서는 정통 기독교와 다르지만, 특정 문화를 가진 사람들이 자신들만의 문화적 요소가 가미된 기독교를 지지할 수 있게 해준 여러 가지 기독교 신앙 형식이 있었다. 그래서 로마 제국에 적대적이었던 지역들에서는 로마 제국과 로마 교회가 이단으로 여겼을 만한 신앙 양식, 이를테면 아리우스주의를 수용할 가능성이 더 많았다.

3. **기독교 르네상스** 그리스도인이 된 사람들과 그들이 사는 지역이 문화적으로 융성했다. 로마의 그리스도인들은 310-410년 무렵 놀라운 기독교 르네상스를 경험했다. 만약 당시 로마 그리스도인들이 자신들이 가졌던 엄청난 재물과 권력의 일부만이라도 선교를 위해 사용했더라면, 로마 사회의 운명은 매우 달라졌을 것이다. 복음이 더 급속히 전파되었을 것이다.

기독교가 로마를 정복했다. 로마에 기독교 문명운동이 일어났다. 역사에 기록된 기독교의 가장 큰 승리는, 약 200년 만에 로마 제국을 정복한 일이다. 하지만 우리는 이 시대에 관해 정확한 사실을 모른다. 따라서 로마 시대의 많은 부분이 미스터리 속에 남아 있다. 당시 로마 기독교 내에 어떤 일이 일어났을까? 우리는 그 정황

을 다 알 수 없다. 그러나 신약의 서신서에는 다행히 로마 제국의 초기 역사 일부가 드러나 있다. 이 부분이라도 한번 살펴보자.

바울이 역사에 등장했다. 신약성경을 보면, 바울은 유대인이지만 헬라 도시에서 성장했고, 당시 유대 전통에 따라 유대인 지도자가 되었음을 알 수 있다. 그런데 바울은 다메섹에서 부활하신 그리스도를 만나 갑자기 변화되었고, 이방인을 위한 복음의 사도로 부르심 받게 된다. 그는 또한 그리스도 안에서 성취된 유대인의 믿음에 더는 유대교 문화 형식들이 필요 없으며, 그 믿음은 헬라어와 헬라 문화 형식으로도 옷을 바꾸어 입을 수 있다는 진리를 깨달았다. 복음에는 문화적 차별이 없다. 유대인이든 헬라인이든 야만인이든 종이든 자유자든 남자든 여자든 누구든 그리스도인이 될 수 있으며, 살아 계신 그리스도에 의해 속사람이 변화될 수 있다. 하나님은 사람들을 있는 모습 그대로 받아들이신다. 여자들이 하나님께 받아들여지기 위해 남자가 되어야 할 필요가 없는 것처럼, 하나님께 받아들여지기 위해 헬라인들이 문화적 유대인이 될 필요는 없다. 육체의 할례를 받거나 유대인의 절기나 성일을 지킬 필요도 없다. 심지어 유대인들의 음식 관습을 따를 필요도 없다. 가장 중요한 것은 "믿어 순종케 함"(롬 1:5; 16:26)이다.

바울은 내면을 강조했다. 그 무엇보다 마음의 할례가 중요하다(렘 9장). 바울은 새로운 문화권에서 새로 그리스도인이 된 사람들은 선교사가 속한 모교회의 언어, 예배 형식, 그리고 관습을 따를 필요가 없다는 성경 원리를 강조했다. 이런 관점에서 바울은 유대인들을 '모세의 율법 아래 있는 자'로 대했지만, 모세의 율법에 익숙하지 않은 사람들에게는 새로운 문화환경에서 역동적인 신앙생활을 가능하게 하는 '그리스도의 법'을 전했다. 그런 이유로 일부 사람들은 바울을 '율법 없는 자'로 보았지만, 바울은 자신이 하나님을 향하여는 율법 없는 자가 아니라고 주장했다.

당시 헬라 신자들은 대부분 구약도 믿었지만, 즉시 그들 나름의 신앙 양식을 개발했다. 모세 율법의 기본 목적과 동등한 기능을 가지고 있으면서도 헬라 문화로 표현된 신앙 양식이었다. 결국 그들을 믿음으로 인도한 것은 초대교회의 성경이었다.

로마 시대의 선교는 오늘날처럼 전문적인 선교단체들의 도움을 받은 것이 아니었다. 그러나 바울은 '선교 팀'을 만들어 효과적으로 사역했다. 바울이 사용하던 선교 팀은 바리새인들이 사용하던 '선교 팀'에서 유래한 것이었다. 바울 자신이 바리새파 출신이었기 때문에, 그는 초기 선교 사역을 시작할 때 자연스레 바리새파의 선교 팀 시스템을 사용하게 되었을 것이다. 바울의 모교회인 안디옥 교회는 선교 팀을 보내는 데 중요한 역할을 했다. 하지만 안디옥 교회는 바울을 선교사로 파송(sent him out)했다기보다는 전송(sent him off)했다. 바울의 선교 팀은 움직이는 교회였다. 선교지를 여행하면서, 지역 교회가 가진 모든 권한을 독립적으로 행사할 수 있었다. 바울은 안디옥 교회로부터 직접적인 행정적 지시를 받지 않았다.

기독교 신앙은 '비자발적으로 나아간' 기독교인들에 의해 여러 지역으로 퍼져 나갔다. 당시 기독교인들은 핍박을 받아 흩어져야만 했고, 이렇게 비자발적으로 나아간 선교 메커니즘을 통해 다양한 곳에 기독교가 전파되었다. 아리안족(Arian) 기독교인들은 피난을 가면서 고트족에게 복음을 전했다. 울필라스(Ulfilas)와 패트릭(Patrick)은 포로로 잡혀간 것을 계기로 선교 사역을 시작했다.

또한 기독교 문명운동은 로마 제국의 무역 항로를 따라 진행되었다고 볼 수 있다. 소아시아와 골(Gaul)에 있는 그리스도인들 사이에는 서신 교환 등을 통한 긴밀한 관계가 형성되어 있었다. 이렇게 로마 제국 안에서 기독교 문명은 놀랍게 발전했고, 널리 퍼져 나갔다. 하지만 로마 기독교인들은 타문화권 사역이라는 면에서는 턱없이 부족했다. 로마 제국 시대의 초대 그리스도인들은 (오늘날의 그리스도인들처럼) 대부분 지상명령을 성취하기 위한 노력을 그다지 하지 않았다. 그럼에도 복음은 널리 퍼져 나갔다. 로마 시대에 일어난 놀라운 역사를 보면, 우리는 복음 자체가 지닌 놀라운 내적 동력에 감동할 수밖에 없다.

켈트족 기독교는 놀랍기 그지없다. 켈트족은 특정 사회 조직 내에서 복음이 자연적으로 전파되는 훌륭한 모델을 보여 주었다. 켈트족에 관한 역사적 연구들을 살펴보면 매우 흥미로운 점을 발견할 수 있다. 소아시아의 갈라디아가 갈라디아라는 이름을 갖게 된 것은 서유럽에서 갈라토이(Galatoi)들이 이주했기 때문이라고 한다.

갈라토이들은 4세기에도 여전히 그들의 모국어인 켈트어를 사용했다. 그들은 켈트어와 로마 제국의 언어였던 헬라어를 동시에 사용했다. 바울의 갈라디아 교인들이 그저 갈라디아 지방에 살던 유대인 무역상들이었는지, 아니면 애초부터 '하나님을 경외하는 자들'(God fearers)로서 유대 회당에 매력을 느꼈던 켈트족 갈라토이들이었는지는 확실하지는 않다. 하지만 어느 경우든 갈라디아에 보낸 바울 서신에 담긴 메시지는 분명하다. 바울은 외적인 유대교 문화의 관습들을 맹목적으로 따르게 하고, 기독교 자체를 유대교 문화 관습과 동일시하는 사람들을 조심하라고 권고했다. 바울은 유대인과 헬라인들 모두에게 복음을 전했다(롬 1:16).

바울의 사역은 선교적 측면에서 매우 흥미롭다. 바울의 복음 전파는 켈트족의 복음화에 크게 이바지했다. 바울의 복음 전파는 켈트 문화적 인맥에 연결된 후 하나님의 다리를 통하여, 켈트족의 친구들, 친척들, 그리고 무역 거래상이 접촉하는 사람들에게 영향을 주었고, 더 나아가 멀리 서방에까지 이르게 했다. 따라서 바울의 갈라디아 사역 덕분에 유럽에서 켈트족이 주로 살았던 거주지, 즉 서유럽에서 스페인의 갈리시아(Galicia), 프랑스의 브리타니(Brittany), 영국 제도의 서부와 북부까지 이르는 띠 모양의 지역들에까지 복음이 전파될 수 있었다.

머지않아 헬라인과 로마인들 가운데 기독교 문명운동이 일어났고, 수십만의 헬라와 로마 시민이 그리스도인이 되었다. 그뿐 아니라 켈트족과 고트족도 복음을 받아들여 자신만의 기독교 문명을 구가했다. 그들은 로마 제국 안에서뿐만 아니라, 로마 제국의 경계선을 넘어서도 그들만의 기독교 문명을 발전시켰다. 이러한 선교 사역은 로마 제국의 동쪽 지역에서 일어났으며, 기성 라틴어권 로마 그리스도인들이 전혀 의도하지 않은 상황에서 일어났다. 이런 선교적 성취는 로마 제국 서부 지역의 라틴어를 썼던 로마인들이 이룬 업적은 아니었다. 나는 이 점을 강조하고 싶다.

이 같은 사실에 대한 한 가지 증거가 있다. 초기의 아일랜드 선교 기지는 성전 중심의 로마식 선교 기지가 아니었다. 아일랜드 선교 기지는 이집트에 있는 기독교 센터와 같은 평면도를 따라 세워졌다. 골(Gaul)에 있던 초대교회들은 라틴어를 쓰지 않고 헬라어를 사용했다. 예를 들어 조직적으로 선교 활동을 했던 존 카시안(John Cassian)과 투르의 마틴(Martin of Tours)의 경우, 동방인 시리아와 이집트에서 시작된 공동체 구조를 모방한 것이었다. 다행히도 이들의 조직적인 선교 활동은 고대 헬라 고전과 성경 사본들을 연구하고 필사하며 쓰고 읽는 것과 문서 사역을 중시했다.

기독교 문명운동의 영향은 놀라웠다. 당시 이교도 지도자들도 기독교 문명운동을 보며 경이로움을 표할 정도였다. 300년 무렵, 기독교 문명의 축적된 영향력은 현저하게 발전했고, 312년에는 콘스탄티누스(Constantinus, 콘스탄틴) 대제가 자신이 그리스도인이라고 고백하기에 이르렀다. 그가 어떤 이유로 그러한 고백을 했는지는 알 수 없다. 다만 소아시아 출신인 그의 어머니가 그리스도인이었고, 골과 브리튼의 공동 통치자였던 그의 아버지는 그리스도인들을 박해하라는 로마 황제 디오클레티아누스(Diocletianus, 디오클레티안) 칙령을 이행하지 않았다. 하지만 역사상 이 무렵에 이미 그리스도인이 많이 늘어났기 때문에, 기독교의 위상은 많이 높아지고 있었다. 이런 까닭에 로마 제국 내에서는 지금까지와는 반대되는 정책, 즉 기독교 우호 정책을 공식적으로 채택할 수 있게 되었을 뿐만 아니라, 그러한 정책이 지혜로운 선택이라고 여겨지게 되었다.

나는 위대한 중세 역사가 중 하나인 UCLA 대학의 고(故) 린 화이트(Lynn White) 교수가 했던 강의를 분명히 기억한다. 화이트 교수는 콘스탄티누스 대제가 그리스도인이 되지 않았다 해도, 로마 제국이 그로부터 10-20년 이내에 더는 기독교에 저항할 수 없게 되었을 것이라고 주장했다! 당시 로마 제국은 오랫동안 발전하면서 도시 국가의 통치 체제가 끝나고, 무언가 새로운 체제를 갈망하는 사람들로 넘쳐났다. 화이트 교수는 이를 '정체성의 위기'라고 정의했다. 그리고 이런 정체성의 위기 상황에서, 기독교가 탁월한 대안이 되어 주었다. 당시에도 기독교는 그 뿌리에 특정한 민족주의가 깔려 있지 않은 유일한 종교였다. 기독교는 원래 유대 민족에게 거부당한 종교였다. 유대 민족주의와 전혀 상관없는 종교였다. 기독교는 어떤 한 특정 부족의 토속 종교도 아니었다. 화이트 교수의 말에 따르면, 당시 기독교는 '최선의 조건을 갖춘 선택'이었다. 하지만 기독교 역시 로마 제국의 권력 구조와 섞이면서 점차 변질되기 시작했다.

로마 제국 내에서 기독교 문명운동은 강력하게 일어났다. 로마 제국이 기독교를 허용하는 결정을 내린 후, 기독교가 로마 제국의 공식 종교가 되기까지는 약 50년밖에 걸리지 않았다. 이는 기독교 문명운동 자체가 지니고 있는 막강한 힘을 보여 준다. 기독교가 공식적으로 허용된 지 얼마 안 되어 놀라운 일이 벌어졌다. 로마 기독교회 지도자들이 그 지역의 가장 강하고 가장 신뢰받는 인물로 부상한 것이다. 로마 교회는 권위의 상징이 되었다. 바로 이런 이유 때문에 콘스탄티누스 대제는 콘스탄티노플로 수도를 옮기면서, 황제의 왕궁이었던 그 유명한 라테란 궁을 교회에게 내주었다. 로마 교회가 궁을 '본부'로 사용하도록 넘겨주었던 것이다. 이런 상황에서 375년에 기독교가 로마의 공식 종교가 된 것은 아주 당연한 결과였다. 그러나 기독교가 그저 한 민족의 토속종교에 지나지 않았다면, 로마 제국의 공식 종교 후보에도 오르지 못했을 것이다.

역사에는 모순이 있다. 기독교 역시 로마와 같은 어느 특정 문화 전통이나 정치 집단과 야합하고 나면, 자연스럽게 다른 문화, 즉 로마 제국에 반대하는 모든 사람과는 격리되는 경향이 나타났다. 로마에서는 기독교가 허용되었지만, 로마 밖에서는 기독교인들에 대한 핍박이 사라진 것은 아니었다. 당시 아라비아(지금의 이란)에서 핍박이 일어나 수많은 그리스도인이 목숨을 잃었다. 그러나 이런 아라비아의 핍박은 로마에서 율리아누스(Julianus) 황제가 로마인들에게 다시 이방신을 섬기라고 하면서 3년 동안 기독교인들을 핍박할 때에는 없었다. 이것이 당시를 풍미했던 반로마 정서였다. 당시 로마 제국의 경계에 위치했던 북아프리카는 반로마 정서가 팽배해 있었다. 그들은 이슬람교를 따르는 것으로 이러한 반로마 정서를 표출했다. 이는 기독교가 유대 문화에서 분리된 것과 같은 문화적 분립이었다. 이는 미국에서 '백인들의 종교인 기독교'를 싫어하는 흑인들이 이슬람교를 신봉하여 '흑인 무슬림'이 되는 사회 현상과 같은 것이다.

기독교가 로마 제국의 공식 종교가 된 것은 정치적 승리였다. 그러나 우리는 이 승리를 모두 다 축복이라고 할 수는 없다. 성경적인 신앙은 유대 문화가 아닌 다른 다양한 문화의 옷을 입을 수 있다. 이제 기독교는 로마인의 옷을 입게 되었다. 하지만 기독교의 복장이 로마 복장 하나로 제한되어 버리면, 기독교는 로마 제국의 경계를 넘어 퍼져 나갈 수 없게 된다. 특히 서로마 제국의 경계선에서 선교가 이루어지지 못하게 되었다. 왜 그렇게 되었을까?

이는 기독교가 로마 제국의 국교가 되어 버렸기 때문에, 반로마 정서를 가진 사람들이 로마식 기독교 역시 거부하게 되었기 때문이다. 그리고 예상한 바와 같이, 로마가 강력한 군대를 보유하고 있을 때, 게르만 부족들은 기독교 분파들 중 이단적인 것들을 수용했다. 하지만 게르만족이 로마 제국의 반쪽에 해당하는 서로마를 침략하여 정복할 수 있다는 사실을 알게 되자 상황이 달라졌다. 게르만족이 가톨릭 신앙과 동방 정교회 신앙을 위협적인 종교 세력으로 간주하지 않게 된 것이다. 고트족과 다른 종족들은 이제 더는 로마 군대의 지배를 받지 않고도 품위 있는 로마 언어와 문화를 누릴 수 있게 되었다.

기독교를 수용한 고트족 야만인들이 강해져 로마 제국에 위협을 가하자 군사적 도미노 현상이 일어났다. 로마는 고트족의 침략을 저지하기 위해 영국에 주둔하던 군대를 빼내 왔다. 그 결과 영국 남부에서 4세기 동안 계속되었던 로마 문명이 패권을 상실했다. 새로 침략한 야만족들인 앵글족, 색슨족, 그리고 프리시안족의 문명으로 대체되었다. 고트족과 비교해 봤을 때, 그들은 잔인하며 철저한 이교도들이었다. 이제 앞으로 무슨 일이 일어날 것인가? 두 암흑기 가운데 첫째 암흑기가 시작되었다.

제2시대: 야만인의 기독교 문명운동(AD 400-800년)

1. **기독교 문명운동의 역학** 야만족들이 로마 제국에 침입한 이후, 그들은 로마인들보다 훨씬 더 철저하게 복음화되었다. 이 시기는 '자발적으로 오는' 시기였다. 이 시기 후에 최초의 수도원들이 세워졌다. 대부분 수도원 전통은 수도원을 중심으로 믿음을 유지하고 확대해 나갔다. 하지만 일부 몇몇 수도원은 '자발적으로 가는' 선교 유

형을 따랐다. 명백하게 선교적이 되었다. 이들 중 가장 유명한 수도사는 켈트족 혹은 아일랜드족 '페레그리니'(Peregrini, 방랑 전도자 또는 유랑민) 및 그들의 뒤를 이은 앵글로색슨족들로, 그중에는 콜롬반(Columban), 보니페이스(Boniface), 패트릭(Patrick) 등이 있다.

2. **기독교의 진보** 고트족, 비시고트족, 반달족, 앵글로색슨족 등과 같은 야만족들은 서유럽 및 중앙 유럽을 대부분 침략했다. 로마는 제국의 절반을 잃었지만, 그 과정에서 야만족들이 기독교 신앙을 갖게 되었다.

3. **기독교 르네상스** 게르만 야만족의 후예인 샤를마뉴 대제는 교육과 경제 발전을 일으켜, 지도자 없이 혼란에 빠진 유럽을 구해냈다. 샤를마뉴는 당시 수도원들에게 강력한 영향을 받아, 유럽 전역에 기독교 신앙을 전파하고 유지해 온 수도원 선교 센터들을 더 강화시켰다. 샤를마뉴의 영향으로 '카롤링거 왕조의 르네상스'(Carolingian Renaissance)가 일어나, 중세의 '암흑기'를 둘로 나누었다. 하지만 샤를마뉴가 기독교 신앙을 신장시키기는 했어도, 나라를 공격해 온 북쪽 출신의 바이킹들에게 복음을 전하려 했던 그의 노력은 너무 늦고 미미했다.

기독교를 수용한 고트족은 군사적으로 더욱 강해져, 로마 제국을 위협할 정도의 군사력을 갖게 되었다. 고트족은 로마 제국의 기독교와 대립하는 이단적인 아리우스주의 기독교를 수용했다. 곧이어 중앙아시아의 훈족이 유럽으로 밀려들어 오자 로마 제국은 더욱 심각한 위협을 받게 되었다. 공포에 질린 비시고트족(오스트로고트족과 그 이후에는 반달족)이 로마 제국 영토로 밀려왔고, 이들이 로마 제국에 침입함에 따라 서부 지역(오늘날의 이탈리아, 스페인, 북아프

리카) 도시와 정부 네트워크들이 모두 파괴되어 버렸다. 물론 후에 그들은 그 네트워크를 재건하기 위해 열심히 노력했다.

당시 상황은 마치 제2차 세계대전 이후, 아프리카에서 여러 나라가 독립했던 식민지 직후 시대의 혼란과 비슷했다. 410년, 마침내 침략자들이 로마에 밀어닥쳤다. 그러나 그들은 로마 시는 파괴하지 않았다. 침략자인 고트족 야만인들은 비록 이단적이긴 했지만, 신앙이 있었다. 그래서 그들은 교회에 존경심을 가졌고, 교회 건물들을 파괴하지 않았다. 이는 참으로 놀라운 사건이었다. 로마의 라틴 기독교회가 고트족들에게 직접적인 선교 활동을 한 것은 아니었지만, 고트족들이 피상적이나마 신앙을 갖게 된 것은 로마 시민에게 큰 유익이 되었다. 당시 신앙이 없는 로마인들조차도 침략자들이 기독교 도덕 기준들을 존중하는 모습을 보면서, 자신들은 불신자임에도 기독교 신앙 때문에 큰 은덕을 입게 되었다는 사실을 인식했다. (그러나 비슷한 시기에 영국을 침략해 들어간 앵글족과 색슨족의 행태는 이들과 전혀 달랐다는 점을 유의하라.)

고트족 가운데 서서히 기독교 문명운동이 일어나고 있었다. 이는 복음, 축복에 대한 소식과 축복권이 드디어 모든 이방인 나라에 확장된 것을 의미했다. 그러나 고트족 가운데 기독교 문화운동이 일어난 것은 로마 기독교인들이 복음을 전했기 때문이 아니었다. 복음이 고트족에게 비공식적인 경로를 통해 부지불식간에 흘러갔다는 사실을 곰곰이 생각해 보면 아쉬움이 남는다. 고트족이 로마를 침략하기 전, 기독교가 융성했던 100년(310-410년) 동안에 로마가 열정을 가지고 고트족에게 의도적인 선교 활동을 했더라면 얼마나 더 좋았을까! 야만인들이 수용했던 이단적 기독교조차 로마 기독교 문명에 그토록 깊은 경외심을 가졌다면, 로마 기독교인들이 고트족 선교에 조금만 더 노력을 기울였다면 서로마 제국이 완전히 붕괴되는 것을 막을 수도 있었을 것이다. 오늘날도 마찬가지다. 신생 아프리카 국가들이 안정된 정부를 유지할 수 있느냐는 그들이 지식이나 윤리적인 면에서 어느 정도라도 기독교화되었는지에 따라 크게 좌우된다.

우리는 부분적으로나마 기독교화된 야만인 무리인 고트족이 의기양양하게 몰려오는 모습, 그리고 기독교를 국교로 삼았지만 그들에게 복음을 효과적으로 전하지 못했던 로마 제국이 군사적으로 충돌하는 안타까운 역사의 한 장면을 만나게 된다. 당시 고트족 사람들은 로마 군대에 징병되어 용병으로 일하면서 로마의 군사 전략과 기술들을 재빨리 습득한 사람들이었다.

이 사건은 오늘날의 중국과 서양 국가들과의 관계를 상기시켜 준다. 중국은 역사적으로 기독교와 연관되는 것을 단호히 거부했지만, 결국 로마 북쪽에 있던 야만인들처럼 기독교로부터 결정적인 영향을 받게 되었다. 그리고 지금 그들은 핵무기를 가지고 있다. 그들은 왜 교황이 중국인 추기경을 임명하는 것을 맹렬히 반대했는가? 제2차 세계대전 이후 그들은 국가 전반에 걸쳐 '중국식 공산주의'를 채택했다. 중국 공산주의는 기독교 특유의 요소들을 구체적으로 표현하고 있는 일종의 피상적인 '신앙'이었다. 오늘날의 중국 공산주의는 기독교적 요소들을 대단히 왜곡시켰지만, 조금이라도 남아 있던 기독교 신앙이 야만족들의 군사력을 강하게 했던 것과 마찬가지로, 공산주의 철학과 셀 조직(이 구조는 분명 서구에서 유래되었으며, 간접적으로는 기독교 전통 자체에서 유래한 것이다)을 통해 사람들을 숙청하고 조종하기 때문에 이는 더 위험스럽다. 우리는 중국이 '러시아는 공산주의 기준에 따라 사는 데 실패했다'고 지적하고, 포르노와 범죄가 만연했다는 이유로 서구를 공공연히 비난하는 것과 마찬가지로, 당시 야만족들이 로마 그리스도인들의 타락상을 비난했던 것을 연상해 볼 수 있다.

기독교 문명을 구가하던 로마인과 야만족의 운명이 뒤바뀌었다. 로마인들이 야만인들에게 복음을 전하지 않음으로써 스스로 멸망을 자초한 것인지, 아니면 야만인들이 기독교 신앙을 가지게 되어 로마 정복을 성공한 것인지 하는 문제는 제쳐 두고라도, 여기에 확실한 역사적 사실이 하나 있다. 놀랍게도, 로마인들이 제국의 서쪽 절반을 잃은 만큼 야만족들이 기독교 신앙을 얻었다는 사실이다.

그 결과 로마 시 안에는 두 개의 '교파'가 생겨났다. 하나는 아리우스파이고, 또 다른 하나는 아타나시우스파였다. 또한 켈트족 '교회'도 생겨났다. 그것은 지역 교회들로 이루어진 오늘날의 교파와 같다기보다는, 일련의 선교기지 모델에 더 가까웠다. 그들보다 훨씬 더 교회다운 모습을 갖춘 집단은 베네딕트회라는 조직으로, 그들은 후일 켈트족 교회와 경쟁하면서 유럽 전역에 선교 기지들을 세웠다. 그래서 바이킹이 등장할 때쯤에는, 유럽 전체에 베네딕트 선교 기지가 1천 개 이상으로 늘어났다.

선교 기지

선교 기지에 대해서는 오해가 많다. 개신교도들뿐만 아니라 가톨릭 신자들도 이러한 현상을 잠시 숙고해 보아야 한다. 당시 선교 기지가 가졌던 선교 수단들을 이해하려 할 때, 선교 기지 사람들이 무슨 일을 했는지 우리가 잘 모른다는 사실은 문제가 된다. 그러나 이보다 더 큰 문제는 우리에게 편견이 있다는 사실이다. 그 편견은 대부분 수도원 운동이 일어난 지 1,000년이나 지난 후에 살았던 퇴폐적인 수도사들 때문에 생겨난 것이다. 우리는 종교개혁자 루터가 수도원에 대해 부정적인 견해를 가지게 된 것을 이해할 수는 있다. 그러나 타락하고 침체된 신앙을 가지고 있던 루터 시대의 부유한 아우구스티누스 수도회를 기준으로, 건전한 수도사였던 콜롬반이나 보니페이스 같은 순회 전도자들의 사역을 판단하는 것은 아주 부당한 처사다.

    그 당시 수도사들은 경건했다. 제2기의 '예수 운동가들', 즉 켈트족의 페레그리니(방랑 전도자)이든, 베네딕트 공동체의 수도사들이든, 수도사들의 가장 큰 특징은 바로 성경을 경외했다는 것이다. 그들은 매주 한 번씩 시편 전체를 노래했다. 하나님 나라와 권세, 영광을 야만족인 앵글로색슨족 및 고트족과 나눈 사람들은 바로 그 수도사들이었다.

물론 당시 유럽의 기독교 문명에는 이상하고 기괴한 여러 이교적 관습들도 섞여 있었다. 서로마식 기독교와 켈트족 기독교의 격돌과 지속적인 경쟁은, 그들 신앙에 공통되는 성경적 요소들을 서로 확인하고 강화하는 결과를 가져왔지만, 우리는 이방인의 침략에 따라 상대적인 혼란이 일어났음을 기억해야 한다. 그러므로 당시 유럽 교회를 상상하면서, 미국 농촌 여기저기에 흩어져 있던 평범한 교구 교회들과 같은 모습을 상상해서는 안 된다.

수도회의 등장

수도원은 기독교 문명운동의 산실이었다. 혼란스러운 당시 상황에서 가장 강력했던 선교 조직체는 수도회(order)였다. 수도회는 오늘날의 평범한 미국 개신교 회중보다는 훨씬 더 고도로 훈련되고 철저하게 조직된 선교 공동체였다. 그래서 여러 수도회의 '수도원들'이 유럽 전체에 퍼지게 되었다. 수도원과 같은 새로운 기독교 공동체들은 중세의 영성과 학문의 원천이었을 뿐만 아니라, 로마 산업 사회의 여러 가지 핵심 기술을 보유한 기술 집단이었다. 수도원은 가죽 무두질, 염색, 직조, 금속 세공, 석공 기술, 그리고 교량 건설 기술 등을 모두 보유한 전문가 집단이었다.

우리는 수도사들이 놀라운 기술력을 갖고 있었음을 인식해야만 한다. 하지만 그들이 일반 시민으로서, 자선 활동 면에서, 더 나아가 과학 기술적인 측면에서 문명사에 기여한 점들은 오늘날 대부분 과소 평가되고 있다. 특히 '수도사'(Monks)를 주로 부정적으로 생각해 온 개신교도들은 더욱 그렇다. 하지만 이 훈련된 기독교 공동체들이 이룬 업적들 가운데 가장 큰 업적은 수많은 자료를 남겼다는 것이다. 우리가 알고 있는 로마에 대한 대부분 내용이 수도원 내의 도서관에서 나왔다는 것은 명백한 사실이다. 또한 그들이 남긴 장서들을 살펴보면, 그들은 그리스도인이었지만 '이교도'인 고대 시대 학자들도 존중했다는 것을 알 수 있다.

수도사들은 로마 제국에 관한 기록도 많이 남겼다. 우리가 솔직하게 인정하기 부끄러운 일이긴 하지만, 이들 박식한 수도사들이 고대 사본들(성경 사본들뿐 아니라 고대 기독교나 비기독교 고전들도 포함한)을 보존하고 필사해 놓지 않았다면, 오늘날 우리는 로마 제국에 대해 전혀 알 수 없었을 것이다. 우리가 마야 제국이나 잉카 제국 혹은 오래전에 사라져 버린 많은 다른 제국에 대해 전혀 모르는 것과 마찬가지로 말이다.

수도회 조직에 대해 상당히 통찰력 있는 글을 쓴 휘튼 대학의 교수 마크 놀(Mark A. Noll)의 글을 읽으면, 많은 복음주의자가 충격을 받을 것이다. 그 글의 제목은 "교회를 구출한 수도회"(The Monastic Rescue of the Church)다. 그중 다음과 같은 한 문장이 유독 눈에 띈다.

그리스도가 제자들에게 위임령을 주신 이후, 수도원 제도가 발흥한 것은 기독교 역사상 가장 중요한 일이자 여러 면에서 가장 유익한 제도적 사건이었다.

흥미로운 사실이 있다. 우리가 사용하는 제3세계라는 말은 헬라와 라틴이 제1세계와 제2세계였고, 북쪽에 살던 야만인들이 제3세계였던 시절에 유래된 용어다. 이 말을 사용해서 표현한다면, 유럽의 야만족들은 사실 이탈리아나 골 출신의 선교사들의 노력에 의해서라기보다는, 켈트족이나 앵글로색슨족, 즉 '제3세계 선교사들'의 노력으로 더 많이 복음을 받아들이게 되었다고 할 수 있다.

이러한 사실은 서유럽에서 힘의 중심이 지중해에서 북유럽으로 확실하게 옮겨 간 것과 결정적인 관계가 있었다. 로마 최초의 선교사는 597년에 가서야 겁에 질려 북쪽으로 겨우 나갔지만, 그보다 먼저 훨씬 더 광범위한 지역에서 담대한 활동을 펼친 아일랜드 선교사 콜룸반이 이미 북유럽에서 활동하고 있었다. 콜룸반은 박식한 켈트족 페레그리니 중의 한 사람으로, 사실상 로마 문전까지 갔으며, 아우구스티누스가 가려고 계획했던 지역보다 훨씬 더 멀리까지 나가 선교 활동을 하고 있었다.

동방에 살고 있던 사람들이 콘스탄티노플을 '제2의 로마'로 여긴 것이나, 아헨(Aachen)과 모스크바가 새로 기독교화된 프랑크족과 슬라브족의 후예들에게 새로운 로마로 인정받으려고 서로 경쟁을 벌인 것은 놀라운 일이 아니다. 신흥 국가들인 스페인, 프랑스, 독일, 영국의 주요 도시들이 일어나고 있었다. 이제 로마 시나 이탈리아 반도 지역은 정치적으로 그다지 중요한 장소로 여겨지지 않게 되었던 것이다.

샤를마뉴의 등장

제2기가 끝날 때쯤, 또다시 기독교 르네상스가 일어났다. 새로운 문화권에서 기독교가 크게 융성한 것이다. 샤를마뉴와 같은 강력한 리더십을 가진 인물이 등장하면서 서유럽 전역에 기독교가 널리 전파되었다. 그의 후원을 통해 학문이 크게 진보하여, 사회학적, 신학적, 정치학적 이슈들을 비롯한 전 영역의 이슈가 성경과 로마 시대 기독교 사상가들의 저작에 비추어 진지하게 연구되었다. 샤를마뉴는 몇 가지 점에서 제2의 콘스탄티누스였다. 그는 서유럽에서 500년 역사상 그 누구보다도 큰 영향력을 행사한 인물이었다.

하지만 샤를마뉴는 콘스탄티누스보다 훨씬 더 나은 그리스도인이었다. 그는 콘스탄티누스보다 더 열심히 기독교 활동을 후원했다. 하지만 콘스탄티누스 때와 마찬가지로, 샤를마뉴가 기독교를 공식적으로 지지하자 수많은 명목상의 그리스도인이 양산되었다. 위대한 선교사 보니페이스는 비록 샤를마뉴의 군사 정책들에 전혀 동의하지 않았지만, 샤를마뉴의 후원을 받았다는 이유로 색슨족에게 살해되었다. 샤를마뉴가 과거에 색슨족을 잔인하게 진압했었기 때문이다. 과거 역사에서 자주 볼 수 있는 것처럼, 그 당시 정치적으로 막강했던 세력은 기독교를 위한 길을 닦아 놓기보다는 식민지 사람들로 하여금 기독교 신앙에 등을 돌리게 했다.

선교사들의 흥미를 끄는 것은 샤를마뉴가 설립한 거대한 학문 중심지들이 사실은 독일 영토 깊숙이 새로 설립된 선교 기지들을 모방하고 확대한 것이라는 점이다. 그 선교 기지들은 먼 서쪽 영국의 이오나와 린디스판에 이르는 파송 센터들에서 보낸 영국 및 켈트족 선교사들이 세운 전초 기지였다.

샤를마뉴는 공교육을 강화했다. 그는 공교육을 최초로 진지하게 시도한 지도자였다. 그는 영국에서 온 앵글로-켈트족 선교사들과 학자들의 조언을 수용하여 공교육을 시작했다. 샤를마뉴에게 조언을 한 사람들 중에는 알퀸(Alcuin)이라는 사람이 있었는데, 그는 여러 가지 교육 사업을 일으키고, 마침내 영국과 아일랜드로부터 수천 명의 박식한 그리스도인을 불러, 유럽 대륙의 여러 학교에서 가르치게 했다. 또한 믿기 어려운 일이지만, 로마의 라틴어 교육을 위해, 이전에 '야만족'이었던 아일랜드인 중에서 라틴어(라틴어는 아일랜드에서 모국어였던 적이 한 번도 없다) 선생들을 불러들이게 되었다. 이는 야만족들에 의해 로마 제국의 문명이 얼마나 심하게 붕괴되었는지를 확실하게 보여 준다. 토머스 카힐(Thomas Cahill)의 책 《어떻게 아일랜드인들이 로마 문명을 구했는가?》(*How the Irish Saved Civilization*)는 이러한 역사적 현실을 배경으로 하고 있다.

켈트족 그리스도인들, 그리고 그들이 회심시킨 앵글로색슨족 및 유럽인들은 성경을 특별히 소중하게 여겼다. 성경이 그들에게 영감을 주었다는 사실은 이 '암흑'기에 만들어진 최고의 예술 작품들, 즉 놀랍게 '장식된' 성경 사본들과 성스럽게 장식된 교회 건물들을 보면 잘 알 수 있다. 그들은 비기독교인 고전 작가들의 작품도 보존하고 필사했지만 멋지게 장식까지는 하지 않았다.

서로마가 오랜 세월에 걸쳐 점진적으로 몰락하는 암흑기 동안 야만 부족들이 이주해 들어옴으로써 서로마의 생활 수준이 부족민 수준으로 격하되었을 때, 그 상황을 혁신하기 위한 두 가지 위대한 이상이 생겨났다. 그것은 한때 로마가 가지고 있었던 영광을 재건하고자 하는 소망과 모든 것을 영광의 주님께 굴복시키고자 하는 소망이었다. 이 두 가지 목적이 거의 달성될 뻔했던 역사적 시점은 800년 전후, 샤를마뉴의 길고도 열정적인 통치기였다. 최근에 한 학자가 이렇게 말했다.

> 로마 제국이 쇠퇴하고 나서 약 1,000년 후 르네상스가 꽃필 때까지 긴 유럽 역사 중에서, 독보적으로 걸출한 인물은 샤를마뉴뿐이다.

최근의 학자들은 샤를마뉴의 통치기를 카롤링거 르네상스라고 부른다. 그러므로 하나의 긴 '암흑기'를 초기의 제1차 암흑기와 그 다음의 제2차 암흑기로 나누고, 그 사이에 '카롤링거 르네상스'가 있었다고 좀 더 세밀하게 분석하는 것도 타당한 관점이다.

불행하게도, 후에 신성 로마 제국이라고 불린 제국에 등장한 샤를마뉴의 후계자들에게는, 샤를마뉴와 같은 탁월한 요소들이 없었다. 그리고 더욱 안타깝게도 외부에서 새로운 위협이 제기되었다. 샤를마뉴는 자신의 백성인 게르만족이 그리스도인이 되기를 간절히 바랐고, 여러 면에서 지혜롭고 영적인 지도력을 발휘했으나, 북쪽에 있는 스칸디나비아인들에게 담대한 선교 활동을 펼치는 일에는 전혀 힘을 쓰지 않았다. 그의 아들 대에 이르러 미미한 선교 사역이 시작되기는 했으나 이미 너무 늦은 일이었다. 이는 샤를마뉴 제국의 몰락에 큰 영향을 끼치게 된다.

제3세기: 바이킹의 기독교 문명운동(AD 800-1200년)

1. **기독교 문명운동의 역학** 바이킹 정복자들은 자신들이 포로로 잡은 사람들의 신앙에 의해 정복당했다. 다시 한 번 '자발적으로 찾아오는' 선교 유형을 발견할 수 있다.

2. **기독교의 진보** 복음은 스칸디나비아, 그리고 다른 북유럽 지역으로 퍼져 나갔다.

3. **기독교 르네상스** 그레고리 개혁이 클루니, 시토 수도회, 그리고 연합 영적 운동들 때문에 강화되었다. 그러고 나서, 다음 시대에서 볼 수 있는 것처럼 선교가 왜곡되어 갔다.

이 시기에 바이킹의 기독교 문명운동이 일어났다. 샤를마뉴 대제의 지도 아래 서유럽이 하나 되자마자, 평화와 번영을 위협하는 새로운 위협이 등장했다. 바로 바이킹이었다. 이 바이킹 때문에 두 번째 암흑기가 적어도 250년 동안 지속되었다. 멀리 북방에서 온 이 바이킹 야만족들은 아직은 복음화된 상태가 아니었다. 예전에 로마에 침입하여 최초로 암흑기를 가져온 부족들은 거친 산 사람들이었고, 대부분 명목상의 아리우스파 그리스도인들이었다. 그와 대조적으로 바이킹은 전혀 문명화되지도 않았으며 그리스도인도 아니었다. 그리고 차이점이 하나 더 있었는데, 그들이 바다 사람들이었다는 사실이다. 당시 이오나 혹은 린디스판의 앞바다(썰물 때에만 육지와 연결되어 있는)처럼 섬에 있는 핵심적인 선교 훈련 기지들은 육지의 공격은 쉽게 견뎌 낼 수 있었으나, 뱃사람들의 공격에는 아주 취약했다. 이 시기에 바다에 있던 선교 기지들은 열두 번 이상 격파되었으며, 사람들은 학살되거나 종으로 팔려 갔다.

이전에 로마를 침략한 야만족들처럼, 만약 이 바이킹들이 기독교 신앙을 조금이라도 이해하고 있었더라면, 샤를마뉴 제국의 그리스도인들은 그토록 심한 고난을 겪지 않아도 되었을 것이다. 비시고트족과 반달족은 적어도 교회당은 남겨 놓았다. 그러나 바이킹은 학문과 기독교 신앙의 중심지인 수도원을 파괴하는 일에 마치 자석처럼 이끌린 듯 보인다. 그들은 교회를 불태우고, 또 교회당 안의 사람을 칼로 죽이며, 수도사들을 종으로 파는 일에 특별히 열심이었다. 심지어 이 비열한 사람들은 인근에 있는 다른 바이킹족을 공격하여, 사로잡은 여자들을 북아프리카에 노예로 팔아넘기기까지 했다. 당시의 역사를 기록했던 한 저자는 '기독교' 대륙인 유럽에서 바이킹족들이 벌인 대학살 장면을 생생하게 묘사한다.

북방 사람들은 계속해서 그리스도인들을 죽이고 포로로 잡아가며 교회를 파괴하고 성읍들을 불태우고 있다. 도처에는 죽은 시신이 널려 있다. 어느 길, 어느 곳에나 성직자와 평신도, 귀족들과 평민들, 여자들과 어린아이들의 시신들이 널려 있다. 우리는 이러한 그리스도인 학살 현장 앞에서 극심한 비탄과 고뇌에 빠져 있다.

이런 사실을 알게 되면, 영국 국교회 기도서에 "오 주여, 북방 민족의 진노에서 우리를 건지소서"라는 기도가 들어 있는 것도 이해가 된다. 그리스도인들이 또다시 이교도들에게 선교하지 않자, 이교도들은 또다시 그리스도인들이 가지고 있는 부요함을 노리고 쳐들어왔다. 그리고 다시 한 번 기독교의 경이적인 능력이 드러났다. 즉, 정복자들이 자기 포로들의 신앙에 역으로 정복당한 것이다. 종으로 팔린 수도사들이나 강제로 정복자들의 아내와 첩이 된 그리스도인 여성들은, 결국 이 북방 야만인들을 회심시켰다. 다시 말해, 하나님이 사랑하시는 백성이 폭력과 악을 당하는 비극이 일어났지만, 결국에는 하나님의 섭리 아래 침입자들이 구원을 받게 되었다.

실로 하나님은 우리를 구속하기 위해서 자신의 아들까지도 아끼지 않으셨던가! 즉, 사탄이 악을 위해 도모한 일을, 하나님이 다시 선으로 바꾸신 것이다.

바이킹 침략 이전 100년 동안 샤를마뉴의 학자들은 고대의 사본들을 주의 깊게 수집했다. 그러나 대부분 문서가 바이킹 침략으로 불타 버렸다. 샤를마뉴 시대의 문예 부흥의 열매가 조금이라도 남아 있을 수 있었던 것은, 당시 매우 많은 필사본이 만들어졌고 널리 보급되었기 때문이다. 한때는 학자들과 선교사들이 아일랜드에서 영국을 건너 유럽 대륙까지, 그리고 심지어 샤를마뉴 제국의 경계선 너머까지 갔다. 그러나 북쪽에서 쳐들어온 이 새로운 폭력적 침략 때문에, 3세기 동안 열정적으로 복음 전도의 불을 쏟아내 온 아일랜드의 활화산은 차갑게 식다 못해 불씨가 거의 꺼지고 말았다. 새로 아일랜드에 진을 친 바이킹 전사들은, 이전 아일랜드 유랑 수도사들과 마찬가지로 영국을 지나 유럽 대륙까지 이르렀지만, 그들은 새로운 생명과 소망이 아닌 폐허와 파괴만을 불러왔다.

이러한 무시무시한 공포 속에서도 약간의 축복은 있었다. 영국 웨섹스(Wessex) 부족의 앨프레드(Alfred) 대왕은 바이킹을 대항하여 게릴라 저항을 성공적으로 이끌었다. 그는 물리적 손실뿐 아니라 영적 손실에도 동일하게 관심을 가졌다. 그는 예배 때 일반적으로 라틴어를 사용하던 것을 중지하고, 자국어인 앵글로색슨어로 기독교 문서들을 만들어 내기 시작했다. 이는 대단히 중요한 결정이었다. 바이킹의 침략이라는 비극 때문에 이러한 조치를 취하지 않았더라면, 앵글로색슨어 기독교 문서들을 만드는 결정은 아마도 수 세기 이상 지연되었을 것이다.

복음은 전쟁터에서도 그 능력을 발휘했다. 크리스토퍼 도슨(Christopher Dawson)이 언급한 바와 같이, 영국과 유럽 대륙의 유례 없는 황폐화는 '이교도의 승리가 아니었다.' 롤로(Rollo)의 지도 아래 유럽 대륙에 상륙한 북방 민족들은 기독교화되어 노르만족이 되었으며, 중부 영국의 거대한 부분을 차지했던 덴마크인들 또한 (영국과 아일랜드 여러 곳에 동족들을 심어 놓았던 노르웨이 출신 침략자들과 함께) 곧 그리스도인이 되었다. 복음 자체에 매우 큰 능력이 있었던 것이다. 그 결과 새로운 기독교 문화가 스칸디나비아로 거슬러 올라가며 퍼져 나갔다. 이는 주로 최초의 수도원 공동체들과 선교를 강조한 초기 감독들이 있던 영국에서 나온 것이었다. 영국이 잃은 것을 스칸디나비아가 얻었다.

또한 기독교의 중심지인 교회와 수도원이 부요하고 화려하지 않았더라면, 바이킹들은 교회나 수도원에 아무런 관심을 기울이지 않았을 것이다. 수도원이 아일랜드식에서 베네딕트식으로 바뀌면서 여러 부분이 개선된 것도 사실이지만, 비기독교적 풍요함과 화려함이 늘어난 것도 사실이다. 이 때문에 북방 민족들은 수도원을 집중적으로 약탈했다. 결국 바이킹 침략이 남긴 또 다른 부수적 유익은, 간접적으로 기독교 운동을 깨끗하게 정화시켜 주었다는 것이다.

바이킹들이 나타나기 전에도 아니안의 베네딕트(Benedict of Aniane)는 여기저기에서 개혁을 외쳤다. 901년이 되자 클루니에서 새롭고도 중대한 조치가 취해졌다. 무엇보다도 더는 지역 영주가 수도원을 지배할 수 없게 되었고, 처음으로 영적으로 강력한 하나의 '어머니' 수도원에서 '딸' 수도원들이 생겨났다. 이는 이전의 어느 연계망보다도 광범위한 조직이었다. 더구나 클루니 부흥은 사회 전반에 새로운 개혁적인 태도를 가져왔다.

AD 1000년까지 등장한 인물들 가운데 기독교 역사상 가장 위대한 교황인 그레고리우스 1세(Gregorius I, 그레고리)는 베네딕트 수도원 공동체 출신이었다. 1000년대 초기의 탁월한 인물인 힐데브란트(Hildebrand) 또한 클루니 개혁의 산물이었다. 힐데브란트의 뒤를 이은 개혁자들은 그보다 더 진일보한 시토 수도회의 부흥으로 영향력이 크게 강화되었다. 힐데브란트는 오랫동안 전체 교회의 전반적인 개혁을 위해 막후에서 일하다가, 마침내 교황 그레고리우스 7세로 등극했다. 비교적 짧은 기간 일했지만, 개혁에 대한 그의 열정은 교황 인노첸시오 3세(Innocentius III, 이노센트)가 큰일을 할 수 있는 기반을 마련해 주었다. 인노첸시오 3세는 그 어떤 교황보다 큰 권력(선한 일을 위한 더 큰 권력)을 휘둘렀다. 또 그레고리우스 7세는 교회의 통제권을 세속 권력과 분리시키는 일을 과감하게 추진했다. 그것이 바로 평신도 군주가 주교와 대수도원장을 임명하는 것과 관련하여 벌어진 '서임권 논쟁'이었다. 그리하여 하인리히

4세(Heinrich IV, 헨리)가 사흘 동안 카노사의 눈 속에서 용서를 빌게 한 이가 바로 인노첸시오 3세였다. 인노첸시오 3세는 그레고리우스 7세의 개혁을 계속 추진했을 뿐만 아니라, 최초로 이동하는 선교단체였던 탁발 수도사회를 공인해 준 탁월한 교황이었다.

우리가 구분한 제1기는 거의 기독교적이지 않았던 로마 제국과 다소 기독교적 황제인 콘스탄티누스로 끝을 맺었다. 제2기는 기독교화된 야만족 출신 샤를마뉴 대제의 경건하고 열정적인 지도 아래 로마 제국이 상당히 회복됨으로 끝났다. 제3기는 유럽에서 가장 강력한 지도자였던 교황 인노첸시오 3세와 함께 끝났다. 인노첸시오 3세는 그레고리우스 개혁이라고 불리는 영적 운동과 클루니와 시토 수도회의 활동으로 강력한 영향력을 발휘했다.

이제 유럽의 세속 군주들은 살아남기 위해서라도 기독교 지도자들에게 친한 척이라도 해야 했다. 이때도 유럽 그리스도인들은 선교 활동을 적극 벌이지는 않았지만, 적어도 정치적으로는 상당한 속도로 전체 북부 지역 전체를 합병시켜 나가고 있었으며, 또한 샤를마뉴 시대의 유럽에서 이어받은 기독교 학문과 경건의 기초를 심화시켜 나간 시기였다.

다음 시기에는 다행스럽기도 하고 안타깝기도 한 몇 가지 사건들이 전개될 것이다. 유럽은 이제 복음 전파의 주도권을 쥘 것인가, 아니면 자기만족 가운데 그대로 침몰해 버릴 것인가? 어떤 면에서 유럽의 기독교 문명은 이 두 가지를 모두 겪게 된다.

제4기: 사라센의 기독교 문명운동 (AD 1200-1600년)

* 이 시기는 여러 면에서 이전 시대들과 다르다.

1. **기독교 문명운동의 역학** 바이킹들이 '복음의 탈환 작전'에 항복하여 기독교인이 되자, 그들은 역사상 가장 왜곡된 전투적 선교에 앞장서게 된다. 그것이 바로 십자군 전쟁이다. 그들은 '자발적으로 가는' 유형을 이용해서 영토를 침략하고 정복해 나갔다. 그러나 그 작전에는 수많은 결함이 있었고, 따라서 사라센들이라 불리던 무슬림들에게 복음의 축복을 나누는 일은 한 번도 성공하지 못했다. 이와 동시에 새로운 유형의 수도원 운동이 일어났다. 수도원 운동은 본질상 선교적이었다. 그 결과 수도원에서 복음을 들고 유럽 전역을 여행했던 탁발 수도사 운동이 일어났다. 하지만 탁발 수도사가 멀리 있는 이방 나라들에 축복을 전해 줄 것 같았던 바로 그때, 유럽에 페스트가 창궐했다. 특히 탁발 수도사들이 페스트 때문에 심한 타격을 받았다. 윈터는 페스트에 관해, 복음의 사자들을 제거하려는 사탄의 의도를 하나님이 사용하셔서, 복음을 듣지 않기로 한 사람들을 심판하셨다는 이론을 전개한다.

2. **기독교의 진보** 십자군 운동은 복음의 진보를 막았다. 식민지가 확장되기 시작하면서 기독교 신앙이 약간 진척을 보이기는 했지만, 개신교 신앙은 그렇지 못했다.

3. **기독교 르네상스** 르네상스와 종교개혁이 꽃피는 시기였다. 종교개혁으로 기독교는 여러 지역에서 활발하게 성장했다. 종교개혁은 기독교를 여러 민족 가운데 분산시키는 역할을 했다. 가톨릭은 수도원 중심의 선교단체들이 커지면서 식민지 확장과 함께 발전했다. 새로 시작된 개신교 운동들은 신학적인 이슈들을 재정비하는 일에 분주했으며, 타민족에게 복음을 들고 나아가는 선교단체는 사실상 전혀 없었다.

제4기는 수도사들이 새롭게 시작했다. 새로운 복음 전도의 도구로 탁발 수도사들이 전면에 등장했다. 이 시기는 오랜 기간 재앙을 겪은 후, 가장 위대하고 가장 활기 있지만 가장 많은 분열을 일으킨 종교개혁으로 막을 내릴 것이다. 하지만 기독교 문명운동은 이미 100년 전부터 기독교 선교를 역사상 가장 비극적으로 왜곡시켜 왔다. 그 결과는 비참했다. 제3기가 끝날 무렵, 기독교 문명의 르네상스를 통해 십자군 전쟁이라는 재앙이 일어났다. 그 이전까지는 그 어떤 나라나 집단도 십자군처럼 전쟁을 감행하지는 않았다. 십자군 전쟁에서 완패한 유럽보다 더 열정적이고 지속적으로, 예수님의 이름을 걸고 다른 나라 영토를 침략하여 전쟁을 자행한 기독교 국가는 없었다. 이는 기독교 교회 문화에 바이킹 정신이 스며들었기 때문이다. 모든 십자군 원정은 바이킹의 후예들이 주도했다.

  십자군 전쟁에는 많은 정치적 함의가 내포되어 있었다. 전쟁은 종종 우유부단한 지배자들을 통합시키는 수단이 되었다. 따라서 당시 기독교 지도자들은 십자군 전쟁을 열정적으로 후원했다. 그렇지 않았더라면 전쟁은 아예 일어나지 못했을 것이다. 십자군 전쟁은 유럽인들에게도 전대미문의 유혈극이었고, 무슬림들에게는 영원히 씻을 수 없는 잔혹한 상처를 남겼다. 사실 그 상처는 오늘까지 치유되지 않고 흉한 몰골로 남아 있다. 그뿐만 아니다. 십자군 전쟁은 심지어 헬라, 라틴 기독교의 연합과 동유럽의 문화적 연합에도 치명타를 가했다. 역사적인 관점에서 보면, 비록 십자군 전사들, 즉 서양의 그리스도인들이 예루살렘을 100년 동안이나 장악하고 있었지만, 그들은 결국 동양의 그리스도인들을 오토만 술탄 제국에 넘겨주고 말았다. 하지만 십자군 전쟁이 가져온 더 나쁜 결과는, 선교 현장에서 기독교적이라는 말이 지닌 숭고한 가치를 손상시켰다는 점이다. 오늘날까지도 십자군 전쟁은 기독교가 잔인하고 호전적인 종교라는 인상을 사람들에게 확실하게 각인시켜 준다.

잘못된 헌신은 잘못된 결과를 불러온다. 십자군의 선교가 비열한 기독교적 헌신에 사로잡히지만 않았더라도, 그처럼 철저하게 부정적으로 끝나지는 않았을 것이다. 십자군 전쟁이 주는 큰 교훈이 있다. 아무리 선의를 품고, 혹은 하나님의 뜻에 순종하여, 희생적으로 헌신한 일이라 할지라도, 하나님의 뜻을 분명히 이해하고 실행한 것과는 비교할 수 없다는 사실이다.

이 유감스러운 십자군 운동에서 중요한 역할을 한 인물은 참으로 경건한 지도자였던 클레르보의 베르나르(Bernard of Clairvaux)다. "구주를 생각만 해도" 등 그가 지은 은혜로운 찬송들은 유명하다. 그는 최초로 십자군 파병을 외친 사람이다. 하지만 이 시기에 유일하게 하나님의 뜻을 꿰뚫어 보았던 사람들이 있었다. 프란체스코회의 두 수사였다. 바로 아시시의 프란체스코(Francesco d'Assisi)와 레이먼드 룰(Raymond Lull)이며, 그들은 하나님이 아브라함에게 주셨고 그 후 아브라함의 모든 믿음의 자녀가 받게 하신 복을 확장하는 가장 적절한 수단은, 전쟁과 폭력이 아닌 온유한 복음의 말씀을 전하는 것임을 깨닫고 이를 실천했다.

잠시 하나님의 관점에서 이 별난 시기에 대해 차분하게 살펴보자. 하나님의 관점을 정확하게 이해할 자신은 없지만, 조심스럽게 모든 것을 하나님의 관점에서 바라보자. 우리는 제1기가 끝날 때쯤 3세기에 걸쳐 기독교 문명운동에 역경과 핍박이 있은 후 외적으로 태평성대를 누리는 것처럼 보이던 바로 그때에 침략자들이 나타나, 혼돈과 큰 재앙이 일어났던 것을 기억한다. 그리고 그 시기 바로 뒤에 '전통적인 기독교 문명의 르네상스'가 이어졌다. 그것은 좋은 일임과 동시에 좋지 않은 일이기도 했다. 역사를 결정하는 순간이었다. 그리스도인들이 성경을 라틴어로 번역하고 점점 더 변론적이 되어 신학적 논쟁에 열을 올리고 있던 바로 그때, 정부의 공인 역사가인 에우세비오스(Eusebios, 유세비우스)가 이전부터 내려온 엄청난 양의 기독교 문서들을 집대성하고 있던 바로 그때, 그리고 아리우스 이단들이 로마 제국에서 추방되어 (비록 억지로 간 것이었으나) 고트족에게 유일한 선교사들이 되어 주었던 그때, 로마가 마침내 공식적으로 기독교 국가가 된 그때, 그 결정적 순간에 갑자기 드라마의 막이 내려갔다. 이제 하나님이 이러한 혼돈 속에서 '축복'에 포함될 민족, 즉 하나님 나라를 확장할 권리와 특권과 의무를 감당할 새로운 종족집단들을 불러오실 것이다.

제2기가 끝날 때에도 비슷한 일이 일어났다. 300년이 지나는 동안 사납게 날뛰던 고트족 약탈자들이 변했다. 그들이 결국 기독교화되었다. 그들이 복음에 길들여지고 기독교 문명을 갖게 되자, 성경과 성경적 지식이 이전 그 어느 때보다 급격히 증가했다. 켈트족 그리스도인들과 그들이 가르치던 앵글로색슨 학생들은 주요 도시에 성경 선교 기지들을 세웠다. 이 샤를마뉴 대제의 시대, 즉 카롤링거 르네상스 때에, 그리스도인들이 이끄는 수천 개의 공립학교가 설립되었다. 이 학교들은 대중에게 성경과 일반 학문을 가르쳤다. 담대한 믿음의 사람이었던 샤를마뉴는 지방의 토속 특산품인 술을 마시는 것마저도 비난했다. 위대한 신학자들은 신학적, 정치적 문제들을 가지고 씨름했으며, 비드 부주교는 이 시기에 에우세비오스와 같은 존재가 되었다. 실로 샤를마뉴와 비드는 콘스탄티누스와 에우세비오스보다도 훨씬 더 기독교적인 인물들이었다. 그리고 다시 한 번 침략자들이 등장했고, 극한 혼란과 대참사가 따랐다. 어두운 역사는 반복되었다. 왜 그랬을까?

제3기도 이상하리만큼 이전과 비슷했다. 초기 바이킹들은 '복음의 탈환 작전'에 항복하는 데 2세기 반이나 걸렸다. 이 시기 끝 무렵에 일어난 '기독교 르네상스'는 1세기 이상 지속되었으며, 이전 어느 때보다도 문명의 광범위한 영역에 영향을 주었다. 십자군들, 대성당들, 그리고 소위 스콜라 신학자들, 대학들, 가장 중요한 탁발 수도사들, 그리고 심지어 초기 인본주의적 르네상스의 등장에 이르는 이 모든 사건이 1050-1350년의 중세 르네상스, 혹은 '12세기 르네상스'에 포함되어 있다. 하지만 이때 갑자기 새로운 침입자인 페스트가 나타났다. 이 페스트는 이전 어느 시기의 침략자보다도 악했고, 이전 어느 때보다 큰 혼란과 재앙을 가져왔다.

원인은 무엇이었을까? 하나님이 불완전한 순종에 불만을 나타내시는 것인가? 아니면 기독교 문명운동이 매번 더 큰 절망에 빠지도록 사탄이 공격하는 것인가? 아니면, 하나님께 복을 받은 사람들이 자기만을 위해 그 복을 간직하고 세상의 다른 민족에게 나누어 주고 있지 않았기에 벌을 받은 것인가? 우리는 정답을 모른다.

그 당시 유럽 인구의 3분의 1이 페스트로 죽어갈 때, 프란체스코회 수도사들은 페스트에 걸린 사람들을 적극 돕다가 큰 타격을 입었다. 그들은 병에 걸린 일반인들보다 더 많은 비율로 죽었다. 독일에서 죽은 사람만 해도 12만 명이나 된다. 이것을 보면, 분명히 하나님이 그들의 선교적 열정을 심판하려 하신 것은 아니었을 것이다. 그렇다면 하나님은 기독교적 헌신이 약간은 있었으나 그보다는 잔학함이 더 심했던 십자군 전사들을 심판하려 하신 것이 아닐까? 만일 그렇다면 수백 년이나 기다리신 까닭은 무엇인가? 차분히 생각해 보면 해답이 보인다. 유럽 기독교 지도자들을 매우 심하게 괴롭힌 쪽은 하나님이 아니라 사탄이었다. 사탄은 십자군 전사들보다는 기독교 지도자들이 죽기를 바랐을 것이다.

페스트가 가져온 심판은, 아마 대부분 유럽인이 거룩한 탁발 수도사의 말에 충분히 귀를 기울이지 않았기 때문일 것이다. 잘못된 것은 탁발 수도사들이 아니라, 탁발 수도사의 선교에 반응을 보이지 않은 청중이었을 것이다. 그렇다면 유럽에 내린 하나님의 심판은, 잘못된 청중에게서 복음을 다시 회수하기 위한 것, 즉 탁발 수도사와 그들이 전했던 구원의 메시지를 회수하기 위한 것이었다고 해석할 수도 있다. 설령 우리에게는 그 사건이 복음에 저항하는 청중보다 복음의 메신저들에게 내린 심판처럼 보일지언정, 사실은 그 반대일 수 있다. 신약에서도 그런 경우가 있었다. 예수님이 자기 백성에게 오셨지만, 백성은 예수님을 영접하지 않았다. 하지만 예수님은 사람들에게 저항하지 않은 채 십자가를 지셨다. 하나님은 아마도 그분의 메신저를 제거하려는 사탄의 악한 의도를 사용하셔서, 불순종한 사람들을 심판하셨을 것이다.

페스트는 무섭게 유럽을 덮쳤다. 1346년에 처음 나타난 페스트는 그 후 10년 동안이나 사람들을 괴롭혔다. 유럽을 더욱 빈번하게 공격한 서혜 임파선종 페스트의 침입은, 과거 고트족이나 앵글로색슨족, 혹은 바이킹의 침입보다 더 큰 기독교 문명운동의 퇴보를 가져왔다. 페스트는 초기에 이탈리아와 스페인 일부를 황폐화시켰고, 서쪽과 북쪽으로 방향을 돌려 프랑스, 영국, 네덜란드, 독일, 스칸디나비아로 퍼져 나갔다. 40년 후 페스트가 자연히 소멸될 때쯤, 유럽 인구의 3분의 1에서 절반이 페스트 때문에 사망했다. 탁발 수도사와 경건한 영적 지도자들이 겪은 피해는 특별히 심각했다. 그들은 페스트에 걸린 사람들을 돌보고, 죽은 사람들을 장사지내 주었기 때문이다. 어쨌거나 유럽은 페스트로 완전히 황폐해졌다. 그 결과 세 명의 교황이 등극했고, 인본주의적 관점들은 극단적인 인본주의로 흘렀으며, 농민 운동이 일어났다. 농민 운동은 정의를 기반으로 내세우고, 심지어 성경까지 인용하면서까지 자신의 행동을 정당화했지만, 어느 곳에든 폭력이 난무하는 난장판을 만들어 내고 말았다. 그런 상황에서 '이 세상 신'은 분명 기뻐했을 것이다. 하지만 하나님은 그 모든 죽음과 빈곤, 혼란, 그리고 처절한 산고를 통해, 이전 어느 때보다도 더 새로운 개혁운동을 탄생시키셨다.

우리가 구분한 각 시대의 끝 무렵에는 언제나 기독교 문명과 문화가 크게 융성했다. 이때도 그러했다. 인쇄술이 놀랍게 발달했으며, 유럽인들이 마침내 지리적 장벽을 뛰어넘어 땅 끝까지 배를 보내 무역을 하고 식민지를 확장했으며, 영적인 축복을 전파했다. 그리고 개혁의 일환으로 개신교 종교개혁이 서서히 일어나기 시작했다. 개신교 종교개혁 운동은 유럽 문화의 분화 작용이었다.

개신교도들은 타락하고 부패해 버린 거대한 가톨릭 관료제도의 '악'에 대항하는 세력들이 정당하게 반작용을 했기에 종교개혁이 일어났다고 생각한다. 하지만 종교개혁은 사실 그보다 훨씬 더 근본적이었다. 기독교계를 다양한 문화권으로 분산시킨 종교개혁이 일어날 만한 충분한 이유가 이미 존재하고 있었던 것이다. 여러 면에서 새로운 움직임들이 활발하게 일어났고, 이는 새로운 활력을 가져다주었다. 이러한 활력은 모라비안(Moravia, 체코의 동부 지방)뿐만 아니라 독일, 영국, 이탈리아, 스페인, 그리고 프랑스 지방에서도 분명하게 나타났다.

또한 도처에 성경을 다시 연구하는 운동이 일어났다. 매일의 생활이 새로워졌으며, 복음이 전파되었다. 그들이 전하는 복음은 독일인들에게 그들의 문화를 버리고 로마 가톨릭이 되라는 것이 아니라, 진정 독일인다운 신자들이 되라고 격려하는 것이었다. 이처럼 종교개혁이 일어나기 전에도 이런 놀라운 문화적 통찰을 바탕으로 하는 개혁이 이미 진행되고 있었다.

루터가 등장했다. 그는 성경을 독일어로 번역해 냈다(그의 독일어 성경 번역은 첫 번째가 아니라 열네 번째로 이루어진 것이었다). 루터가 등장할 때쯤에는 이탈리아나 스페인에서도 독일 못지않게 복음이 많이 전파되어 있었다. 그러나 불행하게도 루터의 이신칭의에 대한 신학적 강조는 민족주의와 결합되었고, 특히 독일의 민족주의적(분리주의적) 열망들과 뒤섞였다. 유감스럽게도 남유럽 정치권은 이신칭의를 위험한 교리로 여겨, 이를 억압하게 되었다.

따라서 종교개혁 당시 남유럽에서는 북유럽에서 일어난 것 같은 경건한 삶과 성경공부, 기도의 부흥이 일어나지 않았다고 생각하는 것은 잘못이다. 이는 전형적인 개신교도들의 오해일 뿐이다. 개신교도들에게는 그것이 믿음 대 율법의 문제로 보이고, 로마인들에게는 연합 대 분열의 문제로 보일지 모르지만, 이러한 잣대는 분명 왜곡된 것이다. 문명사적 관점에서 보면 분명하다. 그것은 지배적인 라틴 문명의 획일성 대 민족적이고 토착적인 다양성의 문제라고 보는 편이 훨씬 정확하다. 각 지역의 지방어들은 종교개혁을 통해 힘을 얻게 되었고, 궁극적으로 널리 사용되기에 이르렀다.

로마 제국의 라틴 기독교 문명은 통일성을 강조했다. 바울은 헬라 기독교인에게 구원을 받으려면 유대인이 되어야 한다고 말하지 않았지만, 게르만족은 구원받으려면 로마인이 되라는 요구를 받았다. 당시 앵글로색슨족과 스칸디나비아족들은 적어도 자기 모국어를 사용하도록 허용되었지만, 기독교화된 독일에서는 독일어가 허용되지 않았다. 그러니 독일에서는 당연히 민족주의를 바탕으로 한 저항 운동이 일어날 수밖에 없었다. 로마 제국의 일부가 되어 문화적으로 로마에 동화되었던 나라들, 이탈리아, 프랑스, 스페인 등은 달랐다. 이 나라들에는 개혁운동의 바탕에 깔려 있던 민족주의적 흐름이 없었으며, 이들의 개혁운동은 이후 계속되는 정치적 혼란 속에서 유명무실해지고 말았다.

개신교의 개혁은 성공적이었다. 하지만 개신교 선교 활동은 여전히 미미했다. 개신교도들은 정치적인 싸움에서 승리를 거두고, 나름대로 기독교적 전통들을 새롭게 정립하고, 성경을 진지하게 받아들였다. 그럼에도 개신교회는 선교 활동에 대해서는 언급조차 하지 않았다. 오히려 이 시기는 로마 가톨릭을 믿는 유럽이 정치적으로나 종교적으로 7대양에서 놀랍게 세력을 넓히던 때였다. 그 결과 종교개혁 이후 적어도 2세기 동안, 개신교와는 전혀 상관없이, 가톨릭이 역사상 유례없을 정도의 범세계적 운동으로 활발하게 퍼져 나가게 되었다. 당시 가톨릭교도들 안에서 이전 그 어느 때보다도 그리스도인의 선교적 의무에 대한 인식이 커졌다. 하지만 가톨릭 전통은 지중해 문화를 고집함으로써 유럽의 로마 가톨릭을 믿지 않는 지역을 잃게 되었음에도, 자신의 문제를 깨닫지 못하고 다른 지역 역시 기독교로 개종시키려 애썼다.

그동안 개신교도들은 왜 선교하려는 시도조차 하지 않았을까? 종교개혁 이후 200년 동안은 가톨릭 선교사들이 개신교 선교사들보다 탁월하게 앞서 나갔다. 그에 대해 일부 학자들은 개신교도들에게는 전 세계적인 식민지가 없었다는 사실을 지적한다. 그러나 개신교 국가였던 네덜란드는 그러한 식민지 연계망을 가지고 있었다. 그런데도 네덜란드 배에는 선교사들이 타지 않았다. 당시 일본인들은 가톨릭 선교사들이 심어 놓은 기독교 운동에 두려움을 느낀 나머지 외국 배들은 입항 금지 조치를 내렸지만, 선교사가 없는 네덜란드 배들은 정박하도록 허용했다. 실제로 네덜란드는 일본에서 이제 막 싹트기 시작한 가톨릭 공동체를 일본인들이 쳐부수는 일에 환호를 보내고, 적극 도왔다.

제5기: 땅 끝까지 퍼져 가는 기독교 문명운동 (AD 1600-2000년)

1. **기독교 문명운동의 역학** 가톨릭은 계속 확장되어 나가다가, 갑자기 1800년 무렵 나폴레옹이 유럽을 약탈하고 볼테르 등의 무신론, 이신론, 인본주의 등이 점차 인

기를 얻으면서 주춤하게 된다. 동시에 개신교 선교운동이 일어나 '자발적으로 가는' 흐름이 생겨났다.

2. **기독교의 진보** 개신교 선교사들은 지구 반대편까지 나아갔다. 개신교 선교운동은 식민지의 확장과 함께 시작되거나, 혹은 식민지 확장과 관계없이 해안선을 따라 시작되었다. 그러고 나서 내지로 향하여 들어갔다. 내지 선교회들이 생겨나 땅의 모든 족속에게 전파하는 일에 초점이 맞추어졌다.

3. **기독교 르네상스** 이 시기에는 서구 문명과 문명의 풍요함과 더불어 타락도 만연했다. 여기에 중요한 질문이 있다. 우리가 복을 다른 민족과 나누려 하지 않고 소유하려고만 한다면, 하나님은 모든 열방에 복 주시려는 그분의 목적을 성취하기 위해, 이전의 다른 나라들처럼 하나님이 우리에게 주신 복을 거두어 가지 않으실까?

기독교 문명은 땅 끝까지 퍼져 갔다. 1600년에서 2000년에 이르는 제5기 동안 유럽인들은 세계 도처에 거점을 마련했다. 이 시기 초기에 유럽인들은 서반구의 아스테카 제국과 잉카 제국을 멸망시키고, 비교적 인구가 많지 않은 대륙들을 차지했을 뿐, 인구가 조밀한 다른 지역은 거의 장악하지 못했다. 그러나 1945년경에 이르자 사정이 달라졌다. 유럽인들은 갑자기 비서구 세계의 99.5%를 지배하게 되었다. 그러나 그런 상황은 오래 계속되지 못했다. 식민지에 사는 사람들이 서구 문화를 받아들이고 나서 지식적인 면에서나 주도적인 면에서 놀랍게 성장했기 때문이다. 이는 마치 고트족이 로마 제국의 경계 밖에서 로마인보다 더 강해졌던 것과 같았다. 그

리고 제2차 세계대전은 엄청난 변화를 가져왔다. 서구 국가들의 손아귀에 있던 세계 전역의 식민지들이 거의 독립한 것이다. 식민지였던 비서구권 나라들에서 민족주의가 폭발하게 되었다.

그러고 나서 25년 후인 1969년 무렵, 서구 열강들은 전 세계 비서구 인구의 5% 정도만 통치하게 되었다. 그런데 서구의 통제권이 갑자기 무너져 내린 이 1945-1969년까지의 기간에, 비서구권 세계에서 놀라운 기독교 문명운동이 일어났다. 아무도 예기치 못했던 기독교 운동이었다. 나는 이 기간을 《랄프 윈터의 비서구 선교운동사》라는 책으로 정리했다. 과거 서로마 제국의 지배권이 점령지인 스페인, 골, 영국 영토에서 붕괴된 것, 비(非)프랑크족의 유럽에 대한 통제권이 샤를마뉴의 후계자들 치세 아래 와해된 것을 생각해 본다면, 곧 비서구인들에 의해 서구 세계 자체가 상당히 지배받게 될 것이라고 예상해 볼 수도 있다.

서구 세력이 붕괴했다. 이렇게 서구 세력이 붕괴되자, 기독교 문명운동에 대한 비관론이 일어났다. 이제 서구 세계에서 비서구 세계로 선교 활동을 펼치는 것은 어불성설이라고 비판하는 사람이 늘었다. 아마도 그들은 부당한 정치적 식민 통치를 중단해야 하게 되면, 해외 선교를 통한 믿음의 유대마저도 끊어 버려야 한다는 식으로 논리를 전개했을 것이다.

그러나 사실은 이와 다르다. 여러 지역에 변화가 일어났다. 처음으로 서구 열강의 정치적 통제가 사라지자 비서구 선교 현장에 서구 신학적 통제도 같이 사라지게 되었고, 이제 비서구인들이 서구적 신학에 복종하지 않고도 하나님 나라에 복종할 수 있게 되었다. 이는 로마가 군사력을 잃은 후에야 비로소 프랑크족이 로마가 전파한 신앙을 제대로 받아들인 것과 유사하다. 이후 앵글로색슨족, 독일 민족, 스칸디나비아인들 사이에서는 가톨릭 기독교가 점점 더 확장되었다. 하지만 이후에 교황의 권위가 정치권력과 혼합되어 강력해짐으로 다양한 민족주의적 야망이 위협받게 되었고, 이러한 상태는 한동안 계속되었고, 이어서 종교개혁이 일어나게 된다.

세계는 현재 기독교의 낮은 도덕성을 이전의 어느 때보다 무시하고 있다. 이 때문에 비기독교 국가들이 기독교 신앙을 받아들이지 못하고 있는지도 모른다. 하지만 동시에 이런 현상은, 사람들이 기독교와 서구 문명을 분리하여 인식한다는 신호일 수도 있다. 비록 서구 문명이 오늘날까지 기독교의 가장 두드러진 지원자였음에도 말이다. 서구 열강이 전쟁에서 보인 부도덕성을 비난하는 아시아인들은, 대개 기독교적 가치관에 따라 서구를 비난하는 것이다. 그들은 서구가 과거에 지녔던 이교적 가치관에 따라 도덕론을 논하는 것이 아니다. 이런 의미에서 기독교는 이미 세상을 정복했다고 할 수도 있다. 일례로, 오랫동안 지속되어 온 중국의 독창적인 고문 전통은 더는 중국의 자랑거리가 아니며, 다른 어느 곳에서도 존중되지 않을 것이다.

이러한 범세계적인 변혁은 갑자기 이루어진 것이 아니었다. 심지어 현재에도, 선교사들이 (1600-2000년 동안) 역사상 어느 때보다 더 계획적이고 강력하게 엄청난 희생과 노력을 치르고서야, 기독교의 도덕성이 미미하게나마 전 세계에서 공적으로 받아들여졌다. 제5기의 전반부(1600-1800년)는 거의 로마 가톨릭의 독무대였다. 1800년이 되자 로마 가톨릭 선교사들은 개신교가 선교사들을 파송하지 않는다고 하여 개신교 운동을 배교적으로 보았다. 자존심이 있던 개신교도들은 이런 관점을 당혹스러워했다. 하지만 1800년이 되자 가톨릭 예수회 수도사의 선교 활동이 축소되었다. 또한 프랑스 혁명과 그 여파로 가톨릭 선교는 크게 타격을 받았다. 가톨릭 선교 활동을 지원하던 유럽인들의 경제적 근간이 무너졌고, 로마 가톨릭의 선교 활동은 갑자기 쇠퇴하고 말았다.

하지만 1800년대가 되자 개신교 선교가 약진하기 시작했다. 당시 개신교도들은 종교개혁 이후 2세기 반 동안에 신학적으로는 활발했을지 몰라도 해외 선교 활동에는 무기력했다. 그러나 19세기에 이르러, 세계 전역에서 선교 활동을 펼쳐 나갔다. 1800년에서 2000년까지의 기간 중 끝 무렵에 개신교도들은 처음으로 가톨릭 수도원에 비견할 만한 조직적인 선교단체 조직을 갖추고, 잃어버린 시간을 만회하기 시작했다. 개신교 선교 활동은 이 기간에 전혀 시선을 끌지 못했지만, 가톨릭의 선교 활동 이상으로 전 세계에 민주주의적 정부 기구, 학교, 병원, 대학의 설립, 그리고 신생국들의 정치적 기반을 제공하는 일에 앞장섰다. 이처럼 개신교 선교사들은 로마 가톨릭 선교사들과 함께, 오늘날 비서구권에서 놀랍게 번지고 있는 엄청난 선교적 에너지의 원동력이 되었다.

예를 들어 중국을 살펴보자. 중국의 위대한 현대 지도자들인 쑨원(Sun Wen)과 장제스(Chiang Kai shek)는 둘 다 그리스도인이었다. 또한 덩샤오핑(Deng Xiaoping)의 '4대 근대화'는 중국 내의 서구 기독교 선교운동에서 주로 강조하던 내용이었다. 기독교 선교회들은 중국의 모든 성에 대학을 세웠다.

현재 서구 기독교 문명은 심각한 도전을 맞고 있다. 이제 부분적으로 복음화된 소수 신진 세력을 통해 형세가 역전됨으로써 선교 주도권을 빼앗길 위협에 처한 서구는, 도우슨의 해석에 귀 기울일 필요가 있다. 그는 바이킹들이 자행한 파괴는 '이교도의 승리'가 아니라고 말했다. 즉, 현재 서구의 몰락은 부분적으로는 기독교 정신의 쇠퇴 때문일 것이며, 한편으로는 최초의 기독교 신앙과 접함으로써 더욱 대담해지고 강화된 비서구권의 저력 때문일 것이다. 그리고 그것은, 시간이 흐를수록 해외 선교보다는 사치와 겉치장에 훨씬 더 많은 돈과 노력을 들여 온 서구 문명사회에 대한 최대의 징벌이 될 것이다.

다음 시대는 어떻게 될 것인가? 세속적인 관점에서나 민족주의적인 관점에서, 다음 시대는 분명히 서구 문명의 암흑기가 될 것이다. 서구 그리스도인들이 자신의 조국에 대해 가지고 있는 일반적인 소망들과 열망들은 아주 낮은 수준이다. 하지만 나는 과거의 예로 미루어 볼 때, 이것마저도 새벽이 오기 전의 어두움이라 생각한다. 현재와 같은 정치적 형태를 지닌 서구 세계 전체는 근본적으로 달라질 것이다. 과거를 돌아보면, 사실 서구 국가와 기독교 문명이 과연 살아남을 것인지조차 확신할 수 없다. 하지만 기독교의 믿음, 즉 성경적인 믿음은 어떤 경우라도 분명히 살아남으리라는 것을 알 수 있다. 성경적인 믿음은 서구 기독교 문명이 아닌 비서구권의 여러 문명으로 살아남을 것이다.

우리는 20세기 동안 서구인들의 비율이 전 세계 인구의 18%에서 8%로 줄어들었다는 사실을 알고 있다. 하지만 이런 상황을 비관적으로만 볼 필요는 없다. 고난을 통해 하나님의 선교가 이루어지기 때문이다. 로마 기독교 문명이 고난 받음으로 야만인들이 기독교로 개종했다. 기독교 문명운동을 일으킨 야만인들이 고난 당한 후에는 바이킹이 회심했다. 이제 우리는 서구 기독교 문명 세계가 고통 당하고 난 후 비서구 기독교 문명들이 일어나는 것을 보게 되리라 희망한다. 따라서 우리는 지금 수많은 종족을 볼모로 잡고 있는 사탄의 권세가 패배하게 해 달라고 기도해야 한다. 그 사람들은 너무나도 오랫동안 "흑암에 앉아 있었으며, 이제 곧 큰 빛을 보게 될" 것이다(마 4:16). 하나님의 뜻이 이루어질 것이다. 과거의 역사를 돌아볼 때, 지금도 모든 일은 살아 계신 하나님의 주권 아래 있기 때문이다.

하나님의 복을 누리려고만 해서는 안 된다. 나누어야 한다. 서구인들이 자신이 받은 복을 다른 민족과 나누지 않고 자신만을 위해 지키려고만 한다면, 곧 재앙이 닥칠 것이다. 서구인들은 이전의 나라들처럼 자신의 복을 잃게 될 것이다. 그리고 나머지 나라들이 그 복을 받게 될 것이다. 하나님은 모든 민족에게 복 주기 원하신다.

하나님은 지난 4,000년 동안 자신의 구원 계획을 바꾸지 않으셨다. 그러므로 하나님의 놀라운 '복'을 자신만을 위해 어떻게 지킬 것인지 전전긍긍하기보다는, 의도적으로 그 복을 나누려고 온 노력을 다하는 것이 최선일 것이다. 그렇게 해서 땅의 모든 족속이 "우리와 우리의 후손 안에서 복을 받을 것이다"(창 12:3 참고). 하나님의 복을 다른 민족들과 나누는 것이야말로 우리가 하나님의 복을 계속 누릴 수 있는 유일한 길이다. 하나님의 목적에 참여하는 우리를 통해 하나님 나라는 계속 확장될 것이다.

> 이 천국 복음이 모든 민족에게 증거되기 위하여 온 세상에 전파되리니 그제야 끝이 오리라 마 24:14

우리는 기독교 문명운동을 일으켜야 한다. 만약 우리가 하나님의 목적을 성취하는 기독교 문명운동을 주저하면, 하나님은 다른 사람들을 일으키실 것이다. 역사는 이미 그런 일이 여러 번 일어났다는 사실을 확실히 보여 준다.

서구 문명사 맥 잡기

기독교 신앙은 새로운 문화권 안에 담기게 될 때마다, 학자들이 르네상스라고 불렀던 시기가 오기까지 매번 어려움을 겪었다.

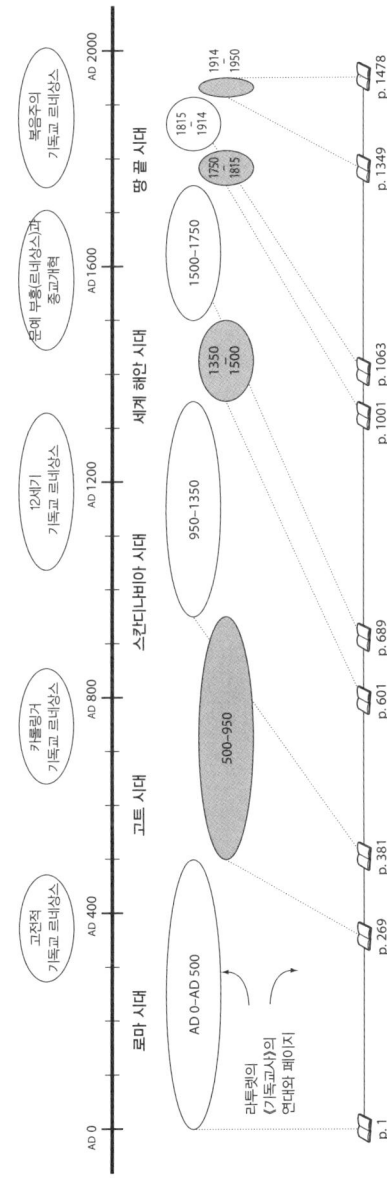

다섯 시기 동안의 기독교 르네상스

내가 400년을 한 시대로 나눈 것은 특별한 역사적 사실을 구성하기 위함이 아니라 편의상 그렇게 나눈 것이었다. 그러나 기독교 문명운동은 400년 주기의 이런 역사적 파동으로 나타났다. 다섯 차례의 기독교 르네상스(부흥)는 400년 주기에 충면하고 나는 역사였다. 아래쪽 선은 라투렛이 시대 구분과 그의 책 페이지를 나타낸다. 짙은 타원형들은 기독교의 '진보'(Recessions)한 시기들을 나타내고, 밝은 타원형들은 기독교 진보(Resurgences)한 시대를 나타낸다. 이 비교를 통해 확실히 드러나는 것이 있다. 시대 구분상으로 볼 때, 라투렛이 '진보'는 원터가 주장하는 '기독교 르네상스'와 성응한다는 것이다. 그러나 단 하나의 중요한 차이점이 있는데, 이는 라투렛이 가톨릭가 초초 시대의 기독교 르네상스를 다룬 학자들이 전해서는 달리 기독교의 확장으로 보지 않았다는 점이다.

라투렛이 이것을 다르게 보았던 한 가지 이유는 그가 '기독교'라고 불리는 문명운동 안에 잠재한 관성을 무겁게 여기기 때문이다. 그래서 그는 이슬람 운동도 '유대 전통'과 동일한 의미에서 긍정적인 문화적 표현으로 간주하지 않았다. 그러나 이슬람은 뒤늦게 출발했어도 뚜렷한 결과를 보여 주었다. 사실 교육이 일반적으로 우리를 깨닫게 하는 것 이상으로 훨씬 더 혁혁한 진보를 보였다. 네 번째 시대의 기독교 르네상스, 이슬람으로 정치적으로, 군사적으로, 심지어 숫자적으로 기독교보다 우세했다. 많은 면에서, 이는 기독교 시대의 절반 이상 동안 정설로 간주되었다. 이러한 사실은 기독교가 처음부터 유대교로 대표를 세워졌던 것처럼 이슬람이 확장이 대부분 기독교를 토대로 세워졌기 때문이다.

| 부록 C |

새로운 아시아 선교학회에 전하는 서구 선교학자의 문안

랄프 윈터 Ralph D. Winter

1973년에 저는 서울에 와서 강의해 달라는 정중한 초청장을 받았습니다. 그 당시 조동진 박사는 서양 선교지도자들 가운데 몇 사람을 한국으로 초청하여, 아시아 선교협회(Asia Missions Association)를 조직하려던 참이었습니다. 그 모임에서 저는 서양 선교지도자들이 범했던 것과 같은 실수를 아시아 지도자들은 반복하지 않기를 바라면서, 아시아 선교학자들이 마음에 새기고 참고할 내용을 담은 소논문을 발표했습니다.

1900년대 초, 서양 선교지도자들은 북미주 해외 선교협의회로 모여 아주 잘못된 결정을 내렸습니다. 그것은 오직 교단선교부만이 하나님 나라에 적법한 기관이라고 결정한 것입니다. 그러나 그것은 바른 결정이 아니었습니다. 1973년에 초청을 받아 한국에 왔을 때 저는 "하나님의 구속적 선교의 두 조직체"(The Two Structures of God's Redemptive Mission)라는 소논문을 통해 중요한 주장을 했습니다. 교단선교부 조직뿐만 아니라 선교단체 조직도 하나님 나라를 위해 적법한 기관이라는 내용으로, 특히 소달리티와 모달리티 조직체에 대해 강조했습니다. 교회 조직체와 선교단체 조직체가 서로 협력하는 '두 조직체 이론'을 처음으로 소개한 것입니다. 하지만 현재는 상황이 많이 달라졌습니다. 미국뿐만 아니라 아시아 선교단체들 가운데 초교파 단체들이 많아진 것입니다.

강의실에서 저는 서구 선교단체들이 형편없이 실패했다고 솔직하게 지적했습니다. 그리고 세계 선교를 위해 비서구권 선교단체들이 일어나야 하며, 비서구권 선교단체들이 세계 선교에 크게 공헌할 것이라고 가르쳤습니다. 그리고 현재 비서구권 선교단체들이 수없이 생겨나 세계 선교에 열정적으로 참여하고 있습니다.

아시아 선교지도자들은 서구 선교단체들의 실패를 교훈으로 삼아 탁월한 선교적 공헌을 할 가능성이 있습니다. 그러나 아시아 선교지도자들이 서구 선교지도자들의 실패를 배우지 못한다면, 서구 선교지도자들과 같은 실수를 반복할 위험성이 높습니다. 서구 선교지도자들의 문제는, 서구 선교가 어떻게 실패했는지 모르기에 아시아 선교지도자들에게 자신들의 잘못을 인정하거나 나눌 수도 없고, 어떤 경고나 조언을 해야 할지도 모른다는 점입니다. 서구 선교지도자들은 여러 선교학적 이슈들에 모두 동의하는 합의에 이르지 못했습니다. 바로 이러한 때 저는 서구 교회와 선교단체들의 열두 가지 실수에 대해 아래와 같이 지적하려 합니다. 이는 제가 평생 최선을 다해 연구하고 분석한 개인의 관점임을 밝힙니다. 여기서 한 가지를 더 언급하고 싶습니다. 제가 지적하는 열두 가지 실수는 서구 선교사들이 행한 과거의 실수가 아니라, 현재 벌어지고 있는 실수들이라는 점입니다. 왜냐하면 서구 선교가 과거에는 훌륭한 일들을 많이 했기 때문입니다. 아시아 선교지도자들은 제가 지적하는 열두 가지 실수를 듣고, 저의 분석에 대한 타당성을 잘 살펴보시기 바랍니다.

1. 대학교를 세우지 않고, 성경학교를 세운 실수
The Mistake of Starting Bible Schools, Not Universities

존 모트(John Mott)가 주도한 SVM(Student Volunteer Movement, 학생자원운동)은 대학교의 전략적 중요성을 잘 인식했습니다. SVM 출신들이 선교사가 되어 전 세계로 나갔을 때, 그들은 전 세계에 대학교를 설립했습니다. 중국에 파송된 선교사들은 중국의 각 성에 대학교를 세웠습니다. 그들은 대학교의 전략적 중요성을 잘 알고 있었습니다. 그런데 세월이 지나면서, 대학교에 대한 서구 선교사들의 태도와 전략이 달라졌습니다. 후기에 파송된 복음주의 선교사들 중에는 대학교에 다녀 본 적이 없는 사람이 매우 많았습니다. 그들은 전 세계에 나가서, 대학교를 설립하기보다는 성경학교와 신학교를 세웠습니다. 그들은 선배 선교사들이 추구했던 '대학교 설립 전략'을 무시하고, 대학교 설립 전략을 성경학교나 신학교 설립 전략으로 바꾸었습니다. 지난 50년 동안, 대부분 미국 선교단체는 대학교를 단 하나도 세우지 않았습니다.

초기 미국 선교사들을 제외한 후기 미국 선교사들은 대학교를 세우지 않았지만, 수많은 현지 지도자는 대학교의 전략적 필요성을 인식했습니다. 서양 선교단체의 영향을 받은 현지 지도자들은 서양 선교단체들이 무시했던 대학교 설립의 중요성을 인식하여, 지난 40년 동안 40여 개의 대학교를 설립했습니다. 저 자신도 과테말라에 설립된 복음주의 대학교에 이사로 잠시 참여한 적이 있습니다. 지금 그 대학교에서는 37,000명의 학생이 수학하고 있습니다. 그러나 그 대학을 설립하는 데 주도적으로 나선 외국 선교사는 없었습니다. 현지 지도자가 나서서 세웠습니다. 그저 저는 설립 이사로 잠시 참석하여 사진을 찍었을 뿐입니다. 그로부터 2주 후, 저는 풀러선교대학원 교수로 부임하기 위해 선교지 과테말라를 떠났습니다.

선교사들이 대학교의 전략적 중요성을 인식하지 못하는 이유는 무엇일까요? 선교사들이 세운 성경학교의 교육 수준이 아무리 높고, 커리큘럼도 뛰어나다 하더라도, 성경학교가 세계 학계의 주류를 형성하는 대학교를 능가할 수는 없다는 사실을 인식하지 못하는 이유는 무엇입니까? 미국의 성경학교와 신학대학들은 이제 종합 대학으로 바뀌고 있습니다. 지난 100년 사이, 60년에서 70년의 전통을 가진 성경학교나 신학대학들 가운데 157개가 일반 대학교로 바뀌었습니다. 이는 무엇을 의미합니까? 선교사들이 미국에서 일어나고 있는, 신학교를 대학교로 전환하는 지혜를 선교지에 적용하지 못하고 있다는 것입니다. 그 이유가 무엇일까요? 이것이 바로 심각한 전략적 실수입니다. 우리는 비록 선교단체들이 대학교를 설립하는 데 앞장서지 못했지만, 현지 지도자들이 서양 선교단체의 지원 없이 대학을 설립한 것에 대해서만큼은 그 가치를 인정하고 박수를 보내 주어야 할 것입니다.

2. '이 땅에서 이루어지는 하나님 나라'를 강조하지 않고, '구원받고 천국 가는 것'만을 강조한 실수
The Mistake of Only 'Salvation in Heaven', not 'Kingdom on Earth'

우리는 초기 선교사들을 존중해야 합니다. 초기 선교사들이 요즘의 선교사들보다 훨씬 지혜로웠습니다. 초기 선교사들은 주기도문을 그대로 믿었습니다. 그들은 하나님 나라가 이 땅에 임하고 주의 뜻이 이 땅에서 이루어지도록 기도하도록 예수님이 우리에게 명령하셨다고 믿었습니다. 하지만 후대 선교사들은 이 땅이 아닌 내세를 강조하는 천국 지향적인 복음을 선포했습니다.

19세기 선교사들은 대학을 졸업한 상류사회 출신이 많았습니다. 그러나 19세기 선교사들과 달리, 20세기 선교사 중에는 상류사회 출신이 아닌 사람이 많았습니다. 그래서 다분히 내세 지향적이었습니다. 그들은 이 세상을 변혁하는 일에는 관심을 두지 않고, 사람들을 천국으로 인도하는 일에만 집중했습니다. 후기 복음주의자들은 사회의 작은 부분을 변화시키는 데 공헌했습니다. 그들을 통해 병원, 학교, 직업 훈련, 농업 기술 개발에 큰 진전이 있던 것은 사실입니다. 그들은 한센병에 관해 연구했고, 한센병을 근절시키는 놀라운 업적을 이루었습니다. 하지만 그들은 상류사회의 영향력이 필요한 더 큰 일들은 하지 못했습니다. 사회를 더욱 광범위한 면에서 변혁시키지 못했습니다. 말라리아 문제나 기니벌레(Guinea Worm) 문제를 해결하지 못했습니다. 오늘날 복음주의자들은 달라졌습니다. 그들은 그 어느 때보다 강력한 영향력을 갖게 되었습니다. 하지만 복음주의자들은 그런 강력한 힘을 갖고서도, 잠을 자고 있습니다. 더 광범위한 사회적 변화를 일으킬 기회들을 흘려보내고 있습니다.

3. 전문 선교단체가 선교사를 파송하게 하지 않고, 교회가 직접 선교사를 파송한 실수
The Mistake of Congregations Sending Missionaries, Not Using Mission Agencies

오늘날 지역교회들이 매우 강해졌습니다. 규모가 커지고 강한 힘을 갖게 되었습니다. 그러자 지역교회들은 선교단체의 도움 없이도 자체적으로 선교사를 파송할 수 있다는 자신감을 갖게 되었습니다. 이것이 현재 널리 퍼져 있는 지역교회 중심 선교사 파송 현상입니다. 그들은 경험 많은 전문 선교단체들을 무시합니다. 전문 선교단체들이 가지고 있는 장구한 선교 현장 경험과 선교학적 통찰들을 무시합니다. 그러나 사실 일반 교회들은 전문 선교단체들로부터 배울 점이 많습니다. 선교단체들 가운데는 경험과 지혜가 더 많은 곳이 있을 것입니다. 지금까지 살아온 저의 경험을 통해 보면, 전문 선교단체를 무시하고 직접 선교에 나선 지역교회의 해외 선교가 성공한 경우를 본 적이 없습니다.

4. 전문 선교사들에 의한 선교 활동보다 전 교인이 직접 선교에 참여하게 한 실수
The Mistake of Whole Congregations In Direct Involvement, Not Professional Missions

근래 들어 선교에 관심을 보이는 교회들이 늘고 있습니다. 전 교인을 선교에 동참시키려는 교회들이 늘고 있습니다. 이런 선교 지향적인 교회들은 교인들 모두 짧은 기간이라도 직접 선교에 참여하는 선교하는 가족이 되라고 강조합니다. 교회는 전 교인들에게, 해외 선교지에 나가 한두 주 동안 단기 사역을 할 기회를 제공합니다. 이렇게 교인들이 해외 선교 경험을 하게 하여 선교 교육을 하려는 발상은 놀랍습니다. 하지만 바로 거기에 문제가 있습니다. 선교 비용과 선교 공헌에 관한 문제입니다. 이런 단기 선교 활동은 비용이 너무 많이 듭니다. 그리고 이런 단기선교가 결과적으로 현지 선교 활동에 얼마나 도움이 되는지는 확실하지 않습니다.

5. 예수님을 신실하게 믿고 따르는 사람들을 '크리스천'이라 부르게 하고, 선교 현지 교회를 서양적인 교회와 동일시하도록 강조한 실수
The Mistake of Insisting That Devout Followers of Jesus Call Themselves 'Christians' And Identify With The Western Church

선교하는 교회는 교인들이 열흘 동안의 단기선교를 통해 개종자를 얻을 수 있다고 쉽게 생각합니다. 현지인들을 현지 문화에서 빼내어, 자신이 '크리스천 문화'로 규정한 특정 문화의 틀 속으로 쉽게 집어넣을 수 있다고 생각합니다. 그러나 이런 생각은 성경적인 생각이 아닙니다. 성경의 가르침과 전혀 다릅니다. 성경은 우리가 전하는 보화가 질그릇에 담겨 있다고 가르칩니다. 질그릇에 담긴 보화에서 중요한 것은 보화이지, 질그릇이 아닙니다. 보화는 전혀 새로운 그릇에 담길 수 있습니다. 즉, 복음은 새로운 문화적 옷을 입을 수 있습니다. 성경에 나타난 믿음이 헬라인들에게 전해졌을 때, 그러한 문화 전이 현상이 나타났습니다. 유대 문화라는 그릇에 담겨 있던 성경적 신앙이라는 보화가 헬라 문화라는 그릇으로 옮겨 간 것입니다. 그 후 헬라 문화에 담겨 있던 보화는 독일 게르만 문화로 옮겨 가고, 영국으로 옮겨 갔습니다. 복음은 그 후 무슬림 문화로 갔고, 힌두 문화, 그리고 불교 문화로 옮겨 갔습니다.

사도 바울은 복음을 수용하고 예수님을 따르는 헬라인들에게 유대인의 풍습을 따르라고 강요하지 않았습니다. 성경에 나타난 바울의 이러한 접근 방법을 알면서도, 힌두 문화에서 복음을 수용하고 예수님을 따르는 사람들에게 힌두 문화를 완전히 버리기를 강요하는 것은 불합리한 처사입니다. 크리스천이 되기 위해 무슬림 문화와 전통을 완전히 거부한 무슬림보다, 무슬림 문화 속에서 그리스도를 따르는 무슬림 사람들의 신앙이 성경에 더욱 가까운 신앙이라 할 수 있습니다. 힌두 문화권에서 성경을 읽고 믿으며 예수님을 따르는 사람들도 있습니다. 그들은 문화적으로는 힌두교인에 더 가깝습니다. 하지만 이렇게 힌두 문화권에서 예수님을 믿고 따르는 사람은, 힌두 문화와 완전히 결별하고 서구적인 '크리스천'이 된 사람보다 더 많습니다. 신약 시대에 문화적 개종을 반대하는 법은 없었지만, 바울은 문화적 개종을 강조하지 않았습니다. 참된 신앙만을 강조했습니다. 그는 그리스도를 따르기 위해 유대 문화로 문화적 개종을 할 필요가 없다는 것을 강조했습니다.

6. 선교지에 선교사를 파송하는 대신, 돈만 보낸 실수
The Mistake of Sending Only Money, Not Missionaries

선교지에 돈만 보내는 것은 위험한 일입니다. 이 문제는 수년 동안 어려운 문제였습니다. 교회는 선교지로 돈을 보내면서도, 그 돈이 선교지에서 어떻게 사용되는지 잘 모르는 경우가 많습니다. 사용처와 책무가 확실하지 않은 돈은 선교지에서 문제를 일으킬 수 있습니다. 현지 지도자를 후원하는 돈은, 현지 지도자들이 자신이 속한 교회나 교단에서 이탈하여 특정 선교단체의 고용자가 되게 하기도

합니다. 이런 경우, 현지 지도자를 후원하는 돈은 현지 교회와 교단을 강화시키기보다는 약화시키는 결과를 초래합니다.

돈은 유용합니다. 하지만 돈에는 부작용이 따릅니다. 돈은 잘못 사용될 확률이 높습니다. 돈은 사람들을 쉽게 부패하게 합니다. 돈은 현지 지도자들을 타락시킬 수 있습니다. 이런 부작용 때문에, 지혜로운 현지 지도자들은 무상 원조를 받기보다 무언가를 교환하는 교역을 선호합니다. 고기보다는 고기를 잡는 방법을 가르쳐 주는 것이 더 중요합니다. 가난한 사람들에게 돈을 주기보다는 돈을 버는 방법을 가르쳐 주어야 합니다. 그들을 외국에서 오는 불확실한 원조에 의존하게 만들기보다, 그들 스스로 돈을 벌어 필요한 음식과 의약품을 살 수 있도록 도와야 할 것입니다. 그러기 위해 선교사들은 현지에서 비즈니스를 시작할 수 있어야 합니다. 그런데 여기에 문제가 있습니다. 해외 선교사들 가운데 비즈니스를 설립하는 훈련을 받은 사람들이 거의 없다는 점입니다.

7. 장기선교사를 파송하기보다, 단기선교사를 보낸 실수
The Mistake of Sending Short-Termers, Not Long-Termers

우리는 장기선교사가 더 좋고, 단기선교사가 더 나쁘다고 말할 수 없습니다. 그러나 미국의 경우, 매년 2백만 명의 단기선교사가 해외로 나갑니다. 장기선교사는 3만 5천 명에 불과합니다. 여기서 단기선교사들의 비용이 얼마나 되는지 잠깐 생각해 보십시다. 단기선교사의 선교 비용은 적어도 장기선교사 선교 비용의 5배를 능가합니다. 이 현상을 거시적인 안목에서 분석해 보면, 미국교회들이 장기선교사를 2배나 3배로 늘려나가기 위해 선교비를 전략적으로 사용하지 않고, 장기선교사보다 5배나 많이 드는 단기선교에 많은 선교비를 지출하고 있다고 말할 수 있습니다. 단기선교 여행은 교육적으로 탁월한 효과가 있지만, 단기선교사들이 그 짧은 기간에 선교지에서 성취할 수 있는 일은 그리 많지 않습니다. 또한 단기선교의 부작용도 생각해야 합니다. 젊은 청년들은 단기선교 경험을 통해, 선교지에 대한 부정적인 생각과 공포심을 갖게 되기도 합니다. 이는 장기선교사는 절대 되지 않기로 확실히 결정하는 계기가 되기도 합니다.

8. 선교 사업과 사업 선교에 대한 이해를 갖지 못한 실수
The Mistake of Not Understanding Business in Mission and Mission in Business

미국의 크리스천 사업가들이 선교에 관심을 갖기 시작했습니다. 그들은 외국에 나가 크리스천 비즈니스를 시도했습니다. 비즈니스 선교는 최근에 일어난 놀라운 선교 전략 가운데 하나입니다. 세계 어느 곳이든, 교인들이 생계를 유지하는 일은 가장 중요한 우선순위라고 할 수 있습니다. 생계유지를 위해 선교단체들은 세계 여러 곳으로 식품을 보내고 있습니다. 그러나 이들은 선교 현지의 교인들이 비즈니스를 하여 돈을 벌게 하고, 그들이 번 돈으로 음식 문제를 해결할 수 있게 해주지 못하고 있습니다. 비즈니스는 절실한 필요를 충족시켜 줄 수 있습니다. 현지인들은 비즈니스를 통하여 자국 물건을 해외로 수출할 수도 있습니다. 현지에서 외국으로 수출할 때, 부가가치가 높은 제품을 선택하여 생산하게 할 수도 있습니다. 그러나 선교사들은 대부분 비즈니스 경험이 없으므로, 현지에서 직장이 필요한 수많은 사람에게 고용의 기회를 제공하는 비즈니스를 설립할 기회를 무시하는 경우가 많습니다.

여기서 기억해야 할 한 가지 중요한 원리가 있습니다. 선교 현장에서 운영하는 비즈니스는 선교 자금을 마련하기 위한 이익 창출을 목적으로 삼아서는 안 된다는 것입니다. 특정 비즈니스를 통하여 창출된 이익금을 다른 곳으로 돌려 사용한다면, 문제가 생깁니다. 이익금을 뽑아내는 비즈니스는, 이익금을 다른 곳으로 뽑아내지 않는 다른 경쟁 업체와의 장기간의 경쟁에서 살아남을 수 없습니다. 선교 사업비를 충당하기 위하여 운영되는 비즈니스에는 미래가 없습니다. 현지인들에게 소규모 융자금을 빌려 주는 금융업은 일시적으로 효과를 볼 수 있을지 몰라도, 대규모 자본과 효율적인 운영 시스템을 가진 다른 금융업체와의 경쟁에서 살아남을 수 없습니다. 초기 선교 역사를 살펴보면, 모라비안 선교사들이 선교지에서 비즈니스를 시작했습니다. 스위스와 독일 선교사들도 비즈니스를 시작했습니다. 하지만 불행하게도, 미국 선교사들은 선교지에서 그다지 창의적인 접근 방법을 발전시키지 못했습니다. 비즈니스 환경은 선교지 상황에 따라 달라집니다. 비즈니스를 통하여 현지인들에게 필요한 물건을 제공하더라도, 현지인들에게 물건을 살 수 있는 능력이 없다면 비즈니스를 할 수 없습니다. 선교지 비즈니스는 적어도 비즈니스 지출금을 잃어버리지 않고 돌려받을 수 있어야 합니다. 비즈니스를 통해 이익을 낼 수 없는 상황에서도, 가장 중요한 것은 선교 활동입니다.

9. 병원균을 근절하는 원인 치료적 접근보다, 질병의 증상만 치료하는 접근 방법을 사용한 실수
The Mistake of Healing the Sick, Not Eradicating Disease Germs

병든 사람들의 질병을 치료하는 치료 행위는 하나님의 사랑을 보여 주는 훌륭한 방법 가운데 하나입니다. 말씀과 행함이 하나로 어우러진 중요하고 훌륭한 사역입니다. 하지만 다른 한편으로 우리는 미생물학에 대한 지식을 더 많이 갖게 되었습니다. 그 결과 하나님이 우리에게 원하시는 것은 질병을 치료하는 것보다 더 근원적인 것임을 깨닫게 되었습니다. 근본적인 발병 원인을 찾아내어, 수백만 명을 병들게 하는 병원균을 찾아 박멸하는 것임을 깨닫게 된 것입니다. 선교사들은 지금까지 수많은 병원을 설립하는 의료 선교 사역을 잘 감당해 왔습니다. 그러나 의료 선교사들 중에서 수백만을 병들게 하는 병원균을 찾아 박멸하는 원인 치료에 조직을 갖추고 뛰어든 경우는 극소수에 불과합니다.

말라리아를 실례로 들어 보겠습니다. 말라리아의 원인은 아주 작은 기생충입니다. 이 말라리아 때문에 아프리카 인구 중 4천 5백만 명 이상이 생산 현장에서 일할 수 없게 되고 있습니다. 우리는 말라리아 기생충을 반드시 박멸해야만 합니다. 아프리카의 말라리아는 AIDS 질환처럼 엄청난 위협이 되고 있습니다. 우리는 AIDS 병균을 근절하는 방법을 아직 모릅니다. 그러나 우리는 말라리아 기생충에 대처하는 방법은 알고 있습니다. 말라리아 문제를 해결하는 것은 엄청난 변화를 불러올 것입니다. 그럼에도 기독교 선교단체들은 말라리아 환자를 치료하기에만 급급하여, 말라리아 기생충을 박멸하는 일에 나서지 않고 있습니다. 이것이 과연 지혜로운 전략일까요? 예수 그리스도의 교회는 이 일을 기독교인이 아니라 억만장자인 빌 게이츠(Bill Gates)가 해결해 주기를 바라고 있습니다. 이는 참으로 부끄러운 일입니다. 우리는 하나님의 뜻을 분명히 분별할 수 있어야 합니다. 크리스천들이 질병의 원인을 발견하고, 병원균을 근절하는 일에 발 벗고 나서지 않는다면, 주님이 보여 주신 하나님 사랑의 참모습을 보여 주지 못하고 있는 것입니다.

10. 현재를 '전쟁 상태'라기보다 '평화 상태'로 생각한 실수
The Mistake of Thinking "Peace" Not "War"

선교사들은 복음을 전하기 위해 수 세기 동안 전 세계로 파송되었습니다. 그러나 그들은 복음의 메시지를 '전쟁 상태로 무장시키는 것'으로 생각하지 않고, 그저 전하는 것으로 간주했습니다. 저는 어렸을 적부터, 성경의 핵심 내용은 인간이 어떻게 하나님과 화해할 수 있느냐에 있다고 배웠습니다. 물론 하나님과의 화해는 아주 중요한 성경 주제임이 틀림없습니다. 하지만 성경의 주제는 인간이 하나님과 화해하는 데서 끝나는 것이 아닙니다. 더 나아가, 하나님과 인간이 하나가 되어 사탄과 사탄의 악한 역사에 대항하는 전쟁에 참여하는 데까지 나가야만 합니다.

그런데 크리스천들이 사탄의 일에 저항하는 전쟁에 참여하지 않은 결과, 질병, 가난, 불의 그리고 부정부패가 만연하게 되어 하나님이 비난을 받게 되었습니다. 사람들은 "하나님은 왜 이런 악한 세상을 그대로 두시는가?" 하고 질문합니다. 그들은 사탄의 존재에 대해, 그리고 사탄이 하나님에 대해 영악하게 대적하고 있다는 사실을 모릅니다. 그래서 세상에 있는 악의 문제들을 가지고 그저 하나님만을 원망할 뿐입니다. 그 결과 하나님께 영광이 돌아가기보다, 사탄이 행한 일에 관한 책임을 하나님께 물어 하나님의 이름에 욕을 돌리게 됩니다.

무언가 일이 잘못될 때, 복음주의자들은 일상적으로 다음과 같이 말합니다. "하나님은 왜 이런 일이 일어나게 하셨을까?" 하지만 그들은 그 일의 배후에 사탄이 있다고는 생각하지 못합니다. 복음주의자들은 자신들이 전쟁 상황에 부닥쳐 있으며, 자신들이 대적하는 사탄의 엄청난 능력 때문에 전쟁 상황에서 사상자도 생길 수 있다는 사실을 인식하지 못합니다. 우리는 사탄이 십자가에서 '패배했다'고 확신합니다. 그 믿음 때문에 우리는 사탄이 지금 벌리고 있는 악한 일들에 대해 아무런 조치도 취하지 않고 손을 놓고 있습니다. 그러나 사실 우리는 십자가 사건을 결정적 전환점으로 해석해야 합니다. 사탄은 십자가 사건 이후에도 계속 활동하고 있습니다. 십자가 사건 이후 수 세기 동안 벌어지고 있는 사탄과의 전쟁은 아직도 끝나지 않았습니다. 사탄은 완전히 끝나지 않았습니다. 십자가 사건이 있은 후, 바울은 아그립바 왕에게 자신의 선교에 대해 설명하면서, 자신의 선교는 사람들을 "사탄의 권세에서 하나님께로 돌아가게 하는 것"이라고 말했습니다.

우리가 다 엎드러지매 내가 소리를 들으니 히브리 방언으로 이르되 사울아 사울아 네가 어찌하여 나를 핍박하느냐 가시채를 뒷발질하기가 네게 고생이니라 내가 대답하되 주여 뉘시니이까? 주께서 가라사대 나는 네가 핍박하는 예수라 일어나 네 발로 서라 내가 네게 나타난 것은 곧 네가 나를 본 일과 장차 내가 네게 나타날 일에 너로 사환과 증인을 삼으려 함이니 이스라엘과 이방인들에게 내가 너를 구원하여 저희에게 보내어 그 눈을 뜨게 하여 어두움에서 빛으로, 사단의 권세에서 하나님께로 돌아가게 하고 죄 사함과 나를 믿어 거룩하게 된 무리 가운데서 기업을 얻게 하리라 하더이다 행 26:14-18

바울은 사람들이 사탄의 권세 아래 있다는 사실을 인식하고 있었습니다. 사탄은 십자가 이후 완전히 사라진 것이 아닙니다. 베드로는 사탄을 사자에 비유했습니다. "근신하라 깨어라 너희 대적 마귀가 우는 사자같이 두루 다니며 삼킬 자를 찾나니"(벧전 5:8). 오늘을 사는 크리스천들은 이전보다 더 다양한 지식을 가지고 있습니다. 미생물학, 세균학에 대한 지식을 가지고 있습니다. 정부와 기업 내에 널리 퍼진 부정부패에 대해서도 더 많이 알고 있습니다. 그러므로 크리스천의 책임이 그 어느 때보다 더 무거워졌습니다. 이런 상황에서 선교단체들은 선교를 어떻게 정의하고 있습니까? 선교를 사탄의 악한 일에 대적하는 것으로 정의합니까? 그리스도를 따르는 우리는 질병의 원인을 제거하거나 정부와 기업 내에 만연한 부정부패를 척결하는 전쟁 전면에 나서야 할 것입니까? 우리가 믿기만 하고 행동으로 나서지 않는다면, 하나님의 뜻을 오도하는 것은 아닐까요? 저는 우리가 믿음을 가지고 행동에 나서야만 한다고 생각합니다.

11. 과학을 친구로 여기지 않고, 적으로 간주한 실수
The Mistake of Assuming Science Is a Foe Not a Friend

선교사들이 과학을 친구로 여기던 때가 있었습니다. 제가 젊은 선교사로 선교 현지에서 사역할 때, 선교사들은 선교지 사람들에게 과학 영상물들을 하루에 2천 번씩이나 보여 주고 있었습니다. 미국 내에서도 무디 성경학교가 제작한 과학 영상물이 널리 상영되고 있었습니다. 역사에 등장하는 여러 기독교 학자는 하나님이 두 권의 책을 통해 그분 자신을 계시하신다고 주장했습니다. 성경책과 자연이라는 책을 통해 그분 자신을 계시하신다고 강조했습니다. 시편 기자가 기록한 바와 같습니다.

> 하늘이 하나님의 영광을 선포하고 궁창이 그 손으로 하신 일을 나타내는도다 날은 날에게 말하고 밤은 밤에게 지식을 전하니 언어가 없고 들리는 소리도 없으나 그 소리가 온 땅에 통하고 그 말씀이 세계 끝까지 이르도다 시 19:1-4

자연이라는 책은 세상 언어로 번역할 필요가 없습니다. 그런 의미에서 우리가 하나님께 제대로 영광을 돌리기 위해 해야 할 일이 있습니다. 모든 선교사가 선교지로 갈 때, 망원경과 현미경을 가지고 가는 것입니다. 무엇보다 자연이라는 책을 볼 수 있는 눈을 가져야 합니다. 모든 선교사는 선교지로 향할 때, 창조에 나타난 하나님의 영광을 경이롭게 대하는 마음가짐을 가지고 가야만 할 것입니다. 선교사가 자연에 대한 경이로운 마음가짐을 가지려면, 먼저 자연에 대한 충분한 지식이 있어야 할 것입니다. 과학은 하나님의 창조성을 연구하는 학문입니다. 선교사는 과학을 무시해서는 안 됩니다. 우리가 부르는 교회의 찬송가에 지난 4백 년 동안 이루어진 자연과학적인 발견들을 전혀 반영하지 않으면서, 오늘의 지성인들을 전도할 수 있을 것으로 생각해서는 안 됩니다. 피상적인 이론에 따라 지구의 나이가 6천 년에 불과하다고 주장한다면, 수많은 젊은이는 기독교에 등을 돌리게 될 것입니다. 과학적인 통찰력으로 창세기 1장 1절을 자세히 읽어 보면 달라질 것입니다. 우리는 탁월한 과학자들 가운데 수많은 복음주의 과학자가 있다는 사실을 기억해야 합니다. 그들의 과학적 증언들을 무시해서는 안 됩니다.

12. 복음 전도가 사회 변혁을 통해 검증되고 사회 변화를 통해 강화된다는 사실을 이해하지 못한 실수
The Mistake of An Evangelism That Is Not Validated And Empowered by Social Transformation

저는 19세기 서양 선교사와 20세기 서양 선교사를 비교하여 연구해 본 적이 있습니다. 1800년대와 1900년대 미국 복음주의자들의 관점에는 엄청난 차이가 있었기 때문입니다. 19세기 복음주의자들은 하나님의 영광을 찬송했고, 하나님의 뜻이 '이 땅에서' 이루어지기를 노래했습니다. 미국의 비공식 국가인 "아름다운 아메리카"

⟨America the Beautiful⟩의 마지막 절을 보면, 당시 미국인의 시대정신이 드러납니다.

> 영원히 빛날 아름다운 나라
> 애국선열 꿈꾸던 아름다운 나라
> 그대의 멋진 도시 영롱하리니
> 그 영광 인간이 어찌 당하랴
> 아메리카! 아메리카!
> 하나님 은혜의 빛 내려 주시고,
> 아버지의 선하심 관을 씌우사
> 온 세상에 그 빛 드러내시네

그런데 20세기에 들어서자 복음주의자들이 부르는 찬송이 완전히 바뀌었습니다. 주로 천국에 대한 찬송으로 바뀌었습니다.

> 죄 많은 이 세상은 내 집 아니네
> 내 모든 보화는 저 하늘에 있네
> 저 천국 문을 열고 나를 부르네
> 나는 이 세상에 정들 수 없도다

1800년대에 일어나 미국 전역을 휩쓴 대부흥 운동을 통해 미국은 놀라운 변화를 경험했습니다. 정부 고위직에 있던 복음주의자들은 복음주의 정신으로 개혁을 단행했습니다. 그런데, 복음주의자가 아닌 이민자들이 4배나 늘어나면서부터 복음주의자들은 정치적 영향력을 상실하고 말았습니다.

위대한 전도자인 D. L. 무디 같은 복음주의자들을 통해 수백만 명이 주님의 품으로 돌아왔습니다. 당시 복음을 수용한 개종자들은 대학을 나오지 않은 교육 수준이 낮은 사람들이었습니다. 당시 복음주의자들이 운영하던 157개 성경학교는 전문직 종사자나 국회의원을 배출해 내지 못했습니다. 그들은 사회를 변화시킬 힘을 갖지 못했습니다. 겨우 최근 들어서야, 미국 복음주의자들 가운데 대학 졸업자들이 많이 생겨났고, 미국뿐만 아니라 세계 다른 곳에서 사회적 변화를 일으킬 수 있는 숫자적 역량을 결집할 수 있게 되었습니다.

결론

저는 여기서 서구 선교 역사에 나타난 실수를 정확하게 드러내고, 서양 선교사들이 가졌던 선교에 대한 잘못된 관점들을 밝히려 했습니다. 물론 이렇게 서양 선교사의 실수를 지적하는 저의 관점에도 오류가 있을 것입니다. 그럼에도 제가 지적한 서양 선교사의 실수들은 아시아권 선교학자들이 사역하고 있는 선교 현장에서 맞닥뜨리고 있는 문제들을 인식하는 데 도움이 될 것입니다. 더 나아가, 서양 선교사의 실수들을 돌아보는 것은 일방적인 가르침이 아닌, 쌍방향 모두에게 배움의 기회를 제공할 것입니다. 저는 우리 서양 선교학자들이 아시아 선교학회 여러분이 가진 관점들을 통해 배울 수 있기를 소망합니다.

저는 1972년에 미국 선교학회(American Society of Missiology, www.asmweb.org)와 함께 〈선교저널〉(*Missiology, an International Review*)을 발간하는 데 참여한 바 있습니다. 몇 년 후에는 국제전방개척선교학회(International Society of Frontier Missiology, www.ijfm.org)의 〈개척선교학저널〉(*International Journal of Frontier Missiology*)을 발간하는 데 참여했습니다. 저는 지난 6년 동안 〈개척선교학저널〉을 편집했습니다. 이런 사역들은 아시아 학자들에게 아시아선교학회가 활성화되고 아시아 선교학을 전 세계와 함께 나누는 일이 빈번해지는 이 시대에 작은 도움이 될 수 있을 것입니다.

우리 서양 선교학자들은 아시아 선교학자들로부터 이미 많은 것을 배웠습니다. 앞으로 아시아 학자들을 통하여 더 많은 것을 배울 수 있게 되기 바랍니다. 부족한 사람을 초청해 주셔서 감사합니다. 예수님의 이름으로 아시아 교회에 문안할 수 있게 된 것을 감사하게 생각합니다.

| 부록 D |

선교 혁신가 랄프 윈터의 생애

그레그 파슨스 Greg H. Parsons

들어가는 말

인생을 창의적으로 사는 사람은 대체적으로 극히 드물다. 그러나 때때로 우리가 아는 사람들 가운데, 창의적인 면에서 다른 사람과 '약간 다르게 사는 사람'을 찾아볼 수 있다. 우리는 이렇게 나와 다르게 사는 사람을 보면 마음이 불편해진다. '왜 저 사람은 다른 사람들이 사는 것처럼 평범하게 살지 못할까? 같이 묻어 가지 못하고, 왜 항상 새로운 아이디어만 내놓을까?' 우리는 그런 창의적인 사람을 만나면 이렇게 말하고 싶어진다. "보세요! 우리는 전에 그렇게 해본 적이 없어요." 그러나 이 말은 악의적이다. 무엇보다 창의적 발상을 죽인다.

나는 창의적인 생각을 하는 사람들에게 호기심을 느끼고 있었으며, 그들에 대해 궁금한 점이 많았다. 그리고 결국 알게 되었다. 창의적인 사람들은 하나님의 새로운 역사를 이루는 데 귀하게 쓰임 받을 수 있다는 사실을 말이다. 하나님은 그런 창의적인 종을 통해 그분이 원하는 일을 이루신다. 완전히 새로운 방법으로 하나님의 때에 하나님의 일을 이루신다. 바로 랄프 윈터가 그런 창의적인 하나님의 사람이었다. 그는 1924년 12월 8일, 미국 캘리포니아에서 출생했다.

나는 랄프 윈터에 관한 박사 논문을 썼으며, 그와 오랫동안 함께 사역했다. 나는 그가 설립한 미국 세계 선교 센터(The U.S. Center for World Mission, USCWM)의 총재직을 물려받았다. 나는 랄프 윈터의 삶을 통해 그의 창의성이 어떻게 하나님의 일을 이루는 데 사용되었는지에 대한 이야기를 시작해 보려 한다.

가정 배경과 성장기

랄프 윈터의 할아버지는 원래 독일에서 소를 잡는 백정으로 생활했다. 그는 1860년대에 동독에서 가족들과 함께 미국으로 이민했다. 윈터의 아버지 휴고(Hugo)는 탁월한 엔지니어였다. 휴고는 로스앤젤레스 시청 도시설계과에 근무했고, 탁월한 실력을 인

윈터의 아버지 휴고 윈터

정받아 진급을 계속했다. 휴고는 곧 엔지니어 1,200명을 거느리는 고속도로 설계과의 수장이 되었다. 로스앤젤레스에 소속되어 있는 70여 개 시청에서 근무하는 고속도로 설계 부서의 직원은 모두 휴고 윈터의 최종 승인이 있어야만 업무를 추진할 수가 있었을 정도였다. 로스앤젤레스 고속도로 기본 설계가 그때 마련되었다. 그때 설계된 로스앤젤레스 고속도로 체계는 그 후 80여 년이 지나고 나서도 공정의 3분의 2 정도만을 겨우 마쳤을 정도로 방대한 것이었다. 휴고는 빌리 선데이(Billy Sunday) 목사의 설교를 듣고 예수님을 영접했으며, 신실하게 신앙생활을 했다.

랄프 윈터의 어머니 해젤(Hazel) 여사는 엔지니어의 딸이었다. 해젤은 대학에 진학하여 학문을 하고 싶었지만 그 뜻을 이루지 못

윈터의 가족

했다. 윈터의 아버지는 내성적이며 조용한 편이었고, 어머니는 외향적이며 명랑한 편이었다. 두 사람은 '기독교 정진회'(Christian Endeavor) 활동에 열심히 참가하다가 서로 가까워졌다. 윈터의 부모님은 모두 선교에 헌신된 분이었다. 그들은 집을 모임 장소로 개방하여, 중국내지선교회(현 OMF) 기도회를 정기적으로 가졌다.

당시 활발했던 기독교 정진회 운동은 랄프와 그의 형 폴(Paul)의 신앙 성장에 큰 도움을 주었다. 랄프 윈터와 폴은 기독교 정진회를 통해 여러 집회를 인도하면서 리더십을 길렀다. 그들은 유명한 네비게이토(The Navigators) 선교회의 토대가 되었던 제자훈련도 받았다. 또한 네비게이토의 창시자 도슨 트로트맨(Dawson Trotman)에게 개인 훈련도 받았다. 당시 네비게이토 선교회 본부는 랄프 윈터의 집에서 1.6km 정도로 아주 가까운 곳이었다. 당시 '네비맨'(Navs)들은 군함에서 생활하는 해군들을 중심으로 사역했지만, 고등학생들을 위한 '두나미스'(Dunimis) 사역도 병행했다. 고등학생 그룹인 네비 두나미스는 랄프 윈터의 집에서 모였다. 랄프 윈터의 친구인 대니얼 풀러(Daniel Fuller, 당대의 유명한 복음 전도자인 찰스 풀러[Charles Fuller]의 아들임)도 그 모임에 함께 참석했다. 네비 간사인 로온 사니(Lorne Sanny)가 학생들을 잘 지도해 주었다. 사니는 후일, 도슨 트로트맨의 후임인 네비게이토 총재로도 사역했다. 랄프 윈터는 철저한 네비게이토 훈련을 받아 말씀 암송을 즐겨하게 되었다. 성경말씀 수백 구절을 언제나 자유롭게 암송할 수 있게 되었다. 랄프 윈터는 특히 마가복음 9장 24절을 암송하기 좋아했다. "내가 믿나이다. 나의 믿음 없는 것을 도와 주소서." 갈라디아서 6장 9절도 좋아했다. "우리가 선을 행하되 낙심하지 말지니 포기하지 아니하면 때가 이르매 거두리라."

랄프와 형 폴은 서로 공통점이 많았다. 둘은 명문 캘리포니아 공과대학(California Institute of Technology)에서 토목공학을 전공하여, 복잡한 계산을 잘 해내는 구조공학 엔지니어가 되었다. 셋째인 데이비드(David)는 랄프보다 6세 아래로, 인류학을 전공하여 교수가 되었다. 그는 명문 웨스트몬트 대학 총장으로 1976년부터 2001년까지 봉직했다.

다양한 교육 경험

제2차 세계대전은 엄청난 변화를 불러왔다. 랄프 윈터의 가족도 변화를 피해갈 수 없었다. 당시 랄프는 형을 따라 캘리포니아 공과대학에 진학하여 토목공학을 전공하고 있었다. 대학 1학년을 마칠 무렵, 태평양 지역에 엔지니어가 필요하다는 소식을 해군 모병관에게서 전해 들은 윈터는 해군에 자원했다. 그러나 해군은 랄프 윈터가 캘리포니아 공과대학에서 공학 공부를 마친 후에 전쟁터로 파견되면 더 좋을 것이라 판단하여, 학교에서 학업을 계속하게 했다. 랄프는 해군 파견 학생으로 1년 반을 더 열심히 공부하여 대학을 2년 반만에 졸업했다. 태평양 전쟁이 더욱 치열해지자, 해군은 전투기 조종사들이 더 필요하게 되었다. 그래서 랄프는 전투기 조종사 훈련을 받게 되었다. 그런데 랄프 윈터가 해군 조종사 과정을 다 마치기도 전에 전쟁이 끝나고 말았다. 상황은 급속히 바뀌어, 랄프는 해군 예비역으로 곧바로 전역하게 되었다.

해군 복장을 한 랄프 윈터

캘리포니아 공과대학 생활을 하면서 윈터는 귀중한 학문적 훈련을 받았다. 무엇보다 그는 문제 해결을 염두에 둔 창의적인 사고방식을 할 수 있게 되었다. 창의적 사고방식은 윈터의 적성에 딱 맞는 관점이었다. 윈터는 평소에 자신의 대학 경험을 자주 말했다. "칼텍(Caltech) 사람들은 공학적인 문제를 해결하기 위해 전혀 새로운 방식으로 문제에 접근합니다." 윈터는 칼텍에서 공부하면서 세계적인 석학인 리누스 폴링(Linus Pauling) 같은 탁월한 학자들을 만날 수 있었다. 윈터는 폴링 교수에 대해 이렇게 말했다. "폴링 교수는 제 생애 최고의 교수였습니다. 강의 준비에 철저하시고, 모든 것을 미리미리 잘 대비해 놓으셨던, 탁월한 천재 교수님이셨습니다."

갑자기 전쟁이 끝나고 해군 조종사 훈련이 도중에 끝나면서 제대한 윈터는 장기적인 인생 계획을 수립하지 못한 상태에서 성경

원어에 관심을 두게 되었다. 그는 즉시 웨스트몬트 대학에 진학하여 신약 헬라어를 공부하면서, '귀납적 성경연구'(Inductive Bible Study, IBS)에 대해 배우게 되었다. 곧 윈터는 귀납적 성경연구를 더욱 체계적으로 배우고 정립하기 위해 프린스턴 신학교에 진학하기로 결정했다. 윈터는 가까운 친구인 대니얼 풀러에게 같이 공부하자고 권유했고, 둘은 프린스턴 신학교에 함께 진학했다. 그들은 당시 유명한 책 《마음에 새겨야 할 말씀》(These Words Ypon thy Heart)의 저자였던 하워드 틸만 퀴스트(Howard Tillman Kuist)에게 성경을 배웠다. 윈터는 프린스턴 신학교에서 빌 브라이트(Bill Bright), 크리스티 윌슨(Christy Wilson) 등과 함께 1년 동안 공부했고, 1947년 풀러 신학교가 개교할 때 대니얼 풀러를 비롯한 친구들과 함께 패서디나로 돌아와 새로 시작한 풀러 신학교의 학생이 되었다.

언어학에 관심이 많았던 윈터는 1948년 오클라호마 주 노먼에서 열린 하계 언어학 연구소(Summer Institute of Linguistics, SIL)에 참석한 후에, 다시 풀러 신학교로 돌아와 1년을 더 공부했다. 윈터는 캐나다의 프레어리 성서대학(Prairie Bible Institute)이 귀납적 방법론에 흥미로운 '탐구 질문법'을 접목하여 성경말씀을 가르친다는 말을 듣고, 프레어리 성서대학에 가서 한 학기 동안 성경공부 방법을 공부하기도 했다.

당시 윈터의 마음속에는 선교지 아프가니스탄에 대한 부담이 커져 가고 있었다. 윈터는 한 학기 동안 쉬면서 아프가니스탄에 캘리포니아 공과대학과 같은 아프가니스탄 공과대학을 설립하는 프로젝트를 추진하기 시작했다. 윈터는 선교지에 영어 교사가 필요하다는 것을 잘 알았으며, 10여 명의 평신도를 동원하여 영어 교사로 선교지에 파송하기도 했다. 전략적인 선교를 위해, 선교지에서 영어 교사로 사역하는 것이

로베르타 햄

효과적이라는 생각으로 콜롬비아 교육대학교에 진학했고, 1951년에 TESOL 자격증을 획득했다.

그해 여름, 윈터 앞에 눈부신 여인이 나타났다. 바로 로베르타 햄(Roberta Helm)으로, 서던캘리포니아대학교(University of Southern California, USC) 간호대학을 수석으로 졸업한 수재였다. 선교를 위해 독신생활을 하리라 마음먹고 있던 윈터는 로베르타 햄을 만나면서 마음을 바꾸어 먹었다. 5개월 하고도 1주간 동안 연애한 두 사람은 가을을 지나면서 서로 확신을 갖게 되었고, 1951년 12월 결혼식을 올렸다.

당시 윈터는 언어학 분야에 첨단 기법을 사용하는 코넬 대학교(Cornell University)에서 언어학 전공으로 철학박사 과정을 밟고 있었다. 그는 코넬 대학교에서 1953년에 언어학 박사학위를 받았다. 선교지에서 사역하려면 사람들에게 인정받는 신학교에서 신학공부를 마치는 것이 중요하다고 판단한 윈터는 다시 프린스턴 신학교

로 돌아가 2년을 더 수학한 후에, 신학사(B.D, Bachelor of Divinity) 학위를 마쳤다. 가족은 딸 둘이 더 늘어나 네 식구가 되었다.

윈터는 7개의 대학과 대학원에서 수학하면서도 선교지 아프가니스탄을 언제나 잊지 않았다. 계속해서 선교사들을 동원하고, 현지로 파송되어 사역할 준비를 했다. 박학다식한 윈터는 호기심을 가지고 다양한 학문 분야를 탐구했다. 새로운 문제 해결 방법들을 찾기 위해 노력했다. 윈터는 도슨 트로트맨이 했던 질문을 자신에게 자주 던졌다. "나는 왜 내가 하는 일을 내가 하는 방식으로만 하고 있는가?"

윈터에게 영향을 미친 핵심적인 책들이 있었다. 윈터는 존 웨슬리 브레디(John Wesley Bready)의 책 《자유 - 어디서부터》(*This Freedom - Whence*)를 통해, 영국에서 일어난 대부흥 운동이 영국 사회 전반에 큰 영향을 미쳤다는 사실을 배우게 되었다. 1940년대에 브레디의 책을 읽은 윈터는 복음의 능력이 사회를 변혁시키고 사회악을 치료할 수 있다고 확신하게 되었다. 윈터는 당시에 존 웨슬리에 대해 약간의 지식을 가지고 있었고, "웨슬리가 복음 전도를 일으켰다는 정도는 알고 있었지만, 웨슬리의 설교를 통해 온 나라가 변했다는 사실에 대해서는 전혀 몰랐다"라고 고백했다.

윈터는 고든 헤덜리 스미스(Gordon Hedderly Smith)의 책 《선교사와 인류학》(*The Missionary and Anthropology*)을 핵심 도서로 꼽았다. 스미스는 선교사와 인류학의 상관관계를 처음으로 심도 있게 정리했다.

과테말라에서

다각적인 시각으로 문제를 해결하는 엔지니어 훈련을 받은 윈터는 다양한 선교적 주제를 더 넓은 시각으로 접근할 수 있게 되었다. 후일 윈터는 선교에서 가장 중요한 일이 무엇인지 깨닫게 되었다. 그는 선교에서 가장 중요한 것은 문제 해결이 아니라, 먼저 정확한 문제를 파악하고 짚어 내는 것이라고 지적했다.

과테말라 선교지 경험

윈터는 프린스턴 신학교를 졸업했다. 신학교를 졸업하기까지 아내 로베르타의 도움이 컸다. 그때, 장로교 해외 선교부(Presbyterian Board of Eoreign Missions)는 특별한 자격을 가진 선교사 부부를 찾고 있었다. 언어학과 문화인류학을 전공한 목사, 그리고 부인이 간호

선교지 과테말라에서 네 딸과 함께

사 자격증을 가진 부부를 찾고 있던 것이다. 그리고 당시 그런 자격을 가진 사람은 윈터 부부뿐이었다. 그래서 윈터는 장로교 해외 선교부에 지원했고, 파송 전 6개월 동안 교단 선교 훈련을 받게 되었다. 그 후 코스타리카에서 1년 동안 스페인어 언어 훈련을 받았다. 윈터 부부는 1957년 선교지 과테말라에 도착했다.

윈터 부부는 과테말라에서 맘(Mam) 언어를 사용하는 맘족 인디언 부족들 가운데서 생활하며 언어를 배우기 시작했다. 그들은 해발 3,000m에 사는 산족들이었으며, 이미 전도를 받아 다양한 사역이 진행되고 있었다. 교회들도 이미 여러 곳에 세워져 있었다. 로베르타는 당시 맘족의 생활에 대해 다음과 같이 기술했다.

그들은 무척 가난했다. 선교사들은 그들의 필요를 채워 주기 위해 다양한 사역을 감당해야만 했다. 전도와 교회 개척 사역뿐만 아니라, 농사 기술, 의술, 경제, 그리고 교육 사업도 병행해야 했다. 맘족 중에는 초등학교 3학년 이상의 교육을 받은 사람이 없었다. 맘족 인디언 기독교인 중에서 안수를 받은 목사는 단 한 명도 없었다. 신학교 입학 자격을 갖출 수 있는 교육 기회가 전혀 없는 상황이었다. 그들이 사는 한 칸짜리 오두막은 진흙을 발라 만든 바닥 한가운데에 돌 세 개를 놓은 화덕으로 요리를 하고 있었다. 그들은 옷 한 벌로 생활했으며, 이곳저곳 덕지덕지 꿰매어 입고 다녔다. 어린아이들을 등에 업어 키우는 엄마들의 옷의 등 쪽은 더 심했다. 꿰맨 자리를 또 꿰매어 입었기 때문이다. 맘족의 음식은 빈약했다. 그들은 주식으로 옥수수를 먹었다. 일주일에 한 번 정도 검정콩을 섞어 먹었고, 고기는 아주 특별한 잔칫날이나 맛볼 수 있는 특별한 음식이었다. 우유나 달걀은 그 어느 식탁에서도 찾아볼 수 없었다. 다른 야채나 과일도 없었다. 다른 식품이 있다고 해도, 사서 먹을 돈이 없었다. 그들은 집에서 닭을 키웠지만, 닭을 잡아먹거나 달걀을 먹지는 않았다.

윈터 부부는 현지인들의 생활 수준을 높여 주기 위해 노력했다. 맘족은 너무도 가난했고, 그 지역에는 천연자원도 없었다. 윈터는 여러 가지 자원을 발견해 내고, 목회자들에게는 다양한 사업을 경영할 수 있는 사업 기술들을 전수해 주었다. 최신 기술인 사진 기술

에머리 선교사와 함께

과 사진관을 운영하는 방법도 가르쳐 주었으며, 여성들에게는 옷감을 짜는 기술을 가르치기도 했다. 치과 치료 기술, 목재소 운영 기술, 인쇄소, 그리고 그 지역에서 최초로 앰뷸런스 서비스를 제공하기도 했다.

무엇보다 선임 선교사였던 제임스 에머리(James Emery) 선교사 부부가 윈터 부부를 잘 인도해 주었다. 에머리와 윈터 부부는 현지 목회자 개발이 현지 교회 성장에 미치지 못하는 안타까운 현실을 인식하여, 현지 지도자 개발의 필요성을 통감하고 있었다. 당시 에머리 선교사는 기숙 시설을 갖춘 신학교를 운영했지만, 25년 동안에 10명 정도의 현지 목회자를 길러낸 정도에 불과했다. 무언가 전혀 새로운 접근 방법이 필요했다. 변화가 필요했다. 윈터는 에머리 선교사와 숱한 밤을 지새우며 현지 지도자 개발 문제를 숙의했다. 후에 로스 킨슬러(Ross Kinsler) 선교사도 가세했다. 그리하여 신학

연장교육(Theological Education by Extension, TEE)이라는 새로운 선교 전략이 생겨나게 되었다. 신학연장교육은 실로 획기적인 전략이었다. 현지 교인 중에서 신학생들을 선발하여 신학교에 입학시키는 일반적인 방식이 아닌, 은사가 있는 현지 지도자를 현지 교회 안에서 교육하는 방식을 채택했기 때문이다.  교육 효과는 탁월했다. TEE는 라틴 아메리카 나라들뿐 아니라 유럽, 아시아, 아프리카 등지로 퍼져 나갔다. TEE는 지금까지도 세계 여러 곳에서 사용되고 있다. 특히 인도에서 가장 많은 현지 지도자가 TEE를 통해 훈련되고 있으며, 2009년 2월 현재 1만 3천 명이 TEE를 통한 지도자 교육을 받고 있다.

풀러 선교대학원 사역

윈터는 TEE 사역을 비롯한 선교 사역에 관한 글들을 전략적으로 정립하여 선교 잡지에 기고했다. 당시 풀러 선교대학원 초대 원장으로 부임했던 도널드 맥가브란(Donald McGavran)은 윈터를 만나 본 적은 없었지만, 윈터의 독특한 선교적 통찰이 담긴 글들을 좋아했다. 맥가브란은 앨런 티펫(Alan Tippett)과 함께 중견 선교사들을 위한 선교대학원을 시작했고, 풀러 선교대학원은 유능한 교수진을 확보하기를 원했다. 맥가브란은 윈터에게 풀러 선교대학원의 세 번째 교수가 되어 달라고 부탁했고, 윈터는 한 학기 정도만 강의할 요량으로 교수직을 수락했으나, 1966년부터 10여 년 동안 교수 사역을 하게 되었다.

윈터는 풀러에서 10여 년 동안 사역하면서 전 세계에서 온 1천 명의 제자들을 가르쳤다. 그는 '교회사'를 맡아 가르쳤는데, 전통적인 교회사라는 명칭 대신에 '기독교 확장사'라는 이름으로 가르쳤다. 교회사를 역사적 인물이나 교리보다는 기독교가 어떻게 확장되어 나갔는지를 살펴보는 기독교의 확장에 초점을 맞추어서 가르쳤던 것이다. 당시 윈터에게 가장 큰 영향을 미친 역사가로는 선교사 출신이자 예일대학 교수였던 케네스 스콧 라투렛(Kenneth Scott Latourette)을 들 수 있다. 윈터는 라투렛의 역사적 관점들 중에서도, 기독교가 전파되어 문화에 미친 영향을 시대별로 요약한 부분을 가장 좋아했다. 라투렛은 역사를 시대로 나누어 각 시대에서 기독교가 어떻게 전파되었으며, 그 과정에서 기독교가 문화에 어떤 영

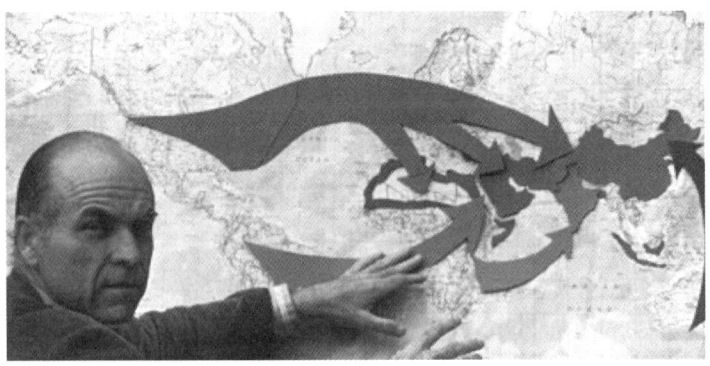

향을 주었고, 현지 문화가 기독교에 어떤 영향을 주었는지 잘 요약해 주었기 때문이다.

한편 윈터는 1천여 명의 제자들을 통해 세계 각 곳의 선교 사역에 관한 현장 보고들을 접하게 되면서 깊은 고민에 빠지게 되었다. 그동안의 전통적 선교 전략 안에 있던 독특한 패턴이 반복되고 있음을 인지했기 때문이다. 윈터의 언어로 말하자면, "풀러 선교대학원에 온 선교사들 중에는, 선교사가 한 번도 파송되지 않았던 미전도 지역에서 온 사람이 단 한 명도 없었다." 윈터는 선교사들이 한 번도 밟지 않은 선교의 미개척지가 존재한다는 사실을 깊이 인식하게 되었다. 그리고 전통적 선교 전략은 본질적으로 미전도 지역을 배제하고 있다는 생각이 들었다.

교회가 없는 미전도 지역에 살고 있는 인간집단들과 문화집단들을 새롭게 발견하게 되면서, 윈터는 어떻게 그들에게 복음을 전할 수 있을 것인지 고민하기 시작했다. 그와 동시에 풀러 선교대학원이 교회가 있는 지역에서 일어나는 교회 성장에만 초점을 맞추고 있다는 생각을 떨쳐 버릴 수가 없었다. 윈터는 자신이 이대로 풀러에서 100년을 더 가르친다고 해도, 미전도 종족에서 사역하던 선교사가 선교대학원에 찾아 올 까닭이 없다고 생각하게 되었다. 그의 초점은 더 분명해졌다. 그는 선교하는 교회는 교회가 없는 곳으로 언어와 문화적 장벽을 넘어가야만 한다고 생각하게 되었다(church going).

미전도 종족들을 향한 윈터의 타문화 선교 전략에 관한 토론과 연구는 1974년 로잔 세계복음화 대회에서 빛을 발하게 되었다. 로잔 세계복음화 대회에는 여러 명의 풀러 교수가 참여했고, 윈터는 토요일 오전 시간에 "타문화 복음 전도: 최상의 우선순위"라는 제목으로 기조 강연을 하게 되었다. 그러나 강연을 하기 위해 연단에 선 윈터는, 열흘 동안 계속된 집회로 피곤을 느낀 사람들이 강당을 빠져 나간 바람에 강당이 절반 정도밖에 차지 않은 것을 보았다. 그는 준비한 강의를 하면서도 참석자들 가운데 과연 몇 사람이나 자신의 타문화 복음 전도에 관한 내용을 이해할 것인지 반신반의했다. 그러나 반응은 뜨거웠다. 그 강연은 선교대회에 참석한 모든 사람에게 집회의 '분수령'이 되었다. 그 결과 놀라운 일이 일어났다. 미국에서 새로운 미전도 종족 선교운동이 일어났고, 세계 여러 나라에서 미전도 종족을 대상으로 하는 다양한 선교운동이 일어나기 시작했다.

윈터가 로잔대회에서 강조했던 내용은 다음과 같다.

전 세계 모든 교회가 온 힘을 다해 모든 방향으로 전도한다고 가정해도, 지구상의 인구 절반은 복음을 전혀 들어보지 못한 상태로 남아 있을 것이다. 우리가 전략적으로 복음 전도 전략을 수립할 때, 복음이 전달된 국가별로 전도 전략을 수립해서는 안 된다. 우리에게는 아직 복음이 들어가지 못한 독특한 문화를 가진 인간집단을 볼 수 있는 타문화 선교 전략이 필요하며, 타문화 복음화를 위한 새로운 전략적 사고가 필요하다. 교회의 힘을 어디에 쏟느냐가 핵심인 것이다.

윈터의 핵심은 간략했다. 세계 복음 전도를 위해 남은 과업을 찾아내고, 사람들에게 미전도 종족에 대한 정보를 알려, 많은 사람을 동원하여 남은 과업을 완수해야 한다는 것이었다. 그는 남은 과업을 완수하는 데 가장 중요한 요소는 동원 사역임을 강조했다.

미국 세계 선교 센터(USCWM) 설립

로잔 세계복음화 대회를 마친 뒤 미국으로 돌아온 윈터 부부는 하나님이 자신들을 새로운 길로 인도하고 계시는 것을 느꼈다. 하나님은 윈터 부부를 해외 선교부나 신학대학원이 제공하는 안정적

USCWM 동역자들과 함께

인 '후원'이 전혀 없는 길로 인도하셨다. 그때 풀러 선교대학원에서 북동쪽으로 4.8km 떨어진 곳의 대학 캠퍼스가 매물로 시장에 나왔다. 패서디나에 있던 나사렛 대학이 샌디에고 지역으로 이전하면서 나온 것이었다. 그곳은 1910년부터 대학 캠퍼스로 자리 잡았던 유서 깊은 곳이었지만, 건물과 시설이 워낙 낡아서 사려고 나서는 사람이 없었다. 나사렛 대학이 떠난 캠퍼스에는 동양 신비주의를 지향하는 이단 집단이 들어와 둥지를 틀고 있었다. 윈터 부부는 이단과 싸우며 하나님이 허락하신 그 땅을 차지해야 했다. 윈터 부부가 어떻게 이단 신비주의자들과 싸우면서 학교 캠퍼스를 차지하게 되었는지에 대해서는 여기서 다 나눌 수 없지만, 로베르타 윈터가 쓴《내가 새 일을 행하리라》(I Will Do a New Thing)에 보면 이 일이 자세히 기록되어 있다.

윈터 부부의 삶은 질곡이 많았다. 우여곡절이 계속되었다. 여기서 USCWM, 윌리엄 캐리 국제대학, 그리고 다른 사역들에 관련된 몇 가지 이야기를 잠시 언급하는 것이 도움이 될 것이다. 나는 여기서 다른 사람들이 자주 언급하지 않는 내용에 초점을 맞추려 한다.

윈터가 풀러 선교대학원에서 교수로 사역하고 있던 1973년, 그는 3년마다 열리는 어바나 선교대회에서 수많은 학생이 선교 헌신 카드를 작성했다는 소식을 들었다. 어바나 지도자들을 만난 윈터는 선교 헌신 카드를 작성한 학생들을 위해 세계 선교의 성경적, 역사적, 문화적, 그리고 전략적인 측면을 가르치는 강좌를 개설하면 어떨지 제안했다. 그 훈련은 현재 '퍼스펙티브스'(Mission Perspectives)라고 불리고 있지만, 처음에는 '국제학 연구소'(Institute of International Studies)라고 불렸다. 퍼스펙티브스는 주효했다. 지금까지 북미에서만 8만 명 이상이 이 과정을 이수했다.

여러 단체 조직을 통한 영향력

윈터는 다양한 사역을 위해 단체들을 조직했다. 선교지 과테말라에서 사역할 때에도 필요한 사역을 위해 단체들을 조직했고, 풀러 선교대학원 교수로 사역할 때에도 여러 단체들을 조직했다. 윈터는 선교전문 출판사인 윌리엄 캐리 출판사(William Carey Library)를 설립했다. 또한 장로교단에 소속된 선교사 출신이었기에 장로교단과 관련된 장로교 프론티어 펠로십(Presbyterian Frontier Fellowship), 장로교 선교 연구소(Presbyterian Center for Mission Studies), 장로교 세계 선교단(Presbyterian Order for World Evangelization) 등을 설립했다. 윈터는 가능한 이런 기관들이 교단의 공식적인 허락을 받고 설립되게 하여, 이들이 추진하는 새로운 프로젝트들이 더 많은 사람에게 인정받을 수 있게 했다.

윈터는 미국 선교학회(American Society of Missiology) 발기인으로 참여했으며, 〈선교저널〉(*Missiology, an International Review*) 출간에도 직

접 관여했다. 윈터가 설립한 윌리 엄캐리 국제대학과 USCWM뿐만 아니라 연관된 여러 단체도 잘 알려져 있다. 그는 〈국제 전방개척 선교저널〉(*International Journal of Frontier Missiology*), 〈미전도 종족 파일〉 (*Global Prayer Digest*), 그리고 '세계 기독교 문명운동사의 기초' 등을 선교 교육 사역으로 정착시켰다.

선교 시설을 위한 모금 활동

윈터는 선교 시설을 위한 모금 활동에 나서야 했다. 1977년, 캠퍼스를 구입하기 위해 1,100만 달러가 필요하게 되었다. 기숙사 시설까지 하면 1,500만 달러가 필요했다. 추후 캠퍼스 주변 집들까지 구입할 것을 계산하면 더 많은 돈이 있어야 했다. 윈터는 캠퍼스 구입을 위한 모금 활동을 시작하면서 미전도 종족에 대한 사람들의 관심을 한 차원 높이려 했다. 그는 미전도 종족 선교를 위한 후원자 1백만 명을 목표로 세우고, 후원자 1백만 명에게 15달러씩 기부해 주기를 요청했다. 윈터는 미전도 종족을 위한 선교 동원과 참여를 연계시켰다. 1976년에 USCWM이 설립된 이후, 여러 캠페인을 통해 미전도 종족 선교에 동원되고, 참여한 사람들이 1백만 명까지는 아니어도 70만-80만 명 정도에 이르게 된 것은 놀라운 일이었다.

USCWM은 캠퍼스 시설을 위한 모금을 완료한 이후, 새로운 캠페인을 통해 세계 선교의 비전을 나누고 사람들을 선교에 동원하

고 있다. 하나님의 말씀을 전하고 사람들을 선교에 동원하여, 하나님 나라를 확장하는 선교 사역에 참여하도록 필요한 기도 사역과 선교 자원 공급 사역을 계속하고 있다.

아내 로베르타의 소천과 재혼

윈터의 아내 로베르타는 6년 동안이나 골수종(Myeloma)을 앓았다. 결국 로베르타는 질병을 이기지 못하고, 결혼 50주년을 몇 주 앞둔 2001년 10월 소천했다. 윈터는 큰 충격 속에서 어려운 날들을 지내게 되었다. 그해에도 어김없이 크리스마스가 다가왔다. 크리스마스를 맞아 윈터 부부를 오랫동안 후원해 주던 교회의 지인들 가운데 바버라 스코치머(Barbara Scotchmer)에게서 후원 편지가 왔다. 윈터는 바버라에게 전화를 걸어, 아내 로베르타가 소천했음을 알렸

다. 당시 윈터는 평생 혼자 생활해 본 적이 없었기 때문에 반려자가 절실히 필요한 상황이었다. 윈터는 자신의 처지를 후원자들에게 솔직하게 알렸고, 재혼에 대한 조언을 구했다. 바버라가 응답의 편지를 보내왔다. 윈터는 바버라의 결혼 제안을 좋게 여기고, 전화와 편지로 의견을 교환했다. 무엇보다 네 딸의 의견이 중요했다. 딸들의 동의를 얻은 두 사람은 다음 해 1월 미주리 주 몬태나에서 공식적인 저녁 식사를 하면서 연애를 시작했다. 그리고 2002년 7월 6일 결혼식을 올렸다. 두 사람의 연애 기간은 5개월 2주일 정도로, 첫 번째 부인이었던 로베르타와의 연애 기간에 비교하면 1주 정도 더 길었다.

하나님을 위한 열정적인 삶

윈터의 삶은 한 마디로 열정적이었다. 윈터는 박식했고, 수많은 분야에 관심을 가지고 살았다. 서양 가족관의 문제에서부터 창세기에 대한 신학화 작업까지 다양한 관심사를 통섭했다. 과학의 전 분야를 섭렵하고, 성경을 연구하며 열정적으로 살았다. 독자들은 윈터가 주장했던 다양한 논지를 기억할 것이다. 무엇보다 전시(戰時的)적 생활 습관을 유지했던 그의 삶을 기억할 것이다. 하나님 나라를 이 땅에 이루기 위해, 하나님을 더 잘 전하는 방법에 대한 선교 사역과 관련된 모든 일 전반에서, 그가 얼마나 열정적으로 치열하게 살았는지를 기억할 것이다.

  윈터는 비범했다. 평범한 사람들과는 전혀 다른 관점을 가지고 살았다. 하지만 전통을 무시하지 않았으며, 자신이 마음먹은 일을 관철시키기 위해 다른 사람들을 무시하지는 않았다. 그의 관점은 신선하고 특별했다. 하나님, 하나님 나라, 하나님의 소명에 관한 윈터의 관점은 특별했다. 윈터는 하나님께 사로잡힌 사람이었다. 그는 이런 자신만의 독특한 선교적 관점을 생의 마지막 순간까지 견지했다. 그는 2009년 5월 20일 하나님의 부르심을 받았다. 나는 오늘 선교 혁신가 랄프 윈터의 삶을 통해 이루신 하나님의 역사를 찬양하며, 그분께 모든 영광을 돌린다.

랄프 윈터 박사의 약력

학력

- Ph.D. in Linguistics, Anthropology, Mathematical Statistics, Cornell University, 1953
- M.A. in TESOL, Teachers College, Columbia University, 1951
- B.S. in Civil Engineering, California Institute of Technology, 1943
- B.D., Princeton Theological Seminary, 1956

경력

2005	Co-founder, Global Network of Mission Structures
2001	Founder, Roberta Winter Institute
2001-2008	Editor, International Journal of Frontier Missiology
1999	Founder, Institute for the Study of the Origins of Disease
1997-2009	Chancellor, William Carey International University
1992-1999	Vice President for the Southwest, Evangelical Missiological Society
1990-1997	Director, Institute of International Studies, U.S. Center for World Mission
1990-1997	President, William Carey International University
1985	Founder, International Society for Frontier Missiology
1979-1980	President, American Society of Missiology
1979-2009	Editor, Mission Frontiers Bulletin
1976-1990	General Director, U.S. Center for World Mission
1976-2009	Founder, General Director, Frontier Mission Fellowship
1975	Founder, Presbyterian Frontier Fellowship
1975	Co-founder, Association of Church Mission Committees
1973	Founder, Presbyterian Center for Mission Studies
1972-1975	Co-founder, Secretary-Treasurer, American Society of Missiology
1969	Founder, William Carey Library
1966-1976	Professor, Historical Development of the Christian Movement, Fuller Seminary

1965-1966	Executive Director, Asociacion Latinoamericana de Escuelas Teológicas, reg. norte
1961-1966	Professor of Anthropology, Landivar University, Guatemala
1961-1966	Founder, Director, Union Abraham Lincoln (adult education extension program), Guatemala
1958-1966	Founder, Director, Industrias Técnicas (industrial training for Guatemalan Indian pastors)
1956-1966	Rural Development Specialist, Guatemala, Presbyterian Church (U.S.A.)
1953-1956	Student pastor, Lamington Presbyterian Church

이력

1985-2009	International Society for Frontier Missiology
1977-2009	William Carey International University
1976-2009	U.S. Center for World Mission
1976-2009	Frontier Mission Fellowship
1975-1999	Presbyterian Frontier Fellowship
1975-1981	Association of Church Mission Committees
1973-2009	Presbyterian Center for Mission Studies
1972-1979	American Society of Missiology
1970-1974	Faculty Senate, Fuller Theological Seminary
1967-1973	Editorial Caribe (publishing arm of the Latin America Mission)
1962-1964	United Church of Christ Board of Higher Education, Honduras
1961-1966	Universidad Mariano Galvez, Guatemala
1961-1966	Colegio La Patria, Quezaltenango, Guatemala
1961-1966	Interamerican School, Quezaltenango, Guatemala

| 부록 E |

기독교 문명운동사 탐구 질문

1장. 들어가는 글

질문	복습/평가
1. 하나님 나라가 전개되는 드라마의 주된 특징들은 무엇인가?	
2. 하나님 나라와 기록된 하나님 말씀의 상관관계에 대해 토론해 보라.	

질문	복습/평가
3. 하나님의 목적이 역사를 통해 성취된 방식들에는 어떤 사례들이 있는가?	
4. 세계를 향한 하나님의 목적을 완수하는 일에 하나님과 동역하는 선교 사역이 중요한 이유는 무엇인가?	

2장. 생명의 근원과 생명의 신비

질문	복습/평가
1. 랄프 윈터는 창세기에 주목한다. 윈터는 자연계에 나타난 사탄을 이해하는 데 있어서 창세기 1장이 중요한 이유를 어떻게 설명하는가? 2. 여섯 가지 신비의 기원에 대한 공통점과 차이점을 비교하고 평가해 보라.	

질문	복습/평가
3. 여섯 가지 신비가 보여 주는 일반적인 원리들은 무엇인가?	
4. 랄프 윈터는 하나님의 영광을 복원하는 선교를 이해하려면 세상에서 활동하고 있는 사탄에 대한 기본적인 이해가 선결되어야 한다고 주장한다. 그 이유는 무엇인가?	

3장. 성경에 나타난 하나님의 계획, 지상명령

질문	복습/평가
1. 하나님의 목적을 성취하기 위해 하나님은 특정한 인간과 사건을 선택하셨다. 어떤 인간을 선택하고, 어떤 사건을 선택하셨는가?	
2. 구약과 신약에 나오는 '지상명령'의 공통적인 특징은 무엇인가?	

질문	복습/평가
3. 성경에서 말하고 있는 '복'의 정의는 선교에 적용될 수 있다. 하나님의 백성에게 맡겨진 선교에 복의 정의를 어떻게 적용할 수 있을까? 당신은 하나님의 계획을 완수하는 일에 어떻게 동참할 것인가?	

4장. 성경이 전개하는 문명운동 이야기, 첫 번째

질문	복습/평가
1. 성경이 하나의 주제를 가진 이야기임을 보여 주는 핵심 성경구절들에는 어떤 것이 있는가?	
2. 아브라함, 이삭, 야곱, 그리고 요셉의 삶에서, 하나님의 약속을 이루는 데 방해가 되었던 사건들은 무엇인가?	

질문	복습/평가
3. 선교학적 관점에서, 구약의 전체 이야기를 차분하게 1분 이내로 요약하여 서로 나누어 보라.	

5장. 성경이 전개하는 문명운동 이야기, 두 번째

질문	복습/평가
1. 하나님께 선택받아, 모든 민족을 향한 하나님의 '구원 계획'을 보여 준 사람들은 누구인가? 성경 어디에 기록되어 있는가?	
2. 에스라, 느헤미야, 그리고 다니엘은 패역한 자기 백성을 대신하여 간절하게 회개했지만, 이사야 49장 6절에 근거하여 이방의 빛이 되라는 하나님의 말씀을 성공적으로 완수하지 못한 것에 대해서는 회개하는 기도를 드리지 않았다. 왜 그랬을까?	

질문	복습/평가
3. 하나님의 선교는 구약에서 어떻게 이루어졌는지 설명하라.	
4. 하나님 나라의 통치가 이루어졌는지, 그렇지 않았는지는 고대의 인구 증가율을 보면 알 수 있다. 어떻게 해서 그럴 수 있는가?	

6장. 신구약 중간기의 문명운동

질문	복습/평가
1. 신구약 중간기 동안에도 하나님 나라의 확장이 있었다. 이때 이루어진 하나님 나라의 확장에 영향을 준 핵심적인 요소들은 무엇인가?	
2. 왕이신 그리스도가 탄생하시는 길을 예비한 상황적 요소들은 무엇이었는지 설명해 보라.	

질문	복습/평가
3. 현대 선교 전략을 위한 고대 70인경의 선교적 역할을 평가해 보라.	
4. 서구 문명과 서구 기독교에 오랫동안 영향을 끼치고 있는 헬라, 로마 문화적 뿌리를 분석해 보라.	

7장. 복음서와 그리스도: 글로벌 퍼스펙티브

질문	복습/평가
1. 우리가 신약성경의 사회적 배경에 대해 알아야 할 이유는 무엇인가?	
2. 우리가 사복음서를 글로벌 관점에서 봤을 때, 도무지 이해할 수 없는 부분들은 무엇인가?	

질문	복습/평가
3. 예수님은 사회적 장벽들과 악한 문화적 습관들을 어떻게 물리치셨는가?	
4. 인간의 나라와 하나님 나라는 어떻게 다른가?	

8장. 세계 선교의 새로운 시작과 기독교 문명운동

질문	복습/평가
1. 역사에 나타난 성경적 신앙에 대한 통시적이며 공시적인 변화를 실례를 들어 설명하라.	
2. 유대 문화에서 헬라 문화로의 문화적 전환이 오늘의 선교에 시사하는 바는 무엇인가?	

질문	복습/평가
3. 개인과 사회에 나타난 참 신앙과 종교, 문화적 전통에 나타난 신앙을 비교하여 설명하라.	
4. 바울과 바나바와 같은 이중문화적 지도자가 복음 선교를 위해 필요한 이유를 설명하라.	

9장. 새로운 교회의 확장과 기독교 문명운동

질문	복습/평가

1. 초대교회의 복음 전도 방법들과 교회 성장의 방법들은 무엇이었는지 설명하라.

2. 하나님에 대한 우리의 유일신 개념은
다른 문화권의 신에 대한 개념과 다르다.
그 차이점을 설명해 보라.
어떻게 하면 다른 문화권 사람들이 가진 개념 안에서
하나님에 대한 개념을 더 발전킬 수 있을지 설명해 보라.

질문	복습/평가
3. 사도행전 3-12장은 복음이 이방으로 전파되는 것을 보여 준다. 이 주장에 대해 당신은 어떻게 생각하는가? 이 주장에 대한 찬성과 반대 입장을 토론하고, 초대교회가 타문화 선교사를 파송하기 이전에 복음이 이방 세계로 퍼져 나간 방식들에 대하여 설명하라.	
4. 사도행전에서 신앙 가정은 하나님의 선교에 아주 효과적인 도구가 될 수 있었다. 그 이유는 무엇인가? 이런 신앙 가정의 사역을, 오늘날 일어나고 있는 '내부자 운동'(insiders movements)과 비교하여 설명해 보라.	

10장. 고전적 르네상스 시대(0-400)의 기독교 문명운동

질문	복습/평가
1. 이번 장에서 랄프 윈터가 다룬, 400년 동안 일어난 핵심적 사건들을 간략하게 요약하라. 말구유에 태어난 아기 예수를 믿는 신앙이 어떻게 로마 궁정에 이르게 되고, 권력을 갖게 되고, 개인과 민족과 국가를 변화시켜 사탄의 통치를 계속해서 물리칠 수 있었는가?	
2. 팍스 로마나는 BC 20년부터 시작되어, 100년 동안 로마가 태평성대를 누리게 했다. 이 팍스 로마나는 복음이 동진하는 데 어떤 영향을 주었는가?	

질문	복습/평가
3. 기독교가 로마 제국의 정치권력과 과도한 동일시(over-identification)를 하게 되었을 때, 무슨 일이 일어났는가? 오늘날 기독교는 기독교 문화와 전통을 자랑하는 서구 문화권의 종교 형식들과 과도한 동일시를 하고 있는 것은 아닌가? 로마 제국의 경우와 비교하여 보라.	
4. 초대교회 당시, 신앙이 유대 문화 형식에서 헬라 문화 형식으로 옮겨갈 때, 어떤 문화적 긴장과 오해들이 일어났는가?	

11장. 카롤링거 르네상스 시대(400-800)의 기독교 문명운동

질문	복습/평가
1. 카롤링거 르네상스 시대에 활동한 소달리티와 모달리티의 활동과 그 중요성을 설명하라.	
2. 켈트족 기독교가 탁월한 선교적 영향력을 가질 수 있었던 기본적 특징들은 무엇인가?	

질문	복습/평가
3. 이슬람이 (처음부터 성경적 관점에서 결함이 있었음에도) 성공적으로 확장된 이유는 무엇인가? 성경적 관점에서 초기 이슬람의 결함은 무엇인가?	

12장. 12세기 르네상스 시대(800-1200)의 기독교 문명운동

질문	복습/평가
1. 수도원 운동의 초점이 '천국에 들어가는 것'에만 맞춰지지 않고, 서유럽의 영적, 사회적 변화를 불러와 새로운 기독교 문명을 창출한 방법들에 대해 토론하라.	
2. 당시 중세 서유럽 교회의 상황은 어떠했는가? 바이킹족의 등장이 불러온 사회적 혼란과 중세교회의 영적 혼란을 오늘의 세계적 상황과 비교하여 설명하라.	

질문	복습/평가
3. 중세 시대에 영적, 사회적으로 긍정적인 변화를 일으켜 기독교 문명을 발전시키기 위해 하나님은 어떻게 특정 개인이나 조직체를 사용하셨는가?	
4. 랄프 윈터는 질병에 대처하는 중세 시대의 태도와 오늘의 태도를 어떻게 비교하여 설명하는가? 윈터는 질병과 맞서 싸우는 것을 교회의 선교와 연계하여 설명한다. 당신은 윈터의 이런 질병 선교에 대해 어떻게 보는가?	

13장. 전통적 르네상스 시대(1200-1600)의 기독교 문명운동

질문	복습/평가
1. 종교개혁에 작용한 문화 집단과 세력에 대해 설명하라. 종교개혁이 독일 기독교를 로마 문화의 속박에서 어떻게 해방시켰는지 설명하라.	
2. 십자군 운동의 원인과 결과를 설명하고 평가하라. 새로운 신앙이나 종교가 일어날 때 사회에 전반에 미치는 영향에 대해 토론하라.	

질문	복습/평가
3. 교회 조직과 선교단체 조직에 대한 가톨릭의 태도와 개신교의 태도를 비교하여 설명하라. 개신교가 탁월한 영향력을 행사했던 수도원 운동과 수도원 제도를 모두 거부한 이유는 무엇인가? 그 이유는 타당했는가?	

14장. 복음주의 르네상스 시대(1600-2000)의 기독교 문명운동

질문	복습/평가
1. '복음주의 부흥운동'이 일반적인 부흥운동보다 훨씬 더 큰 부흥운동으로 평가되는 이유는 무엇인가?	
2. 학생자원운동(SVM)은 어떻게 시작되었는가? 그것은 하나님 나라의 확장에 어떻게 공헌했는가?	

질문	복습/평가
3. 개신교 선교의 세 시대의 특징을 설명하라.	
4. '믿음 선교' 운동이 시작된 뿌리와 특징을 설명하라. 당신은 믿음 선교라는 용어가 믿음 선교 운동의 다양한 특징들을 적절하게 아우른다고 생각하는가?	

15장. 식민주의의 붕괴와 세계주의의 등장

질문	복습/평가
1. 서구 식민 통치에서 독립한 신생 독립국가들에 새로운 정권이 탄생했다. 이 새로운 자치 정권이 맞닥뜨린 전혀 예상하지 못했던 복합적인 현상들은 무엇이었는가?	
2. 이 시기에 비서구권 국가들에서 사역하던, 서구에 기반을 둔 국제 선교단체들이 경험했던 위기와 도전은 무엇이었는가?	

질문	복습/평가
3. 서구 식민주의의 붕괴 이후 일어난 문화적 이슈들과 신학적 이슈들은 무엇이었는가?	
4. 식민주의가 붕괴하면서 기적이 일어났다. 신생 독립국 가운데 일어난 선교적 교회들의 기적적인 성장을, 실례를 들어 설명하라.	

16장. 제2차 세계대전 이후 일어난 신생 선교단체들

질문	복습/평가
1. 경제 개발을 추구하는 선교 전략은 선교적 대사명에 나타난 하나님의 목적과 어떤 상관관계를 갖는가?	
2. 제2차 세계대전 이후 선교단체들이 폭발적으로 일어났다. 그 이유는 무엇인가? 그들 선교단체들이 가졌던 특징들로 말미암아 하나님의 선교를 이루고, 지상명령을 성취하는 데 효과적이었던 점들은 무엇인가?	

질문	복습/평가
3. 미전도 종족에 초점을 맞추는 선교의 특징과 중요성을 토론하라.	
4. 서구 선교의 '실수들'을 지적하고 평가하라. 새로운 대안을 제시하라.	

17장. 서구적 기독교를 넘어서는 기독교 문명운동

질문	복습/평가
1. 효과적인 타문화 선교 사역을 위해 타문화권 사람들의 사회 체계와 문화 전통을 이해하는 것이 얼마나 중요한가?	
2. 성경이 초문화적 진리를 가지고 있다고 보았을 때, 한국 선교사가 타문화권에 복음을 전하는 과정에서 한국 문화의 어떤 문화 형식들에 주의해야 할 것인가?	
3. 특정 인간집단이 복음을 수용하거나 거부하는 원인들은 무엇인가?	

질문	복습/평가
4. 랄프 윈터가 주장하는 12가지 전방 개척지에 대한 관점을 설명하고, 당신의 의견을 제시하라.	
5. 당신은 평생 선교에 대한 관점을 수정해 본 적이 있는가? 처음의 어떤 관점을, 어떤 새로운 관점으로 수정했는가? 그 관점의 변화가 어떤 변화를 가져왔는가? 선교에 대한 새로운 한두 개의 개념이라도 수용한다면 전통적인 선교단체의 선교가 어떻게 달라질 수 있을 것인지 전망해 보라.	
6. '서구적 교회당 없는 기독교'(churchless Christianity)와 '서구적 기독교 냄새가 없는 교회'(Christianity-less churches)란 용어를 자신의 언어로 정의하고, 의미를 설명하라. 복음이 과연 '서구 기독교'의 문화적 영향력 밖에서도 잘 전달되고 뿌리내릴 수 있다고 생각하는지 토론하라.	

18장. 기독교 문명운동의 미래

질문	복습/평가
1. 당신은 다른 문화적 배경을 가진 사람들과 어떻게 선교 동역자 관계를 유지할 것인가?	
2. 성경과 과학 사이에 존재하는 장벽은 무엇인가? 당신은 그런 장벽이 꼭 필요하다고 생각하는가?	

질문	복습/평가
3. 지난 400년의 역사적 패턴과 현재 나타나는 일부 '미래 방향 지표'를 사용하여, 다가올 미래를 전망해 보라.	
4. 주님이 가르쳐 주신 주기도문의 내용은 국제 개발과 어떤 상관관계가 있는가?	

19장. 하나님의 영광을 복원하는 기독교 문명운동

질문	복습/평가
1. 완벽한 사회와 문화는 없다. 　기독교인들은 자신이 속한 사회 정의와 윤리 기준을 　높이기 위해 어떻게 노력해야 할 것인가?	
2. 당신은 하나님의 영광을 복원하는 사역에 　어떻게 구체적으로 동참할 것인가?	

질문	복습/평가
3. 당신은 어떻게 다른 사람들을 설득하여, 하나님의 영광을 회복하기 위해 사탄을 대적하는 전투에 참여시킬 것인가?	

20장. 기독교 문명운동을 위한 미래의 기회

질문	복습/평가
1. 대부분 학자와 선교전문 서적들이 지난 2,000년을 관통하는 하나님의 선교를 중요한 주제로 인식하지 못하는 이유는 무엇인가?	
2. 서구 기독교를 넘어선 범세계적인 기독교 문명이 비서구권에서 일어나고 있다는 이야기를 들을 때 당신은 어떤 도전을 느끼는가?	

질문	복습/평가
3. 지금까지 기독교 문명운동사 연구를 통해 얻은 통찰력을 바탕으로, 하나님 나라를 확장하기 위해 당신이 가졌던 어떤 편견을 제거해야 한다고 생각하는가?	
4. 당신은 선교적 사명을 완수하기 위해 어떤 구체적인 선교 사역에 참여할 것인가?	

랄프 윈터의
기독교 문명운동사

편저자　임윤택

2013년 2월 22일 1판 1쇄 펴냄
2013년 11월 29일 1판 2쇄 펴냄

펴낸곳　도서출판 예수전도단
출판 등록　1989년 2월 24일(제2-761호)
주소　경기도 고양시 일산동구 백석2동 1329 성지 밀레니엄리젠시 301호
전화　031-901-9812 · **팩스** 031-901-9851
전자우편　publ@ywam.co.kr
홈페이지　www.ywam.kr
주문　전화 031-908-9987 · 팩스 031-908-9986

ISBN 978-89-5536-419-4

책값은 뒤표지에 있습니다.
잘못된 책은 바꾸어 드립니다.